한국 근대시의 형성과 '생명'의 탄생

숭고와 공동체를 둘러싼 시학적 탐색

저자

최호영(崔虎永, Choi, Ho-young)

경북대학교 독어독문학과를 졸업하고 서울대학교 국어국문학과 대학원에서 석사와 박사학위를 받았다. 경북대학교 국어국문학과에서 박사후연구원으로 재직했으며, 서울대학교, 성결대학교, 홍익대학교 등에 출강했다. 주요 논문으로는 「야나기 무네요시의 생명사상과 1920년대 초기 한국시의 공동체 문제」, 「한일 자유시 담론에서의 '감정' 인식과 '음악성' 도입 논리의 비교 고찰」, 「식민지 시기 박팔양 시에 나타난 '생명의식'과 미학적 전위의 형상화」, 「개념사적 접근과 한국 근대문학 담론의 형성 과정에 관한 일고찰」 등이 있으며, 『월경의 아방가르드』(공역)를 번역했고 『초판본 오장환 시선』을 엮었다.

한국 근대시의 형성과 '생명'의 탄생

숭고와 공동체를 둘러싼 시학적 탐색

초판인쇄 2018년 1월 21일 **초판발행** 2018년 1월 31일

지은이 최호영 **펴낸이** 박성모 **펴낸곳** 소명출판 **출판등록** 제13-522호

주소 06643 서울시 서초구 서초중앙로6길 15, 1층

전화 02-585-7840 **팩스** 02-585-7848 **전자우편** somyungbooks@daum.net **홈페이지** www.somyong.co.kr

값 30,000원

ISBN 979-11-5905-272-9 93810

한국 근대시의 형성과 '생명'의 탄생

최호영

숭고와 공동체를 둘러싼 시학적 탐색

The Formation of Korean Modern Poetry and the Birth of 'Life'

The Poetic Exploration Surrounding Sublimity and Community

소명출판

머리말

나는 너무나 많은 첨단의 노래만을 불러왔다
나는 정지의 미에 너무나 등한하였다
—김수영, 「서시」 중에서

김수영 식으로 말하자면, 나는 한동안 한국 근대시의 연구에 너무나 등한하였다. 국문학계의 연구경향이 지나치게 식민지시기에 편중되어있는 것처럼 보였고, 식민지시기에 활동한 근대시인의 작품보다 해방 이후에 활동한 현대 시인의 작품이 훨씬 매력적으로 보였기 때문이다. 어쩌다 한국문단에서 본격적인 근대문학을 출범시킨 것으로 평가받아온 『창조』지를 펼쳤지만, 적어도 그때의 내게 거기에 실린 작품들은 온통 청춘의 열병을 앓는 청년들이 쏟아놓은 넋두리에 다름 아니었다. 그러다가 어쩌면 앞으로 내가 문학의 길에서 좀처럼 벗어날 수 없을지도 모르겠다는 예감에 사로잡혔을 때, 한동안 마음 한 편에 밀어뒀던 한국 근대시의 연구는 내가 결코 피해갈 수 없는 과제라는 것을 알게 되었다. 내가 한국 현대시의 연구자로서 살아가기 위해 '한국에서 근대시란 무엇이었는가'에 대한 질문을 던지지 않을 수 없었고, 자연스레 근대시의 은폐된 기원으로서 '1920년대 초기'에 직면하지 않을 수 없었던 것이다.

그런 상황에서 좀 더 의식적으로 '1920년대 초기'에 주목해보았을 때, 해방 이후의 시인들에 대한 평가에서도 심심치 않게 등장하는 '미적 근대성'이라는 말이 어째서 이 시기의 문학을 평가하는 잣대로 등장하고 있는지 의문을 느끼지 않을 수 없었다. 다시 말해, 이 시기의 문학에서 '미'에 대한 고집스런 탐색이 사회적 근대성의 낙후성과 달리 문학의 측면에서 서구와 동등한 성과를 이루었다고 보는 관점이 결국 서구중심주의에 따라 한국문단의 현상을 봉합하는 것으로 보였기 때문이다. 마침, 한국연구재단에서 시행하는 프로젝트에 참여하여 한국문단과 직접적인 관련을 맺고 있던 메이지기 일본문단의 근대(자유)시 담론을 검토할 기회가 생겼을 때, 일본의 시인들이 다채로운 스펙트럼으로 전개하고 있는 담론에 놀라는 것도 잠시, 이들의 연장선상에서 한국문단의 현상을 설명해온 방식에 회의가 들지 않을 수 없었다. 서구의 이론과 일본의 담론에 비해 미숙해 보일지 모르지만, 오히려 한국 근대시가 놓여있는 독특한 맥락을 읽어내려는 고투가 여기에 담겨 있다. 이 책은 바로 그러한 고투에 직면하고자 했던 박사학위논문 「1920년대 초기 한국시에서의 숭고시학과 생명공동체의 이념」(서울대 대학원, 2016년 2월)을 수정・보완한 것이다.

흔히 『창조』, 『백조』, 『폐허』, 『장미촌』 등으로 한정되어온 것에서 나아가 1920년대 전후에 산출된 방대한 텍스트를 검토해보면, 유독 '자연'과 함께 '애인', '어머니', '고향'과 같은 대상이 빈번하게 등장한다. 말하자면, 1920년대 조선의 시인들에게 '자연'은 기존의 문학과 달리 본격적인 근대문학을 확립하기 위해 도입해야 할 '원근법'이었던 것이다. 하지만 문제적인 점은 그들이 '자연'에 대한 합일과 함께 '자연'을 명확하게 파악할 수 없는 대상으로 그리거나 도달 불가능한 대상으로 설정하고 있는 현상을 노출하고 있다는 것이다. 이를 보여주기 위해 1920년대 시인들은 '자연'에 대한 도달 불가능성을 나타내는 문학적 지표로서 '거리감'을 도입하고 있었다. 그들은 '미적 원근법'으로 환원할 수 없는 숭고한 영역을 발견함에 따라 자신들의 예술을 '진리'의 심급으로 승격시킬 수 있었으며 자신들의 '생명'의 원천을 발견해낼 수 있었던 것이다. 이 책은 이러한 관점을 바탕으로 1920년대 조선의 문단에서 숭고에 대한 인식이 파생하게 된 내·외부적인 사정을 검토하고 있으며, 1920년대 초기 시에서 형성되고 있었던 '숭고시학'의 체계를 해명하고 있다. 나아가 1920년대 초기 텍스트에서 숭고를 유발하는 계기들을 유형화하고 '숭고시학'의 관점에서 거기에 담긴 시적 특성과 함의를 밝히고 있다.

'자연'과 함께 다다를 수 없는 대상으로 설정된 '애인', '고향', '어머니'는 1920년대 시인들에게 자신의 존재를 감싸는 토대나

'생명'의 근원으로 설정되어 있다. 그들이 '애인', '고향', '어머니'의 대상에 '조선'이나 '전통'의 기호를 결부시키고 있는 것은 그러한 점을 보여준다. 말하자면, 그들에게 '조선'이나 '전통'은 상상이나 관념에 의해 구성된 산물이라기보다 당대의 공동체적 현실을 구성하는 의미망이라는 것을 보여준다. 그들이 그러한 대상과 결부시킨 '조선'이나 '전통'이 여전히 오랜 세월을 거쳐 '혈액', '노래', 그리고 '언어' 등을 매개로 전해오면서 자신들의 '생명'을 이루고 있다는 것을 보여주기 때문이다. 이런 점에서 '숭고시학'은 문학의 경계를 넘어 당대의 담론에서 활발하게 전개되고 있었던 '공동체'의 논의와 필연적으로 만난다. 이 책에서는 '숭고시학'과 '공동체' 담론의 접점을 당대 현실에서 '단군'으로 표상되는 선조들의 문명을 '생명'의 궁극적 기원으로 두려는 흐름과 조선적 공동체를 창출하기 위한 원리로서 '생명'을 구체화하는 흐름으로 살펴보고자 했다. 따라서 한국의 근대시가 놓여있는 독특한 현장에는 '생명'에 관한 인식이 가로놓여 있었으며, 이를 바탕으로 조선의 시인들이 '숭고'와 '공동체'를 둘러싼 시학을 전개해갔다는 결론에 다다를 수 있었다.

이 과정에서 나는 전제와 증명 사이를 오가면서 말 그대로 설렘과 함께 두려움을 느끼지 않을 수 없었으나, 박사후Post-Doc.연구원으로서 수행한 「한국 근대문학의 형성과 '생명' 담론」을 통해 '생명'사상이 동아시아 근대문학에 폭넓게 걸쳐있었다는 점과 한국의 근대문학이 그러한 동아시아의 보편성 가운데 특이한 지점을 형성하고 있었다는 점을 확인하게 되면서 박사논문의 문제의식을 확신할 수 있게 되었다. 이에 대한 연구 성과는 2018년 중으로 학술서에 담아낼 예정이다.

지금까지 나의 이름이 들어간 책은 몇몇 있었지만, 오롯이 나의 언어로 쓰인 책을 세상에 내놓는다고 생각하니 이 자리를 통해서라도 감사의 뜻을 전하고픈 분들이 많다. 먼저, 이 세상에서 죽은 자의 언어를 살아있는 언어로 빚어내고 있는 모든 근대시 연구자들에게 감사드린다. 나는 그들의 글에서 빛나고 있는 예지와 소통하면서, 나에게 선뜻 연구자로서 손을 내밀어주신 그 분들의 호의에 힘입어 한국근대시 연구를 수월하게 수행할 수 있었다. 다음으로, 석・박사과정 동안 나를 지도해주신 김유중 선생님께 무한한 감사의 마음을 전하고 싶다. 어떤 상황에서도 나를 지지해주시고 너그러운 선생의 모습을 보여주신 은혜는 앞으로 학문의 길에서 두고두고 갚아야할 빚으로 남아있다. 그리고 박사학위논문을 심사해주신 선생님들께 깊이 감사드린다. 나에게 신범순 선생님께서는 도전정신을, 박성창 선생님께서는 합리성을, 정우택 선생님께서는 섬세함을, 조영복 선생님께서는 엄정함을 가르쳐주신 덕택에 이만한 글이라도 쓸 수 있었다. 또한 내가 한 사람의 연구자로 태어나기까지 격려를 아끼지 않으셨던 김주현, 박현수, 염재철, 나미가타 쓰요시波潟剛 선생님과 친형(?) 같은 친밀감으로 박사 후 연구의 발판을 마련해주신 '동아시아생명사상연구회'의 선생님들께도 감사의 말씀을 빼놓을 수 없다. 뿐만 아니라 녹록치 않은 사정 가운데 이 책을 선뜻 출판해주신 소명출판 박성모 사장님과 관계자 분들에게 심심한 감사의 말씀을 드린다.

이 책은 이 세상에 온전히 존재하는 것만으로도 힘이 되는 양가의 부모님과 가족들이 있었기에 세상의 빛을 볼 수 있었다. 특히, 내가 박사학위논문의 초고를 한창 쓰고 있었을 때 처음 만났던 서금주徐琴周는 이제 내 아내가 되어있다. 그녀와 함께한 눈부신 시간과 그녀와 함께 하지 못했던 안타까운 시간들이 이 책의 곳곳에 배어있다.

2017년 12월 30일

관악에서 다가오는 새해를 앞두고

최호영

차례

1장_

한국 근대시 연구와 '미적 근대성'이라는 허상

1. 한국 근대시의 근대성 문제와 조선적 특수성이라는 과제

문학사적으로 한국 근대문학의 본격적인 출발점으로 평가 받아온 1920년대 초기 문학에서 주요한 주제 중 하나로 '자아'의 문제를 들 수 있다. 소위 대표적인 3대 동인지로 자리매김한 『창조』, 『백조』, 『폐허』를 검토해보면, '자아'는 '개성', '생명', '내면' 등의 문학어와 세밀하게 얽히면서 기존의 '자아'와는 다른 근대적인 수식의 세례를 받고 있었다. 1920년대 초기 문인들은 이러한 용어들을 글쓰기에 적극 도입함으로써 자신들이 지향하는 문학의 존재론적 근거를 마련하려했던 것이다. 이는 물론 동인지라는 특정 매체에 국한되어 있었다기보다 '1920년대 초기'라는 시기에 폭넓게 걸쳐있는 현상이었다. 이보다 앞서 표제와 첫 호의 사설에서 서구의 문예를 번역하여 소개하려는 목적을 명시하고 있는 『태서문예신보』에서도 그러한 점을 충족하고 있기 때문이다.[1] 그 단적인 예로 『태서문예신보』의 사설에서는 "대아大我"라는 부제를 달아 인생의 궁극 목적인 '행복'을 성취하기 위한 방법으로 '자아'의 문제를 탐색하고 있었다.[2] 이러한 점들로 미루어볼 때, '자아'의 문제는 1920년대 초기 문학에서 일찍이 주목한 선결적인 과제였음에 틀림없다.

1 『태서문예신보』가 지향하려는 목적이 단적으로 나타난 첫 호의 사설은 다음과 같다. "태셔의 유명한 쇼셜 시됴 산문 가곡 음악 미술 각본 등 일체 문예에 관한 기사를 문학 대가의 붓으로 즉접 본문으로붓터 충실하게 번역하야 발힝할 목젹이온바 다년 경영하든 바이 오날에 뎨일호 발간을 보게 되어습니다." 윤치호, 「창간의사」, 『태서문예신보』 제1호, 1918.9.26, 1면.

2 이에 대해 선행연구에서는 『태서문예신보』에 배치된 기사가 비문예적인 글과 문예적인 글을 함께 포함하고 있다는 점을 들어 이 잡지가 담지하고 있는 근대성을 계몽주의가 기획한 근대성과 근대예술의 근대성과 같은 두 가지의 층위로 해명한 바 있다(김행숙, 『문학이란 무엇이었는가―1920년대 동인지 문학의 근대성』, 소명출판, 2005, 66~91면). 하지만 『태서문예신보』의 글들은 계몽성과 낭만성의 대립구도에 따라 배치되거나 계몽성에서 낭만성으로의 이행을 보여준다기보다 그러한 측면들을 포괄하는 자아의 상을 모색하고 있었다. 실제로 『태서문예신보』의 사설에서 자주 등장하는 '행복'이라는 용어는 개인으로 표상되는 '개체'의 축과 사회 혹은 인류로 표상되는 '전체'의 축을 조화시키는 수사로써 도입되고 있었기 때문이다(이에 대해서는 최호영, 「『태서문예신보』에 나타난 자아 탐색과 '대아(大我)'의 의미지평에 관한 고찰」, 『한국문학연구』 제50집, 동국대 한국문학연구소, 2016.4, 277~310면 참고).

이러한 현상에 대해 기존의 연구에서는 1920년대 초기 문학에서 기존의 구습이나 제도의 억압에서 벗어나 개인의 자율성을 추구한다거나 자유로운 내면에 기초한 문학의 형식을 발견하고 있다는 점 등을 들어 그 근대적인 의의를 해명해왔다. 1920년대 초기 문학의 근대성에 주목한 이 논의들은 초창기의 연구에서부터 반복되어온 선험적 인식의 한계를 일정 부분 덜어내고 1920년대 초기 문학 자체에 내재한 생산적인 가능성을 열어주려고 했다. 다시 말해, 이 논의들은 1920년대 초기의 텍스트에서 서구의 자연주의, 낭만주의, 상징주의라는 사조에 미달한 수용의 흔적을 찾아내거나 그들의 문학에 농후한 퇴폐적이고 허무적인 경향을 현실도피적인 태도로 단정 짓는 한계에서[3] 나아가고자 했다.

현재까지 진행되어온 그러한 연구의 경향은 다음과 같이 정리해볼 수 있다. 먼저, 1920년대 초기 시인들이 전대의 이광수와 최남선으로 대표되는 계몽주의 문학관과 여타의 사회적 근대성으로부터 분리되는 자신들의 문단 장Habitus을 형성하고 구체적인 예술가의 상과 신념을 확립해가는 과정을 추적한 연구를 들 수 있다.[4] 이 논의를 통해 1920년대 초기 문학의 문학사적 위상

3 대표적인 선행연구로는 백철, 『신문학사조사』, 민중서관, 1953, 115~241면; 조연현, 『한국현대문학사』, 현대문학사, 1956, 197~294면 참고.

4 김춘식, 『미적 근대성과 동인지 문단』, 소명출판, 2003, 9~16면; 황호덕, 「1920년대 초 동인지 문학의 성격과 미적 주체 담론」, 성균관대 석사논문, 1997, 20~249면.

이 "미학주의-자율성"의 관점에서 드러날 수 있게 되었다. 다음으로, 전자의 연장선상에서 1920년대 초기 문학에 나타나는 '죽음', '영혼', '생명' 등의 주요 주제와 시적 언어의 특징을 정밀하게 고찰하고 있는 연구를 들 수 있다.[5] 이 논의를 통해 1920년대 초기에 독특한 시문학을 형성할 수 있었던 인식체계épistémè로서의 근대적 미의식과, 관념성과 은유성이 농후한 에크리튀르écriture와의 관계가 해명될 수 있게 되었다. 마지막으로, 1920년대 초기 문학을 '미적 자율성'이라는 개념으로 정초하는 것에서 벗어나 매체를 통한 인적 교류와 네트워크 조성을 바탕으로 예술주의, 민족주의, 사회주의, 아나키즘 등으로 뒤얽힌 문단의 지형도를 다채롭게 그리고 있는 연구를 들 수 있다.[6] 이 연구를 통해 1920년대 초기 문학은 미학이라는 좁은 틀에서 벗어나 '정치성'의 함의를 포섭하는 지점에 이르게 되었다.

이처럼 '1920년대 초기'는 3・1운동 이후 일제의 문화정치 표방에 따라 수많은 잡지가 발간된 시기로서 일찍부터 선행연구

5 곽명숙, 「1920년대 초반 동인지 시와 낭만화된 죽음」, 『한국현대문학연구』 제11집, 한국현대문학회, 2002, 101~128면; 박현수, 「1920년대 동인지의 '영혼'과 '화원'의 의미」, 『어문학』 제90집, 한국어문학회, 2005, 555~577면; 이철호, 「영혼이라는 에피스테메」, 『영혼의 계보-20세기 한국문학사와 생명담론』, 창비, 2013, 40~103면; 조영복, 『1920년대 초기 시의 이념과 미학』, 소명출판, 2005, 9~162면.

6 정우택, 「『문우』에서 『백조』까지-매체와 인적 네트워크를 중심으로」, 『국제어문』 제47집, 국제어문학회, 2009, 35~65면; 조영복, 「『장미촌』의 비전문 문인들의 성격과 시 사상」, 『한국문화』 제26집, 규장각한국학연구소, 2000, 137~170면.

의 주목을 받아왔으며 본격적인 근대시의 등장과 전개가 가능했던 시기로 받아들여져 왔다.[7] 이에 따라 1920년대 초기 문학의 근대성에 주목한 연구가 진척될수록 '미적 근대성'이라는 개념은 1920년대 초기에 분출한 문학적 현상을 이해하는 데 있어 절대적인 척도로 작동해왔다.[8] 이러한 논의들은 당시 조선의 낙후된 사회적 근대성과는 다른 문학의 차원에서 성립된 '미적 근대성'의 성과를 적극적으로 밝히고자 했다. 좀 더 구체적으로 말해, 이 논의에서는 '미적 근대성'이라는 개념의 등장 배경을 당시 이성에 대한 신뢰와 직선적인 시간의식에 바탕을 둔 역사철학적 근대성에 대한 비판의 측면에서 읽어내고자 했다.[9] 하지만 문제적인 것은 근대성에 주목한 연구가 전개될수록 '조선'이나 '전통'과 같은 기호는 그와 대척적인 지점에 위치하게 됨에 따라 필연적으로 '반근대'나 '전통주의'라는 개념과 결부되고 만다는 것이다.[10] 결과적으로 기존의 연구에서 1920년대 초기 문학에 접근하는 관점은 근대적인 관점과 전통적인 관점에 따라 이분화

7 김용직, 『한국근대시사』 (상), 학연사, 2002, 127~137면.
8 대표적인 논의로는 김춘식, 앞의 책, 17~144면; 김행숙, 앞의 책, 93~155면; 여태천, 「미적 근대성과 언어」, 『어문연구』 제53권, 어문연구학회, 2007, 357~388면 등을 들 수 있다.
9 박현수, 「미적 근대성의 혼종성과 숭고 시학」, 『어문학』 제96집, 한국어문학회, 2007, 372면.
10 이에 대한 대표적인 논의로는 박현수, 『현대시와 전통주의의 수사학』, 서울대출판부, 2004, 32~71면; 차승기, 『반근대적 상상력의 임계들—식민지 조선 담론장에서의 전통・세계・주체』, 푸른역사, 2009, 45~74면 등을 들 수 있다.

되어 왔다. 그러한 복합적인 현상을 '혼종성'이라는 개념으로 정의함에도[11] 불구하고 1920년대 초기 시가 안고 있는 내적인 특수성에 대한 문제는 여전히 해결되지 않고 있다.

이러한 의문을 가지고서 실제로 1920년대 초기 시와 담론을 검토해보면 어떠한가? 가령, 앞서 1920년대 초기 문학의 주요한 주제로 언급한 '자아'는 '자연'을 풍경과 같은 미적 대상으로 설정함으로써 근대적인 주체로 거듭난다는 관점으로만 귀결되지는 않는다. 오히려 여기에서 벗어나 '자아'의 '자연'에 대한 도달 불가능성이나 해득 불가능성을 빈번하게 목도할 수 있다는 점에서,[12] 이 시기의 문학을 '미적 근대성'이 아닌 '숭고'의 관점에서 접근할 필요성을 느낀다.[13] 뿐만 아니라 1920년대 초기 문

11 박현수의 경우 당대 문단뿐만 아니라 사상계에 퍼져 있던 '배달', '부루', '검'이라는 기호를 '미적 근대성'에 균열을 내는 '상상된 주체'라고 보았다. 이경돈의 경우 1920년대 초기 시를 예술주의나 순문학의 틀에 가두는 것이 아니라 당대 문인들의 교류 관계와 외부 활동의 경로를 면밀하게 추적하여 1920년대 초기 시의 혼종적인 측면을 읽어낸 바 있다. 박현수, 「미적 근대성의 혼종성과 숭고 시학」, 『어문학』 제96집, 한국어문학회, 2007, 371~397면; 이경돈, 「동인지 『문우』와 다점적 혼종의 문학」, 『상허학보』 제28집, 상허학회, 2010, 179~208면.

12 앞으로 이 글에서 집중적으로 다루게 될 테지만, 이러한 시각을 보여주는 대표적인 텍스트로는 김환, 「美術論」(1)(2), 『창조』 제4~5호, 1920.2~3, 1~8면・66~71면; 남궁벽, 「何故오」, 『기독신보』, 1918.2.13, 686면; 이훈, 「神秘主義(MYSTICISM)」, 『학지광』 제21호, 1921.1.1, 61~68면; 임노월, 「藝術至上主義의 新自然觀」, 『영대』 창간호, 1924.8, 8~19면 등을 들 수 있다.

13 이와 관련하여 최현희는 1920년대 초기 문인들에게 '자아'는 시와 예술을 통해서만 드러날 수 있으며, 자아의 절대성을 부여하기 위해 '자연'은 신비롭고 해득할 수 없는 것으로 발명되었다고 해명한 바 있다(최현희, 「1920년대 초 한국문학과 동인지 『폐허』의 위상－'자아' 담론을 중심으로」, 『규장

학을 '숭고'의 관점에서 접근하게 될 때, '반근대'나 '전근대'와 같은 개념으로 배제되어온 '조선'이나 '전통'과 같은 기호가 필연적으로 '애인', '고향', '어머니' 등의 대상과 결부될 수밖에 없었던 사정을 밝힐 수 있을 것이다. 이러한 문제의식 아래 이 책은 '자연'이라는 대상에 '무한', '신비', '영원' 등과 같은 '숭고'의 범주를 동반하거나 '애인', '고향', '어머니' 등의 대상에 '생명'과 '정신'의 개념을 부가하는 1920년대 초기 시의 특수성을 '숭고시학'의 관점에서 읽어내고자 한다. 지금까지 1920년대 초기 시를 '숭고'의 관점에서 접근한 선행연구는 다음의 두 가지 경향으로 분류할 수 있다.

첫째, 롱기노스Longinos, 버크E. Burke, 칸트I. Kant, 리오타르J. F. Lyotard, 지젝S. Zizek으로 이어지는 서구의 숭고 이론을 바탕으로 1920년대 초기 시를 비롯한 한국 현대시 전반에 나타난 숭고의 미적 가치를 고찰한 논의를 들 수 있다. 김소월의 시를 '숭고미학'의 관점에서 접근한 주영중의 논의는 지금-여기에서 일어나는 사건의 현재성과 극적 상황에 초점을 맞춰 시의 기저에 깔린 초월성과 영원성에 대한 인식이 숭고와 맞닿아 있다고 보았다. 이 논의에 따르면 김소월의 시에서는 '자연', '님'으로 나타나는 숭고한 대상

각』 제31집, 서울대 규장각한국학연구원, 2007, 283~305면). 하지만 1920년대 초기 문인들에게 '자연'은 자아의 절대성을 부여하기 위한 '발명'되었다기보다 자아가 존립할 수 있는 공동체의 근거지를 확보하기 위해 '발견'되었다고 보는 것이 적절할 것이다.

에 부딪혀 다다를 수 없다는 슬픔, 고통, 두려움으로 인해 '불쾌'를 느끼는 시적화자의 시선이 있는 반면에, 그것을 관조하거나 응시함에 따라 '쾌'의 감정으로 승화되는 시선도 존재한다.[14] 결론적으로 이 논의는 김소월 시의 비극적인 세계관을 칸트나 리오타르 등의 개념을 활용하여 숭고의 측면에서 일관되게 해명하고 있으나, 김소월이 왜 그러한 세계를 끈질기게 추구하고 있는가를 "실존적인 의지"의 차원으로 해소하는 데 그치고 있다.

여기에서 나아가 한국 현대시 전반에 걸쳐 '숭고'의 관점을 도입한 연구를 들 수 있다. 박현수는 특별히 『시론』의 한 장을 숭고에 할애하여 롱기노스, 버크, 칸트, 리오타르에 이르는 숭고의 계보를 정리하고 주로 칸트의 개념을 바탕으로 숭고의 특질을 해명하고 있다. 이 논의에 따르면 숭고의 공통적인 특질은 '이중성'과 '주관성'으로 정의될 수 있다. 이 중에서 '상상력의 한계의식-불쾌'의 축과 '이성의 환기-쾌'의 축으로 구성되는 '이중성'은 우리 내부에 있는 초감성적 영역의 존재를 환기시킴으로써 숭고의 과정으로 나아가는 핵심 개념으로 나타난다.[15] 이를 바탕으로 이 논의는 이육사와 백석의 시에 나타난 숭고를 분석하는 과정에서 민족주의와 연관된 전체주의와 거리를 두고 있는 측면으로 대상에 대한 "비판적 거리"를 지적함으로써 숭고가

14 주영중, 「김소월 시의 숭고 미학」, 『한국시학연구』 제28호, 한국시학회, 2010, 61~88면.

15 박현수, 『시론』, 예옥, 2011, 390~418면.

"탁월한 시적 성취"를 이룩할 수 있는 가능성을 열어놓았다.[16] 하지만 이 논의는 숭고를 미적 범주로 규정하는 결론으로 귀결됨에 따라 기존의 숭고 이론을 별다른 이견 없이 반복하고 있다.

이재복 또한 앞선 논의와 마찬가지로 '숭고'의 철학적 계보를 정리한 후에 한국 현대시 중에서 이육사와 윤동주의 시에 나타난 숭고의 특질을 고찰하고 있다. 특히, 이 논의에서는 앞선 논의들이 주로 롱기노스와 칸트의 개념을 근거로 하는 것에서 벗어나 후기 자본주의 사회의 해체 원리로서의 숭고를 제시하고 있는 것이 눈에 띈다. 이를 바탕으로 이 논의에서는 이육사와 윤동주의 시에 나타난 숭고의 미학적 특질을 각각 "북방과 광야의 크기와 높이", "우물의 깊이와 자기반성"에서 찾고 있다.[17] 하지만 이 논의 역시 주로 칸트의 숭고 개념에 치우침에 따라 숭고를 새로운 미학 개념으로 제시하는 데 중점을 두고 있으며 그들의 텍스트에 나타난 숭고의 미학을 "진정한 세계로의 초월의지"로 환원하는 데 그치고 있다.

지금까지 살펴본 선행 논의들은 기본적으로 서구의 철학사와 미학사에서 소외된 숭고의 기원, 개념사적 전개와 특질 등을 일목요연하게 정리하고 미에 편중된 근대시의 연구 경향에서 벗어나 숭고를 새로운 미학적 관점으로 편입시키고 있다는 점에서 그

16 위의 책, 410~418면.

17 이재복, 「한국 현대시와 숭고-이육사와 윤동주를 중심으로」, 『한국 현대시의 미와 숭고』, 소명출판, 2012, 79~111면.

연구사적 의의를 찾을 수 있다. 하지만 이 연구들은 서구에서 논의된 숭고의 개념과 이론에서 출발하여 한국 현대시의 텍스트에서 '숭고미학'을 확인하는 절차로 귀결됨에 따라 문학에서 숭고가 함의하는 미세한 지점들을 적극적으로 포착하지 못하고 있다. 이에 따라 이 글은 선행 연구에서 확인해온 '숭고미학'과는 구별되는, 1920년대 초기 시 자체에 내장하고 있는 '숭고시학'에 대한 논의로 나아가려 한다.

둘째, 1920년대 초기 시에서 '애인', '고향', '어머니' 등 '자연'과 함께 다다를 수 없는 지점에 놓인 대상들이 함의하는 '이념'을 고찰하려는 연구를 들 수 있다. 윤의섭은 근대시사의 전개 과정에서 미적인 것에 대한 관점으로 설명하기 어려운 숭고가 "민족의식과 관련된 초월적 상상력"을 통해 꾸준히 나타나고 있다고 보았다.[18] 그는 이 글의 관심사이기도 한 1920년대 시에서의 숭고가 미학적 개념으로 천착되지는 않았으나 미의식과 함께 깊이 내재해있음을 지적하고 문학적인 층위에서 발현되는 '숭고한 감정'을 거론하고 있다는 점에서 선행 연구의 한계에서 한걸음 나아가고 있다. 그리고 그는 '저항시'에서 상반되는 평가의 관점으로 드러났던 '저항의식'과 '예술성'을 통합적으로 논의할 수 있는 평가의 틀로서 숭고를 제시하였다. 그럼에도 그는 숭고한 감정을

18 윤의섭, 「근대시에서 '숭고'의 위상」, 『현대문학이론연구』 제52집, 현대문학이론학회, 2013, 67~89면.

이끌어내는 초월적 상상력을 근대적인 관점에서 민족의식의 고양과 같은 이데올로기로 환원하는 데 귀결되고 있다.

이와 비슷한 맥락에서 '숭고'를 전면에 거론하지는 않았으나, 1920년대 초기 시에서 '애인', '고향', '어머니' 등의 대상이 '조선'이나 '전통'과 결부되어 있는 현상에 주목하여 그 담론상의 의미와 문학사적 의의를 해명하고 있는 연구를 들 수 있다. 오세영은 표면적으로 1920년대 초기 시인들이 기존의 근대적 시형의 탐색에 대한 자신들의 활동을 철회하는 것처럼 조선적인 시형을 탐색하는 일련의 작업을 전개하고 있다는 점에서 국민문학의 이념을 읽어낸다. 그는 특히 당대의 민요시 운동이 고대적인 것의 탐색과 전통의 부활을 지향하는 낭만주의 문학과의 연장선상에서 조선 민중의 생활과 감정을 표현할 수 있는 노래의 주제와 형식을 전통적인 민요에서 발견하고 있다고 해명하였다.[19]

구인모 또한 앞의 관점과 마찬가지로 1920년대의 민요시 운동을 서구와 일본에서 전개되어온 민요시 운동과 비교하여 국민문학을 형성하려는 시도로써 평가하였다. 그는 서구의 자유시를 지향하던 1920년대 초기 시인들이 1924년을 기점으로 민요나 시조와 같은 전통적인 시형으로 복귀하게 된 계기를 일본의 메이지 시기 '고쿠분가쿠國文學'의 성립과 국민문학 운동의 영향에서 찾고 있다. 그리고 그들이 추구하려 한 국민문학이라는 개념

19 오세영, 『한국낭만주의시연구』, 일지사, 1980, 13~166면.

을 세계문학의 상대 개념으로서 조선문학을 구상하는 과정에서 고안해낸 "전통의 산물"이라고 평가하였다.[20] 이러한 논리를 토대로 그는 1920년대 초기 시인들이 민요에서 '조선심'과 '향토성'과 같은 공통 감각을 발견하거나 음성중심주의를 기반으로 하는 정형성을 추구하게 된 의도가 근대적인 민족 개념과 민족 이데올로기의 구성에 있었다고 해명하였다.[21]

이철호 역시 이와는 다른 방식으로 1910년부터 1920년대 담론과 텍스트에 폭넓게 걸쳐 있는 '영혼'이라는 개념에 천착하여 근대적 자아와 민족 간의 관계를 밝히고 있다. 그는 '영혼'이라는 개념이 '미적 자율성' 혹은 창조적인 자아를 표상하는 문학어로 발견되는 한 계기로서 기독교 체험과 일본의 '다이쇼 생명주의'를 제시하였다. 그러한 계기를 통해 그는 한국문학에서 '영혼'의 개념을 전유하고 있는 양상을 추적하여 종교적 체험을 통한 자아의 각성이 근대적 주체성의 탄생에 결정적인 계기가 된다고 해명하였다. 그리고 자아의 발견을 통한 근대적 주체의 탄생이 민족의 일체감을 조성하는 내셔널리즘이나 민족주의의 기획과 맞닿아 있다고 평가하였다.[22]

20 구인모, 「고안된 전통, 민족의 공통감각론－김억의 민요시론 연구」, 『한국문학연구』 제23집, 동국대 한국문학연구소, 2000, 291～305면.

21 구인모, 『한국 근대시의 이상과 허상－1920년대 '국민문학'의 논리』, 소명출판, 2008, 13～232면.

22 이철호, 「1920년대 초기 동인지 문학에 나타난 生命의식－田榮澤의 「生命의 봄」을 위한 서설」, 『한국문학연구』 제31집, 동국대 한국문학연구소, 2006,

이러한 논의를 통해 1920년대 초기의 한국문학이 1920년대 중반으로 접어들면서 운동의 성격을 띤 국민문학의 국면으로 접어들 수밖에 없었던 배경으로 독일의 낭만주의 문학, 메이지 일본의 국민문학론, 그리고 '다이쇼 생명주의'의 담론 등이 실증적으로 거론되었다. 바꿔 말하자면, 이 논의들을 통해 '1920년대 초기'라는 시기는 1924년을 기점으로 '조선'이나 '전통'과 같은 기호를 노출하여 민족문학 혹은 국민문학의 이념을 형성하려 한 흐름의 근거가 되는 시기로서 인정받아온 것이다. 그러할 때 1920년대 초기에서 중반으로 넘어가는 한국문학의 흐름은 여전히 근대와 전통, 근대와 반근대, 자유시와 정형시, 미학과 정치 등과 같은 이분법적 구도에 따라 편성된다는 점에서 문제적이다.[23] 아마도 이러한 현상은 숭고와 연동되는 '조선', '전통' 등의 기호가 자아에게 어떠한 정신적 토대로서 작동하고 있는가를 살펴보기 전에 외부 담론의 운동이나 이념으로 성급하게 환원하려는 과정에서 발생한 것으로 보인다.[24] 특히, 이 논의들에서 1920

193~224면; 이철호, 『영혼의 계보－20세기 한국문학사와 생명담론』, 창비, 2013, 66~168면.

23 이와 같은 문제의식 아래 1920년대의 시를 정형시와 자유시, 정형률과 내재율과 같은 이분법적 대립의 구도에서 바라보기보다 그러한 변화를 필연적으로 수반할 수밖에 없었던 내적 논리를 '율격'의 차원에서 논의한 연구 성과가 최근 등장하기도 하였다(대표적으로 박슬기, 『한국 근대시의 형성과 율의 이념－자유시 리듬의 문제』, 소명출판, 2014, 11~283면; 장철환, 『김소월 시의 리듬 연구』, 소명출판, 2011, 11~269면 참고).

24 1920년대 초기 문학에 대한 정신사적 접근의 필요성은 일찍이 조남현에 의해 지적된 이후 후속연구자들에 의해 그러한 작업들이 진척되어 왔다. 예컨대,

년대의 국민문학운동으로 나타난 현상을 설명하는 이론으로 베네딕트 앤더슨의 '상상의 공동체'라는 개념을 도입하고 있는 것은[25] 그러한 의도를 적잖이 보여준다.

베네딕트 앤더슨의 개념을 바탕으로 민족 이데올로기의 구성을 설명하고 있는 이러한 논리는 이보다 앞서 최남선과 이광수를 주축으로 하는 국토기행문에서 민족 신화의 탐색을 설명하는 논리를 반복하고 있다는 점에서 문제적이다. 이광수와 최남선의 국토기행문을 대상으로 하는 선행논의에서는 '숭고'를 초감성적 세계나 초월적 세계에 대한 인식과 관련하여 해명하는 칸트의 관점을 바탕으로 텍스트에 내재한 정치적·이념적 무의식을 읽어내고 있다.[26] 이 논의에서는 특히 최남선의 기행문에서 자연의 위력을 신화적 숭고로 전치함으로써 민족의 근원을 향한 탐색과 민족 신화에 대한 순례의 도정을 보여주고 있다고 보고 있다. 하

권희철은 1920년대 문학에서 '자아'를 바라보는 입장이 근대주의적 시선과 전통주의적 시선으로 대별되고 있음을 지적하면서 '전통주의'의 정신사적 맥락에서 김소월 시에 대한 정한론과 민요시론의 심층에 담긴 창조적 의미를 해명한 바 있다. 조남현, 「「폐허」, 「백조」에 관한 연구사 비판」, 『관악어문연구』 제2권 제1호, 서울대 국어국문학과, 1977, 299~320면; 권희철, 「"'나'는 누구인가?"에 대한 1920년대 문학의 문답 지형도」, 『한국현대문학연구』 제29집, 한국현대문학회, 2009, 141~173면.

25 베네딕트 앤더슨, 윤형숙 역, 『민족주의의 기원과 전파』, 나남, 1991, 19~23면.

26 서영채, 「최남선과 이광수의 금강산 기행문에 대하여」, 『민족문학사연구』 제24호, 민족문학사학회, 2004, 242~280면; 복도훈, 「미와 정치－국토순례의 목가적 서사시－최남선의 『금강예찬』, 『백두산근참기』를 중심으로」, 『한국근대문학연구』 제6권 제2호, 한국근대문학회, 2005, 37~62면.

지만 이 논의에서 최남선이 추구하려한 민족은 "정서적이고 관념적인 실체"나 '시 · 공간적인 제약을 초월하는' "환상"의 산물로 정의되고 있다. 따라서 그의 국민문학운동은 식민지 조선의 현실을 묵인하는 식민주의자의 전략으로 빠져버리고 마는 것이다.[27] 결과적으로 최남선의 국토기행문은 민족의 자기정체성을 발견하는 서사를 통해서 민족의 심상지리를 구성하고자 하는 이데올로기의 소산에 그치고 있다.[28]

하지만 무엇보다 1910년대에 이어 1920년대 초기 문학에 나타난 '숭고'를 외부 담론의 운동과 이념에 따라 파악하려는 논의에서 놓치고 있는 미세한 지점들이 있다. 앞에서 드러났다시피 이 논의들에서 1920년대 초기 문인들은 보편성과 특수성, 세계성과 민족성의 대립이나 단절에 따라 국민문학의 이념에 복무하였다고 보고 있다. 그보다 오히려 1920년대 초기 문인들이 다양한 경로를 통해 자신들의 문학적 좌표를 둘 사이의 길항에 두고서 그에 따라 열리는 제3의 길에서 공동체의 과제를 모색하고

27 이처럼 한국 근대시에 나타난 '숭고'를 민족의식과 같은 정치적 이념으로 귀결시키는 선행연구의 경향에 대해서는 윤지영에 의해 지적된 바 있다. 그는 저항시인이나 북방정서를 노래한 시인의 작품을 '숭고'로 재해석하려는 시도에는 민족이라는 숭고의 대상을 경유하여 근대성 내지 근대적 주체라는 개념에 도달하려는 의도가 잠재해 있다고 해명한다. 그러면서 지젝의 견해를 바탕으로 하여 '숭고'를 탈근대적으로 사유해야할 필요성을 제기하고 있다. 윤지영, 「한국 현대시의 숭고 연구에 관한 탈근대적 검토」, 『현대문학이론연구』 제48집, 현대문학이론학회, 2012, 371~392면.

28 구인모, 「국토순례와 민족의 자기구성 - 근대 국토기행문의 문학사적 의의」, 『한국문학연구』 제27집, 동국대 한국문학연구소, 2004, 131~160면.

있었다고 한다면 어떨까?[29] 바꿔 말해, 1920년대 초기 문학에서 '숭고'는 이데올로기적으로 근대성을 구축하기 위한 산물이라기보다 근대성을 감싸고 있는 '외연'을 탐사하여 당대의 근대적 현실을 더욱 풍요롭게 할 공동체의 이상을 복원하려는 시도로 보면 어떨까?

이러한 점은 앞으로 논의할 '숭고시학'에서 '자아'의 정신적 고양을 나타내는 '생명'이라는 개념이 당대의 담론에서 존재의 기원을 탐색하려는 시도와 맞물려 있다는 것에서 확인할 수 있다. 그리고 '생명'의 개념을 바탕으로 당대 조선의 현실에서 실현될 수 있는 공동체를 모색하려는 논의가 이러한 정신적 토대 아래 성립하고 있다는 것에서 확인할 수 있다. 그리하여 이 글에서는 '숭고시학'이 1920년대 초기 조선에서 심화되고 있는 측면을 당대 공동체의 논의와 관련하여 해명하고자 한다.

이에 따라 지금까지 '상상의 공동체'라는 관점을 활용해온 기존의 연구에서 나아가 당대의 조선적 현실에서 생산적으로 기능

29 이러한 시각을 보여주는 대표적인 글을 꼽아보자면 다음과 같다. "(…중략…) 荒凉落寞한 朝鮮의 藝苑을 開拓하여, 거긔다 무엇을 建設하고 復活하고 移植하여, 百花爛漫한 花園을 만드러노면, 그것이 곳 世界藝苑의 內容, 外觀을 더 豊富하게 하는 것이 아닌가. 우리 同人의 事業이다만 同人의 것될쌘 아니오, 곳 朝鮮을 爲하는 것이 되며, 世界를 爲하는 것이 되는 것이 되는 것이다."(「想餘」, 『폐허』 제1호, 1920.7, 127면) "我等이여 忍耐하리로다 我等이여 勤勉하리로다 我等이여 勇敢하리로다 我等이여 勞作하리로다 我等은 文明을 進步식이리로다 從으로 先祖의 文明을 中恢하리로다 橫으로 世界의 文明을 擴張하리로다."(장도빈, 「我等의 曙光」, 『서울』 제1호, 1919.12, 16~17면)

하고 있는 공동체의 문제를 제기하고 있는 다음과 같은 논의는 이 글에 중요한 시사점을 제공한다. 먼저, 김옥성은 생태학의 관점에 따라 김소월을 비롯하여 한국 현대시에 나타나 있는 "농촌 공동체의 상상력"이 함의하는 의미를 살피고 있다. 그는 특히 샤머니즘 생태학을 바탕으로 김소월의 시에서 '농촌 공동체'가 붕괴된 현실에 대한 인식과, '영성'과 '노동'이 조화를 이루는 이상적 공동체의 복원에 대한 희망을 읽어내고 있다. 결과적으로 그는 김소월의 시가 그려내는 '농촌 공동체'를 "영성으로 충만한 샤먼적인 영적 공동체"라고 정의 내린다.[30] 이 논의에 따라 근대에 들어와서도 여전히 전통 사상이 구체적으로 '농촌 공동체'라는 실체를 통해 명맥을 유지해갔다는 점이 밝혀질 수 있게 되었다. 그럼에도 불구하고 이 논의에서는 김소월의 시에서의 '전통'을 근대와 대립하는 것으로 보고 '농촌 공동체'를 도시에 대한 비판적인 지점에 있는 것으로 파악함으로써 공동체의 개념이 협소해지고 말았다.

이에 반해, 신범순은 당대 조선적 현실의 토대가 되는 공동체의 '원형'을 탐색하고 있으며 기존의 연구에서 이념적인 차원에 갇혀 있던 민족공동체에 담긴 지평을 새롭게 해명하고 있다는 점에서 주목을 요한다. 그는 선사시대의 거석문명을 기록하고

30 김옥성, 「한국 현대시의 생태학적 농촌 공동체 이미지 연구」, 『국문학논집』 제21집, 단국대, 2011, 7~16면.

있는 암각화의 기호체계를 정밀하게 분석하여 생태계의 진화를 '조율된 전체' 속에서 개체의 "도약적 출렁임"과 "자기진화"를 이룬 것으로 설명하고 있다. 그는 개체 존재의 생명창조를 전체 생태계의 진화와 연결하고 인류 문명의 풍요로운 기원으로서 "존재 생태계"라는 자신만의 개념을 제시하였다.[31] 물론 이 "존재 생태계"라는 개념은 선사시대에만 국한된 개념이 아니다. 그는 그것을 무력과 율법체계를 기반으로 하는 역사시대의 '국가'와 구별하여 존재의 고유한 특수성을 인정하는 통합적 생태계로서 '나라'로 정의하였다.[32] 이 '나라' 또한 남성주의적인 체계를 갖춘 국가 시대가 전개됨에 따라 파괴되어버리고 말았지만 그는 그러한 개념이 역사의 저층에서 흘러와 여전히 정신사적인 토대로 작동하고 있다는 것을 밝혀내었다. 그 구체적인 예로 그는 오산학교와 대성학교 출신 문인들의 사상, 천도교의 이상향 운동, 대안적 조직체로서의 계명구락부 등을 들면서 공동체의 논의를 식민지 근대성에 대한 역사철학적 투쟁의 관점에서 다룰 가능성을 열어놓았다.

이러한 논의의 연장선상에서 보다면, '1920년대 초기'라는 시기는 특히 '이상주의'의 분위기를 바탕으로[33] 공동체의 문제가

31 신범순, 『노래의 상상계—'수사'와 존재생태기호학』, 서울대 출판문화원, 2011, 3~28면.

32 위의 책, 253~268면.

33 '이상주의'에 대한 대표적인 글로는 이병도, 「朝鮮의 古代藝術과 吾人의 文化

표면으로 부상한 결절점結節點에 해당한다. 그리하여 이 책은 다음과 같은 이유에서 '1920년대 초기'의 시를 대상으로 '숭고시학'과 '공동체'의 문제를 다루고자 한다. 첫째, 이 책에서 '숭고시학'은 '미적 근대성'으로 쉽사리 재단할 수 없는 1920년대 초기 시의 특수성을 해명할 수 있는 관점이 되기 때문이다. 다시 말해, '숭고시학'의 관점에서 1920년대 초기 시에 접근할 때 '조선'이나 '전통'의 기호는 '미적 근대성'에 균열을 일으키거나 그와 이질적인 기호가 아니라 자아가 주체로서 존립할 수 있는 근거로 부상할 수 있다. 둘째, 근대적 원근법으로 포착할 수 없는 외연을 탐사하려는 '숭고시학'은 문학의 층위에서 자아의 존재론적 의미망을 풍요롭게 하는 세계를 구축하는 것에서 나아가 당대 공동체의 논의와 맞닿아 있다는 것을 해명할 수 있기 때문이다.

그리하여 이 책은 기존의 동인지 중심의 협소한 틀이나 정전화된 자료에서 벗어나 『근화』, 『기독신보』, 『문우』, 『백조』, 『삼광』, 『서광』, 『서울』, 『신청년』, 『여광』, 『영대』, 『장미촌』, 『창

的 使命」, 『폐허』 제1호, 1920.7, 3~12면; 이일, 「現實붓허 永遠에」, 『신청년』 제1호, 1919.1.20, 2~3면 등을 들 수 있다. 개인의 자기완성과 집단적인 이상을 일치시키려는 '이상주의'는 도산 안창호와 춘원 이광수로부터 비롯하여 다음 세대인 전영택, 주요한, 김동인 등에게 이어져 그들의 문학에서 다양한 미학적 방식으로 실천되고 있다. 이에 주목한 선행연구에서는 당대의 '이상주의'가 서북지방 출신 문인들이 정서적 유대감을 형성하는 근거인 것에서 나아가 식민지 근대를 극복하기 위한 '공동체주의'로 나타나 있다고 해명하였다(이에 대해서는 정주아, 『서북문학과 로컬리티—이상주의와 공동체의 언어』, 소명출판, 2014, 154~204면 참고).

조』, 『태서문예신보』, 『폐허』, 『학생계』 등 '1920년대 초기'의 여러 매체에 나타난 '숭고시학'과 '공동체'의 문제를 고찰하고자 한다.[34] 이 책은 1920년대 초기 문학에서 숭고의 개념이 나타나게 된 배경으로 문학과 종교의 관련성을 살펴보고, 그와 직·간접적으로 관련되는 서구의 이론과 일본의 담론을 비판적으로 참조함으로써 1920년대 초기 조선에서의 독특한 함의를 밝히고자 한다. 그리고 이 책은 문학과 정치의 이분법적 경계를 넘어 1920년대 초기 시에서 '숭고시학'이 민족주의나 국민국가와 같은 협소한 이념이 아니라 당대 식민지 조선의 한계를 극복할 수 있는 공동체의 지평을 탐색하려는 흐름과 연결되고 있음을 밝힐 것이다. 나아가 이 책은 개체와 전체의 관계에 따른 '공동共同'의 원리, 개체와 전체의 조화를 위한 '공동'의 윤리 등 당대의 문학과 담론에 폭넓게 걸쳐 있는 공동체의 지표를 살펴볼 것이다. 이에 따라 이 책은 1920년대 초기 시를 새롭게 바라볼 수 있는 관점으로 '생명공동체'라는 개념을 제시할 것이다.

34 이 책에서 다룰 '1920년 초기 시'의 범위는 대략적으로 1918년에서 1924년에 걸쳐 있다. 통상적으로 서구 문예의 번역과 소개를 통해 근대문학의 형성에 기여했다고 알려진 『태서문예신보』가 1918년에 발행되었고 본격적인 국민문학의 산실이라 평가되는 『조선문단』이 1924년에 발행되었기 때문이다. 따라서 이 책은 『조선문단』이 출현하기 전에 발행된 잡지와 시인들의 작품을 중점적으로 다룰 것이다.

2. 숭고와 공동체 이론과 한국 근대시의 독특한 현장

한국 근대문학을 형성하는 과정에서 과학과 도덕과는 다른 문학 독자의 영역으로서 미의 범주를 발견할 때, 그 인식론적 조건으로 작동하고 있는 것 중 하나로 '자연', 좀 더 정확하게 말해 '자연을 보는 방식'을 들 수 있다. 이것은 실제로 한국 근대비평사의 첫 장을 연 것으로 받아들여진 김동인과 염상섭의 논쟁에서도 드러난다. 이 논쟁은 표면적으로 창조파와 백조파 간의 감정 대립이나 판사론과 변사론으로 집약되는 비평가에 대한 입장의 차이에서 비롯된 것으로 정리되어왔다.[35] 하지만 이 논쟁의 쟁점은 백악 김환의 소설 「자연自然의 자각自覺」(『현대』 창간호, 1920.1)에서 중점적으로 나타나는 '자연' 혹은 '자연주의'의 개념에 대한 각자의 입장 차이에 있었다. 김환은 이 소설에서 '자연'이라는 개념을 외부의 실제 대상으로서의 자연 또는 동양의 정신적 차원에서의 자연과 같이 명확하게 그 의미를 구별하여 사용하고 있지 않다는 점에서 이미 논쟁의 여지를 안고 있었다.[36] 이러한 과정을 거쳐

35 김동인과 염상섭 간의 논쟁의 과정과 각자의 입장, 그 문단사적 의의에 대해서는 김영민, 「비평의 공정성과 범주, 역할 논쟁」, 『한국근대문예비평사』, 소명출판, 1999, 13~38면 참고.

36 송민호, 「1920년대 초기 김동인 – 염상섭 논쟁의 의미와 '자연' 개념의 의미

외부의 번역어로서 '자연'이라는 개념은 근대문학을 형성하는 데 있어 필수적인 항목으로 작동하고 있었던 것이다.[37]

일찍이 가라타니 고진은 근대 초기 일본의 문단에서 나타난 이러한 현상들에 주목하여 근대문학의 인식틀 중 하나로서 '풍경'과 근대적 제도로서 '풍경의 발견'을 제시한 바 있다. 그에 따르면 '풍경'은 그 전부터 존재해왔을 지도 모르지만 그것을 발견한 뒤에야 존재하게 되며 이후 풍경의 기원은 은폐된다. 그리고 '풍경'이 출현하기 위해서는 그 전에 풍경을 풍경으로서 발견할 수 있는 지각 방식의 변화가 선행되어야 하는데, 고진은 그것을 "내적 인간inner man", 즉 내면적인 상태와 연결하고 있다.[38] 이처럼 '풍경'이 근대적 제도로 출현하기 위해서는 '전도'나 '도착倒錯'과 같은 '원근법'의 도입이 필수적인데, 흥미롭게도 고진은 칸트의 개념에 근거하여 '풍경의 발견'을 미가 아닌 '숭고'의 발견

적 착종 양상」, 『서강인문논총』 제28집, 서강대 인문과학연구소, 2010, 105~138면.

37 메이지 시기 일본에서 번역어가 근대어로 정착되어가는 과정을 추적한 야나부 아키라는 'nature'의 번역어로서의 '자연'이 들어오고 기존에 있던 고유어로서의 '자연(自然)'과 혼재하게 되면서 '자연'을 둘러싼 문단의 논쟁이 일어나게 되었다고 보았다. 그에 따르면, 전통적으로 '자연'은 저절로, 있는 그대로와 같은 형용사와 부사로 쓰이거나 주객 미분화된 상태로 존재하였다. 하지만 근대로 들어오면서 '자연'은 자연과학에서의 자연, 즉 외부의 객관적 존재(풍경)로 번역됨에 따라 근대어로 정착되어갔다고 한다. 야나부 아키라, 김옥희 역, 『번역어의 성립』, 마음산책, 2011, 131~149면.

38 가라타니 고진, 박유하 역, 『일본근대문학의 기원』 개정판, 도서출판b, 2010, 36~37면.

이라 덧붙이고 있다.[39] 물론 이 부분에서 고진이 말하는 근대적인 제도로서 '원근법'의 도입에 일종의 '균열'이 내재해있다고 볼 수 있지만,[40] 고진은 그러한 균열의 지점조차 '원근법'의 관점으로 균질화시키고 있다는 점에서 문제적이다.[41] 이는 그가 서양의 기하학적 원근법과 달리 동양의 산수화에서 풍경이 존재하지 않는다고 보는 부분과 "아무도 그곳(풍경 — 인용자 주)에서 벗어난 것처럼 이야기할 수는 없다"라고 말하는 부분에서 단적으로

39 위의 책, 41~42면.

40 이와 관련하여 '풍경의 발견'을 내면적 인간 및 근대성의 출현과 연관시킨 고진의 논의를 비판적으로 사유하는 논의를 들 수 있다. 먼저, 서영채는 고진의 풍경론이 사실은 진짜 고독, 즉 고독의 실재와 대면하고 싶지 않은 "근대인의 회피 전략"에서 나온 것이라고 보았다. 그는 이러한 "첫 번째 풍경"과는 달리 공간(잠재적 풍경)과 장소(현실적 풍경) 사이의 간극과 불일치, 객관성과 주관성의 불일치에서 빚어지는 절대 공간으로서 "두 번째 풍경"이라는 개념을 제시한다. 그는 "두 번째 풍경"이야말로 진짜 풍경, 실재로서의 풍경이라고 말하면서 둘(공간과 장소, 객관성과 주관성)의 불일치를 바라보는 타자의 응시에서 '숭고'를 읽어낸다(서영채, 「절대 공간으로서의 풍경」, 『한국현대문학연구』 제41집, 한국현대문학회, 2013, 569~604면). 비슷한 맥락에서 김예리는 전도의 논리에 의해 풍경이 그대로 내면으로 등치되는 고진의 풍경 개념에서 이미지적인 요소(영상성, 시각성)가 배제되고 있는 현상을 지적하고 1930년대 한국 문학에서 고진의 풍경 개념을 보충할 새로운 시각체계의 가능성을 제시하려 하였다(김예리, 「1930년대 한국 모더니즘 문학에 나타난 시각체계의 다원성 – 새로운 '풍경' 개념의 정립을 위한 시론(試論)」, 『상허학보』 제34집, 상허학회, 2012, 55~97면).

41 보통 원근법은 현대성 시각 체제가 기초하는 지배적인 시각 양식을 가리킨다. 일반화된 원근법은 2차원적인 평면에 3차원적인 공간의 깊이를 정확하게 묘사하기 위해 고안된 재현 양식이며 재현 영역에서 리얼리즘으로 고양되기도 한다. 이를 바탕으로 원근법은 데카르트의 코기토(Cogito)와 같이 시각의 장에서 자기 의지적이며 대상 세계와 거리를 둔 채 통제력을 행사하는 초월적인 주체로 거듭난다. 주은우, 『시각과 현대성』, 한나래, 2003, 23~25면 참조.

드러난다.[42] 결국 그에게 풍경은 원근법과 같은 근대적 제도를 통해 나타날 수밖에 없는 것이다.

이러한 측면은 그간 고진의 관점에 따라 1920년대 초기 시에서 자연의 발견을 통해 '미적 근대성'의 테제를 확인하거나 '미적 근대성'에 균열을 일으키는 지점에서 숭고를 읽어낸 종래의 논의를 다른 각도에서 보게 만든다. 차후 논의 과정에서 명확하게 드러나겠지만, 1920년대 초기 문인들은 풍경을 풍경 그 자체로 보려는 '원근법'의 관점을 도입하고 있으면서도 오히려 '자연'을 명확하게 파악할 수 없는 대상으로 그리거나 도달(혹은 합일) 불가능한 대상으로 보고 있다.[43] 다시 말해, 그들은 자연과 풍경의 불일치를 통해 미가 아닌 '숭고'에 대한 인식을 보여주고 있다. 이에 주목한 선행 연구에서는 풍경의 균열이 일어나는 지점조차 '원근법'에 포섭한 고진과 마찬가지로 숭고를 미학, 즉 '미적 근대성'의 영역 안에서 다뤄왔다.[44] 그럼에 따라 1920년대 초기 문인들이 제시한 '조선'이나 '전통'의 기호는 '반근대'나 '전근대'

42 가라타니 고진, 박유하 역, 앞의 책, 31~47면.
43 대표적인 글로는 김환, 「美術論」(1)(2), 『창조』 제4~5호, 1920.2~3, 1~8면 · 66~71면; 임노월, 앞의 글, 8~19면; 임노월, 「美의 絶對性」, 『영대』 제3호, 1924.10, 16~26면; 이훈, 앞의 글, 61~68면; 노자영, 「鐵甕城에서－田園美의 엑기스 小金剛의 자랑」, 『백조』 제1호, 1922.1, 96~103면 등을 들 수 있다.
44 윤지영, 「1920~30년대 시에 나타난 자연의 심미화 연구－정과 미의 결합 양상을 중심으로」, 『한국문학이론과 비평』 제69집, 한국문학이론과 비평학회, 2015, 335~358면 참고.

와 같은 이념으로 구성되어야 할 산물에 불과했던 것이다.

하지만 1920년대 초기 문인들은 '미적 근대성'으로 환원할 수 없는 '조선'이나 '전통'의 기호가 오히려 그것의 '외연'을 구성하는 산물이라는 것을 보여주고 있다. 따라서 이 책에서는 1920년대 초기 시에서 미적인 것과 구별되는 숭고를 원근법의 관점으로 다루는 것에서 벗어나 그러한 원근법의 '외연'을 탐사하려는 측면에서 고찰하고자 한다. 주지하다시피, 숭고의 개념은 문학의 차원에서 활발한 논의가 이루어지기 전에 이미 서구의 철학사와 미학사에서 지속적인 논의가 이루어져왔다. 이 책의 목적은 앞에서도 밝힌 것처럼 서구 철학사와 미학사에서 전개되어온 숭고의 개념을 바탕으로 1920년대 초기의 텍스트에서 '숭고미학'을 검증하는 데 있지 않다. 그래서 그 예비 작업으로 서구 미학사에서 전개되어온 숭고의 계보를 간략하게 더듬는 과정에서 '숭고시학'의 가능성을 비판적으로 타진해보고자 한다.

보통 서구의 철학에서 '숭고崇高, sublime, das Erhabene'는 문자 그대로 높이, 또는 치솟은 높음을 뜻하며 롱기노스Longinos라는 이름으로 표기된[45] 고대 그리스 시대의 작은 책자인 『숭고에 관

45 잘 알려진 대로 이 책의 저자가 롱기노스라고 불리게 된 것은 이 책의 필사본에 글쓴이가 디오뉘시오스 롱기노스(Dionysios Longinos)라고 표기되어 있는 것에서 연유하였다. 하지만 이 필사본의 상세목차에는 저자가 "디오뉘시오스 또는 롱기노스"라고 되어 있다는 점에서 이 필사본 자체가 글쓴이를 정확하게 제시하고 있지 않으며 정확하게 언제 쓰여졌는지도 불분명하다. 다만 기원후 1세기에 쓰여졌다고 추정될 따름이다.

하여』에 의해 처음으로 미학의 대상으로 부상할 수 있게 되었다. 이 책은 전통적으로 수사학의 탐구대상이었던 웅변이나 연설로 대표되는 언어현상을 다루면서도 주로 말과 글에서 나타나는 문체의 문제에 초점을 맞추고 있다.[46] 즉, 롱기노스는 말과 글로 대표되는 모든 종류의 언어적 표현인 문체의 가치를 평가하는 기준으로 '숭고'를 내세웠던 것이다. 그러면 그가 모든 언어의 최고 성취 단계라고 보았던 '숭고'란 무엇인가? 그는 이 책에서 말의 '크기'와 '숭고'를 동의어로 사용하고 있다. 그가 말하는 '크기'란 구체적으로 작가의 정신의 '크기', 강렬하고 신들린 파토스 등을 가리키며 이것을 통해 존재의 완전성과 신적인 본질을 일깨우는 말글이 바로 숭고한 것이다.[47] 이러한 롱기노스의 '숭고' 개념은 물론 고대 그리스의 수사학적 전통 가운데 이루어진 것이지만 그가 말하는 '숭고'와 '크기'의 동일성은 앞으로 숭고의 개념을 미학의 차원에서 정립하는 데 중요한 원천이 된다.

롱기노스 이후 버크E. Burke는 '숭고'를 아름다움과 구별하여 미학의 근본범주로 올려놓는다. 그는 그 전까지의 미학이론에서 '숭고'를 아름다움의 일부로 파악하는 관행에서 벗어나 숭고와 아름다움을 독립적인 범주로 파악하고자 했으며, 경험적 · 현상

46 디오뉘시오스 롱기노스, 천병희 역, 「숭고에 관하여」, 『시학』, 문예출판사, 2006, 280~296면.

47 김상봉, 「롱기노스와 숭고의 개념」, 『나르시스의 꿈―서양정신의 극복을 위한 연습』, 한길사, 2002, 79~94면.

적인 방식에 따라 미와 숭고의 다양한 특성을 기술하고자 했다. 그는 아름다움이 불러일으키는 감정으로서의 즐거움과 숭고가 불러일으키는 감정으로서의 안도감delight을[48] 뚜렷하게 구별하고, 각각의 장을 갖춰 원인, 속성, 감각과의 관계 등의 측면에서 숭고와 아름다움의 특징을 논의하였다.[49] 결론적으로 그는 "이 둘(숭고와 아름다움 — 인용자 주)을 구성하는 원리가 서로 매우 다르며 그것들이 미치는 영향도 마찬가지로 다르다는 사실"에 다다르게 되면서 숭고와 아름다움을 명확하게 구별 짓는다.[50]

이처럼 버크는 영국의 경험론적 철학을 바탕으로 숭고와 아름다움을 구별하여 '숭고'를 독립적인 미학개념으로 사유할 수 있게 하는 단초를 마련하였다. 이러한 구분법은 칸트에게 이어져 경험 가능성의 조건 자체에 대해 심층적으로 질문하는 "선험적 분석"의 방식에 따라 기술된다.[51] 칸트의 논의에서 주목할 점은 '숭고'에 대한 정의, 종류, 원리 등을 체계적으로 분석하고 있는 부분이다. 그는 롱기노스의 방식을 이어받아 숭고를 "단적으로

48 안도감(delight)은 버크의 『숭고와 아름다움의 이념의 기원에 대한 철학적 탐구』에 나오는 번역어로 엄밀히 말하면 칸트가 불쾌의 반대항으로 제시한 '쾌감'과 같은 의미를 가진다고 볼 수 있다. 여기서는 번역어의 표현을 그대로 사용하였다. 에드먼 버크, 김동훈 역, 『숭고와 아름다움의 이념의 기원에 대한 철학적 탐구』, 마티, 2009, 80~82면.

49 위의 책, 51~242면.

50 위의 책, 224면.

51 디터 타이헤르트, 조상식 역, 『쉽게 읽는 칸트 판단력 비판』, 이학사, 2003, 108~110면.

큰 것", "일체의 비교를 넘어서" 있을 만큼 "절대적"으로 큰 것으로 정의한다.[52] 하지만 인간의 감각은 이러한 절대적인 크기를 감각할 수는 없고 유한한 크기만을 감각할 수 있을 뿐이다. 그리하여 칸트는 "숭고한 것이란 그것을 단지 생각할 수 있다는 것만으로도 감관의 모든 자(척도—원문 주)를 뛰어넘는 마음의 능력을 증명하는 것"이라는 주석을 덧붙인다.[53] 다시 말해, 그는 '숭고'가 절대적으로 크거나 압도적인 대상 자체에 있지 않고 그것을 반성적·감성적으로 인식하는 인간의 탁월한 능력에 있다고 보았던 것이다. 이 부분은 이후 '숭고'의 원리를 정식화하는 과정에서 구체적으로 드러난다.

숭고의 개념을 정의한 다음 칸트는 '숭고'를 수학적 숭고와 역학적 숭고로 분류한다. 그에 따르면 수학적 숭고는 분량과 성질의 범주, 대상의 크기에 대한 평가와 주관의 인식 능력과 관련되며, 역학적 숭고는 관계와 양상의 범주, 대상의 힘에 대한 평가와 주관의 욕구 능력과 관련된다. 좀 더 구체적으로 말해, 수학적 숭고는 인간이 상상력의 현시능력을 초과하는 절대적 크기에 직면하여 절대적 전체성에 따라 파악하라는 이성의 명령에 직면하였을 때, 오히려 상상력을 능가하는 능력을 확인하는 것에서 발생한다. 역학적 숭고는 인간이 압도적인 위력을 가진 자연물

52 임마누엘 칸트, 백종현 역, 『판단력 비판』, 아카넷, 2014, 253~256면.
53 위의 책, 256면.

에 직면하였을 때 일차적으로 공포를 느끼지만 그것을 안전한 곳에서 관조하는 경우에 발생한다.[54] 이처럼 칸트는 '숭고'를 두 가지로 구분하여 설명하고 있으나 그가 그것을 설명하는 원리에 있어서는 공통점을 가진다. 말하자면, 그는 절대적인 크기이든, 위력적인 대상에 직면하였든 인간이 상상력의 한계의식을 느낄 때에는 불쾌감을 느낄 수밖에 없지만 그것이 오히려 절대적인 총체성이라는 이념을 현시하려는 이성의 입장에서는 적합하다고 보았던 것이다. 그러면 칸트는 불쾌감을 쾌감으로 전환하는 인간의 이성적 능력에서 '숭고'를 발견하고 있는 셈이다.

그 뒤 현대로 들어오면서 미의 범주와 변별되는 '숭고'에 대해 철학적인 의미를 부여한 칸트의 논의는 포스트모더니즘의 예술 미학을 설명하려는 개념이나 탈근대의 사유를 표상하는 미학의 개념으로 변주되기도 한다.[55] 특히, 지젝은 칸트의 '숭고'를 '실

54 위의 책, 253~293면.

55 리오타르(J. F. Lyotard)는 포스트모더니즘의 미학적 원리로서 '숭고'를 거론한 대표적인 사상가이다. 그는 근대미학의 인식론적 원리인 리얼리즘(실재론)과 이에 입각한 재현의 이념이 더 이상 역사적인 역할을 수행할 수 없다는 비판 아래, 현실의 화해와 유토피아를 배제하고 비결정성의 순간을 지향하는 아방가르드 미학의 원리로서 '숭고'를 내세운다(안성찬, 『숭고의 미학-파괴와 혁신의 문화적 동력』, 유로서적, 2004, 185~193면). 이러한 리오타르의 관점은 이후 경계의 제한을 벗어난 것의 움직임, 즉 "탈경계의 움직임"(장-뤽 낭시)이나 이미 오래전부터 주어진 것인 동시에 매 순간 새롭게 제공되는 "무한한 공동체"(자콥 로고진스키) 등 탈근대의 미학으로 재탄생해왔다. 장-뤽 낭시 외, 김예령 역, 『숭고에 대하여-경계의 미학, 미학의 경계』, 문학과지성사, 2005, 11~311면.

재계'의 차원으로 끌어올려 논의하는 가운데 라캉의 정신분석학에서의 '실재계'를 후기 자본주의 사회의 허구적인 이데올로기 장치를 폭로하는 정치적 혁명으로 재해석한다.[56] 그는 기본적으로 '실재계'를 욕망의 차원에서 쾌락 원칙을 넘어서는 여분이나 잉여 쾌락으로 보고 있으며 욕망과 대상 자체의 불일치 속에서 숭고함을 발견한다. 그는 칸트의 도달 불가능한 '물자체Ding an sich'와 숭고한 것의 관계를 헤겔의 변증법식으로 해석하는 가운데, '칸트를 더 칸트다운 방식으로' 넘어서려 한다.[57]

주지하다시피, 칸트는 숭고한 것을 세계 내의 경험적·감성적 대상이 초월적인 '물자체'와 맺는 관계라고 정의한 바 있는데, 여기서 이미 숭고의 역설이 성립되어있다. 즉, 칸드에게 표상과 사물 간의 간극은 극복 불가능한 것이다. 그런 점에서 그에게 숭고한 것은 표상의 실패라는 불가능성 자체를 경험하게 해주며 궁극적으로 사물의 진정한 차원을 부정적인 방식으로 감지하게 해준다.[58] 그리하여 지젝은 '물자체'를 여전히 현상성의 너머에 실정적으로 존재하는 어떤 것으로 두려는 칸트에서 벗어나 현상성의 너머에는 무無만이 있다는 것을, '물자체'는 그러한 근본적인 부정성에 불과하다고 말한다. 그에 따르면, 숭고함은 현상계

56 슬라보예 지젝, 이수련 역, 『이데올로기라는 숭고한 대상』, 인간사랑, 2002, 33~102면.
57 안성찬, 앞의 책, 195면.
58 위의 책, 195~196면.

가 사물을 정확하게 표상할 수 없다는 사실로써 현상계 그 자체 안에 기입되어 있는 것이다.[59]

지금까지 거칠게나마 살펴본 서구 담론에서의 '숭고'의 계보는 한국현대시에서 숭고 혹은 숭고한 것의 의미를 논의하는 데 있어 유효한 이론적 근거로 받아들여져 왔다. 특히, 인간의 인식 범위를 초과하거나 인간을 압도하는 대상에 대한 체험은 문학에서 미와는 다른 '숭고'의 범주를 설명하는 결정적인 근거가 되어왔다. 하지만 앞에서 서구의 숭고 이론을 살펴보는 과정에서 동양에서의 '숭고'에 대한 인식이나 그에 대한 논의는 없었는가에 대한 의문을 느낀다. 서구에 비해 다소 미비하기는 하지만 동양에서 '숭고'에 대한 인식에 주목한 논의가 산발적으로 이루어지기는 했다.

예컨대, 최근 포스트모던의 철학적 조류에 따라 관심의 대상으로 떠오른 장자의 '도道' 또한 '숭고'의 개념과 멀지 않은 위치에 놓여있다. 장자는 일찍이 노자의 사상을 계승하여 미美 · 추醜와 같은 대립개념들이 상대적이며 본질적으로 차이가 없다고 보았다. 그는 그러한 상대적인 대립개념이 '도'에 의해서 하나가 된다고 보았다. 그에게 감성세계의 미추와는 다른 심미세계는 "지고至高"라는 개념으로 나타나고 있으며 이것은 결국 '숭고'와 통한다.[60] 또 다른 예로 중국의 선진시대부터 미와 함께 하늘을

59 슬라보예 지젝, 이수련 역, 앞의 책, 326~346면; 슬라보예 지젝, 이성민 역, 『부정적인 것과 함께 머물기』, 도서출판b, 2007, 75~97면.

60 이종선, 「장자미학의 해체론적 성격연구」, 『동양예술』 제10집, 한국동양예술

찬양하는 것으로 '큼大'이라는 개념이 있었으며 보다 직접적으로 누대나 산수의 '높이'와 '크기'를 나타내는 개념으로 '숭고'가 등장하였다고 한다.[61] 이러한 점은 서구와 같이 체계화된 논의의 대상으로 부상하지 못했지만 동양에서도 오래 전부터 '숭고'에 대한 인식이 있었다는 것을 말해준다.

그러면 한국근대문학의 경우는 어떠한가? 근대 초기 한국문학 역시 '숭고'를 이론적으로 논의하지는 않았으나 '숭고'에 대한 인식을 적잖이 내장하고 있다는 것을 보여준다. 예컨대, 육당 최남선으로부터 시작되어 여러 시인들에게 이어지는 '바다'의 기호 체계에서 '숭고'에 대한 인식을 읽어낼 수 있다. 최남선은 『소년』의 첫 장을 장식한 신체시 「해海에게서 소년에게」에서부터 오랜 역사가 축적되어온 '대륙'을 뒤흔들어버리는 '바다'의 역동적이고 파괴적인 힘을 보여준 바 있다. 그와 함께 그는 인간의 지성과 문명으로 완전히 포착할 수 없는 '자연'의 창조적인 운동을 그려내고 있다. 이처럼 그는 '자연'의 숭고한 위력을 통해 식민지 근대로 압축되는 역사 시대와 대결하면서 '불함문화'

학회, 2005, 252~291면.

61 이지언, 「칸트의 숭고미학과 동양의 숭고미학에 관한 비교 고찰」, 『조형연구』 제12호, 건국대 조형연구소, 2004, 1~20면. 이 논의에서는 그간 서구의 '숭고미학'에 치중하고 있는 것에서 벗어나 동양의 '숭고미학'에 주목하고 있다. 이 논의에 따르면, 서구의 '숭고'에서 '자연'은 주로 관조의 대상으로 여겨졌던 것에 비해 '동양'의 '숭고'에서 자연은 인간과의 합일을 통해 인간의 정신을 드높이는 대상으로 나타나는 차이를 보인다.

로 표상되는 민족의 주체적 정신을 탐색하고자 했다.[62] 신채호 역시 환상적인 소설 「꿈하늘」에서 선조들의 영혼과 교유하고 신체의 변신술적 확장을 보여주는 가운데 사대주의에 침략당하지 않은 고유한 '자아'를 탐색하고 다수의 종족이 조화롭게 통일된 민족의 주체적인 역사를 복원해내고 있다.[63] 이로 미루어볼 때 근대 초기 한국문학에서 '숭고'는 식민지 근대와 대결하기 위한 역사철학적인 방식으로 나타나고 있었다고 볼 수 있다.

1920년대 초기 문학에서의 '숭고'는 1910년대 문학과 같이 역사철학적인 투쟁의 방식으로 나타나지는 않지만 미에 대한 근본적인 사유를 바탕으로 보다 정치하게 나타나고 있었다. 여기서는 앞에서 살펴본 서구의 숭고 이론에 비판적으로 접근하는 가운데 1920년대 초기 시에서 '숭고시학'이 논의될 가능성을 보이고자 한다. 예컨대, 지금까지 숭고의 논의에서 중심적인 위치를 차지한 칸트의 경우를 살펴보자. 이미 지적된 것처럼 칸트가 말하는 '숭고'는 결국 "인간 주체의 특별한 시선의 산물"[64]이라는 점을 부정할 수 없다. 그의 논의에서 위력적이고 압도적인 자

62 신범순, 앞의 책, 169~223면.
63 위의 책, 280~290면.
64 서영채, 「절대 공간으로서의 풍경」, 『한국현대문학연구』 제41집, 한국현대문학회, 2013, 595면. 같은 맥락에서 디터 타이헤르트는 칸트의 『판단력 비판』에서 숭고의 감정에 중요한 지위를 부여하는 삶의 형식이 진보된 이성의 문화를 소유하고 있다고 말한다. 디터 타이헤르트, 조상식 역, 앞의 책, 104~107면.

연(자연현상)을 외부로 배제하고 그 반대에 있는 인간 내부의 시선을 통해 '숭고'를 발견하고 있다는 것에서 그러한 점을 발견할 수 있다. 하지만 그는 인간에게 '자연'이 주체와 객체의 관계에 따라 배제된다기보다 인간의 삶을 풍요롭게 하는 대화적인 존재로 나타나기도 한다는 점을 간과하고 있다.[65] 그리고 그가 미와 감정의 직접성과 구별하여 '숭고'로의 고양을 이성의 무한한 이념과 연결시킨 것은 문학에서 감정이 이성과 대립하는 것이 아니라 그 자체로 무한한 것을 엿보게 하는 이성이 될 수 있다는 점과도[66] 괴리되고 있다.

뿐만 아니라 지젝이 말하는 '실재계'의 숭고함은 1920년대 초기 시에서 미적 주체의 발견을 위해 도입된 '자연'에 대한 원근법을 넘어서는 측면을 이해하는 참조점이 될 수는 있다. 하지만 1920년대 초기 시인들은 지젝과는 달리 현상계의 너머에는 무(없음)밖에 없다고 판단하지 않았다. 좀 더 정확히 말해, 그들에게 현상계 너머에 있는 대상은 '부재'하고 있을 뿐 자아의 존재

65 실제로 1920년대 초기 문학에서 '자아'의 '자연'에 대한 원근법이 주체와 객체의 구분에 따라 이루어지기보다는 '자아'가 '자연'에게서 주체 이상의 의미를 발견해내거나 '자연'과 상호보완적인 관계를 만들어내는 현상을 목도할 수 있다. 그에 따라 '자아'는 '자연'과 대화적인 관계에 놓임으로써 자기보존의 테두리에서 벗어나 자신의 존재론적인 의미를 더욱 상승시키는 시·공간으로 나아간다. 이에 대한 대표적인 글로는 김소월, 「詩魂」, 『개벽』, 1925.5; 김용직 편, 『김소월전집』, 서울대 출판부, 1996, 495~501면 참고.

66 이러한 관점은 박종화, 「샘볼리슴(象徵主義)」, 『문우』 창간호, 1920.5, 25~31면에서 직접적으로 살펴볼 수 있으며 당시 상징주의를 '신비주의'와의 관련하에서 논하고 있는 글에서 찾아볼 수 있다.

론적인 토대를 이루는 지평으로 기능하고 있었다. 그들은 존재 자체의 부정을 의미하는 무(없음)의 영역과 구별하여 존재의 부재를 의미하는 무(있었음)를 나타내고 있었다. 그들은 실제로 부재의 흔적으로 발견할 수 있는 그러한 무를 통해 자신들의 존재의 '있음'을 성찰하고 존재의 의미망을 보다 풍요롭게 만드는 세계를 구축하려했던 것이다.

그리하여 이 책에서는 서구의 숭고 이론과 일본의 풍경론을 문학 텍스트에 기계적으로 적용하는 것에서 벗어나 1920년대 초기 시에서 '숭고'에 대한 미세한 지점들을 '숭고시학'의 관점에서 읽어내고자 한다. 그에 따라 이 책의 2장에서는 먼저 1920년대 초기의 글에서 폭넓게 나타나 있는 '자아'와 '자연'의 관계를 통해 숭고에 대한 인식을 읽어낼 것이다. 다시 말해, 1920년대 초기 시에서 '자아'의 '자연'에 대한 원근법의 도입에서 미적 범주를 획득하게 되었다는 사실에는 원근법의 환원 불가능성과 같은 인식론적 조건을 내포하고 있다는 것을 확인할 수 있다. 1920년대 초기 시인들은 자연과 풍경의 불일치를 통해 '자연'을 도달 불가능한 지점에 두었으며 이를 표상하는 숭고의 문학적 지표로서 '거리감'을 도입하고 있었던 것이다.

나아가 이 책은 당대의 텍스트에서 숭고에 대한 인식을 파생할 수 있었던 문단의 내·외부적인 사정을 살피고자 한다. 문단 내적인 차원에서 이 책은 지·정·의라는 문학 범주에서 정(감정)이 부상하여 미적 개념을 획득하였다는 통상적인 관점에서 벗어나 미라는 개념에 '무한'과 '절대'라는 수사를 동반할 수밖에 없었던 필연성을 '숭고'의 관점에서 해명할 것이다. 이와 함께 1920년대 초기 시에서 '숭고'라는 독특한 인식이 등장할 수밖에 없었던 배경으로 문학과 종교의 관련성을 살펴보고 두 영역이 분리되는 과정을 추적할 것이다. 이 과정에서 특히 '자아'가 다다를 수 없는 지점에 놓인 '자연'에 대해 '신비', '무한', '영원' 등과 같은 수사를 덧붙이고 있는 의도가 드러날 것이며 그러한 대상들을 '표상'하기 위해 상징주의의 장치를 도입한 의도가 드러난다.

이 책의 3장에서는 2장에서 세운 방법론을 바탕으로 하여 1920년대 초기 시에서 숭고 체험을 나타내는 계기를 유형화하는 한편 '숭고시학'의 관점에서 거기에 담긴 함의를 분석하고자 한다. 1920년대 초기 시에서 '숭고시학'은 명확한 실체를 알 수 없는 목소리에의 이끌림과 귀결되지 못하는 '표박'의 반복, 부재한 대상에 대한 '환상'의 지속과 '찰나'를 통한 역사적 시・공간으로의 도약, '정조상징'을 통한 관계성의 열림과 공감의 창출 등과 같은 구체적인 표지를 가지고 나타난다. 이때 1920년대 초기 시인들이 '자연'과 같이 근대적 원근법으로 환원 불가능한 '애인', '고향', '어머니' 등의 대상을 자신의 존재를 감싸는 토대나 '생명'의 근원으로 설정하고 있다는 점을 살펴볼 수 있다.

이러한 측면은 1920년대 초기 시인들이 그러한 대상들과 결부시킨 '조선'이나 '전통'이라는 기호가 기존의 논의에서 반복되어온 것처럼 '상상'이나 '관념'에 의해 구성된 산물이 아니라 그들의 삶에서 실제로 작동하고 있는 공동체적 의미망이라는 것을 말해준다. 다시 말해, 1920년대 초기 시인들은 자신들의 '자아'가 '애인', '고향', '어머니' 등의 대상과 '생명'이라는 유기적이고 통합적인 개념으로 연결되고 있었기 때문에 '조선'이나 '전통'과 같은 기호를 필연적으로 노출할 수밖에 없었던 것이다. 그들에게 이와 같은 기호는 국민국가 혹은 민족주의와 같은 근대적 관점으로 재단할 수 없는 역사적 지평을 가지고 있었다. 그들은 '단군'을 기원으로 하는 선조들의 문명에 '조선'이나 '전통'의 기호를 위치시키면서 이러한 기호가 식민지 조선의 한계를 극복하기 위해 다방면으로 모색되고 있었던 공동체의 이념이 된다는 것을 보여준다. 뿐만 아니라 그들은 '숭고시학'의 장치로 삼았던 '영혼'을 당대의 현실에서 이상적 공동체를 실현하기 위한 정신적 산물로 활용하고 있었다. 따라서 이 책의 2장과 3장에서 중점적으로 논의할 '숭고시학'은 문학 자체의 문제에서 나아가 당대의 공동체 논의와 접속된다.

이 책의 4장에서 중심이 되는 개념인 '공동체'는 기존의 공동체 담론에서 사용하는 개념과는 다른 맥락에 있다. 이 책에서 다루는 공동체에 대한 관점을 환기시키기 위해 현재까지 전개되어온 공동체 논의의 흐름을 간략하게 살펴보자. 서구에서 공동체의 개념이 본격적으로 학문의 장에 편입될 수 있었던 것은 초창기 사회학에서의 논의에 힘입은 바가 크다. 원래 공동체에 관한 논의는 서구의 역사에서 17세기에서 19세기에 걸쳐 이루어진 전근대사회에서 근대사회로의 이행이라는 역사적 경험으로 인해 산출되었다. 개인적 합리주의가 신성시되던 17~18세기 유럽에서는 의지 · 동의 · 계약과 같은 자연법적 기초를 바탕으로 인간들이 자유롭게 합리적으로 관계를 맺는 결합의 형태를 지향함에 따라 공동체의 문제는 크게 논의되지 않았다.[67] 하지만 19세기에 들어와 산업혁명과 프랑스혁명을 계기로 사회가 점점 불안정하게 변해가고 기존의 생활양식이 급격하게 해체되어감에 따라 '우리는 함께 존재한다Nous Sumus'라는 인식에 기초한 공동체에 대한 관심이 증폭되어갔다. 그리하여 주로 사회학의 분야에서 공동체론을 정립하려는 지적 전통이 발달하게 되었던 것이다.[68]

사회학 · 실증주의의 창시자로 알려진 콩트A. Comte는 상실된 공동체를 회복하기 위해 사회학을 창건하였으며 '사회'를 '공동체'가 확대된 개념으로 파악하고자 했다. 그는 사회가 '결합의 원리'에 의해 형성되는 것이 아니라 '공동의 원리'에 의해 형성된다고 말하면서 공동체의 원형으로 가족을 제시하였다. 이러한 콩

67 구승회 · 김성국 외, 『아나키 · 환경 · 공동체』, 모색, 1996, 19~77면.
68 로버트 A. 니스벳, 「공동체 이론의 역사」, 신용하 편, 『공동체 이론』, 문학과지성사, 1985, 102~114면.

트의 명제를 받아들인 19세기의 사회학자들은 사회의 토대가 되는 사랑, 헌신, 우정, 협동, 연대 등의 가치가 공동체로부터 산출된다는 것을 밝혔으며 미래 사회의 전망을 공동체로부터 읽어내기도 하였다. 이후 공동체의 논의가 본격적으로 이루어지는 과정에서 가족, 민족, 농촌 공동체 등과 같은 역사적인 실체로서의 공동체를 규명하려는 움직임이 활발하게 일어났다. 특히, 제2차 세계대전이 끝난 20세기 후반, 현대 자본주의 사회의 구조적 모순이 첨예화되고 소외된 집단들의 소규모 코뮌 운동이 격화되어가는 상황에서 공동체의 연구는 급격히 고양되었다. 이러한 사회의 동태에 맞춰 공동체의 논의 또한 공동체의 개념과 연구방법론을 다방면으로 체계화하는 방향으로 전개되었다.[69]

이처럼 공동체의 논의가 본격적으로 전개되어옴에 따라 공동체를 바라보는 이데올로기의 성격은 보수주의(공동주의적 전통)와 근대주의(개인주의적 전통)의 흐름으로 나뉘게 되었다. 그리고 각자의 기본적인 가치 관점에 따라 전근대적인 목가적 정신으로의 복귀(퇴니스), 공동체의 가치들과 산업화의 결과들의 조화(헤겔), 근본적인 사회·경제적 조건들의 변혁(마르크스, 루소) 등과 같이 공동체의 가치를 회복하기 위한 여러 대안들이 창출되었다. 따라서 공동체의 의미는 사실의 측면과 함께 다양한 가치적 측면과 관련을 맺게 되었고 당대의 근본적인 시대 문제를 해결

69 위의 책, 11~17면.

하려는 구체적인 사상으로 나타나게 되었던 것이다.[70]

하지만 앞서 살펴본 공동체의 논의에는 다음과 같은 몇 가지 문제점이 내재해있다. 먼저, 앞선 연구에서 사회의 토대로서 공동체의 의의를 해명하고 지역적 유대를 기반으로 하는 상호작용과 친밀성에서 공동체의 감정을 밝혀낸 것은 충분한 의의가 있다. 하지만 이 연구들이 공동체의 태동을 주로 전근대 사회에서 근대 사회로의 이행과 같은 역사적인 관점에 따라 접근하고 있다는 혐의를 지우기는 어렵다. 그럼으로써 공동체의 개념은 그 실체나 원리의 측면에서나 근대 사회와 조화시켜야 할 전근대 사회나 전통사회의 성격을 지닐 소지가 다분해 보인다. 특히, 개인의 소외나 사회의 해체를 목도한 보수주의자들이 그러한 문제점들을 해결하기 위한 대안을 전통적 공동체와 그 미적인 재발견에서 찾고 있다는 지적에서[71] 공동체적인 것은 다분히 전통적 공동체에 위치될 수밖에 없는 것이다. 다음으로, 선행 연구에서 공동체의 속성은 주로 집합적, 연속적, 안정적, 협동적 특징으로, 비공동체의 경우 주로 개인적, 불연속적, 불안정적, 경쟁적 등과 같은 특징으로 파악됨에 따라 공동체와 비공동체의 구분이 다소 이원화되어 있는 것 역시 사실이다.

또한 주로 민족의 측면에서 공동체를 파악하려는 경향은 베네

70 김경일, 「공동체론의 기본 문제」, 신용하 편, 『공동체 이론』, 문학과지성사, 1985, 183~210면.

71 로버트 A. 니스벳, 앞의 글, 102~154면.

딕트 앤더슨의 '상상의 공동체'라는 개념으로 구체화되어왔다. 잘 알려져 있다시피, 베네딕트 앤더슨은 '민족'을 원초적으로 주어진 자연적인 집단이 아니라 역사적인 과정을 통해 문화적으로 구성된 것이라 보고 "민족은 본래 제한되고 주권을 가진 것으로 상상되는 정치공동체"라고 정의하였다.[72] 이에 따라 그는 이전의 종교 공동체나 왕조국가가 붕괴하고 인쇄자본주의 매체의 등장, 서적의 보급, 행정구역의 편성, 지도의 등장, 고고학적 발굴물의 전시 등에 따라 민족과 민족주의의 기원이 형성되는 과정을 실증적으로 추적해낸다.[73] 물론 이러한 앤더슨의 '상상의 공동체'에 대해 '민족'을 사회·역사적으로 형성된 "실재의 공동체"라는 개념에 따라 비판할 수도 있다.[74] 하지만 '상상의 공동체'와 마찬가지로 '민족공동체'를 '동일성'으로 수렴시키는 이데올로기의 산물로 환원하기 전에 '공동성'을 바탕으로 '전체'를 이루고 있는 '개체'에게 공동체가 어떠한 삶의 지평으로 나타나고 있는가를 살펴봐야 할 것이다.

72 베네딕트 앤더슨, 앞의 책, 9~23면.

73 위의 책, 25~142면. 앤더슨은 초판 발행 이후 개정증보판에서 '센서스, 지도, 박물관'의 장을 추가하여 이러한 사례들이 식민지 민족주의 형성에 큰 기여를 하게 된 점을 실증적으로 분석하기도 하였다. 개정증보판은 『상상의 공동체—민족주의의 기원과 전파에 관한 성찰』(윤형숙 역, 나남, 2004)이라는 책으로 번역되어 있다.

74 '실재의 공동체' 관점에서 겔너와 앤더슨의 '상상의 공동체'의 허구성에 대한 비판은 신용하, 「'민족'의 사회학적 설명과 '상상의 공동체론' 비판」, 『한국사회학』 제40권 제1호, 한국사회학회, 2006, 32~58면.

이러한 점에서 공동체의 개념에서 역사성을 소거해버린 낭시의 논의는 비판적인 참조의 대상이 된다. 낭시는 공동체의 사유를 모색할 때, 함께 있는 것을 의미하는 '공동'을 절대전능의 힘과 전적인 현전이 요구되는 공간에 위치시킨다. 다시 말해, 그는 우리가 '공동' 가운데 함께하면서 상호 간의 유희로 인해 서로 마주하는 힘들만이 있다는 것과 서로 간격을 두고 있는 현전들만이 있다는 것을 강조하였다. 그러할 때 그는 공동체가 '공동'의 것 자체이기는 하지만 결코 소통되지 않는 것이며 밝혀질 수 없는 침묵의 내밀성으로만 나타날 수 있다고 보았다.[75] 이때 낭시가 말하는 공동체는 18년 전 블랑쇼가 『밝힐 수 없는 공동체』(1983)라는 제목 아래 사용한 "부정의 공동체"와 "연인들의 공동체"라는 개념에[76] 대한 응답·주석의 성격을 지니고 있다. 하지만 그는 이미 블랑쇼가 그러한 개념으로 공동체를 정의하던

75 모리스 블랑쇼·장-뤽 낭시, 박준상 역, 『밝힐 수 없는 공동체 / 마주한 공동체』, 문학과지성사, 2005, 106~123면.

76 블랑쇼가 사용한 이 개념 역시 조르주 바타이유(G. Bataille)의 공동체에 대한 사유를 독해하는 과정에서 정립한 것이다. 블랑쇼는 자신의 바깥에 있는 타자의 죽음으로의 현전 가운데에서 모든 계획·이념·기구 바깥에서 이루어지는 "어떤 공동체도 이루지 못한 자들의 공동체"(즉, "부정의 공동체")를 발견해낸다. 이와 함께 그는 "사회적 끈이 은밀하게 느슨해진 상태"를 전제할 때 나타나는 세계를 망각한 "연인들의 공동체"를 발견해낸다. 이에 따라 그는 책의 표제로 삼고 있는 "밝힐 수 없는 공동체"를 기존의 공동체 개념과 달리 다만 관계 그 자체에 의해서만 발생하며 개체의 영역으로도, 전체의 영역으로도 환원될 수 없는, '공동'의 영역을 알리는 "우리의 존재"(낭시의 표현으로는 "공동-내-존재")에 위치시킨다. 위의 책, 11~98면.

같은 해에 "무위無爲의 공동체"라는 개념을 발표하고 있었다.

여기에서 낭시는 공동체에 대한 사유나 욕망이 근대적 경험에 나타난 가혹한 현실에 응답하기 위해 창조된 것이라고 보고 있다. 그에 따르면, 근대의 기독교적·휴머니즘적 의식은 고유의 단일성과 내밀성과 내재적 자율성을 기반으로 하는 공동체의 상실에 대한 의식이며 자신의 가능한 경험의 경계를 넘어서는 이성이 만들어낸 선험적 환상에 불과한 것이다. 그리고 강렬한 어떤 공동체의 의의나 현실을 출현시키려는 천박한 파시즘은 상실이라는 모티프와 융합의 이미지를 구체화하여 "연합을 이루려는 강박관념"이 돌출된 것에 불과한 것이다.[77] 그는 그러한 연합의 내재성과 내밀성에 의해 구성되는 공동체가 아니라 오히려 그러한 내재성의 바깥에서 서로가 서로에게 외존되고 현시되는 '공동'의 나타남 가운데 도래하는 "공동-내-존재"를 자신의 공동체 개념으로 내세운다.[78] 그러면서 그는 공동체의 과제를 모든 한계와 개인의 형태를 고정시키는 사회적·경제적·기술적·제도적 과제에서 벗어나 그 모든 완성을 넘어서는 움직임이나 미완성의 것에 둠으로써 "무위의 공동체"라는 개념을 구체화하였다.[79]

이처럼 낭시의 공동체 논의가 전개됨에 따라 지금까지 재산·국적·인종·종교·이데올로기의 공유를 최고의 가치로 삼은 기

77 장-뤽 낭시, 박준상 역, 『무위의 공동체』, 인간사랑, 2010, 36~56면.
78 위의 책, 103~212면.
79 위의 책, 85~140면.

존의 공동체가 망각하고 있는 실존의 나눔이라는 양태가 복원되었다. 그리고 그러한 나눔의 전근원적 양태가 인간들 사이의 모든 종류의 소통과 공동체 구성의 근거를 이룬다는 사실이 밝혀졌다. 또한 개인은 스스로가 자신의 존재를 결정하는 내재성의 존재가 아니라 타인과의 관계에 따라 열릴 수밖에 없는 유한한 존재이며 타인과의 급진적인 만남과 접촉 가운데 현전의 가능성을 획득할 수 있다는 사실이 밝혀졌다.[80] 하지만 낭시가 이러한 관점에 따라 정의하고 있는 "무위의 공동체"란 개념은 그가 경계하고 있는 신성한 의미를 제거하더라도 내재성의 반대편에 초월성을 위치시킴으로써[81] 오히려 초역사적이고 무역사적인 개념으로 받아들여질 소지가 다분해 보인다. 그보다 그의 말대로 공동체의 과제가 단수적單數的 실존이나 종種의 일반적 실존에 선행하였을 "어떤 소통과 감염"에서[82] 유래한다고 한다면, 그것이 당대의 역사적 현실과 밀착되어 있는 개개의 삶에 어떠한 가능성으로 열릴 수 있는가를 살펴봐야할 것이다.

80 모리스 블랑쇼·장-뤽 낭시, 앞의 책, 138~147면.

81 이러한 측면은 다음의 인용에서 단적으로 살펴볼 수 있다. "공동체는 어떤 의미에서는 저항 자체, 즉 내재성에 대한 저항이다. 결과적으로 공동체는 초월성이다. 어떠한 '신성한' 의미도 갖지 않는 그 '초월성'은 정확히 내재성에 대한(모든 자들의 연합에 대한, 또는 하나 또는 몇몇 사람을 배제하려는 정념에 대한, 주체성의 모든 형태와 모든 폭력에 대한) 저항 이외에 다른 어떠한 것도 의미하지 않는다."(장-뤽 낭시, 박준상 역, 『무위의 공동체』, 인간사랑, 2010, 86면)

82 모리스 블랑쇼·장-뤽 낭시, 앞의 책, 125면.

이 지점에서 1920년대 초기 조선에서 역사적으로 분출한 동학과 천도교의 공동체 논의는 개체를 전체의 '동일성'으로 수렴시키는 식민지 근대의 공동체 논의에서 벗어나 개체의 '고유성'을 생태계 전체의 '진화'와 연결시키고 있다는 점에서 주목할 만하다. 잘 알려져 있다시피, 동양의 유불선 삼교와 서양의 서학을 융합하여 독자적인 학문으로 거듭난 동학은 '시천주侍天主' 사상과 '무위이화無爲而化'의 사상으로 요약할 수 있다. '시천주'란 수운水雲 최제우가 경주 용담에서의 한울 체험 이후 한 해 동안 닦고 헤아린 동학의 핵심적인 사상이다. 이는 나의 몸이 '한울'을 모신 거룩한 성소라는 인식과 함께 다른 모든 사람도 '한울'을 모신 신령하고 거룩한 존재라는 인식을 바탕으로 한다.[83] 이러한 '시천주' 사상을 통해 사람 하나하나가 모두 '한울'을 모신 평등하고 거룩한 존재라는 인식이 점차 확대되어갔으며 모든 관계에서 모심과 섬김이라는 새로운 태도로의 전환이 이루어졌다. 이에 따라 '개체'의 신성성과 고유성에 대한 인식은 '자기'라는 내재성에 갇히지 않고 사회와 우주 전체의 '생명'과 유기적인 통합의 관계에 놓이게 되었다.[84] 수운은 바로 자기의 안팎을 연결하

83 김용휘, 『우리 학문으로서의 동학』, 책세상, 2007, 63~65면.

84 이러한 개체의 고유성에 대한 인식은 아감벤의 공동체 논의에서도 찾아볼 수 있다. 아감벤에 따르면 개인의 임의적 특이성은 어떤 정체성을 지닌 것이 아니며 개념적으로 규정되지도 않으면서 단순히 무규정 상태에 있는 것도 아니다. 그것은 사물들이 구제할 길 없이 자신의 이렇게 존재함에 맡겨져 있으면서도 자신의 가능성의 총체와 맺는 관계를 통해서만 규정됨에 따라 모든 가능성과

는 보편적인 생명활동을 '무위이화'라는 개념으로 구체화하여 우주 운행의 자연한 법칙에 따라 조화로운 삶을 살 뿐만 아니라 천지의 화육을 돕고, 천지와 더불어 능동적·창조적으로 참여할 것을 역설하였다.[85]

이처럼 인간 존재에 대한 새로운 인식을 바탕으로 개체와 전체의 관계를 우주 보편의 '생명'의 원리에 의해 통합시킨 동학은 이후 천도교의 '개벽 사상'으로 계승된다. 초창기의 천도교에서는 먼저 당대의 정세에 맞게 교리를 정리하고 체계화하기 위한 작업으로서 동학의 '시천주' 사상을 '인내천人乃天'이라는 교리로 발전시킨다. 사실 천도교에서는 '하늘을 모신다'는 의미의 '시천주' 사상이 여전히 종교적인 성격을 가지고 있다는 판단 아래, 하늘과 인간의 관계를 재정립하여 인간이 일정한 과정을 거쳐 하늘과 같은 존재로 발전할 수 있다고 보았다. 이에 따라 천도교에서는 인간이 가지고 있는 권능을 무한히 확대시켜야 한다는 수행의 방향으로 나아갔던 것이다.[86] 특히, 이돈화는 '인내천'에 독특한 철학적 체계를 부여하여 '인내천주의'(그의 철학적 용어로

맞닿아 있다. 이때 특이성이 전체에 속하면서 일어나는 그렇게 존재함으로서의 귀속성은 어떤 실제 조건으로 대표될 수 있는 것이 아니라 텅 빈 무규정 상태인 총체성과의 관계를 의미한다. 따라서 개체의 임의적인 특이성은 자신의 가능성들의 총체와 맺는 관계를 통해서만 '이념적'으로 규정된다고 말할 수 있다(조르조 아감벤, 이경진 역, 『도래하는 공동체』, 꾸리에, 2014, 24~97면).

85 위의 책, 92~95면.

86 김형기, 『후천개벽사상연구』, 한울아카데미, 2004, 64~73면.

는 "사람성주의")로 집대성하고 진화론을 바탕으로 개인과 사회, 인간과 우주와의 관계를 재조명하였다. 그는 사람이 곧 하늘이라는 점에서 인간을 본질적인 측면에서는 완전성·신성을 갖춘 존재라고 보면서도 현실에서는 완전을 향해 나아가는 불완전한 존재라고 인식함으로써 그 실천적 의의를 강조하였다.[87] 그리고 그는 사람에게 내재되어 있는 자연 그대로의 이상을 여러 편견·허위·인습 등으로 인해 질식된 당대의 사회에서 회복하고 그러한 사람성의 활동을 무궁무진하게 하여 우주와 인간의 관계를 향상·발전시키려는 '사람성주의'의 철학을 창출해낸다.[88]

결국 이돈화의 '사람성주의'는 점진적으로 인간의 정신개벽·민족개벽·사회개벽으로 확대되면서 지상천국의 신사회를 건설하려는 '후천개벽사상'으로 구체화된다. 그것은 유기체 내의 개체들이 자신의 자립성과 고유성을 발휘하고 서로 조화시킴으로써 유기체의 발전을 이루어야 한다는 공동체주의의 사고를 밑바탕에 깔고 있기도 하다.[89] 김지하는 이처럼 개체와 전체의 관계를

87 이돈화, 『인내천요의』, 천도교중앙총부, 1968, 19~82면. 『인내천요의』는 본래 1924년에 초판되었다. 범신론과 진화론을 바탕으로 한 이돈화의 '인내천'의 해석에 대해서는 허수, 『이돈화 연구』, 역사비평사, 2011, 39~70면 참고.

88 이돈화, 『신인철학』, 한국사상연구회, 1963, 9~128면. 『신인철학』은 본래 1930년에 초판되었다. 시기별 이돈화 사상의 변모과정, 담론 원천과의 영향관계, 당대적 의의 등에 대해서는 허수, 앞의 책, 39~150면 참고.

89 실제로 이돈화를 비롯한 천도교 인사들의 이러한 사상은 당시 교육운동론, 농촌개량론, 민족개벽론, 자치운동론, 조합설치론·공동경작론 등 구체적인 문화운동으로 전개되기도 한다. 이에 대해서는 조규태, 『천도교의 문화운동론과 문화운동』, 국학자료원, 2006, 51~102면 참고.

유기적이고 통합적인 관점에서 연결하는 동학과 천도교의 이념을 바탕으로 자신만의 공동체 개념을 정립하고자 했다. 그는 인간의 창조적 활동의 근원을 철저하게 '생명'에 위치시키는 가운데 생명의 본질과 생명운동의 원리를 밝히고 사람이 노동을 통해 '한울'이 되는 생명의 본성적 활동을 해명하였다.[90] 그리하여 그는 인간이 '생명'이라는 거대한 흐름 가운데 인간과 인간, 인간과 자연, 인간과 사회, 인간과 우주 간에 조화롭고 유기적인 통일을 이룬 공동체를 "영성적 공동체" 또는 "생명공동체"라는 개념으로 설명하였다.[91]

지금까지 살펴본 공동체의 논의에 비춰볼 때, 이 책에서 논의할 공동체의 개념은 집단이나 조직과 같은 실체로 정의되거나 외부의 담론이나 이념으로 환원되지 않으며 개체의 내재성을 초월한 바깥의 현전으로 절대시될 수도 없을 것이다. 그보다 개체의 고유한 활동이 '자기'의 발전과 보존에 머무르지 않고 전체로의 진화를 통해 완전한 규정성에 도달할 수 있다면, 이 책에서의 공동체의 개념은 '공동共同'의 원리를 바탕으로 개체와 전체와의 관계를 풍요롭게 열 수 있는 지평으로 나타날 것이다. 특히, 개체와 전체의 관계를 '생명'의 관점으로 연결하고 있는 동학과 천도교의 논의는 이 책에 중요한 시사점을 던져준다.

90 김지하, 『김지하 전집』 1(철학사상), 실천문학사, 2002, 54~170면.
91 위의 책, 171~144면.

따라서 이 책의 4장에서는 '숭고시학'이 당대의 조선적 현실에서 심화되고 있는 측면을 공동체의 관점에서 해명하고자 한다. 이는 1920년대 초기 시에서의 자아가 '애인', '고향', '어머니' 등과 같은 대상과 '생명'의 관계에 놓임에 따라 노출하는 '조선'이나 '전통'과 같은 기호를 역사적 배경으로 하고 있다. 이를 바탕으로 이 책에서는 '숭고시학'에서 나타난 '생명'이라는 개념이 당대 공동체의 논의에서 '생명'의 기원을 탐색하려는 흐름과 조선의 공동체적 현실을 구상하려는 원리로 구체화되고 있는 측면을 '생명공동체'의 관점에서 해명할 것이다.

2장

1920년대 초기 문단에서 문학 범주와 숭고 개념의 형성 과정

1. 자아와 자연의 관계와 숭고의 문학적 지표로서 '거리감'

이 책의 2장에서는 1920년대 초기 문단에서 '숭고'에 대한 인식을 파생시킨 내·외부적인 사정을 검토하고 1920년대 초기 시론에서 형성되고 있었던 '숭고시학'의 체계에 대해 논의하고자 한다. 여기서는 당대 문단의 상황을 살피기에 앞서 논의의 출발점으로 1920년대 초기의 텍스트 자체에 나타난 숭고에 대한 인식과 그 문학적 지표에 대해 살펴보고자 한다. 1920년대 초기 문학에서 숭고는 그간 근대문학의 중요한 지표로 거론해온 '자아'와 '자연'과의 관계를 고찰하는 과정에서 명확하게 드러날 것이다. 다시 말해, 1920년대 초기 문학에서 자아와 자연의 관계를 검토해보면, 미와 숭고의 관계뿐만 아니라[1] '미적 원근법'으로 환원할 수 없는 숭고의 범주를 확인할 수 있을 것이다.

일찍이 오세영이 지적하였다시피 1920년대 한국의 낭만주의 시가 탐색했던 주제 중 하나가 '자연'이다. 그에 따르면, 김소월은 '자연'이라는 개념을 통해 인간의 유한성을 초월하고 영원한 자아를 실현하려 하였으며, 김억의 경우 인생의 본질인 생명력을 표현할 수 있는 근거로서 '자연'의 문제를 논의한 바 있다. 주요한 역시 "자연에 내재한 생명력"을 끝없이 갈망하는 것과 함께 그것을 억압하지 않을 수 없는 자아의 갈등을 노래하였으며 김동환은 "우주 순환의 질서"로서의 자연을 제시하여 식민지의 추운 겨울을 넘어서려 하였다.[2] 이 논의에 따라 '자아'와 '자연'의 문제가 1920년대 초기 시의 주요한 주제이자 의미망이라는 사

1 사실 이러한 문제의식은 지젝이 칸트의 숭고론을 분석하는 과정에서도 찾아볼 수 있다. 그는 칸트의 숭고론에서 미와 숭고함이 쾌락과 불쾌의 축에 따라 대립된다고 말한다. 그에 따르면, 미는 우리에게 쾌락을 가져다주지만 대상이 숭고한 것으로 인지될 때에는 오직 불쾌를 매개로 해서만 가능한 어떤 쾌락을 수반한다. 따라서 지젝은 칸트의 숭고론에서 숭고한 것이 "미의 무매개성을 매개하는 형태로서 미를 뒤따라야 한다는 것"을 증명해주고 있다고 말한다(슬라보예 지젝, 이수련 역, 『이데올로기라는 숭고한 대상』, 인간사랑, 2002, 338~339면).

2 오세영, 『한국낭만주의시연구』, 일지사, 1980, 136~143면.

실이 밝혀졌다. 그리고 당대 시에 내재한 낭만주의적 세계관이 일종의 "자연과 주관의 합일"의 원리에 의해 이루어지고 있다는 것이 해명되었다.

하지만 이 논의에서는 1920년대 초기 시인들이 "자연과 주관의 합일"에 따라 낭만주의의 미학을 형상화하고 있다고 일반화시킴에 따라[3] 그들의 문학에서 '자연'이 함의하는 미세한 의미들을 놓치고 있다. 이 책의 문제의식에서 보자면, 이 논의에서는 그들에게 '자연'이 미와 다른 숭고의 측면에서 어떠한 대상으로 받아들여지고 있는가를 간과하고 있다. 이러한 문제를 해결하기 위해 당시 '자연'을 텍스트의 전면에 노출하고 있는 아래의 글을 살펴보자.

> (가) K兄! 그러나 滑走하는 汽車의 一隅을 占領하고 잇는 이 瞬間엣 나는 엇젓타고 말할 수 업는 幸福을 가슴에 갓득 품고 잇씁니다. 그것은 수임업시 지나가는 저 山脈입니다. 저 구름입니다. 저 細流입니다. 길이길이 屈曲을 거듭하는 저山脈 안에는 엇써한 알지 못할 神秘의 큰 사랑이 잇슬 것입니다. 그 구름 속에도. 저 細流 밋해도…………. 恒常 나를 爲하야 發落하는 사랑이 잇슬 것입니다. 만일 그럿치 안타하면 내의 가슴 안에는 아무런 情悅도 니르키우지 안이하엿슬 것입니다. (…중략…)

3 위의 책, 142~143면.

K兄! 그러나 나는 모든 實在로부터 미지에로 써나가는 것 갓흔 生覺을 制御치 못하겟습니다. 刻一刻 멀어지는 것 갓흔 生覺을 制御할 수가 업습니다. 어써한 아지 못하는 컴々한 나라! 내가 일즉히 經驗치 못한 그 나라! 나는 決斷코 그를 두려워하지 안습니다. (…중략…) 그 째에는 맛당히 굿게 닷쳣던 獄門이 열니고 나를 그 門으로부터 解放하는 그 째겟습니다. 絶大한 自由는 그 獄門 밧게서 나를 기대릴 것입니다.

—「「K」형(兄)의게」 부분[4]

(나) 우리는 뎌 星辰과 이 墳墓에 對ᄒᆞ야 엇지 "何故오"라는 疑問을 니르키지 이닐 수 잇스리오. 그러나 우리의 生活은 因襲的이오 盲守的이며 形式的이오 皮穀的임으로 宇宙와 萬有와 人生에 對ᄒᆞ야 큰 驚歎도 업고 쏘ᄒᆞᆫ 큰 疑問도 업도다. (…중략…)

그럿타 틀님업는 "永遠의 花"다. 아아 永遠의 榮華를 누리는 뎌 "永遠의 花"는 그 永遠의 빗으로써 우리의 剎那的 生命을 威壓ᄒᆞ지 안는가. 뎌 星辰은 엇지 그리 無窮ᄒᆞ고 우리 人生은 엇지 그리 有限ᄒᆞ뇨.

虛空에 "永遠의 花"가 滿發ᄒᆞ야 잇슴이 큰 驚異오 쏘 큰 奇蹟인 것은 勿論이어니와 그 큰 驚異오 쏘 큰 奇蹟인 것을 "큰 驚異오 쏘 큰 奇蹟"으로 認識ᄒᆞ는 "나의 存在"는 더욱 큰 驚異오 더욱 큰 奇蹟

4 김찬영, 「「K」兄의게」, 『폐허』 제1호, 1920.7, 27~28면.

이 아닌가. (…중략…)

위션 宇宙間森羅萬象에 對ᄒᆞ야 "何故오"라는 疑問을 니르켜라. (…중략…) 아아 "何故오" — 此一語는 實노 價値創造의 母오 眞理探得의 鍵鑰이라 虛僞의 生活을 써나고져 ᄒᆞ거던 此一語로써 眞理를 求ᄒᆞ라.

—「하고(何故)오」 부분[5]

위의 글은 모두 눈앞에 전개된 자연을 대상으로 화자의 상념을 전개하고 있는 것이 특징이다. 매 문단마다 "K형"이라는 특정한 대상을 호명하고 있는 (가)는 서두에 "차중車中에서"라는 공간을 제시하고 있는 것으로 보아, 기차를 타고 가는 중 'K형'이라는 특정한 사람에게 편지의 형식으로 쓴 글로 보인다. 그가 기차를 탄 목적은 '고향'으로 가기 위해서이다. 이 글에서 주목해야 할 점은 그가 "고향故鄕에 대한 본능"과 "인생의 본능"을 대비시키고 있는 부분이다. 말하자면, 그에게 가족과 친구로 표상되는 '고향'은 현실의 구속에 얽매이지 않는 "인생의 본능"을 침해하는 대상으로 나타나 있다.

그러한 상황에서 그에게 고향의 구속으로부터 벗어나게 할 대상이 등장하는 데 그것이 바로 '자연'이다. 정확하게 말해, 그는 문명의 특산물인 기차에서 스쳐지나가는 자연의 풍경들을 내려

5 남궁벽, 「何故오」, 『기독신보』, 1918.2.13, 686면.

다보고 있다. 그는 끊임없이 스쳐가는 산맥과 구름과 세류를 지켜보면서 그동안 의식하지 못했던 '희열'을 느끼고 무한한 감사를 아끼지 않는다. 그래서 그가 어떠한 알지 못할 "신비神秘"의 큰 '사랑'을 자각하는 장면은 '고향'에 대해 심적인 부담감을 느끼는 장면과는 상반된다고 볼 수 있다. 이후 그는 '고향에 대한 본능'과 '인생의 본능'을 더욱 철저하게 대비시킨다. 그가 현실의 모든 실재로부터 벗어나 자연 속 미지의 세계로 들어설 때 그의 앞에는 현실의 근심과 걱정에서 벗어나는 "절대絶大한 자유自由"가 열릴 것 같다. 그러할 때, 그가 지금 기차를 타고 향하는 '고향'은 오히려 자신의 '개성'을 차단하는 모든 허위의 인습이 집합한 결정체에 불과해 보인다. 따라서 그는 자신을 가축과 같이 길들이는 현실의 인습을 타파하려는 의욕을 보여주는 것이다.

그러면 이 글에서 화자는 고향과 가족으로 대표되는 인습의 구속에서 벗어나 자연 속에서 인간 본연의 '개성'과 '사랑'과 '생명'을 발견하고 있다는 점에서 기존의 억압적인 세계와는 다른 미적 가치를 획득하고 있다고 볼 수 있다. 특히, 그가 기존의 생활을 "옥문獄門"이라 비유하고 자연 가운데 모든 것이 해방된 세계를 발견하고 있는 것은 자연 속에서 느낀 미적 가치들을 더욱 극단적으로 추구하고 있는 것처럼 보인다. 그에게 '자연'이라는 대상은 사랑 = 개성 = 생명이라는 도식으로 집약될 수 있는 '내면'을 발견할 수 있는 중요한 근거지인 것처럼 보인다. 그러한 점에서 이 글의 화자는 외부의 인위적인 틀로 규정되는 자아가 아니라 '내면'의 발견을 통해 독립적이고 자율적으로 설 수 있는 자아를 지향하고 있다고 볼 수 있다.

이처럼 '자연'과의 대면을 통해 인식상의 전환을 이루고 개인의 자율성을 옹호하려는 논리는 (나)의 글에서 더욱 뚜렷하게 나타난다. (가)의 화자가 기차에서 스쳐지나가는 자연을 내려다보는 자세를 취했다면 (나)의 화자는 하늘에 있는 자연물을 올려다보고 지상의 자연물을 둘러보는 자세를 취하고 있다. 그는 하늘에 있는 '성신星辰'과 지상에 있는 '분묘墳墓'를 보면서 각각 "영원"과 "영혼불멸"의 관념을 떠올린다. 하지만 그가 허공에 금강석을 흩뿌려놓은 듯한 '성신'으로부터 경이와 기적을 느낀다고 해도 시시각각 위협해오는 죽음의 공포로부터 벗어날 수는 없다. 그래서 그는 '영원'으로 상징되는 '성신'과 '분묘'를 인간의 찰나적 생명과 유한성과 대비시키고 있는 것이다.

물론 무궁무진한 '자연'의 속성을 통해 인간의 유한성을 대비시키는 이 자체만으로 새로운 미학적 발견이라 할 수는 없다. 그보다 이 글에서 '자연'을 위협적인 대상이 아니라 인간의 '내면'을 발견할 수 있는 대상으로 바라보고 있는 지점에 주목해보자. 그에게 일차적으로 '자연'은 위협적이며 그래서 경이이자 기적의 대상일 수 있지만 그 자체가 중요한 것은 아니다. 왜냐하면 그는 거기에서 나아가 허공에 수없이 나열된 '성신'을 큰 경이이자 기적으로 느낄 수 있는 "나의 존재存在" 자체를 더욱 큰 경이이자 기적으로 느끼고 있기 때문이다. 즉, 그에게 자연은 그것을 경이와 기적으로 파악할 수 있는 인간의 '내면'을 발견되는 계기가 되며 아름다움을 불러일으키는 미적 대상으로 부상하고 있다.

실제로 그는 '자연'을 미적 대상으로 파악하려는 그의 의도를 강조하고 있기도 하다. 이는 기존의 생활을 '인습적', '맹목적', '형식적', '피상적'이라고 비판하는 방식으로 나타난다. 그는 기존의 억압적인 생활에서 해방하여 "나의 존재存在"와 같은 내면적인 가치를 발견하려는 의욕을 더욱 강화하고 있다. 이때 '자연'을 보는 방식의 도입은 구체적으로 글의 제목이자 '성신'과 '분묘'와 같은 자연물에 대해 큰 경탄과 의혹을 불러일으키는 "하고何故오"의 방식으로 나타난다. 그러할 때 그에게 '자연'은 과거와 같은 관념과 정신의 산물이거나 생활과 제도와 같은 외부의 환경에 구속된 대상이 아니라 '내면'을 발견한 주체에 의해 새로운 미적 대상으로 열리게 될 것이다.

(가)와 (나)의 글에서 확인하였듯이, 1920년대 초기 문학에서 '자연'은 새로운 미적 대상으로 부상하고 있는 것처럼 보인다. 좀 더 정확하게 말해, 1920년대 초기 문학에서 '자연'은 속세의 인습과 대비되는 '생명'과 '개성'의 근원이자 화자의 '내면'을 발견할 수 있는 계기로서 나타났다. 이러한 점은 일본 근대문학의 한 기원을 '풍경의 발견'과 그 '은폐'에서 찾은 가라타니 고

진의 풍경론을 적잖이 상기시킨다. 앞에서 살펴본 것처럼 가라타니 고진은 중세의 회화나 산수화에는 풍경이 존재하지 않았으나 풍경을 풍경으로서 볼 수 있는 '원근법'의 도입에 의해 근대의 풍경화가 나타났다고 말했다.[6] 이와 연장선상에서 기존의 선행연구에서는 1920년대 초기 시에서 '자연을 보는 방식' 또한 근대문학을 형성하기 위해 필연적으로 도입해야 할 일종의 '원근법'으로 받아들여 왔던 것이다.[7] 그러면 과연 1920년대 초기 문학에서 '자연을 보는 방식', 즉 '원근법'의 도입을 통해 근대문학의 미적 범주를 형성하였다는 종래의 관점이[8] 일본 근대문학의 담론과 상통하고 있는가를 검증해보자.

6 가라타니 고진, 박유하 역, 「풍경의 발견」, 『일본근대문학의 기원』 개정판, 도서출판b, 2010, 19~47면.

7 참고로 근대문학 형성기의 일본에서는 지(知)의 영역과 구별되는 정(情)의 요소에 문학 고유의 가치를 보유하려는 미문학(美文學)이 탄생하였다고 한다. 이 미문학에서 인간의 고상한 정신의 근원으로 '자연'을 발견하고 있었다. 이에 대해서는 정병호, 『실용주의 문화사조와 일본 근대문예론의 탄생』, 보고사, 2003, 71~117면 참고.

8 일본 근대문학의 사례를 한국 근대문학에 기계적으로 도입하고 있는 연구로는 한계전과 심원섭의 논의를 들 수 있다. 한계전은 백대진과 김억의 상징주의론과 자유시의 성립 과정을 검토하면서 이들이 말하는 자유시의 리듬이 핫토리 요시카(服部嘉香)의 「리듬론」과 '와세다시사'의 소마 교후(相馬御風)・미키 로후(三木露風)가 제창한 '구어자유시'의 운동에서 직접적인 영향을 받았다고 말하였다. 심원섭 또한 주요한의 일본 유학체험을 실증적으로 검토하면서 그가 조선 최초의 자유시라고 불리는 「불노리」를 쓸 수 있었던 배경에는 시마자키 도손(島崎藤村)으로 대표되는 낭만주의와 '구어자유시' 운동을 촉발한 가와지 류코(川路柳虹)의 영향이 직접적이었다고 말한다. 한계전, 『한국현대시론연구』, 일지사, 1983, 20~33면; 심원섭, 『한・일 문학의 관계론적 연구』, 국학자료원, 1998, 172~292면.

메이지 40년경 일본의 문단에서는 '자연'을 통해 문학의 새로운 범주로서 '감정'과 '생명'을 발견하고 그것을 새로운 문학의 논리로 삼으려는 운동이 일어났다. 대표적으로 『와세다분가쿠早稲田文学』를 중심으로 전개된 '구어자유시' 운동은 기존의 '신체시'와 같이 주제, 형식, 언어의 측면에서 일상의 생활과 동떨어진 시에서 해방하여 "인간 정서 그대로의 형식, 주관 그대로의 형식"을 제창하였다.[9] 이때 '구어자유시' 시인들이 자신들의 문학에서 '감정 = 주관'의 논리를 성립시키는 근거로 제시한 것이 바로 '자연을 보는 방식'이었다. 그것은 '와세다시다早稲田詩社'에 이론적 자양분을 제공한 시마무라 호게츠의 글에서 주로 두 가지의 방식으로 나타나 있다.[10]

첫 번째로, 호게츠는 소설을 철저하게 "객관의 문학"에 위치시키고 시를 "정서주관의 문학"에 위치시킴에 따라 소설과 시의 영역을 구분하고 있다.[11] 여기서 그가 말하고 있는 소설은 인간

9 메이지 40년경 일본에서 '와세다시사'를 중심으로 하는 '구어자유시' 운동이 출현하고 전개하는 과정과 그 문학사적 의의에 대해서는 成谷麻理子, 「口語自由詩の発生－Vers libreをめぐって」, 『比較文学年誌』, 早稲田大学比較文学研究室, 2010, pp.110~119; 羽生康二, 『口語自由詩の形成』, 雄山閣, 1989, pp.69~101 참고.

10 島村抱月, 「情緒主観の文学」, 『早稲田文学』 明治 40년 7월의 권, 1907, pp.3~5.

11 이에 대해 사토 노부히로는 메이지 41년의 '구어자유시' 운동이 소설에서 언문일치에 따른 자연주의소설이 등장한 것의 영향을 받아 시에서도 문어로부터 구어로의 전환이 이루어지게 되면서 발생하였다고 말한다. 그리고 소설 = 객관, 시 = 주관이라는 이분법의 도식에 따라 '객관의 문학'의 대립항으로서 시가 '주관의 문학'에 위치함으로써 가능했다고 말한다. 佐藤伸宏, 『詩の

과 사회의 각 국면마다 마주치는 현상에 대해 "영탄"과 같은 충분한 반응을 일으키기 전에 대상에 대해 냉정한 거리감을 두고 그것을 해부하려는 자연주의 소설을 말한다. 그는 그러한 자연주의 소설이 인간 본래의 '생명적인 것'과는 동떨어진 것으로 보았던 것이다. 그에 비해 그는 시에서 오히려 정서적이고 주관적인 범주를 발견할 여지가 다분하다고 말하면서 시를 "정서주관의 문학"에 위치시키고 있다. 이 지점에서 그는 소설을 객관 = 지식의 범주에, 시를 주관 = 감정의 범주에 위치시키고 새롭게 출현해야할 시의 자질로서 '감정(정서)'을 특권화하고 있다. 두 번째로, 그는 앞에서 전개한 '서정시 = 주관 = 감정'의 도식을 뒷받침하는 근거로 '자연'을 제시한다. 이 자연은 "객관의 사상으로 자연이 된다는 의미"가 아니라 "주관의 정으로 자연이 된다는 의미"라는 표현으로 미루어볼 때, 인간 본래의 '감정'과 '생명'이 가장 충족된 상태를 가리킨다.

이처럼 '자연'은 서정시가 '주관 = 감정'의 범주에 가장 근접할 수 있게 하는 요소로서 새로운 시가 도입해야할 척도, 즉 '원근법'으로 나타났던 것이다. 이러한 점은 호게츠 글에 대한 주석이라 볼 수 있는 소마 교후의 글에서 더욱 자세하게 드러난다.[12] 소마 교후는 '자아'와 관련하여 '자연'을 바라보는 두 가지의 관

在りか一口語自由詩をめぐる問い』, 笠間書院, 2011, pp.40~47 참고.

12 相馬御風, 「自然主義論に因みて」, 『早稲田文学』 明治 40년 7월의 권, 1907, pp.18~21.

점을 제시하면서 그 중 자신의 관점을 밝힌다. 첫 번째의 해석은 "자연을 단순한 객관의 사상"이라고 보는 관점으로 자연 앞에서 '나'의 일체의 뜻과 태도를 버리고 "물과 같이" 자연을 객관적으로 비춰내는 것을 말한다. 그가 보기에 이때의 '나'는 자연을 복사해내는 "거울 속의 그림자"에 지나지 않으며 자연과 감응하여 "새로운 생명의 샘"을 터트릴 수가 없다. 그에 비해 두 번째의 경우 '나'는 "자기의 요구"에 따라 "자연과 융회融會"하는 활동을 전개할 뿐만 아니라 "새로운 생명이 있는" 자연을 만들어낸다. 이때 그가 말하는 '자연'은 객관의 사상인 자연보다 우위에 있는 "자기의 요구"를 자각한 상황과 그러한 자연과 일체화된 '나我'의 활동에 의해 새롭게 창조된 자연과 같은 두 가지의 의미를 지닌다. 결국 교후가 요구하는 자연은 '나'의 각성과 활동에 의해 만들어진 "생명 있는 자연"을 의미하는 셈이다.[13]

이처럼 근대문학 형성기의 일본에서 '자아'는 미적 대상으로서의 '자연'을 발견함에 따라 미적 주체로 거듭나고 있었다. 다

13 소마 교후는 이후에 발표한 글에서 "지식과 감정", "사실주의와 정서주의"의 대조에 따라 전개되어온 문예사의 변천을 언급하면서 "주객 양체의 융합"에 따라 "내가 생명이 되는 자연"을 자신이 추구하는 자연주의라고 주장한다. 그리고 이듬해 그는 "내용과 형식의 분열"에 의해 현대인의 복잡한 생활감정을 노래하지 못하는 '신체시'를 비판하면서 '구어의 도입', '재래의 리듬 파괴', '행과 연의 제약 파괴' 등의 조항을 담은 '구어자유시' 운동을 본격적으로 전개해간다(相馬御風, 「文藝上主客兩體の融會」, 『早稲田文学』 明治 40년 10월의 권, 1907, pp.6~12; 相馬御風, 「自ら欺ける詩界」, 『早稲田文学』 明治 41년 2월의 권, 1908, pp.5~11; 相馬御風, 「詩界の根本的革新」, 『早稲田文学』 明治 41년 3월의 권, 1908, pp.10~14).

시 말해, '자아'는 기존의 자아와 같이 외적인 제재나 환경에 의해 규율되는 대상이 아니라 자신의 요구에 따라 자율적이고 독립적으로 설 수 있는 대상으로 나타나고 있던 것이다. 그리고 '자아'가 자율성을 지닌 주체가 되기 위해서는 기존의 정신과 관념의 대상이나 외부의 객관적인 사상과 같은 '자연'과는 다른 주관 = 감정 = 생명과 일치하는 '자연'을 발견함으로써 가능해진다. 이처럼 근대문학 형성기의 일본에서 미적 주체로서의 '자아'가 성립하기 위해서는 '자연'을 새롭게 보는 가치의 '전도'나 '원근법'의 도입이 필수적이었다. 이러한 관점에서 따라 그간 1920년대 초기 문학에 나타나는 '자연' 또한 미적 주체로서의 '자아'를 확립하기 위한 '원근법'으로 받아들여졌던 것이다.[14] 하지만 다시 앞서 논의한 김찬영과 남궁벽의 글을 좀 더 꼼꼼하게 살펴본다면, 기본적으로 그들은 '자연'을 미적 대상으로 보려는 태도를 보이고 있으면서도 그러한 '원근법'의 도입이 명확하게 이루

14 일본 근대문학의 연장선상에서 당대 동인지 문학에 나타난 자연 인식을 근대적 미의식 형성의 측면에서 논하고 있는 논의로는 황호덕, 「1920년대 초 동인지 문학의 성격과 미적 주체 담론」, 성균관대 석사논문, 1997, 152~182면 참고. 비슷한 맥락에서 차승기는 1920년대 초기의 문인들이 식민지 근대라는 외적인 상황과 정체된 조선이라는 내적인 상황에서 벗어나기 위해 '미'의 세계로 초월과 비약을 감행하였다고 보고 있다. 다시 말해, 그는 1920년대 초기의 문인들이 미를 통해 현실에서 얻을 수 없는 '보편성'과 '동시대성'을 획득할 수 있었다고 보고 있다. 이런 맥락에서 보건대 1920년대 초기 문학에서 '자연' 또한 그러한 미적 세계에 구속된 산물로 보인다. 차승기, 「'폐허'의 시간―1920년대 초 동인지 문학의 미적 세계관 형성에 대하여」, 『상허학보』 제6집, 상허학회, 2000, 49~80면.

어지지 않는다는 것을 보여준다. 말하자면, 일본 담론과의 연장 선상에서 1920년대 초기 문학에 접근한 선행연구에서는 1920년대 초기 문학에서의 '자연'을 '미적 근대성'의 관점으로 환원함에 따라 '자연'과 '풍경'의 불일치에서 빚어지는 '숭고'에 대한 인식을 놓치고 있다.[15]

앞서 우리는 김찬영이 기차를 타고가면서 마주치는 '자연'으로부터 고향이나 가족과 같은 인습의 구속에서 벗어나는 감정과 자유의 세계를 발견하고 있다는 것을 살펴본 바 있다. 이런 점에서 그에게 '자연'은 독립적이고 자율적인 자아를 발견할 수 있는 미적 대상으로 받아들여지고 있었다. 하지만 그가 점점 자연에 빠져들수록 '자연'은 그저 인습의 구속에서 해방된 "절대絶大한 자유自由"에만 그치지 않는다. 왜냐하면 그가 '자연'에 빠져들수록 현실에서 벗어난 미지의 세계를 자신이 알지 못하는 "컴컴한 나라"라고 표현하고 있기 때문이다. 그는 그러한 점을 겨냥하고 있는 것처럼 '자연'이라는 대상에 대해 명확하게 해득할 수 없는 인식을 나타내는 '신비'라는 수사를 덧붙이고 있다. 이 지점에서 '자연'은 '감정 = 개성 = 생명'으로 집약되는 그의 '내면'으로 완전하게 수렴되지 못하는 영역을 지니고 있다는 것을 보여주고 있는 셈이다. 그러한 측면은 남궁벽의 글에서도 나타나 있다.

15 이러한 문제의식에 대해서는 최호영, 「1920년대 초기 시에 나타난 '거리감'의 도입과 숭고시학에 관한 시론—'자아'와 '자연'을 중심으로」, 『민족문학사연구』 제54호, 민족문학사학회, 2014, 276~282면 참고.

앞에서 살펴보았듯이 남궁벽은 표면적으로 '성신'과 '분묘'와 같은 자연물을 정신이나 관념의 대상으로 보려는 관점에서 벗어나 이를 '영원의 꽃'과 같은 미적 대상으로 보고 있었다. 이는 재래의 인습적이고 형식적인 태도와는 달리 모든 것을 의심하려는 "하고何故오"와 같은 태도로 나타나 있었다. 이와 함께 남궁벽은 그러한 미적인 '원근법'에서 나아가 자연을 '영원의 꽃'과 같은 대상으로 파악하는 "나의 존재存在" 자체를 더욱 큰 경이이자 기적으로 보고 있다는 점에서[16] 좀 더 숭고한 영역으로 나아가고 있다. 이는 그가 "하고何故오"라는 의문을 우주 삼라만상에 대한 의문으로 바꿔놓고 이를 "가치창조"의 어머니이자 "진리탐득眞理探得"의 열쇠로 보고 있는 부분에서 드러난다. 그러한 의미에서 그가 글의 말미에 도입한 "ᄒᆞᆫ 송아리 쏫에도 하ᄂᆞ님의 능력能力은 드러 잇ᄂᆞ니라 // 여명黎明의 적막寂寞을 파破ᄒᆞ는 일성一聲의 계명

16 칸트적인 관점에서 볼 때에도 이러한 인식은 미의 범주가 아닌 '숭고'의 범주에 속한다고 볼 수 있다. 칸트는 '숭고'를 위력적인 대상으로서 자연에게서 인간의 능력을 벗어나는 불쾌감을 느끼지만 우리의 내부에서 그러한 것들을 절대적인 총체성이라는 이념으로 현시하려는 이성의 입장에서는 적합한 것으로 판명함에 따라 가능한 것으로 정의 내린다(임마누엘 칸트, 백종현 역, 『판단력 비판』, 아카넷, 2014, 269~293면). 남궁벽의 글에서 또한 화자가 압도적인 자연에게서 경이와 기적을 느끼는 것에서 벗어나 그러한 것들을 느끼는 "나의 존재(存在)" 자체를 경이와 기적의 대상으로 느끼는 것은 칸트적인 의미에서의 '숭고'이다. 하지만 칸트가 인간의 이성이념을 일깨움으로써 자연을 외부로 배척한 것과는 달리, 남궁벽은 "나의 존재(存在)"를 우주적인 차원으로 확대하고 있으며 자연에게서 숭고한 것을 파악할 때 "나의 존재(存在)" 역시 숭고한 주체가 될 수 있다고 보고 있다.

鷄鳴도 능能히 만고萬古의 소식消息을 전傳ᄒᆞ는 자者이니라"라는 메시지는 단순히 기독교의 복음을 전달하기 위한 목적에 있지 않다. 이 부분은 글의 맥락으로 보건대, '자연'을 숭고한 위치에 두기 위한 기독교적 수사이자 '자연'에게서 '무한'과 '영원'의 가치를 발견할 수 있는 자신의 능력을 강조하기 위해 도입된 수사라고 볼 수 있다.

따라서 1920년대 초기의 문인들은 '원근법'의 도입으로 발견된 미적 대상으로서의 '자연'에서 벗어나 오히려 '원근법'으로 환원할 수 없는 지점으로 나아감에 따라 숭고한 영역으로 부상하는 '자연'을 발견하였다고 말할 수 있다. 이러한 측면은 1920년대 초기 문단에서 미와 결부되어 있었던 독특한 인식을 보여주는 것이자 미의 범주를 벗어난 영역, 즉 숭고에 대한 인식을 보여주는 것이다. 그러한 점을 아래의 글에서 좀 더 구체적으로 확인해보자.

> 美術的 觀念이 우리 人生의게 先天的으로 잇는 것은 前號에 記載한 美術의 大義를 보면 누구나 짐작할 것이다. 重言復言하는 것 갓지만은 美術論 第二를 쓰기 始作하는 同時에 다시 또 한번 말하지 안을 수 업는 것은 '眞理는 美 안에 잇고 美는 自然속에 잇다'는 것이다. 우리 人生은 眞理를 찻기 爲하야 美를 ᄭᆡ다러야 되겟고 美를 ᄭᆡ닷기 爲하야, 自然을 硏究하여야 될 것이다. 未來는 모르지만은 過去나 現在에

모든 學者가 眞理를 찻기 爲하야 心血를 傾倒하여스나 마츰내 自然은 自然이라는 結論밧게는 엇지 못하엿다. 그러나 우리가 만일 先哲의 自然說을 盲從한다 하면 모르거니와 적어도 우리는 自身의 智力이 밋는 데까지 自己—아니—人生을 爲하야 眞理를 發見하여야 되겟다는 好奇心이 잇다 하면 不可不 自然이란 그 以上을 發見할 수 잇다는 自任과 自覺을 가져야 될 줄노 안다.

—「미술론(美術論) (2)」 부분[17]

인용된 글은 '자연'에 대한 원근법의 도입에서 벗어나 '숭고'에 대한 인식을 보여준다는 점에서 주목을 요한다. 김환은 이 글을 발표하기 한 달 전 같은 지면에 「미술론 (1)」을 발표한 바 있다. 「미술론 (1)」에서 그가 말하는 '미술美術'은 특정한 예술 장르를 넘어 보편적인 '예술'의 개념을 의미한다는 점에서,[18] 그의

17 김환, 「美術論 (2)」, 『창조』 제5호, 1920.3, 66면.

18 이 글에서 김환은 미술이라 하면 일반인들이 "화공(畵工)"을 떠올리는 통념을 언급하고 있다는 점에서 특정 예술 장르로서의 미술에서 출발하고 있기는 하다. 하지만 그가 미술의 감각을 분류할 때나 시간과 공간에 따라 미술을 분류할 때에는 회화, 조각, 음악, 시가 등을 구체적으로 언급하고 있다는 점에서 넓은 범위의 예술을 미술로 지칭하고 있다는 것을 알 수 있다(김환, 「美術論 (1)」, 『창조』 제4호, 1920.2, 1~4면). 이에 대해 오문석은 1920년대 초기에 들어와 문학과 미술이 연대하여 예술이라는 상위 개념을 형성하게 되었으며 그것을 성립하는 중요한 매개체로 '기술'이 주목받게 되었다고 말하였다. 하지만 그는 동인지 문학의 의의를 "미적 속성을 지닌 예술 개념"을 포섭하기 시작한 것에서 찾고 있다는 점에서, 기존의 '미적 근대성'의 관점을 반복하고 있다. 오문석, 「1920년대 초반 '동인지(同人誌)'에 나타난 예술이론 연구」, 상허학회 편, 『1920년대 동인지 문학과 근대성』, 깊은샘, 2000, 81~111면.

일련의 미술론은 예술에 대한 그의 관점을 보여주는 글이라 할 수 있다. 그의 논의에서 주목해야할 점은 미를 '진리'의 차원으로 격상시키고 미의 원천으로서 '자연'을 설명하는 부분에서 '미적 원근법'에서 벗어나는 인식을 보여주고 있다는 것이다.

김환은 「미술론 (1)」에서 미술의 정의를 내리고 미술의 영역을 국한시킨 다음 미를 '진리'의 수준으로 격상시키는 방식을 취하고 있다. 이 글에서 그는 '미적 형식에서 진리를 연구하는 것'으로 미술에 대한 정의를 내리고 있다. 보편적인 예술로서 미술은 인간에게 '취미'를 주고 '쾌감'을 불러일으키는 '미'를 다룬다. 이처럼 그는 미의 범주를 철저하게 미술에 국한시키고 미술을 '학술'과 비교하여 특화시키고 있다. 그가 보기에 미술은 학술과 같이 "모든 진리를 연구하는 술"이라는 점에서는 공통점을 가지지만, 학술이 "학적 형식에서 진리를 연구"하는 것이라면 미술은 "미적 형식에서 진리를 연구"하는 것이라는 점에서 차이를 보인다. 여기서 나아가 그는 미적 형식을 "진리를 미 안에서 관찰하여 미 안에서 연구하는 술"이라고 정의함에 따라 미를 '진리'의 가치로까지 승격시키고 있다.[19] 이 지점에서 미술은 그 형식상 독특한 위상을 부여받는다. 김환은 미를 삼라만상에 편재한 '자연'에서 발견할 수 있다고 말함으로써 '미'를 인생에서 필연적인 '진리'로 보고 있기 때문이다.

19 김환, 「美術論 (1)」, 『창조』 제4호, 1920.2, 1면.

따라서 김환은 미를 '진리'의 위치에까지 끌어 올려 미에 대한 절대적 태도를 보여주고 있는 것처럼[20] 보인다. 그리고 그에게 '자연'은 미를 발견할 수 있는 원천으로서 도입된 일종의 '원근법'인 것처럼 보인다. 하지만 그의 논의를 좀 더 따라가 보면, 미에 대한 그의 태도에는 점차 '균열'의 지점이 보이기 시작한다. 그는 「미술론 (1)」에서 학술과 미술의 관계, 진리와 미의 관계에 따라 예술이 추구해야 할 궁극의 이상으로서 미를 특권화하려 했다면, 「미술론 (2)」에서는 미의 원천으로서 '자연'에 대한 입장을 좀 더 명확하게 밝히고 있다. 여기서 문제적인 것은 그가 과거에서 현재에 이르기까지 많은 학자들이 '진리'를 찾기 위해 미의 원천으로서 '자연'이 무엇인가에 대한 탐구에 심혈을 기울여왔으나 마침내 "자연은 자연"이라는 결론을 내려왔다고 말하고 있다는 점이다.

말하자면, 그가 "자연은 자연"이라고 말하는 부분은 단순히 A = A라는 식의 동어반복이 아니다. 왜냐하면 후자의 A는 전자의 A와 겹치면서도 이것과 완전히 합치할 수 없는 A′의 지점을 포함하고 있으며 A′의 지점 또한 그것을 벗어나는 A″의 지점을 포함하고 있기 때문이다. 이는 그가 만일 선철의 자연설을 맹종하지 않고 우리의 '지력'이 미치는 데까지 '자연'을 탐구한다고 한

20 황호덕, 「한국 근대에 있어서의 문학 개념의 기원(들) - 신채호, 이광수, 『창조』파의 삼분법(三分法)적 가치 범주와 '문학' 개념」, 『한국사상과 문화』 제8집, 한국사상문화학회, 2000, 3~31면.

다면 "불가불不可不" "자연" 그 "이상以上"을 발견할 수 있다는 자각을 가져야 한다고 말하는 부분에서 단적으로 드러난다. 다시 말해, 그에게 '자연'은 인생에게 '취미'와 '쾌감'을 불러일으키는 미를 발견할 수 있는 원천임에는 틀림없으나 단순히 그러한 '원근법'의 도입과 합치할 수 없는 '잉여'의 요소를 안고 있었던 것이다. 그가 결국 '자연은 자연이다'는 결론을 내릴 수밖에 없었던 것은 그러한 맥락에 놓여있다. 그래서 그는 미를 예술의 자율성을 표방하는 기호를 넘어 '진리'와 같은 절대적인 가치로까지 승격하고자 했던 것이다.

이처럼 김환은 미를 발견할 수 있는 '자연'을 근대적 원근법의 관점으로 환원할 수 없는 지점에 둠에 따라 '숭고'에 대한 인식을 보여주고 있는 셈이다. 그러한 점은 아래의 글에서도 드러난다.

> 自然은 自由動的 生命인 故로 人의 議論이나 眼目의 發現되난 法則으로 支配할 수 업난 것이다. 自然은 法則 以上 偉大하다. 自然의 生命을 覺知하랴면 智力으로 될가? 아니라 智力은 吾人의게 圖解를 주며, 範圍를 준다. 然이나 圖解, 範圍로난 大自然의 生命을 呼吸하며 心臟의 鼓動을 엇어 生活할 수난 업다. 다만 智力은 生命을 도으며, 興味를 주며, 注意를 喚起한다. 그러나 重大한 能力이며 機關이라, 表面意識에 지내지 못한 바라, 表面意識에 잇셔々난 眞生活이라고난 할 수 업다. 此表面意識은 리듬(Rhythm)을 變하게 할 샌

이라, 此意識을 엇음으로, 더욱 自由的, 流動的 新自然의 生命과 一致的 生活을 할 수가 잇으며, 大自然的 生活을 할 수가 잇다. 그 表面的, 感覺的 意識을 解脫하야 深奧한 意識卽靈的世界에 生活하난 者 所謂 神秘家 心理를, 더욱 더 硏究하난도, 죠흘 듯하다.

—「신비주의(神秘主義, MYSTICISM)」 부분[21]

인용된 부분은 신비주의Mysticism의 등장배경과 신비주의자Mystic의 심리적 특징을 설명하는 부분의 사이에 끼워져 있다.[22] 글의 맥락으로 보건대 이훈은 이 부분에서 신비주의가 추구하고자 하는 '실재'의 세계를 '자연'을 통해 보충하고 나아가 '자연'을 신비주의자들이 말하는 '미적 세계'에 위치시키려고 하는 것처럼 보인다. 하지만 '자연'을 예로 들기 전에 의식으로 구성된 일상생활과 의식 오저에 있는 '실재'를 대비하는 부분을 살펴보면, 그가 '자연'을 단순히 '미적 세계'에 국한시키고 있지 않다는 것을 알 수 있다.

21 이훈, 「神秘主義(MYSTICISM)」, 『학지광』 제21호, 1921.1.1, 62면.

22 신비주의는 "인간이 궁극적 실재와 합일되는 체험을 할 수 있으며 의식을 변화시키는 수행을 통해 체험을 의도적으로 추구하고, 체험을 통해 얻어진 통찰에 기초해 궁극적 실재와 우주, 그리고 인간의 통합적 관계를 설명하는 사상으로 구성된 종교 전통"이다. 이는 윌리엄 제임스에 의해 종교적 삶의 요소 중 하나로 분석된 바 있다. 성해영, 「신비주의란 무엇인가-개념에 대한 오해와 유용성을 중심으로」, 『인문논총』 제71권 제1호, 서울대 인문학연구소, 2014, 153~187면; 윌리엄 제임스, 김재영 역, 『종교적 경험의 다양성』, 한길사, 2014, 461~516면.

이훈은 인간의 심리를 '거울'과 같이 사실적으로 비춰내려는 방식으로는 결코 인간의 의식 오저에 있는 '실재'의 진상을 알 수 없다고 말한다. 그가 보기에 일상생활은 '실재'의 그림자가 투영된 것에 불과하기에 일상생활에서 통용되는 방식으로는 결코 '실재'의 세계에 접근할 수 없는 것이다. 그래서 이훈은 일상생활에서 의식 깊이 감춰져 있는 실재의 세계를 각성시키기 위해 신비주의가 출현하였다고 보고 있다. 이러한 맥락에서 볼 때 인용된 부분에서 나타나 있는 '자연'은 일상생활의 의식과는 달리 의식 깊이 잠재해 있는 실재의 세계를 강조하기 위한 의도로 도입되었다고 볼 수 있다. 이는 '자연'을 일상생활의 의식에서 비롯되는 '지력'이나 '법칙'에 따라 파악할 수 없는 대상이라 말하는 부분에서 나타난다. 그가 보기에 인간의 '지력'은 일상생활을 영위하기 위한 중대한 능력의 기관임에는 틀림없으나 '도해'와 '범주'를 주는 "표면의식"에 불과해 보인다. 그래서 그는 지력에 따른 표면의식으로는 '자연'에 깊이 잠재해있는 실재의 세계를 파악할 수 없다고 보았던 것이다.

이러한 점에서 이훈이 신비주의자Mystic의 심리적 특징을 소개하면서 실재의 세계를 '미적 세계'라고 보는 것이나 그에 따라 자연을 '미적 대상'이라 보는 것은 통상적인 '미적 원근법'에서 벗어나 있다. 이훈은 그러한 점을 강조하는 것처럼 인용된 부분에서 '자연'이 "자유 동적 생명"이라는 점에서 결코 인간의

'법칙'으로 지배할 수 없다고 말하고 있다. 그에게 '자연'은 '법칙' 이상으로 위대한 것이기 때문이다. 따라서 그에게 '자연'은 법칙으로 파악할 수 없을 뿐만 아니라 끊임없이 자유롭게 유동하는 '생명'을 지니고 있다는 점에서 '숭고'한 것이었다. 이처럼 1920년대 초기 문학에서는 '자연'에 대한 '자아'의 원근법의 도입이 명확하게 이루어질 수 없는 지점을 보여주었다. 1920년대 초기 문인들은 그러한 지점에 일상의 현실과는 다른 근본적인 세계가 펼쳐져 있다고 보았으며 그러한 지점에 이르게 될 때 자신들의 예술을 '진리'의 차원으로 승격시킬 수 있다고 보았던 것이다.

따라서 1920년대 초기 시인들이 '미적 원근법'을 도입하여 파악하고자 했던 '자연'은 미학적 완상의 대상이자 제도적 장치로서 '풍경'과 불일치하는 지점을 보여주고 있으며 거기에 대한 도달 불가능성을 내포하고 있다는 점에서, '숭고'에 대한 인식을 보여주고 있다. 이는 단지 일본의 담론을 제대로 수용하지 못한 미성숙한 태도이거나 서구적인 근대로부터 뒤떨어진 미달태가 아니라 오히려 1920년대 초기 문학의 특수성을 엿보게 하는 부분이라 할 수 있다. 다시 말해, 1920년대 초기 문학에서 숭고는 '미적 근대성'에 균열을 일으키는 지점에서 나아가 그것으로 환원할 수 없는 지점을 지시하고 있다고 볼 때, '숭고시학'의 측면에서 접근해야할 필요성을 환기시킨다.

1920년대 초기 문학에서 '숭고시학'은 자아의 자연에 대한 도달 불가능성을 바탕으로 하는 문학적 표지로서 '거리감'을 도입하고 있다. 그러한 점들이 당대의 문학에 어떻게 나타나고 있는가를 아래의 글에서 살펴보자.

> 白雪 갓흔 모래를 兩岸에 끼고 넓으락 좁으락 溶々히 흐르는 푸른 물결은 지나간 넷날을 그윽히 말하며 오랴는 無限을 생각하는 듯시 고개를 숙이고 或은 微笑하며 或은 소래치며 或은 怒號하며 줄기차게 바다로 向하여 간다 아, 나는 아지 못하다거니와 이 푸른 물결은 언제부터 흐르며 언제까지 흐르랴는가? 그리고 무엇을 위하야 끗치시 안코 흐르고 잇는가? 그 물결의 빗을 보고 그 물결의 소래를 드를 때 나는 엇더한 永遠한 生命에 살혀드러가는 듯시 自然히 옷깃이 正하여지고 발거름이 端正하여진다. (…중략…)
>
> 凉風은 가삼에 불고 山氣는 淸閑하야 果然 사람으로 하야곰 美的意識과 詩的 心理를 感케한다. (…중략…) 나는 보기를 다하고 저便의 싸른 곳에 잇는 盤石 우에 혼자 누어 푸른 하날을 限업시 바라다 보앗다. 하날에는 뜬구름이 둥실~~써다니고 四面에서는 松風의 맑은 소래가 끗치지 아니한다. 더구나 無限大, 無限長의 하날. 그 一點의 틔도 업고 흐림도 업스며 平和와 自由를 말하는 듯한 그 하날. 나는 이와 갓흔 곳에서 하날이나 바라보며 그 慾心만코 더럽고 싸호고 죽이는 이 世上에 다시 나려가지 아니하엿스면 하엿다.

(…중략…) "아 괴로운 世上을 다 바리고 自然의 生命과 함께 놀자! 나는 永遠과 融和가 되련다" 하는 소래를 愁心歌曲調로 부르며 한참 뛰놀앗다.

—「철옹성(鐵瓮成)에서—전원미(田園美)의 엑기스 소금강(小金剛)의 자랑」 부분[23]

이 글에서 노자영은 '자연'을 통해 자신의 상념을 전개하면서도 점차 자연과 명확하게 합치되지 못하는 일종의 '거리감'을 노출하고 있다. 그는 구룡강, 약산동대 등 평북지방의 일대를 돌아다니면서 자연미를 느끼고 자연에게서 "영원한 생명"을 느낀다. 그에게 자연이 특별한 대상으로 거듭날 수 있는 것은 속세의 자본주의적인 태도와 허례의식의 비판을 통해 가능해진다. 그는 구룡강의 물결을 따라 걸으면서 자신에게 '영원한 생명'을 불러일으키는 자연을 파괴하고 거금의 이익을 취하려는 속세의 자본주의적 태도를 비판한다. 그리고 그는 구룡강에서 옷을 벗고 자연과 일체화되는 원시상태로 돌아감으로써 의복에 따라 계급을 분류하려는 세상의 허식을 비판하기도 한다. 이 지점에서 '자연'은 속세의 가치와 대비되는 독특한 미적 가치를 부여받고 있다.

거기서 나아가 노자영은 '자연'을 미적 대상으로 보려는 자신

23 노자영, 「鐵甕城에서—田園美의 엑기스 小金江의 자랑」, 『백조』 제1호, 1922.1, 96~103면.

의 의도를 좀 더 구체적으로 보여준다. 그는 약산동대를 거닐면서 자연에서 느끼는 "신비"와 "유음幽陰"의 분위기를 전달하고 있으며 자연과 일체화된 정신의 황홀 상태를 고백하고 있다. 그러한 상태에 돌입함에 따라 그는 자연에게서 자연미로 압축되는 미적 의식을 느끼고 있으며, 그것을 표현해내기 위한 시적 심리에 빠져든다. 그가 보들레르 등의 시구를 중간에 삽입하고 있는 것은 자연과 일체화된 상태를 드러내기 위한 의도인 것으로 보인다. 그것은 글의 말미에서 세상의 구속에서 벗어나 "자유롭고 평화롭고 공평한 새 세상"을 동경하려는 바람에서 절정에 달하며, "자연의 생명"과 영원히 융합하려는 바람을 담은 '수심가곡조'로 마무리되고 있다. 이처럼 노자영은 평북지방 일대의 자연 체험을 통해 속세의 구속과 인습에서 벗어나는 '자연'에게서 생명력을 느끼고 있다. 특히, 그가 이 글에서 자연에 '무한'과 '영원' 등의 관념을 덧붙이고 있는 것은 미적 대상으로서 '자연'을 동경하려는 의도를 보여주는 것처럼 보인다.

이러한 측면은 그간 노자영의 문학을 낭만주의의 관점에 따라 재단하는 데 있어 중요한 근거로[24] 작동해왔다. 낭만주의는 고전

24 오세영은 노자영을 직접 거론하지는 않았으나 자연과 주관의 합일을 통해 생의 본능을 표출하고 생명력을 확대해가려는 1920년대 민요시파의 자연 체험을 "낭만적 현실 도피"의 관점에서 다룬 바 있다(오세영, 앞의 책, 136~142면). 그리고 노자영을 직접 다룬 선행 연구들에서도 그의 문학에 나타난 거룩한 님, 이상향, 겨레정서 등을 낭만주의의 관점에서 평가한 바 있다. 최양옥, 『노자영 시 연구』, 국학자료원, 1999, 261~366면; 서상영, 「노춘성 연구

주의와 더불어 계몽주의에 대한 반발로 등장한 정신 운동으로서 자아의 창조적인 활동을 세계의 근거로 삼는다. 낭만주의자에게 참된 존재란 자유로운 창조적 활동성 이외에는 다른 어떤 것일 수 없다. 낭만적 자아 개념에 철학적 토대를 마련한 피히테J. G. Fichte는 모든 인간적 지식의 무제약적이며 절대적인 제1원칙을 바로 자아의 자기 정립적인 활동에서 발견하였다. 그는 인간 현존의 근본적인 규정이 자아의 절대적 자기를 향한 활동에 있으며 이러한 것이 근원 충동으로서 인간의 본성 속에 뿌리를 내리고 있다고 간주하였다.[25] 이러한 관점을 바탕으로 낭만주의자들은 예술의 절대성이라는 명제를 통해 보편적인 미적 조화의 이념을 추구하지만 현실적으로 존재하는 예술 작품은 다만 그러한 절대성에 이르려는 동경의 흔적과 파편들로서만 나타난다고 보았다. 그래서 그들은 예술의 절대성을 향한 욕구와 현실적인 충족 불가능성 사이에서 파생하는 '아이러니irony'라는 독특한 미학적 개념을 산출하였던 것이다.[26]

이러한 관점에서 볼 때 노자영 역시 '자연'에 대한 낭만주의적 태도를 보이고 있는 것처럼 보인다. 그가 자연의 생명을 충분히

-『처녀의 화환』을 중심으로」, 『한국시학연구』 제37호, 한국시학회, 2013, 253~271면.

25 김진수, 『우리는 왜 지금 낭만주의를 이야기하는가』, 책세상, 2006, 21~51면.

26 위의 책, 55~56면; 프레더릭 바이저, 김주휘 역, 『낭만주의의 명령, 세계를 낭만화하라-초기 독일낭만주의 연구』, 그린비, 2011, 233~236면.

자각하지 못하는 속세에서 벗어나 자연과 일체화되는 미적 체험을 하고 자연에서 느끼는 생명을 '영원'과 '무한'이라는 관념에 따라 표현하고 있는 것에서 그러한 점이 드러난다. 따라서 그에게 '자연'이라는 대상은 불충분한 현실에서 벗어나 '무한'과 '영원'의 관념을 충족시키게 한다는 점에서 낭만주의자들이 말하는 일종의 유토피아라 할 만하다.

하지만 노자영은 낭만주의의 관점에 따라 '자연'을 단지 미적 대상으로 바라보려는 태도에서 벗어나 있다. 그러한 측면은 그가 이 글보다 4개월 뒤에 발표한 글에 나타나 있다. 이 글에서도 그는 편지의 대상인 '우연牛涎'이라는 인물을 통해 도덕이나 법률로 표상되는 사회의 구속에서 벗어나 자신의 모든 것을 '자연'에 내맡기려는 의도를 보여주고 있기는 하다.[27] 그러나 그는 다만 사회의 도덕과 제도에 억눌린 '생명'을 회복하기 위한 근거지로서 '자연'을 발견하고 그러한 '자연'을 미적인 대상으로 환원하려는 방식에서 벗어나 있기도 하다. 왜냐하면 그가 물 위를 떠도는 부평과 같이 '표박'의 길을 계속해갈수록 "무한미無限美", "무한고無限苦", "무한애無限愛"와 같이 모순된 감정이 착종된 '청춘의 쾌락'

27 이와 관련하여 김행숙은 1920년대 초기 동인지 문학에서 방랑인이 외부적인 구속이나 간섭을 벗어던지고 '내부 생활'의 흐름에 따라 사는 자유인의 표상이라고 보았다. 그는 이러한 주변인들이야말로 계몽주의의 시스템을 거부하는 예술가의 초상이라고 말하고 있다(김행숙, 「'주변인들'의 미적 의미–1920년대 초기 동인지를 중심으로」, 『우리어문연구』 제19집, 우리어문학회, 2002, 79~111면).

을 느끼면서 고국에의 회귀 불가능성을 고백하고 있기 때문이다. 다시 말해, 그는 '자연'에게서 '무한'하고 '영원'한 미를 발견하여 불충분한 현실을 해소하는 유토피아를 지향하려고 했던 것이 아니라 오히려 그러한 '표박'의 실패를 반복해갈수록 자신의 '생명'이 고양되는 순간을 맞이할 수 있었던 것이다.[28]

그러하다면, '자연'에 대한 그의 태도는 절대성에 대한 욕구와 그것을 충족하지 못하는 유한성 사이의 긴장에서 발생하는 '미적 주관성'의 태도에서[29] 벗어나 있다. 그에게 '자연'은 도달 불가능한 '거리감'을 수반하고 있다는 점에서 '미적 주관성'으로 환원하지 못할 외부에 놓여 있다. 그가 자연으로부터 고통과 쾌감이 뒤섞인 감정을 느낀다는 것은 '자연'을 숭고한 지점에 두려는 의도를 보여준다.[30] 특히, 그가 자연의 속성으로 덧붙이고 있

28 노자영, 「나의 恒常 思慕하는 漂迫의 길우에 게신 牛涎愛兄에게-멀니 漢陽에 잇는 어린 아우 春城으로부터」, 『백조』 제2호, 1922.5, 35~39면.

29 김진수, 앞의 책, 56면.

30 이 글에서 "무한미", "무한고", "무한애"가 뒤섞인 감정인 "청춘의 쾌락"은 라캉이 쾌락과 고통의 결합, 또는 고통 속의 쾌락이라고 설명한 "주이상스(Jouissance)"라는 개념을 참고하여 이해할 수도 있다. 주지하다시피, 라캉은 재현된 현실의 너머에 있는 불충분한 실재계의 잔여와 조우하기 위한 경험으로 "주이상스"라는 개념을 만들어냈다. 그에 따르면 우리는 불충분한 쾌락원칙의 너머에 우리를 만족시키고 채우게 될 그 이상의 또 다른 현실이 개입하고 있음을 알게 되면서 상징계의 현실을 지속시켜나간다. 죽음과 관련되어 있는 그러한 불가능한 욕망을 통해 지향하는 대상이 바로 절대적 숭고함으로서의 실재이다. 자크 라캉, 맹정현 · 이수련 역, 『정신분석의 네 가지 근본개념』, 새물결, 2008, 277~304면. 이에 대한 자세한 설명은 김석, 『에크리』, 살림, 2013, 236~248면 참고.

는 '무한'과 '영원'은 '미적 원근법'을 벗어나는 대상의 숭고함을 나타내는 범주라고 할 수 있다. 즉, 그에게 '무한'은 자연의 절대적인 크기를, '영원'은 자연의 절대적인 시간을 의미한다. 이처럼 노자영은 자연에 대한 도달 불가능한 '거리감'을 도입하고 '표박'의 실패를 반복해감으로써[31] 숭고한 감정을 지속하려 했다. 그러면 노자영은 왜 숭고한 대상으로서 '자연'을 향한 표박을 지속하려했던 것인가? 이 글에서 그가 분명하게 말하지 못한 '자연'에 담긴 함의는 아래의 글에서 명확하게 확인할 수 있다.

> 이따의 種族은 "現實的인 自然主義"를 가지고 있었다 "自然 까닭의 自然 사랑을 가졌었으며 自然의 魔術에 對한 싱々한 感情도 가지고 있었다.
>
> 이 自然의 魔術이란 사람이, 自然을 對할 쩍에마다 그대로 저절로 알아졌으며 남들이 自己起源이나 自己의 運命을 自己에게 말아야 들리여 주듯이 어렴풋하게 깨오처지고 늣기여지는 그 憂鬱도 섯기여 있었다"
>
> "이나마 空想과 夢幻을 現實과 뒤섯거 錯誤해 보기에도 몲이 고닯헛스리라" 그래서 "古典的 想像에 그대로 견주어 본다면 白衣族

31 이와 관련하여 구인모는 1920년대 초기 시에 나타난 표랑이나 표박과 나그네('탕자')의 귀향이라는 주제를 "조선심"과 "향토성"을 발견하기 위한 국민문학운동의 일환으로 논한 바 있다. 구인모, 『한국 근대시의 이상과 허상』, 소명출판, 2008, 233~310면.

의 想像이란 진실로 有限에 對한 無限이엿엇다"

"부루 種族의 歷史는 한가락 길고 느릿한 상두군의 소리엿엇으니 애끗는 시름도 애오라지 二十餘年…… 녯날의 追放을……東大陸 그윽한 따에서 南으로 南으로 半島의 最南端까지 잣고 잣고 올망올망 한거름 두거름 뒤를 도라보면서 遊離 逃亡하야 나려오든 그 記憶을 시방도 아즉껏 짐작하고 있엇다 追想하고 있엇다"

—「백조시대(白潮時代)에 남긴 여화(餘話)—젊은 문학도(文學徒)의 그리든 꿈」 부분[32]

노자영과 함께 『백조』 동인으로 활동하던 홍사용은 인용된 글에서 아일랜드의 시인 예이츠W. Yeats의 술회를 끌어 와서 『백조』 동인들의 생애와 활동상을 회고하고 있다. 여기서 그가 '자연'의 미에 대해 숭고의 관점을 보여주고 '자연'에 대한 '우울'에서 '부루 종족'의 역사를 읽어내고 있는 부분에 주목해야한다. 각각의 사항에 대해 살펴보자.

먼저, 홍사용은 '자연'에 대한 자신들의 태도가 '미적 원근법'에 환원되지 않는 숭고한 영역을 지향하고 있다는 것을 보여준다. 위에서 그는 예이츠의 말을 빌려 "백의족白衣族"의 상상이라는 것이 '유한'에 머무르지 않고 '무한'에 놓여 있다고 말하고 있다. 다

32 홍사용, 「白潮時代에 남긴 餘話—젊은 文學徒의 그리든 꿈」, 『조광』 제2권 9호, 1936.9, 131~132면.

시 말해, 그는 백의족의 상상이 자연의 "미美감"을 느끼는 유한한 영역보다도 자연의 "신비감"을 느끼는 무한한 영역에 위치시키려 했던 것이다. 이 지점에서 그는 앞에서 노자영이 '미적 원근법'에서 벗어나는 '자연'의 숭고함을 부각시키기 위해 '무한'과 '영원'의 범주를 덧붙인 것처럼 자연에 '신비'의 범주를 덧붙인다. '신비'는 바로 인간의 인식 범위를 초과한 자연의 불가해성不可解性을 가리킨다. 그는 그처럼 "자연적 신비감"에 도취하여 "초자연적"인 미와 "불가능의 예술미"를 극단으로 추구하려했던 것이다.

다음으로, 홍사용은 자신들의 예술이 숭고한 영역을 지향할 수밖에 없는 이유를 말하고 있다. 그것은 '자연'에 대한 '우울'에서 '부루 종족'의 역사를 읽어내고 있는 부분에서 드러나 있다. 그는 자연에게서 '신비'를 느끼는 것과 함께 억제하기 어려운 "유울幽鬱"을 느낀다고 말한다. 이는 그저 기쁨과 상반되는 부정적인 감정을 의미하는 것이 아니라 그보다 그윽한 근원에서 우러나오는 감정을 의미한다. 그는 실제로 괴테의 『파우스트』나 『젊은 베르테르의 슬픔』을 예로 들면서 "유울幽鬱"이 확정된 동기에서 나오는 것이 아니라 어떻게 설명할 수도 없는 자기 주위와 환경의 '어떠한 무엇'에서 비롯되는 것이라고 말한다. 그가 말하는 '어떠한 무엇'이란 바로 "자기 기원"이나 "자기의 운명"을 가리킨다. 그것을 어렴풋하게 깨우치고 느끼게 될 때 필연적으로 "유울幽鬱"해질 수밖에 없는 것이다.

흥미로운 지점은 홍사용이 "자기 기원"을 좀 더 구체적으로 언급하고 있는 부분이다. 그것이 바로 "부루 종족의 역사"이다.[33] 말하자면, 그는 '자연'에서 '부루 종족'이 광대한 영토를 잃고 동대륙의 남으로 반도 최남단까지 "유리遊離 도망"해온 역사를 읽어내고 있다. 하지만 현재의 그와 그러한 역사의 기원 사이에는 상상을 초월하는 시간적인 '거리감'이 가로놓여 있다. 그래서 그는 그러한 '부루 종족'의 역사를 파악하기 위해 백의족의 상상이 유한하기보다 무한하다고 말할 수밖에 없었던 것이며 자연에 '신비'의 범주를 덧붙였던 것이다. 이와 함께 그는 자신과 역사의 기원 사이에 놓인 아득한 '거리감'을 나타내기 위해 "유울幽鬱"을 도입했던 것이다.

그러나 그에게 '거리감' 자체가 중요한 것은 아니다. 그는 오히려 '부루 종족'의 역사가 '상두꾼의 구슬픈 소리'로 전해오고 있다고 말하고 있다. 역사의 기원에서 흘러온 그러한 소리를 이어받아 '이 겨레의 열두 가락 메나리'에도 슬픔을 간직하고 있는 것이다.[34] 이 지점에서 그는 앞에서 노자영이 '무한'하고 '영원'한 '자

33 신범순은 이 글에 나타난 "부루 종족"의 역사의식이 고조선 시대를 의식한 것이라고 말한다. 그는 고조선 이래 역사 강역이 점차 축소되고 남쪽으로 쫓겨 내려온 역정을 비탄의 감정으로 회상한 것이 바로 홍사용의 "상두꾼적 관점"이라고 보고 있다. 신범순, 『노래의 상상계-'수사'와 존재생태기호학』, 서울대 출판문화원, 2011, 465~475면.

34 이와 관련하여 홍사용은 조선에서 '메나리', 즉 민요만은 오랜 세월이 흘러도 썩지 않는 '거룩한 보물'이라고 말한 바 있다. 왜냐하면, 그는 사람과 환경이 자연스레 어울려 만들어내는 '메나리의 가락' 속에서 조상의 '영혼'과 '넋'을

연'과의 '거리감' 가운데 '표박'의 실패를 반복해간 것처럼, 신비한 '자연'과의 '거리감' 가운데 역사의 기원에서 흘러오는 슬픈 노래 가락을 부르면서 자신의 존재를 지탱해가는 것이다. 이처럼 1920년대 초기 문학에서 '근대적 원근법'으로 환원할 수 없는 외부에는 자아의 '생명'을 고양시키는 역사적 기원이 가로놓여 있었다. 1920년대 초기 시인들은 그러한 역사적 기원에서 자아가 주체로서 존립할 수 있는 근거를 찾고 있었던 것이다.

지금까지의 논의를 정리하자면, 1920년대 초기 문학에서 '자연'은 감정 = 주관을 성립시키는 근거이자 개인의 자율성을 담보하는 미적 대상으로만 환원되지는 않았다. 1920년대 초기 시인들은 오히려 그러한 '원근법'의 도입이 명확하게 이루어질 수 없다는 점에서 미와 함께 '숭고'에 대한 인식을 보여주었다. 그들은 자연에 대한 도달 불가능한 '거리감'을 표상하는 숭고의 범주로서 '무한', '영원', '신비'의 수사를 덧붙이고 있었다. 그들은 '자연'에 대한 '표박'의 실패를 반복하고 '자연'과의 '거리감'에서 파생하는 슬픈 노래를 부름으로써 자신들의 존재를 지탱해갔다. 이 글에서는 자연에 대한 '거리감'을 바탕으로 근대성의 외연을 탐사하려는 1920년대 초기 시의 특수성을 '숭고시학'이라는 개념으로 정의하려 했다.

읽어내고 있기 때문이다. 홍사용, 「朝鮮은 메나리 나라」, 『별건곤』 제3권 제2호, 1928.5, 170~174면.

2. 문학과 종교의 관련성과 숭고 범주의 발견

앞에서 우리는 1920년대 초기 텍스트에서 '숭고시학'을 성립시키는 문학적 지표로서 '거리감'을 확인하였다면, 여기서는 1920년대 초기 문단에서 숭고에 대한 인식을 나타내는 범주들이 어떠한 배경에서 파생하였는가를 검토하고자 한다. 문단 내적인 차원에서 볼 때 숭고의 범주는 기존의 문학 개념과는 다른 근대문학의 개념과 범주를 설정하는 과정에서 나타난다. 그리고 문단 외적인 차원에서 볼 때 문학의 영역에서 감성적인 미의 범주에서 벗어나 초감성적인 숭고의 범주를 발견하는 데 종교 담론과의 관련성이 일정 부분 관여하고 있다.[35] 사실, 그동안 전자

35 이러한 문제의식은 칸트의 미와 숭고에 대한 지젝의 독해에서 촉발되었다. 지젝은 칸트가 『판단력 비판』에서 '물자체'를 획득 불가능한 것으로 정립하자마자 중지되는 예외의 지점을 두 차례 안고 있다고 말한다. 그에 따르면, 첫 번째의 "수학적 이율배반"은 "현실의 영역을 가능한 경험의 한계 너머로 확장" 시키는 반면에, 두 번째의 "역학적 이율배반"은 "가능한 경험의 영역으로서 파악되는 '현실'에 속하지 않는 대상"과 관계한다. 그는 후자의 "역학적 이율배반"과 관계하는 대상으로 '신'과 '정신'을 제시하고 있다(슬라보예 지젝, 김영찬 외역, 「코기토와 성적 차이」, 『성관계는 없다』, 도서출판b, 2010, 141~166면). 이는 종교적 체험이 현상계 너머의 범주를 발견하는 데 중요한 계기가 된다는 것을 보여주면서도 칸트에게 '신'과 '정신'과 같은 '물자체'가 이성 이념에 의해 획득 불가능한 것으로 외부에 배척되고 있다는 것을 보여준다. 하지만 1920년대 초기 시인들에게 숭고한 대상들은 현실의 이념으로 환원할 수 없는 외부에 있으면서도 '자아'에게 고유한 '개성'을 파생시키는 '생명'의 원천이 되고 있다는 점에 주목해야한다.

의 측면과는 달리 문학과 종교의 관련성을 다루는 후자의 측면에 대해서는 크게 주목받지 못했다.

한국문단에서 1920년대를 전후하여 본격적인 근대문학이 출현하였다는 기존의 논의에 합의해본다면, 1920년대 초기 문인들이 문학의 영역으로 이행하는 데 종교의 영향이 일정 부분 작용하고 있다는 점을 간과할 수 없다. 실제로 전영택이 김동인, 주요한과 함께 조선 최초의 문예잡지라고 자부하는 『창조』를 발간하기 전에 동경의 기독교계 대학인 아오야마학원青山學院 신학부에 적을 두고 있었다든지,[36] 오상순의 경우 『폐허』의 동인으로 활동하기 전에 일본 도시사同志社 대학의 종교철학과를 졸업했다는 것은 익히 알려진 사실이다. 그리고 노자영과 남궁벽이 각각 『서울』, 『학생계』, 『백조』와 『폐허』에서 본격적인 문학 활동을 펼치기 전에 기독교 신문인 『기독신보基督申報, *The Christian Messenger*』에서 문학 코너와 실질적인 문학 파트를 담당하였다거나[37] 이

36 전영택이 『창조』를 중심으로 문단활동을 시작하기까지의 상황과 과정은 「문단의 그 시절을 회고함」, 『조선일보』, 1933.9.22; 「창조시대 회고」, 『문예』, 1949.12; 「나의 문단생활 회고」, 『신천지』, 1950.4; 「『창조』와 『조선문단』과 나」, 『현대문학』, 1955.2; 「나의 문단 자서전—그 시대의 나의 생활회고기」, 『자유문학』, 1956.6; 「『창조』」, 『사상계』, 1960.1; 「『창조』를 중심한 그 전후」, 『문학춘추』, 1964.4 등의 회고에서 살펴볼 수 있다. 표언복 편, 『늘봄 전영택 전집』 3(시・희곡・전기・문학론), 목원대 출판부, 1994, 479~527면.

37 남궁벽은 『기독신보』에서 '소년문학'이라는 코너를 통해 문학 활동을 전개하였으며 그에 이어 노자영은 시, 소설, 수필, 감상, 논(論) 등 다양한 장르에 걸쳐 활발한 활동을 전개하였다. 최근 이들이 『기독신보』에서 발표한 문학 소재의 글들이 발굴되어 학계에 소개된 바 있다. 이에 대해서는 최호영, 「『기

상화를 비롯한 당대 문인들의 글에서 기독교의 용어를 빈번하게 사용하고 있다는 점[38] 또한 그러하다. 이러한 사실들로 미루어 볼 때, 1920년대 초기의 조선에서 본격적인 근대문학을 형성하는 데 있어 종교와의 관련성은 거의 필연적인 것으로 보인다.

이러한 측면에 주목한 이철호의 논의는 1920년대 초기 문학의 근대성을 종교 중에서도 기독교 체험과의 관련성 가운데 해명한 독보적인 사례라 할 만하다. 그는 1920년대 초기 문학에서 '영혼'과 '생명'이라는 개념이 근대적인 자아를 발견하는 과정에서 도입되었다는 것을 실증적으로 추적해내면서 그 결정적인 계기로 기독교 체험을 제시하였다. 그리고 당대 일본 유학세대들이 종교상의 신비주의 체험을 바탕으로 근대적 자아에 대한 문학예술 담론을 산출하게 된 원천으로서 '다이쇼 생명주의'의 담론을 지적하고 그것을 한국적 맥락에서 재전유하는 과정을 면밀히 살펴보고 있다.[39]

독신보』에 나타난 문인들의 활동과 '이상향'의 의미-남궁벽과 노자영의 발굴 자료를 중심으로」, 『민족문학사연구』 제56호, 민족문학사학회, 2014, 331~360면 참고.

38 몇몇 예를 들자면, 이상화는 자신의 시에서 "마리아"(「나의 寢室로」), "노아의 홍수(洪水)"(「이 해를 보내는 노래」) 등과 같은 기독교의 용어를 시어로서 빈번하게 사용하고 있다. 그리고 그는 어둠으로 점철된 당대의 현실에서 "성경(聖經)속의 생명수(生命水)"를 통해 이상향에 대한 지향을 표출하고 있기도 하다. 이에 대해서는 이 책의 4장에서 자세하게 분석할 것이다. 이상화, 「그날이 그립다(散文詩)」, 이기철 편, 『이상화 전집』, 문장사, 1982, 240면.

39 이철호, 「1920년대 초기 동인지 문학에 나타난 生命의식-田榮澤의 「生命의 봄」을 위한 서설」, 『한국문학연구』 제31집, 동국대 한국문학연구소, 2006,

그 결과 그는 1920년대 초기 문인들이 기독교로 대표되는 종교적 체험을 통해 구축한 문학의 논리를 크게 두 가지 유형으로 분류하고 있다. 첫 번째의 유형은 종교상의 신비주의 체험을 통해 기존의 계몽적 자아와 변별되는 개인의 '내면'과 '예술'을 옹호하려는 "낭만적 자아의 전유물"이다. 이러한 일군一群들은 결국 '악', '육체', '죽음' 등과 같은 반기독교적인 기호에의 탐닉을 통해 예술가의 주체를 특권화하는 것으로 귀결된다.[40] 두 번째의 유형은 기독교적 신비주의 체험을 통한 개인주체의 각성을 이끌어내는 동시에 서로의 '영'과 '영'이 결합하는 '영통'을 통해 "민족적 일체감"을 조성하려는 기획으로 정리할 수 있다.[41] 이에 따라 이 논의는 1920년대 초기 조선에서 기독교와 같은 종교 담론과 교섭하는 과정에서 개인적 자아와 민족적·사회적 자아로 분화되는 지형도를 그려내고 자아의 각성에 내재한 민족주의 이데올로기의 논리를 예리하게 해부해내었다.

하지만 이 논의는 "기독교적 원천이 희석되거나 탈각되는 과정"에서 한국문학의 진전된 성과를 읽어냄에도 불구하고[42] 애초 '영혼'과 '생명' 등 개념어의 원천을 유럽과 일본에 둠에 따

193~224면.

40 이철호, 『영혼의 계보—20세기 한국문학사와 생명담론』, 창비, 2013, 106~254면.

41 위의 책, 143~193면.

42 위의 책, 254면.

라 조선적 맥락에서의 특수성을 해명하지 못하고 있다. 그리고 이 논의에서 주된 화두인 기독교 체험을 통해 한국문학의 근대성을 밝혀낼 수 있다고 하더라도, 무엇보다 문학에서 '영혼'이나 '생명'과 같은 기독교의 수사를 사용하는 의도라든지, 종교상의 체험과는 구별되는 문학적인 함의가 무엇인지에 대한 의문을 불러일으킨다. 이러한 문제의식 아래 이 글에서는 1920년대 초기의 문인들이 '미적 원근법'에서 벗어나는 '숭고'의 범주를 발견하는 계기로서 종교 담론과의 관련성에 대해 살펴보고자 한다.

앞에서 우리는 1920년대 초기 문인들이 '미적 원근법'으로 환원할 수 없는 숭고의 범주로서 '무한', '영원', '신비'를 발견하고 있다고 확인한 바 있다. 여기서는 그들이 숭고의 범주를 발견하게 된 내・외부적 사정을 좀 더 구체적으로 검증하고자 한다. 말하자면, 문단 내적인 차원에서 보건대 숭고의 범주는 근대문학의 개념과 범주를 탐색하는 과정에서 부상하는 '개성', '자아' 등의 문학어들이 독특한 미적 세계를 구축함에 따라 나타난다. 이와 함께 1920년대 초기 문학에서 '무한', '절대' 등과 같은 숭고의 범주를 발견하게 된 계기로는 종교 담론과의 관련성을 들 수 있다. 하지만 1920년대 초기 조선의 문인들은 문학과 종교와의 관련성에 따라 현상계의 범위를 초과해있는 숭고의 범주를 발견하면서도 결국 긴밀한 협착관계에 놓여있던 두 영역을 분리시키고 문학의 차원에서 대상의 숭고함을 부각시키고 있다는 점을 간과해서는 안 될 것이다. 각각의 사정과 거기에 담긴 함의를 살펴보자.

먼저, 1920년대 초기 시인들은 전대의 이광수와는 달리 예술의 자율성을 강조하고 미에 대한 절대적인 태도를 보이는 것에서 나아가 미와 합치될 수 없는 영역에 대해 '무한'이나 '절대' 등의 수사를 보충하고 있다. 주지하다시피, 이광수는 조선에서 처음으로 본격적인 근대문학의 개념을 도입하고 타학문과 변별되는 문학 독자의 범주를 발견해낸 것으로[43] 알려져 왔다.

> 如此히 文學이라는 語義도 在來로 使用하던 者와는 相異하다. 금일, 소위 文學이라 함은 西洋人이 使用하는 文學이라는 語義를 취함이니, 西洋의 Literatur 或은 literature라는 語를 文學이라는 語로 飜譯하였다 함이 適當하다. (…중략…)
>
> 上述한 바와 如히 文學의 用은 吾人의 情의 滿足이라. 重疊하는 感이 有하나, 情의滿足에 대하여 數言을 更陳키를 許하라. 吾人의 情神은 知・情・意 三方面으로 作하나니, 知의 作用이 有하매 吾人은 眞理를 追求하고, 意의 方面이 有하매 吾人은 善 又는 義를 追求하는지라. 然則, 情의 方面이 有하매 吾人은 何를 追求하리요. 즉, 美라. 美 라 함은, 卽 吾人의 快感을 與하는 者이니 眞과 善이 吾人

43 황종연, 「문학이라는 역어(譯語)」, 문학사와비평연구회 편, 『한국문학과 계몽담론』, 새미, 1999, 9~39면 참고.

의 精神的 慾望에 必要함과 如히, 美도 吾人의 精神的 慾望에 필요하니라.

—「문학(文學)이란 하(何)오」 부분[44]

인용된 글을 발표하기 전에 이광수는 근대적인 문학 개념과 범주를 논한 선구적인 논문을 발표한 바 있다.[45] 이 논문은 대체로 두 가지의 방향으로 전개되고 있다. 첫 번째로, 그는 문학의 개념을 영어 'literature'의 번역어에 위치시킴에 따라 근대적인 문학 개념을 정의하려 하였다. 두 번째로, 그는 근대적인 문학 범주로서 '정情'을 도입하고 있다. 좀 더 구체적으로 말해, 그는 '지知'를 과학의 영역에 일치키시고 '정'을 문학의 영역에 일치시킴으로써 서로의 영역을 구별 짓는 것에서 나아가 문학의 범주로서 '정'을 특권화하고 있다. 이러한 논리는 이보다 몇 년 뒤에 발표한 위의 글에서 좀 더 상세하게 드러난다.

이 글에서도 그는 문학의 개념을 서구의 'Literatur'나 'literature'라는 말의 번역어인 '문학文學'과 일치시키고 있다. 그리고 그는 문학을 과거에 내용을 담는 그릇器에 불과한 문文과 달리 언문일치체를 바탕으로 "인생을 여실하게 묘사"한 것이라 정의하고

44 이광수, 「文學이란 何오」, 『매일신보』, 1916.11.10~11.23, 1면. 이 글은 『매일신보』 매 1면에 총 8회에 걸쳐 연재되었다.

45 이광수, 「文學의 價値」, 『대한흥학보』 제11호, 1910.3; 『이광수 전집』 1, 삼중당, 1976, 545~546면.

있다. 앞에서 그는 문학의 범주를 '정情'에 위치시킨 것처럼 이 글에서도 과거에 '이지理知'만을 중요하게 여기고 '정'을 천하게 여기는 현상을 비판하면서 문학을 철저하게 '정'의 기초 위에 세우려고 한다. 그것은 '지知'를 만족케 하는 과학과 대비하여 '정'을 만족케 하는 문학을 차별화하는 방식으로 나타나있다. 이 글에서 이광수는 '정'과 대비되는 타 영역의 범주를 좀 더 세분화하고 있으며 각각의 범주를 인간의 정신적인 가치와 연결하고 있다.

그는 인간의 정신이 "지知・정情・의意"의 세 방면으로 구성되어 있다는 전제 아래, 문학의 범주를 '정'에, 과학의 범주를 '지'에 일치시키던 것에서 나아가 도덕과 윤리의 범주로서 '의'를 보충하고 있다. 그는 '지', '정', '의'가 평등하게 인간의 정신을 구성하고 있다는 점에서 '정'의 분자를 문학 독자의 범주에 위치하려는 의도를 더욱 보강하면서도 일찍이 '지'와 '의'의 노예에 불과하던 '정'을 더욱 특권화하고 있다. 이는 이후에 그가 문학의 효용을 '정의 만족'이라고 다시금 정의하고[46] 앞에서 논의한 각각의 범주를 인간의 정신적 가치와 연결하는 부분에서 단적으로 드러난다. 그는 앞에서 구분한 각각의 범주를 '지'는 '진리眞理'에, '의意'는 '선善'과 '의義'에, '정情'은 '미美'에 연결하면서 각각의 가치가 추구하는 정신적 가치를 세분화해낸다. 그러면서 그는 앞에서 지・정・의가 동등하게 인간의 정신을 구성한다고 한 것과 마

46 이광수, 「文學이란 何오」, 『이광수 전집』 1, 삼중당, 1976, 550면.

찬가지로 '진眞 · 선善 · 미美'에 대한 인간의 정신적 욕망 또한 균형 있게 발달해야 한다고 말한다.

따라서 근대문학의 개념을 정의하고 범주를 설정하려는 이광수의 논리는 결국 '근대문학 = 정의 만족 = 미의 추구'라는 등식으로 정리해볼 수 있다. 이러한 그의 문학관은 '정'의 범주에 그것의 정서적 감응력과 영향력을 포함시킴에 따라 다음 세대의 문인들과 차츰 갈라진다.[47] 실제로 그가 문단 선배의 위치에서 "'데가단쓰'의 망국정조亡國情調에 침윤浸潤"한 당대의 문인들을 꾸짖은 일화는 익히 알려져 있다.[48] 그래서 이러한 측면에 주목한 선행연구에서는 공리주의적이고 효용론적인 문학관으로 나아간 이광수와는 달리 20년대 동인지 문인들이 진선미의 삼분법에서 미의 영역이 다른 영역을 선도하는 "낭만주의적 태도, 절대적 주관성"을 견지한 것으로[49] 평가해왔다.

47 박슬기는 이러한 이광수 문학론의 변화를 문학의 심미성에 대한 강조에서 공리주의적 문학관으로의 전환으로 단순화하지 않고 그가 이후에도 심미성의 원칙을 포기하지 않은 채 "미를 진이라는 보편적 원리"로 환원시키고 있다고 말한다. 그는 그 근거로 이광수가 시조와 민요를 논하는 과정에서 상정한 조선이 "구체적인 현실에 기반한 민족적 정신"이 아니라 "추상적이고도 보편적인 영역에서 상정된 하나의 이념"이었다는 점을 제시한다. 그러면서 이광수가 "예술에서 철학적인 유토피아를 시도"하고, 20년대 동인지 문인들이 "심미적 유토피아"를 추구한 것에서 본질적인 대립을 찾고 있다. 박슬기, 「이광수의 문학관, 심미적 형식과 '조선'의 이념화」, 『한국문학이론과 비평』 제30집, 한국문학이론과 비평학회, 2006, 279~296면.

48 이광수, 「文士와 修養」, 『창조』 제8호, 1921.1, 9~18면.

49 황호덕, 「한국 근대에 있어서의 문학 개념의 기원(들)—신채호, 이광수, 『창조』파의 삼분법(三分法)적 가치 범주와 '문학' 개념」, 『한국사상과 문

이처럼 기존의 관점에서라면 이광수의 언술에서 결정적으로 나타나는 대립 구도를 근거로 당대의 문단 장이 재편성되고 그에 따라 1920년대 초기 문인들은 '무한'과 '절대' 등의 수사를 동반하여 미의 영역을 특권화하려 했다고 볼 수 있다. 하지만 이러한 관점에는 1920년대 초기 문인들의 문학적 성격을 이광수의 대타항으로 놓고서 그 다음 단계의 문학사적 입지를 구축하려는 의도를 다분히 지니고 있다. 그보다 오히려 이광수와의 관계에 대해 괄호를 치고 1920년대 초기의 문학(예술)론을 검토해보는 과정에서 그들이 '무한'과 '절대' 등과 같은 수사를 동반할 수밖에 없었던 필연성을 밝힐 수 있지 않을까. 그러할 때 그들의 텍스트에서는 '미적 원근법'이라는 균질적인 시신으로 환원할 수 없는 미에 대한 다양한 태도뿐 아니라 미를 벗어나는 독특한 지점을 노출하고 있지 않을까. 그러한 현상을 확인하기 위해 아래의 글을 검토해보자.

(가)

우리가 文藝를 찻고 求함은 우리 全的 生命에 말지 아니치 못할 深遠한 "무엇"이 잇다. 그러나 그 무엇은 恒久不變의 것은 안일다. 우리의 思想과 智識과 感情이 變化發展함을 짜라 다시 말하면 우리 內部 生命이 向上하고 變化함을 쫏차 複雜에서 複雜으로 深刻에서

화』 제8집, 한국사상문화학회, 2000, 3~31면.

深刻으로 進하는 것이다. 여러가지로 말할 必要도 업거니와 우리 情神이 固定的이 안인 以上에야 엇지 千年一日의 同型者가 되랴?
(…중략…)

生命이 無限히 잇고 無限히 變化함과 갓치 藝術도 無限히 잇고 無限히 變化한다. (…중략…) 作家가 內部生命을 니져바리는 것은 自己生命의 泉을 파기를 이져바리는 者일다. 古昔부터 偉大한 作家는 다 自己個性에 依하야 그 生命의 꼿을 잘 培養한 者이다. 그리하고 個性의 泉을 깁히 하고 또 그 個性이 十分 表現된 그것일다. 그리하고 우리 自身과 作家 그의 個性과 다시 말하면 自己生命과 作家의 生命과 接觸交錯에 依하야 우리 自我의 生命을 照明하고 集中하고 豊富히 하고 힘세게 하야 自由의 流動을 엇게 하는 것이다. 一言而明之면 우리 自身의 生命을 가장 完全하게 길너가는 일이 이 亦是 우리가 藝術에서 求하는 窮極이다.

—「문예(文藝)에서 무엇을 구(求)하는가」 부분[50]

(나)

새롭은 藝術의 生命은 恒常 論理的 道程에서 써나지 안니홈을 言約혼다. 眞實혼 藝術의 實體에로 到達ᄒᆞ랴면 時間的, 空間的, 社會的, 國民的, 因襲的, 實生活에 泥着ᄒᆞ여 잇는 모든 理性을 剝脫치 안이ᄒᆞ면 안이 되겟다. 곳처 簡單히 말ᄒᆞ자면 完全혼 自由의 自我

50 노자영, 「文藝에서 무엇을 求하는가」, 『창조』 제6호, 1920.5, 70~71면.

로 돌아가지 안이ᄒᆞ면 안이될 것이겟다. (…중략…) 그러면 우리는 엇더ᄒᆞᆫ 物象을 對ᄒᆞ던지 自己主觀 안에 잇는 美的感情의 活動에 의지ᄒᆞ여 亦是 自己自身의 感覺의 作用에 의지ᄒᆞ여 肯否定을 決ᄒᆞᆯ 것이겟다. 그러면 表現이라 ᄒᆞ는 것은 무엇인가? 그는 卽自己自身의 感覺의 結果를 一畵幅이나 或은 紙面에나 或은 音調에 告白ᄒᆞ는 것이 卽表現이겟다. 그러면 現代藝術의 生命은 무엇이냐? 卽, 時間的, 空間的, 社會的, 國民的, 因襲的 모든 理智와 恐怖를 버서놋코 靈的 赤裸의 自己의 自由로운 感情과 속임 업는 感覺의 表現이 卽表現 그것이라 ᄒᆞᆫ다. (…중략…)

그러ᄒᆞᆫ ᄭᅡ닭에 人生과 自然의 平面的 觀察을 지나, 그이들은 모든 것의 깁흔 奧面을 보지 안이ᄒᆞ면 안이된다 ᄒᆞᆫ다 卽 立體라 ᄒᆞᄂᆞᆫ 것은 自然과 人生의 奧面을 稱함이다.

—「현대예술(現代藝術)의 대안(對岸)에서—회화(繪畵)에 표현(表現)된 『포스트임푸레슈니즘』과 『큐비즘』」 부분[51]

(가)와 (나)는 1920년대 초기 문인들이 문학을 바라보는 독특한 시각을 보여줄 뿐만 아니라 '문예'를 포함한 넓은 범위의 예술론이라는 점에서 주목을 요한다. (가)에서 노자영은 제목에서부터 문예론을 표방하고 있듯이 문예의 정의, 문예의 원천, 문

51 김찬영, 「現代藝術의 對岸에서—繪畵에 表現된 『포스트임푸레슈니즘』과 『큐비즘』」, 『창조』 제8호, 1921.1, 19~24면.

예에서 추구할 수 있는 가치 등에 대해 논하고 있다. 그는 기본적으로 문예를 '개개인의 생명의 표현'이라고 본다. 이는 몇 년 뒤 염상섭이 「개성個性과 예술藝術」(『개벽』 제22호, 1922.4)에서 보여준 관점을 선취하고 있는 것이지만, 무엇보다 이 글에서 '개성'의 원천으로서의 '생명'이 무엇인가에 초점을 맞춘다면 문제는 그리 간단하지 않다.

노자영은 글의 말미에서 자신의 '생명'을 가장 완전하게 길러가는 일을 우리가 문예에서 구해야 할 "궁극窮極"이라 말하고 있다. 이런 점에서 그는 문학에서 개인의 '개성'을 가장 완미하게 표현하기 위해 '자기의 생명'을 배양하는 일을 가장 우선시하고 있기는 하다. 그는 먼저 창작자의 입장에서 개개인의 '생명'이 우러나오는 원천으로서 각자의 '생활'을 긍정하고 있으며 비범한 사람뿐만 아니라 평범한 사람도 자신의 '생활'에서 우러나오는 '생명'을 표현하기를 요청하고 있다.[52] 아울러 그는 독자의 입

52 특이하게도 노자영은 이 글에서 원어의 발음 그대로 "라이푸"라고 표기하고 있다. 이는 '생활'을 가리키면서도 생활에서 우러나는 '생명'을 포함하는 독특한 개념이다. 이 책의 4장에서 자세히 논의되는 것처럼 노자영은 이보다 이른 시기에 '생명'이라는 개념과 함께 '생활'이라는 개념을 구별하여 쓰고 있다는 점에서, 그는 여기서 의도적으로 '라이프'를 원어 발음 그대로 표기하여 '생명'이 함의하는 '잉여성'을 강조하고 있는 것이다. 참고로 일본의 '생명주의' 담론을 검토한 스즈키 사다미에 따르면, 메이지 시기의 일본에서 라이프(life)의 역어로서 '생명'이라는 관념이 퍼지기 시작한 최초의 계기는 새뮤얼 스마일즈(Samuel Smiles)의 『자조론(Self-Help)』의 번역에서 연유하였다. 스즈키 사다미는 라이프(life)뿐만 아니라 경우에 따라 '인생'을 의미하는 프랑스어의 라비(La vie), '생명' 혹은 '목숨'을 의미하는 비(vie), 그리고 '생명'을 의미하

장에서도 작가의 '개성'이 잘 배양한 '생명'과 접촉하여 자신의 '생명'을 더욱 풍부하고 힘차게 하기를 주문하고 있다. 이처럼 노자영은 '생명'과 '개성'을 연결하고 예술을 '개인의 개성의 표현'이라는 명제에 일치시킴으로써 예술의 자율성을 특권화하려는 의도를 내비치고 있는 것 같다.[53]

하지만 노자영의 글에서 과연 '생명이란 무엇인가'에 대한 질문을 던지게 된다면, 위에서 살펴본 관점들로 환원할 수 없는 지점과 마주하게 된다. 왜냐하면 우리는 이 글에서 사상과 지식과 감정이 변화・발전함에 따라 '복잡에서 복잡으로', 또는 '심각에서 심각으로' 향상・변화해가는 "내부생활"이라는 정도의 의미를 확인할 수 있을 뿐이기 때문이다. 이것을 노자영의 불칠저함이라고 치부해버리면 그만이겠지만, 그보다 우리는 여기서 '생명'에 대한 이러한 태도에서 예술을 '개성의 표현'이라는 명제 아래 '미적 자율성'의 영역으로 귀결시킬 수 없다는 인식을 확인할 수 있지 않을까? 노자영은 그것을 의식하기라도 한 것처럼 투

는 독일어의 레벤(Leven) 등의 번역어로서 '생명'이 사용되었다고 말하였다. 이런 점에서 '생명'이라는 개념은 서구의 번역어로 명확하게 확정지을 수 없는 '잉여'성을 가지고 있다가 점차 '생활'의 의미와 분리되어간 것으로 보인다. 鈴木貞美, 『生命で讀む20世紀日本文藝』, 至文堂, 1994, pp.14~15.

53 이철호의 경우 1920년대 초기 문학에 나타난 '생명'을 '영혼'과 같이 인간 내부의 심리요소이자 유한하고 비속한 인생에 어떤 무한하고 숭고한 가치와 의미를 부여해준다는 점에서 내면과 예술을 옹호하는 '낭만적 상상력'의 산물이라 파악한 바 있다(이철호, 『영혼의 계보―20세기 한국문학사와 생명담론』, 창비, 2013, 106~142면).

르게네프와 오스카 와일드를 각각 예로 들어 설명하고 있다. 그가 보기에 투르게네프 작품의 경우 아름답지만 오래 읽으면 힘이 약하고 저력이 부족하며 오스카 와일드 작품의 경우 기교적 생활이 힘 있으나 유일최고의 인생이라고는 단정할 수 없다. 말하자면, 노자영은 그들의 작품에서 일시적인 만족을 얻을 수 있을지언정 '고정적'인 만족을 얻을 수 없다고 보았던 것이다. 그는 끊임없이 변화해가는 생활에 따라 우리의 '정신'과 '생명' 또한 자유롭게 '유동'하는 것으로 보고 있기 때문이다. 그래서 그는 '생명'이 '무한'하고, 또 무한하게 '변화'하는 것처럼 예술도 무한하고 무한하게 변화해간다고 말하였던 것이다.

따라서 노자영이 말하는 '생명'이라는 것은 무한히 변화해가는 움직임 가운데 감지할 수 있는 '어떤 것'이라는 점에서 딱히 구체적으로 정의내리기는 어렵다. 그는 오히려 거기에서 나아가 우리가 그러한 "전적생명全的生命"으로 인해 느끼는 "심원한 '무엇'"을 긍정하고 있다. 심지어 그는 '악마적'이라는 극단적인 수사를 동원하여 인간의 '생명'에서 느끼는 '심원한 무엇'을 더욱 강렬하게 표현하라고 요청하고 있으며 인간의 '생명'에 그러한 "강적방면强的方面"이 나타나기를 요구하고 있기도 하다. 이러한 문예야말로 그에게 '물이 술술 나오는' 무미건조한 문예가 아니라 '어디를 베든지 생기가 펄펄 나오는' 살아 있는 문예일 것이다. 그러면 노자영이 이 글에서 말하는 '예술 = 개개인의 개성의 표현'이라는 명제는 오히려 '생명'의 개념을 명확하게 위치시킬 수 없다는 점에서 예술의 자율성을 담보하고 있지 못하는 것은 아닌가? 그보다 그는 그와 같은 명제를 예술의 자율성에 위치시키려고 하기보다 오히려 '생명'에 '무한'이라는 수사를 보충함으로써 거기에서 벗어나는 지점을 겨냥하려 했던 것은 아닐까? 이러한 추측이 단순한 가설이 아니라는 사실은 (나)의 글에서 더욱 뚜렷해진다.

이 글에서 김찬영은 당시 동경미술학교 서양화과를 졸업하고 『창조』와 『영대』 등의 표지 그림을 담당하였던 이력에 걸맞게 입체파와 후기인상파와 같은 전위예술을 소개하면서 예술에 대한 독사적인 관심을 보여준다.[54] 그는 노자영과 마찬가지로 예술을 '감정'에 어떠한 '쾌감'을 일으키는 '미의 표현'이라 정의하고 있다. 구체적으로 그는 청색을 예로 들어 우리의 '감정'에 '쾌감'을 불러일으키는 원인을 우리의 '주관' 속에 있는 '감정'의 활동에서 찾고 있다. 이런 점에서 미적 가치는 철저하게 개개인의

54 송민호는 그동안 미술에 초점을 맞춘 김찬영의 예술비평에 대해 소홀히 다루어진 점을 지적하면서 1920년대 담론장 안에서 그의 예술비평이 차지하는 실천적인 의의를 해명한 바 있다. 그는 김찬영의 초기 예술론이 "예술이라는 대상을 언어로 번역하려는 불가능성의 기획"에서 나왔으며 후기인상주의와 입체주의의 도입을 통한 "주관적 감각의 작용과 그것의 표현"이라는 관점에 따라 그것을 실현하려 했다고 보고 있다. 결과적으로 그는 김찬영의 예술비평을 "언어화되지 않는 예술의 자리를 언어적으로 어떻게 설명할 것인가의 문제"와 맞닿아 있다고 보았다. 송민호, 「1920년대 초기 김찬영의 예술론과 그 의미」, 『대동문화연구』 제7집, 성균관대 대동문화연구원, 2010, 295~327면.

'주관'과 '감정' 활동의 산물인 것이다.

이와 함께 김찬영은 현대예술의 '생명이 어디에 있는가'에 대해 논함으로써 위에서 말한 예술의 '미적 가치'를 정당화하고 있는 것처럼 보인다. 그는 글의 첫 부분에서부터 새로운 예술의 '생명'이 완전히 자유로운 "적라赤裸의 자아" 혹은 "신령神靈의 자기"에서 구할 수 있다고 말한다. 그가 말하는 "적라의 자아"와 "신령의 자기"는 시간, 공간, 사회, 국민, 인습 등 실생활과 연결된 모든 '이성'으로부터 벗어나 있다는 점에서 '감정'에 따른 미적 '쾌감'과 '미적 가치'의 획득에 관한 명제를 더욱 극단적으로 추구하고 있는 것처럼 보인다. 이는 그가 후기인상파와 입체파의 의의를 '자기'의 자유로운 감정과 속임 없는 감각의 표현에서 찾고 있는 부분에서 단적으로 드러난다.

하지만 김찬영의 논의를 좀 더 따라가면 그가 단순히 후기인상파와 입체파의 전위 예술을 받아들임으로써 '미적 근대성'을 극단화하려고 한 것이 아님을 알 수 있다. 왜냐하면 입체파의 출현 의의를 설명하는 글의 후반부에서 그가 말하는 완전한 '적라의 자아' 또는 '영적 자기'는 자연과 인생의 "오면奧面", 즉 "평면적 관찰"로 환원되지 않는 모든 것의 깊은 면을 추구하는 것과 연결되어 있기 때문이다. 말하자면, 그가 추구하는 '자아'는 현실세계로부터 단절된 미적 세계에 갇혀있는 것이 아니라 현실세계의 가치에 의해 고정될 수 없는 어떤 것과 접촉함에 따라

보다 입체적으로 구성될 수 있으며 그에 따라 '생명'을 느낄 수 있었던 것이다. 그래서 그는 어떠한 대상을 통해 불러일으킨 '감정의 쾌감'을 일률적인 '미적 가치'로 환원하기보다 오히려 대상에게서 미적 가치 '이상'의 어떤 것을 발견하려 했던 것이다. 비슷한 맥락에서 김찬영은 이보다 3년여 뒤에 천재예술가가 남긴 곡을 기계적으로 모방하는 완성예술을 "긴장이 풀리고 또한 향상미가 업는 한 시체"에 불과하다고 비판한 바 있다. 그러면서 그가 "추상적 욕망"을 통한 '미완성의 예술'을 지향하고 있다고 볼 때,[55] 앞선 논의에서 그가 '미적 가치'를 벗어난 어떠한 지점으로 나아가려했다는 추측은 어느 정도의 정당성을 획득할 수 있을 것이다.

지금까지의 논의를 통해 우리는 1920년대 초기 문인들이 예술의 효용성으로 나아간 이광수와 달리 단순히 '미적 자율성'을 옹호하는 측면으로 나아간 것이 아니라는 점을 확인하였다. 거듭 말하자면, 그들은 이광수 문학관과의 대립 구도에 따라 공리주의적이고 효용적인 미에서 벗어나 '미적 자율성'을 옹호한 것이 아니라 그러한 지점에서 출발하면서도 오히려 '미적 자율성'으로 환원할 수 없는 지점으로 나아가고 있었던 것이다. 그러면, 그들이 왜 '미적 자율성'으로 환원할 수 없는 영역으로 나아가고 있었는지에 대한 의문을 느낄 것이다.

55 김찬영, 「完成藝術의 서름」, 『영대』 창간호, 1924.8, 20~25면.

空間에 對한 熱情은 未知의 世界에 對한 熱烈한 憧憬에서 울어나와 낫다. 草木은 無限한 大空을 向하야 限업는 熱情을 가지지 안엇느냐. 雄大한 森林이 深山幽谷 가운데서 空間을 向하야 벗어올나가는 景趣를 볼 것 갓흐면 그 意志가 얼마나 壯快하며 그 熱情이 얼마나 無限量한 것을 알 것이다. 空間은 우리 人類의 觀念으로 아직까지 到達키 어려운 抽象的의 世界다. 그러나 草木의 形態를 볼 것 갓흐면 空間의 一點을 中心으로 해가지고 韻律的 活動을 하는 것 갓다.
(…중략…)

말업시 고요히 엄돗는 植物의 生活狀態를 볼 것 갓흐면 確實히 潛在世界와 神秘한 交通이 잇는 것 갓다. 無形한 空間에 形狀을 그리며 色彩를 붓치는 植物의 造花야말노 엇던 潛在世界의 暗示作用인가 한다. 未知의 世界를 向하야 귀를 기우리고 잇는 그는 우리 人類의 觀念으로는 捕捉키 어려운 無量한 神秘에 늑기고 잇슬 것이다.
(…중략…)

植物의 潛在精神이 官能을 비롯하야 表現될 때에는 奔放한 熱情에서 울어나왓다. 그럼으로 放漫한 空想과 씃업는 熱望의 情調는 넘치지마는 形態의 統一은 볼 수 업다. 깁흔 森林 속이든가 草木이 叢生한 곳에는 一種 騷音이 들니는 것 갓다. 그리고 個性의 散漫을 늑긴다. 그것은 植物이 美의 統一性을 일흔 까닭이다. 그러나 우리는 形態의 統一을 일흔 그 가운데서 未完成의 特殊한 美를 發見할 수 잇다.

—「식물(植物)의 예술미론(藝術美論)」 부분[56]

앞서 살펴본 노자영과 김찬영의 글과 마찬가지로 임노월은 일단 이 글에서 '미적 세계'가 '개성'의 원천이라는 것을 말하고 있다. 구체적으로 그는 '미적 세계'에 대한 예술의 동경을 공간에 대한 식물의 동경에 비유하고 있다. 말하자면, 식물에게 공간이 '운율적 활동'을 펼칠 수 있는 무수한 미적 개념이 잠재한 세계라고 한다면, 마찬가지로 예술에서 '미적 세계'는 다종다양한 형식과 분방한 감정을 통해 표현될 수 있다. 이 지점에서 임노월은 예술에서 '미적 세계'를 탐사하여 '개성'을 발견하려는 의도를 보여준다. 이는 그가 식물을 "개인주의자"라고 말하는 부분에서 드러난다. 즉, 식물은 '남의 개성'을 존중하는 동시에 절대적으로 '자기의 개성'에 충실한 '개인주의자'인 것이다. 그리하여 임노월은 식물이 공간에 대한 탐사를 통해 각자의 '개성'을 발휘할 수 있는 것처럼, 예술에서 '미적 세계'를 탐사하여 각자의 '개성'을 드러내기를 바라는 것이다.

하지만 임노월은 '개성'을 균질적인 것으로 만드는 원근법으로 '미적 세계'를 바라보는 데 그치지 않는다. 이를 확인하기 위해 그가 '개성'의 원천으로 삼고 있는 '미적 세계'가 무엇인가라는 물음을 던져보자. 그는 식물이 점유하는 공간을 우리 인류의 관념으로는 아직 도달하기 어려운 "추상적" 세계라고 보고 있다. 그 공간은 식물에게 무수한 "무답미舞踏美"를 선사하는 "잠재세

56 임노월, 「植物의 藝術美論」, 『영대』 창간호, 1924.8, 26~33면.

계"인 것이다. 그는 식물이 잠재세계와 "신비한 교통交通"을 할 때 '새로운 형태'를 창조하고 '생생한 정조'가 끊임없이 쏟아져 나오는 '개성'을 발휘할 수 있다고 보았던 것이다. 예술의 측면에서 볼 때, 임노월은 식물의 속성과 마찬가지로 예술이 우리 인류의 관념으로 포착하기 어려운 잠재세계를 '미적 세계'로 삼기를 바라고 있다. 그러한 점에서 그에게 '미적 세계'는 '개성'을 균질적인 것으로 만드는 원근법이라기보다 각자의 '개성'을 특이한 것으로 만드는 원천이며 각자의 '개성'을 살아 움직이는 것으로 만드는 원천이라 볼 수 있다.

이러한 맥락에서 임노월이 글의 마지막 장에서 '미완성의 미'를 요청하는 부분에 주목해보자. 말하자면, 그는 '개성'을 획일적인 것으로 만드는 미의 "통일성"보다 '개성'을 '생명'의 표지로 만드는 "미완성의 특수한 미"를 강조하고 있다. 그가 잠재정신을 표현할 때 느끼는 "황홀미恍惚美"는 결국 '미의 통일성'을 잃은 '미완성'에서 느끼는 감정이라 할 수 있다. 실제로 이러한 관점은 두 달 뒤에 발표된 글에서 더욱 구체화된다. 그는 이 글에서 '미지의 세계'뿐만 아니라 '초자연적 세계'를 현실에 실현할 수 있는 "이상한 미"를 주문하고 있다. 그가 말하는 '이상한 미'는 '불가사의'한 매력을 가지고 '영구히' 해득할 수 없는 '미'라는 점에서 '미적 원근법'으로 환원할 수 없지만 각자의 '개성'을 산출하는 원천이라 할 수 있다.[57] 따라서 임노월이 '미'에 대한 절대적인 태도를 보이는 것은 현실의 세계를 초월하는 공상적인 세계에 대한 동경을 추구하기 위한 것이라기보다 '개성'이 새로운 형식과 풍부한 감정을 바탕으로 각자의 특이성을 나타낼 수 있는 세계를 추구하기 위함이었다.

지금까지 살펴본 것처럼 1920년대 초기 문인들은 '자아'와 '개성'을 균질적인 것으로 만듦으로써 '미적 가치'를 획득하는 것에 머무르지 않았다. 오히려 그들은 미적 대상에게서 더욱 '심원한 무엇'을 발견하거나 그 '이상'의 세계가 있다는 것을 발견함에 따라 자신들의 '자아'와 '개성'이 생생하게 살아 있다는 것을 보여주려고 했다. 이는 그들이 '자아'와 '개성'에 '무한', '절대' 등의 수사와 결부시키는 것과 함께 '생명'이라는 개념을 동반하고 있는 것에서 알 수 있었다. 그리고 미적 대상을 고정된 것으로 보거나 자신과 미적 대상을 일치시키는 것에서 벗어나 미적 대상과의 불일치에서 느끼는 '황홀'을 보여주는 것은 그들이 예술에서 숭고한 영역을 탐색하고 있다는 것을 보여준다. 그들은 바로 그러한 영역에 자신들이 추구해야할 예술의 '진리'가 있을 뿐만 아니라 자신들의 '생명'이 살아 움직이는 원천이 있다는 것을 보여주었다. 그럼에 따라 1920년대 초기 시인들이 '미적 원근법'으로 환원할 수 없는 외부에 놓고 있었던 숭고한 영역은 자신들을 강렬하게 이끌리도록 만드는 '이상향'으로 기능할 수 있었던 것이다.

57 임노월, 「美의 絶對性」, 『영대』 제3호, 1924.10, 16~26면.

이러한 점들은 문단 내적인 문제에 국한된다기보다 외적인 담론과 얽혀있는 문제였다. 1920년대 초기 문인들은 문단 외적인 차원에서 문학과 종교의 관련성에 따라 문학에서 숭고의 범주를 발견하였으며 '진리'와 '생명'이 있는 숭고한 영역을 '이상향'으로 발견해낼 수 있었다. 이것을 확인하기 위해 당시 문학과 긴밀한 협착관계에 놓여있던 종교와의 관련성에 대해 살펴보아야 한다. 김억의 글에서 단적으로 확인할 수 있듯이 당대 문인들에게 종교가 조선에서뿐만 아니라 전 세계 인류의 문제로 부상하게 된 계기는 '제1차 세계대전'이라는 미증유의 사건 때문이었다. 이로 인해 세계 인류에 극심한 "영靈의 병病"을 고쳐줄 종교의 역할이 커지게 되었다.[58] 김억은 특이하게도 이란의 종교인 '바하이교'를 소개하는 방식으로 종교에 대한 관점을 내비치고 있다. 그에게 종교는 인종, 국토, 성 등 모든 장벽을 넘어 인류동포주의와 세계평화의 이상을 달성하기 위한 '진리'로서 받아들여졌다. 그리고 현실의 모든 불행과 고달픔을 위안과 희망으로 치유하는 '오아시스'로서 받아들여졌다.[59]

이러한 점에서 당대 문인들에게 보편성의 차원으로 열려 있던 종교는 '진리'와 '생명'의 원천으로 받아들여질 수 있었던 것이다. 이에 따라 1920년대 초기 문인들은 담론상의 측면에서 문학

58 김억, 「쌔하이쓰모(Bahaismo)」, 『서광』 제8호, 1921.1, 35면.
59 위의 글, 36~38면.

과 종교의 관련성을 모색해가면서 문학 독자의 영역을 구축해갈 뿐만 아니라 문학에서 숭고한 영역을 발견하는 계기를 마련하고 있었다.

> 人心 最强의 要求는 말할 것도 업시 生存의 意慾(Will to live)일다. 然이나 人은 單히 生하기 爲하야 生하는 것이 아니오. 질거웁게 生活하기를 要求하는 者라. 질거웁게 生活하는 道 一二에 不止할지나 吾人으로 觀之하면 藝術의 與하는 審美性의 滿足은 人生으로 하야금 趣味를 깁게 하는 듸 가쟝 有力한 自로 承認 아니할 수 업다. (…중략…)
>
> 오직 宗教가 吾人에게 供할 使命은 此를 藝術에 比하야 更히 一層 根本的이요 心靈的이다. 宗教는 自然美의 形式과 肉感의 媒介를 不俟하고 直히 靈能의 內觀自覺에 依하야 人靈 最深의 要求를 充實케 한다. 從하야 宗教生活의 悅樂은 永久的이요 그 價値는 內面的일다. 玆에는 道念의 向上이 잇고 靈眼의 覺醒이 잇고 生死의 超脫이 잇고 永遠의 生命이 잇다. (…중략…)
>
> 然타 藝術과 宗教는 幾多其道의 方面을 有함에 不拘하고 其間에 스사로 各自의 特色이 잇고 優劣이 잇고 長短이 잇다. 如斯함은 兩者의 人生에 對한 使命이 좀 其趣를 달니하는 所以를, 示함이니, 吾人이 人生의 二大要素로 認하는 바 悅樂하고 有意한 生涯에 對하야 藝術 宗教의 二者其一을 不可缺할 理由도 亦實 在此라. 卽樂하고 趣

味 깁흔 人生의 一面은 此를 藝術에서 發揮함을 得할지오. 有意하고 價値 만흔 生活의 他一面은 此를 宗教에 依치 안코는 實現하기 不能하도다.

—「종교(宗教)와 예술(藝術)」 부분[60]

흥미롭게도 오상순은 글의 제목에서부터 종교와 예술의 관련성을 해명하려는 의도를 내비치고 있다. 「천평天枰에 걸닌 문예文藝와 종교宗教」(『태서문예신보』 제13호, 1919.1.1), 「종교宗教와 문예文藝」(『학지광』 제21호, 1921.1.21) 등 당대의 잡지에서 종교와 예술의 관련성을 설명하려는 글들이 대체로 종교와 예술의 공통점과 차이점을 분석하는 방식을 취하고 있는 것처럼 이 글 역시 종교와 예술의 공통점과 차이점을 밝히고 있다. 여기서 주목해야 할 점은 오상순이 종교와 예술의 차이점을 고찰하고 있는 부분이다. 이 부분에서 1920년대 초기 문학에서 미적 범주를 벗어나는 숭고의 범주를 획득하게 된 계기가 드러나기 때문이다.

오상순은 예술이 인생에서 즐겁고 '취미' 깊은 일면을 충족시킨다는 점에서, 종교는 '유의有意'하고 '가치' 많은 일면을 실현한다는 점에서 차이가 난다고 본다. 말하자면, 그는 인생으로 하여금 '취미'를 깊게 하는 예술을 '심미성'의 영역에 위치시키고 있다. 그에 반해, 인생으로 하여금 '무한의 가치와 존엄'을 발휘하

60 오상순, 「宗教와 藝術」, 『폐허』 제2호, 1921.1, 2~3면.

게 하는 종교를 한층 '근본적'이고 '심령적'이며 '내면적'인 영역에 위치시킨다. 이러한 관점은 각자의 예술관에 따라 내용상의 차이를 보이지만 예술과 종교의 관련성을 다루는 당대의 다른 글에서도 엿볼 수 있다. 예컨대, 「천평에 걸닌 문예와 종교」에서도 문예를 인생의 '취미'를 깊게 하는 '유희품'에, 종교를 민중의 '이상'을 불러일으키는 '원동력'에 위치시키고 있다.[61] 그리고 「종교와 문예」에서도 예술을 인생의 '쾌감'을 증진시킬 수 있는 것에, 종교를 생의 유한, 사멸, "불여의不如意" 등을 초월하여 '초현실적 세계'로 인도하는 것에 그 의의를 두고 있었다.[62]

이처럼 1920년대 초기의 조선에서 문학(문예)은 미적인 것에, 종교는 그것보다 이상적이고 무한한 것에 위치해 있었다. 이러한 점들로 미루어볼 때, 당대의 문학에서 '미적 범주'를 벗어나는 영역을 발견하게 된 것에는 '종교' 담론과의 관련성이 어느 정도 영향을 미친 것으로 보인다. 특히, 오상순의 글에서 "신神 아니고서는 만족滿足하기 어려운 **일종一種 숭고崇高한 종교심宗敎心**이 자연自然히 인령人靈 중中에 부식附植되여잇슴과 갓치, 미美를 모慕하며 미美를 동憧하야 기ㄹ하랴 기ㄹ할 수 업는 **일종一種 우미優美한 심미성審美性**이 태초太初부터 인심人心 중中에 조부彫附되여잇슴은 불가엄不可掩의 사실事實이라"[63]라는 부분에서 알 수 있듯이, 문학은 심미성에,

61 백악산중 반아생, 「天枰에 걸닌 文藝와 宗敎」, 『태서문예신보』 제13호, 1919.1, 7면.

62 신태악, 「宗敎와 文藝」, 『학지광』 제21호, 1921.1, 38면.

종교는 숭고한 것에 위치해있다. 따라서 1920년대 초기 문인들이 '무한', '절대'와 같이 '미적 원근법'으로 환원할 수 없는 지점을 발견하고 '숭고'에 대한 인식을 보일 수 있었던 것은 종교를 경유하여 가능할 수 있었다는 것을 알 수 있다.[64]

사실 종교와 예술은 차이점 못지않게 공통점을 가지고 있기 때문에 서로의 영역을 공유할 수 있으며 서로의 속성과 결합할 수 있는 여지를 안고 있었다. 인용된 글에서 오상순은 '이성'의 만족을 목적으로 하는 과학과 '의지'의 만족을 목적으로 하는 윤리도덕과 구별하여 인간의 '감정'의 만족을 목적으로 한다는 점에서 종교와 예술의 공통점을 찾고 있다. 보다 구체적으로 그는 종교와 예술이 인간의 "상상력"과 "직각력直覺力"을 바탕으로 하기 때문에 인생에 대해 불가분의 관계에 놓여 있다고 말하고 있다. 이러한 공통점을 통해 예술과 종교는 서로의 차이점을 넘어 충분히 결합할 수 있었으며 예술에서 숭고의 범주를 발견하는 계기로 작용할 수 있었던 것이다. 그러면 1920년대 초기 문인들은 전대 이광수의 계몽주의 문학관과 변별되는 입지를 확보하기

63 오상순, 앞의 글, 4면. 강조 표시는 인용자의 것임.

64 참고로 오상순과 예술(문예)을 바라보는 입장은 다르지만 신태악은 문예를 통한 '미의 이상'과 종교를 통한 '선악의 이상'의 합치를 통해 완전한 생의 미를 실현할 수 있다고 보고 있다. 그 방식으로 그는 문예에서 시작하여 종교의 이상을 제시하는 것으로 귀결하고 있다고 볼 때, 그가 '미'를 이상적으로 실현할 수 있는 계기로 '종교'를 도입하고 있는 것은 필연적인 것으로 보인다. 신태악, 앞의 글, 38면.

위해 미에 대한 절대적인 태도를 보였다기보다 종교와 문학의 관련성에 따라 '무한'과 '절대' 등의 수사로 보충되는 숭고의 영역을 발견하였다고 볼 수 있다. 다시 말해, 그들은 앞에서 살펴본 것처럼 종교를 경유하여 '미적 원근법'으로 환원할 수 없는 숭고의 영역을 발견하였으며 거기에 자신들이 추구하는 '진리'와 '생명'의 '이상향'이 있다는 것을 보여주었다.

이러한 측면은 메이지 시기 일본에서 낭만주의의 한 분파로서 자연주의가 탄생하는 과정에서도 살펴볼 수 있다. 일례로, 구니키다 돗포国木田独歩가 자연에 '신비'의 관념을 덧붙이거나 이와노 호메이岩野泡鳴가 '심령'의 관념을 덧붙인 것은 미국적 숭고함으로 대표되는 에머슨R. W. Emerson의 수용이 결정적이었다. 그들이 미의 영역을 벗어나는 대상에 '신비'와 '심령'의 범주를 부여한 것은 기독교를 계기로 한 낭만주의의 발견에서 유래한 것이었다.[65] 물론 1920년대 초기 문인들 또한 종교와 문학의 관련성

65 이에 대해 선행연구에서는 메이지의 청년 문학자 대부분이 기독교로 접근하고 그로부터 이반(離反)하는 과정에서 자신들의 정신을 형성해갔다는 점에서, 기독교에 대한 압도적인 영향 하에 있었다고 지적하고 있다. 그러면서 그 결정적인 계기로서 에머슨의 사상을 거론하고 있다. 익히 알려져 있다시피, 에머슨은 범신론을 바탕으로 내적 자연과 외적 자연이 호응하는 하나의 정신적 울림을 만들어내면서 미국 내셔널리즘의 원조로 거듭난다. 기타무라 도코쿠(北村透谷) 등 메이지 10년대 일본의 문인들 또한 에머슨으로 대표되는 기독교를 통해 낭만주의를 발견하지만 이후 우치무라 간조(内村鑑三) 등은 홋카이도(北海道)를 중심으로 근대과학과 결부된 내셔널리즘을 전개하게 된다. 이에 대해서는 가라타니 고진 외, 송태욱 역, 『근대 일본의 비평(1868~1989)』, 소명출판, 2002, 72~94면 참고.

에 따라 미와 구별되는 숭고의 범주를 발견해내면서도 그들에게 오히려 문학과 종교는 다른 영역에 속하는 문제였다. 다시 말해, 그들은 문학과 종교의 영역을 철저히 구별하여 문학의 차원에서 '숭고'를 추구하려 하였다.[66] 그것이 어떠한 방식으로 이루어지고 있으며 거기에 담긴 의도가 무엇인지에 대해서는 아래의 글을 통해 살펴보자

> 나는 고요ᄒᆞᆫ 동산 우희 반짝이는 별 밋헤셔 긔도를 ᄒᆞ지 안코 그냥 ᄂᆞ려가는 것이 ᄎᆞᆷ아 셥셥ᄒᆞ야셔 머리를 숙이고 묵도ᄒᆞ고 셧슨즉 나의 발이 ᄯᅡ에 ᄡᅡᆨ 붓허셔 맛치 눈압헤 잇는 소나무나 풀들이 ᄯᅡ에셔 나잇는 것 ᄀᆞᆺ치 나도 거룩ᄒᆞᆫ ᄯᅡ에셔 선 것 ᄀᆞᆺᄒᆞᆺ습니다 그래셔 하ᄂᆞ님이 만물을 기르기 위ᄒᆞ야 베프신 무진장(無盡藏)의 ᄯᅡᆼ긔운을 나도 지금 발노 ᄲᆞᆯ아올니는 것 ᄀᆞᆺᄒᆞᆺ습니다 (…중략…)
>
> 오ᄂᆞᆯ 오후에 "나는 무엇이 되어야 ᄒᆞᆯ가" ᄒᆞ고 요ᄉᆞ이 나의 의혹(疑惑)을 써 두엇더니 이ᄯᅢ에도 역시 "나는 무엇이 되어야 ᄒᆞᆯ가" ᄒᆞ는 ᄉᆡᆼ각이 낫습니다 ᄒᆞᆫ참 후과 "시(詩)니 철학(哲學)이니 과학(科學)이니 ᄒᆞ고 뒤 ᄯᅥ들지만 그ᄉᆡᆺ짓 것 들이 다 무엇이냐 다만 하ᄂᆞ님의 의지(意志) 곳 량심(良心)의 명령만 좃차 살면 고만이지"

66 이에 대해 최근 연구에서는 야나기 무네요시의 생명사상과 1920년대 초기 한국 문인들의 생명의식을 비교하여 그 차이점을 해명한 바 있다. 최호영, 「야나기 무네요시의 생명사상과 1920년대 초기 한국시의 공동체 문제」, 『일본비평』 제11호, 서울대 일본연구소, 2014, 238~273면 참고.

ᄒᆞ고 ᄉᆡᆼ각ᄒᆞ얏습니다 (…중략…)

그러나 묵도를 ᄆᆞᆺ치고 눈을 든 즉 쎠는 듯 ᄒᆞᆫ 별들이 헤아릴 수 업는 ᄆᆡ력(魅力)을 가지고 반짝임으로 내 ᄉᆡᆼ각에 "아아 암만 ᄒᆞ야도 시(詩)다" ᄒᆞ얏습니다

—「S양(孃)의게」 부분[67]

이 글은 당시 장로회와 감리회의 연합으로 표제에서부터 기독교 전파의 목적을 명확히 하고 있던 『기독신보基督申報』에 발표되었다는 점에서 주목을 요한다. 남궁벽은 1917년 11월 28일부터 1918년 4월 17일까지 『기독신보』의 '소년문학' 코너를 담당하면서 선/악과 같은 윤리적인 문제를 통한 교훈성을 전달하거나 기독교의 메시지를 전달하려는 의도를 내비치고 있었다.[68] 하지만 코너 연재의 부담에서 벗어난 위의 글에서 그는 문학과 종교의 관련성에 따라 숭고의 범주를 발견하면서도 문학의 영역에서 '숭고'를 추구하려는 의도를 보여준다.

그는 'S양'에게 보내는 편지 형식으로 자신의 자연 체험을 고백한다. 그는 저녁에 학교 뒷산에서 연설 연습을 하고 내려오려다가 하늘에서 반짝이는 별을 보고 기도를 한다. 그는 '묵도'를

67 남궁벽, 「S孃의게」, 『기독신보』, 1918.12.25, 959면.

68 『기독신보』 소재의 '소년문학' 코너에서 남궁벽이 전개한 활동에 대해서는 최호영, 「『기독신보』에 나타난 문인들의 활동과 '이상향'의 의미」, 『민족문학사연구』 제56호, 민족문학사학회, 2014, 335~343면 참고.

통해 소나무나 풀들이 땅에 나있는 것처럼 자신 또한 땅과 일체화된 것으로 느꼈으며 "거룩한" 땅을 통해 만물을 길러준 하나님의 은혜를 느낀다고 말한다. 그가 하나님의 은혜에 "무진장無盡藏"과 같은 '무한'의 범주를 덧붙이고 있는 것은 종교를 경유하여 숭고를 발견하였다는 것을 보여주고 있다. 이와 함께 그는 최근 자신을 사로잡고 있는 인생의 본질적인 문제 역시 "하나님의 의지"와 "양심의 명령"에 따라 해결하고 있다. 그러한 점에서 그는 문학보다 종교의 영역에 숭고를 위치시키고 있는 것으로 보인다.

하지만 그의 사색을 좀 더 따라가 보면, 그가 그러한 의도에서 점차 벗어나고 있다는 것을 알 수 있다. 왜냐하면 그는 묵도를 마치고 헤아릴 수 없는 별들을 올려다보면서 종교보다 문학을 표상하는 '시'를 긍정하고 있기 때문이다. 그리하여 그는 'S양'이 보여준 롱펠로우의 시 구절을 상기하면서 저러한 별과 가까운 생활을 하는 시인의 삶 또한 긍정하고 있는 것이다. 따라서 그는 이 글에서 종교를 경유하여 숭고의 범주를 발견하면서도 그것을 결국 문학을 통해 추구하겠다고 말하고 있는 셈이다. 이러한 측면은 이후 이 글을 토대로 한 글을 『폐허』에 발표하면서 더욱 강화된다. 앞선 글이 'S양'이라는 특정인에게 보내는 편지 형식이었다면, 『폐허』에 발표한 글은 제목을 아예 '자연'으로 바꿔놓았으며 불특정한 대상에게 자신의 자연 체험을 고백하는 형식으로 바뀌어 있다. 그리고 전자의 글에서 주로 매체의 특성상

한글을 사용하고 있다면, 후자의 글에서는 한자를 빈번하게 사용하여 문인으로서의 자의식을 직접적으로 노출하고 있다.[69] 이러한 점에서 그는 문학을 통해 '숭고'를 지향하려는 의도를 더욱 분명히 하고 있는 것이다.

그러면 남궁벽이 문학을 통해 숭고를 지향하려는 것은 어떠한 방식으로 이루어지는가? 그것은 그가 이 글과 함께 『기독신보』에서 유일하게 발표한 시를 참고해보면 명확하게 드러날 것이다.[70] 이 시에서 그는 언덕 위에서 무심히 놀고 있는 두 아이를 지켜보면서 그들의 손에 가진 한 송이의 꽃에도, 그들의 주변을 날아다니는 한 쌍의 나비에도, 그들의 근처에 흩어져있는 한 덩이의 흙에도 "하나님의 능력"이 들어 있다고 말한다. 그래서 그는 세상의 모든 창조의 근원인 하나님을 찬양하고 있는 것처럼 보인다. 그리고 그는 두 아이를 성경에 나오는 '아담'과 '이브'나 '천사'와 '천녀'의 이미지로 표현함에 따라 그러한 종교적인 메시지를 강화하는 것처럼 보이기도 한다. 하지만 그는 시의 마지막에서 "에덴동산"과 같은 기독교의 이상세계를 바로 "계림반도", 즉 우리나라의 '이상향'

69 남궁벽, 「自然－五山片信」, 『폐허』 제1호, 1920.7, 67~72면.

70 참고로 시의 전문은 다음과 같다. "언덕 우의 잔디밧헤 / 무심히 노는 두ᄋᆞ히야 / 너희 손에 가진 ᄒᆞᆫ 숑이 ᄭᅩᆺ에도 / 하ᄂᆞ님의 능력이 들어잇고 / 너희 엽흐로 ᄂᆞ라ᄃᆞ니는 ᄒᆞᆫ 쌍 나뷔에도 / 하ᄂᆞ님의 능력이 들어잇고 / 너희 근쳐에 훗허져 잇는 ᄒᆞᆫ 덩이 흙에도 / 하ᄂᆞ님의 능력이 들어잇다 / 아아 무심히 노는 / 텬ᄉᆞ텬녀와 ᄀᆞᆺ흔 두ᄋᆞ히야 / 날노 ᄒᆞ여곰 멀니 / 아담과 해와를 ᄉᆡᆼ각케 ᄒᆞ는 두ᄋᆞ히야 / 우리 계림반도는 / 에덴동산을 삼지 못ᄒᆞᆯ소냐 / 신셩ᄒᆞᆫ 마ᄋᆞᆷ으로 / ᄒᆞᆼ샹 긔도ᄒᆞ여라".(남궁벽, 「언덕 우희 잔듸밧헤」, 『기독신보』, 1918.5.22, 773면)

으로 삼고자 하는 바람을 드러내고 있다.

이것은 이 시가 단순히 종교적인 메시지를 전달하는 것에 머무르지 않는다는 것을 보여주는 것에 그치지 않는다. 말하자면, 그는 문학의 차원에서 기독교의 수사를 동원하여 '이상향'에 대한 숭고함을 강조하고 있다. 그는 당대 조선의 현실이 "에덴동산"과 같지 않은 상황이라는 것을 보여주는 것과 함께 그러한 현실의 외부에 '이상향'이 있다는 것을 보여주고 있다. 그런 점에서 그는 '이상향'을 현실의 이념으로 환원하지 않고 있다. 그에게 '이상향'은 현재의 조선보다 앞으로의 조선에 도래하게 될 지평으로서 작동하고 있었던 것이다. 따라서 남궁벽은 이 글에서 종교를 경유하여 숭고의 범주를 발견하면서도 문학의 차원에서 당대 현실의 모순을 극복할 수 있는 근거로서 '이상향'을 추구하려했던 것이다.

지금까지의 논의를 정리하자면, 1920년대 초기 문단에서 감정의 범주를 부각하고 미에 대한 절대적인 태도를 보이는 것은 예술의 효용성으로 나아간 기존 문학에 대한 반발이라기보다 '숭고'의 영역을 발견하는 것에서 기인하였다. 1920년대 초기 문인들은 '자아'와 '개성'을 균질적인 것으로 만드는 '미적 원근법'에서 벗어나 예술의 '진리'와 '생명'이 있는 숭고의 영역으로 나아가고자 했다. 이때 그들은 종교와의 관련성을 통해 '무한'이나 '절대' 등으로 표상되는 숭고의 영역을 발견할 수 있었다. 하지만 그들은 종교를 경유하여 숭고를 발견하면서도 문학과 종교를 철저히 구분하여 문학의 차원에서 숭고를 추구하고자 했다. 그들은 기독교의 수사를 통해 현실세계의 외부에 있는 이상향의 '숭고함'을 부각시키는 것과 함께 당대의 현실에 끊임없이 도래할 수 있는 '이상향'을 지향하고자 했다.

3. 신비주의의 도입과 상징주의를 통한 숭고의 '표상' 방식

앞에서 살펴본 대로 1920년대 초기 시인들은 '미적 원근법'으로 환원할 수 없는 지점에 '무한', '신비', '영원' 등과 같은 범주를 덧붙임으로써 숭고의 영역을 발견해내었다. 그들은 그러한 영역에 예술의 '진리'와 '생명'이 있을 뿐만 아니라 자신들이 지향하는 '이상향'이 있다는 것을 보여주었다. 그들이 앞에서 자신의 인식 범위를 초과한 '자연'을 발견하고 거기에 대한 도달 불가능한 '거리감'을 도입한 것처럼 그들에게 '이상향'은 다다를 수 없는 위치에 놓여 있었다. 그래서 그들은 다다를 수 없는 대상에 대한 '표박'을 반복하고 슬픔이 담긴 노래를 부름으로써 자신의 존재를 지탱하고 '생명'을 고양시킬 수 있었던 것이다. 지금까지 1920년대 초기 시인들이 '숭고시학'을 형성하게 된 내·외부적인 사정을 살펴보았다면, 이제 그들이 종교와 구별 지은 문학의 층위에서 다다를 수 없는 지점에 놓인 대상을 어떠한 방식으로 '표상'하고 있는가를 살펴보자.

미리 말해두자면, 1920년대 초기 시인들은 숭고한 영역에 있는 대상을 '표상'하기 위해 두 가지의 방식을 시도하고 있다. 먼저, 그들은 '상징주의'를 자유시와 같은 형식의 차원에 국한하지 않고 논의하는 가운데, 종교상의 경험으로 논의되어 오던 '신비주의'를 상징주의의 논의에 끌고 오고자 했다. 이를 통해 그들은 '무한한 것', '비가시적 세계', '영계' 등의 수사로 도달하지 못하는 대상의 숭고함을 부각시키면서 그러한 대상을 '생명'의 근원으로 두려는 의식을 강화하고자 했다. 다음으로, 그들은 숭고의 영역에 있는 그러한 대상을 '표상(=암시=상징)'할 수 있는 방식을 모색하였다. 그들은 상징주의를 '숭고시학'으로 전환함으로써 다다를 수 없는 대상을 '표상'하려는 논리를 구축하였다. 이러한 사항에 대해 하나씩 살펴보자.

1920년대 초기 시인들에게 상징주의는 근대문학의 보편성이었다. 1921년에 간행된 김억의 번역 시집 『오뇌의 무도』가 불러일으킨 열풍에서 알 수 있듯이,[71] 1920년대 초기의 조선에서 상

71 김억이 번역 시집 『오뇌의 무도』를 통해 당대 문학청년들에게 불러일으킨 열

징주의는 기존에 잠자고 있던 감각과 관능을 일깨우는 직접적인 매개가 되고 있었다. 하지만 1920년대 초기 시인들은 자유시와 같은 형식의 측면에서 벗어나 현실의 세계에서 볼 수 없는 세계를 보기 위한 '인식의 활동'으로서 상징주의를 받아들이고 있었다.[72] 당대 상징주의의 논의에서 주목해야 할 것이 바로 '표상'이라는 개념이다. 일례로, 김억은 고전주의에서 시작하여 낭만주의, 자연주의를 거쳐 신낭만주의, 상징주의로 나아가는 근대문예의 흐름을[73] 소개하는 글에서 "표상파表象派"라는 개념을 동원하

풍은 이 시집의 표지 장정을 맡았던 김찬영의 시에 나타나 있다. 김찬영은 모든 사람들의 '영혼'이 병들고 '죽음의 잠'에 빠져 있다가 온 세계에 가득한 '전광(電光)', '화염', '붉은 피'와 같은 자극을 느끼고서 비로소 춤추고 노래하기 시작한다고 말하였다. 그때가 바로 『오뇌의 무도』가 출생한 날이다. 김찬영, 「『懊惱의 舞蹈』의 出生된 날(岸曙君의 詩集을 닑고)」, 『창조』 제9호, 1921.6, 73~75면.

72 1920년대 초기 조선에서 상징주의 수용을 검토하기 위해 당대 시인들이 번역한 작품과 실제 원전을 정치하게 대비하는 작업은 그들의 번역관과 창작의 미묘한 상관관계를 밝히는 논의라는 점에서 그간 중요하게 다뤄져왔다(대표적으로 박성창, 「베를렌느 시 번역을 통해 본 김억의 자유시 모색과 실천」, 『한국현대문학연구』 제35집, 한국현대문학회, 2011, 95~138면 참고). 그리고 1920년대 초기 시의 자양분이 된 상징주의의 원류를 어디에 두느냐에 따라 연구의 경향이 달라졌다. 초창기의 연구에서 김학동과 김은전의 논의는 상징주의의 원류를 프랑스에 두고서 1920년대 초기 문학과 비교한 대표적인 사례이다(김학동, 『한국근대시의 비교문학적 연구』. 일조각, 1981, 18~135면; 김은전, 『한국상징주의시연구』, 한샘, 1991, 13~289면). 이와 달리 1920년대 초기 시인들의 상징주의 수용을 프랑스 상징주의와의 직접적인 대비가 아니라 일본을 매개로 한 관계성에 따라 읽어내려는 논의가 이루어지기도 했다(구인모, 「한국의 일본 상징주의 문학 번역과 그 수용—주요한과 황석우를 중심으로」, 『국제어문』 제45집, 국제어문학회, 2009, 107~139면; 박슬기, 「한국과 일본에서의 자유시론의 성립—근대시의 인식과 선언」, 『한국현대문학연구』 제42호, 한국현대문학회, 2014, 5~28면).

고 있다.[74] 이 글에서 그가 말하는 '표상파'는 글의 맥락으로 보건대 좁게는 글의 끝에서 거론한 '상징파'를 가리키며, 넓게는 그가 '신낭만주의'라는 개념으로 정의한 신비주의적 경향의 문예를 포괄하는 개념인 것으로 보인다. 이 글은 익히 알려진 대로 구리야가와 하쿠손廚川白村의 『근대문학 10강』의 내용을 대부분 끌어온 것이지만 오히려 문제는 김억이 원저에 등장하지 않는 '표상파'라는 개념을 쓰고 있다는 점이다.[75]

상징주의를 '표상파'라는 개념으로 설명하려는 시도는 백대진의 글에서도 살펴볼 수 있다. 백대진은 프랑스의 시단에서 상징주의가 출현하는 과정을 설명하는 글에서 프랑스 상징주의의 입지를 넓게는 '표상파'라는 개념으로 파악함에 따라 형식적 측면에서의 자유시와는 구별되는 개념으로 사용하고 있었다.[76] 이처럼 1920년대 초기 조선의 문단에서 '상징'을 '표상'과 일치시키

73 김억, 「近代文藝」, 『개벽』, 1921.7.1~1922.3.1; 박경수 편, 『안서김억전집』 5(문예비평론집), 한국문화사, 1987, 75~135면. 이 글은 『개벽』에 총 8회 연재되었다.

74 김억은 처음으로 이 글을 연재할 당시 글의 부제로 "자연주의(自然主義), 신낭만주의(新浪漫主義) - 부표상파시가(附表象派詩歌)와 시인(詩人)"이라는 제목을 붙이고 있다. 위의 책, 75면.

75 이 글에서 김억이 자연주의에서 신낭만주의로 나아가는 과정을 소개하는 부분은 『근대문학 10강』에서 「제8강 최근 사조의 변천」, 「제9강 비물질주의 문예 1」, 「제10강 비물질주의 문예2」에 걸쳐 있다. 실제로 『근대문학 10강』을 검토해보면 '표상파'라는 표현은 한 차례도 등장하지 않는다. 구리야가와 하쿠손, 임병권·윤미란 역, 『근대문학 10강』, 글로벌콘텐츠, 2013, 277~386면.

76 백대진, 「最近의 泰西文壇」, 『태서문예신보』 제9호, 1918.11.30, 5~6면.

는 것은 우연한 현상으로 볼 수는 없을 것 같다. 왜냐하면, 이보다 이른 시기에 일본의 상징주의 시인인 이와노 호메이岩野泡鳴가 랭보, 베를렌느, 말라르메 등 주요한 상징주의 시인을 소개한 아더 시몬즈의 책 *The Symbolist Movement In Literature*(1899)를 『표상파의 문학운동』(1913)으로 번역한 사례가 있기 때문이다.[77] 그리고 메이지 13년(1885)에 오네사키 마사하루姉崎正治는 쇼펜하우어의 『의지와 표상으로서의 세계』를 『의지와 현식現識의 세계』라고 번역함으로써 '현식'과 구별하여 '표상'이라는 용어를 특화하고 있기 때문이다.[78]

---

77 히구치 사토루는 홋카이도를 배경으로 한 이와노 호메이의 5부작을 검토하면서 이와노 호메이가 상징주의의 상징에 '표상'이라는 역어를 맞추는 것에 대해 '내부생명'의 외부화, 혹은 '표상의 전환'과 같은 측면에서 파악하고 있다. 그리고 그는 이와노 호메이가 다이쇼 2년에 번역한 시몬즈의 『표상파의 문학운동』에서 시몬즈가 그리는 랭보의 모습을 호메이 자신의 자화상으로 파악하였다(樋口覚,「岩野泡鳴の北海道－五部作にみる「悲痛の哲理」」, 『[生命]で読む20世紀日本文芸』, 至文堂, 1995, pp.94~100 참고). 실제로 아더 시몬즈의 *The Symbolist Movement In Literature*(1899)를 보면 흔히 고답파로 분류되는 제라르 드 네르발부터 시작하여 상징주의 시인인 랭보, 베를렌느, 말라르메를 거쳐 신비주의적 경향의 문예를 보여주는 마테를링크까지 대상으로 삼고 있다. 그러한 점에서 시몬즈가 말하는 "Symbolist"의 범위는 통상적으로 말하는 상징주의 시인의 범위를 넘어서고 있다. 김억이 '표상파'라는 개념을 가지고 온 것 또한 이러한 맥락에서 멀지 않은 것처럼 보인다. Arthur Symons, *The Symbolist Movement In Literature*, Revised edition, New York : E. P. Dutton and co., Inc, 1919, pp.1~93.

78 '현식'의 경우 객관세계의 가지가지 현상을 나타내고 '표상'의 경우 대상에 대한 인식의 활동을 가리킨다는 점에서 두 개념은 차이를 보인다(鈴木貞美, 『生命で読む日本近代－大正生命主義の誕生と展開』, NHK BOOKS, 1996, pp.107~108).

이러한 점으로 미루어 보자면, 상징주의의 '상징'에 '표상'이라는 역어를 맞추는 것은 충분히 가능한 일이었다. 그러면 1920년대 초기 조선에서 상징주의를 논의하는 가운데 등장하는 '표상'이 어떠한 맥락에 놓여 있는가를 살펴보자.

> 象徵主義란 무엇이냐? 象徵派 詩人들은 잠기 어려운, 理解를 씌여나는 神秘的 解答을 우리에게 提供한다, 마는 '記述을 말아라, 다만 神秘로운 暗示'. 그것인 듯하다. 象徵은 神秘의 換意라고 생각할 슈 잇다. (…중략…) '物件을 가르처 分明히 이러이러하다 함은 詩味의 四分一이나 업시하는 것이다. 조곰식 조곰식 抽象하여 가는데 비로소 詩라는 眞味가 생긴다. 暗示라 함은 곳 幻想이다.' 쏘다른 사람의 말을 드르면 눈에 보이는 世界와 눈에 보이지 안어하는 世界 物質과 靈界, 無限과 有限을 相通식히는 媒介者가 象徵이라 한다, 暗示라한다, 神秘라한다. 그러기 째문에 "難解의 詩"라는 쑤지람을 밧는다. '마라르메'와 가튼 詩人은 "詩歌에는 반드시 象徵語가 잇어야한다"까지 하엿다. 象徵詩派의 特色은 意味에 잇지 안이하고 言語에 잇다. 다시 말하면 音樂과 갓치, 神經에 닷치는 音響의 刺戟 그것이 詩歌이다. 그러기에 이 點에서는 '官能의 藝術'이다. 刹那刹那에 刺戟되는, 感動되는 情調의 音律 그 自身이 象徵派의 詩歌이기 째문에 自然 "朦朧"안이될 수 업다.
>
> —「스핑쓰의 고뇌(苦惱)」, 부분[79]

인용된 글은 본래 『태서문예신보』(10・11호, 1918.12.7~12.14)에 「쯔란스 시단詩壇」이라는 제목으로 발표되었으나, 얼마 뒤 내용상 큰 변화가 없이 제목만 바뀐 채 『폐허』의 창간호에 수록된다. 이 글에서 김억은 상징주의의 맥락에서 데카당스의 시인들이 '음란', '안락', '허위'와 같은 황홀상태로 나아가려는 것을 현실세계의 생활에 견디지 못하는 '영혼'을 '무한계'로 끌고 간다는 점에서 긍정하고 있다. 이때 그가 '영혼'을 '무한계'로 이끌어가는 매개로 도입하고 있는 '상징'은 앞서 거론한 '표상'의 의미를 해명할 단서가 된다.

칸트적인 관점에서 보자면, '표상Vorstellung'은 이성 능력에 의해 처리되는 소여所與, 사물의 표상, 표상상表象像을 의미하는 것과 동시에 표상하는 능력, 표상의 방식, 표상작용과 같이 인식활동 자체를 의미한다.[80] 칸트에게 '표상'은 오성의 구성적 활동을 요구하더라도 결국 감성적 직관을 통해 이루어지는 인식능력의 산물이다.[81] 이는 이성을 통한 '표상'이 세계의 본래적인 모습을 드러낼 수 없다고 비판한 쇼펜하우어에게도 별반 다르지 않아

79 김억, 「스뗑쓰의 苦惱」, 『폐허』 제1호, 1920.7, 117면.
80 사카베 메구미 외, 이신철 역, 『칸트사전』, 도서출판b, 2009, 459~460면.
81 김상환, 「상징에 대해여」, 『니체, 프로이트, 맑스 이후』, 창비, 2002, 236~241면. 칸트는 이성의 이념과 구별하여 예술적인 것을 만들어주는 원리로서 '감성적 이념'을 제시한다. 하지만 '감성적 이념'을 구현하는 상상력 또는 상징은 표상의 바깥과 표상의 세계 안쪽을 매개하는 역할을 하면서도, 거기서 표상의 바깥은 여전히 표상할 수 없는 것으로 남아 있다는 것에 유념해야 한다.

보인다. '세계는 나의 표상이다'는 명제를 내세운 쇼펜하우어는 이성능력 이전에 직관적 인식, 즉 '의지'를 통해 세계의 본래적 모습이 드러난다고 보았다. 그는 '몸Leib'을 통해 삶의 맹목적 충동으로서의 '의지'를 드러내고 객관화된 세계를 '표상'할 수 있다고 말하였다.[82] 하지만 그가 '의지'로서 파악한 세계 또한 이성의 산물이 아니라하더라도 현상의 세계나 경험의 세계에 국한되어 있는 것이 사실이다.[83]

김억이 '상징'과 일치키시고 있는 '표상'이라는 개념은 감성적인 세계에 국한된 인식활동에서 벗어나 있다. 김억에게 '상징'은 가시적인 세계, 물질계, 유한의 성격을 지닌 감성적인 세계를 '표상'하기 위한 인식활동이 아니었다. 이는 그가 상징을 "기술記述"과 같은 재현의 방식과 구별하고 있는 것에서 분명히 드러난다. 그에게 '상징'은 눈에 보이는 세계와 눈에 보이지 않는 세계, 물질계와 영계, 유한과 무한을 상통시키는 매개자이다. 말하자면, 그에게 '상징 = 표상'은 감성적인 세계와 초감성적인 세계를 연결하는 인식활동을 의미한다.[84] 이는 그가 구리야가와 하쿠손廚川

82 아르투르 쇼펜하우어, 곽복록 역, 『의지와 표상으로서의 세계』, 을유문화사, 2000, 45~221면.

83 이에 대해서는 이서규, 「쇼펜하우어의 표상개념에 대한 고찰」, 『철학연구』 제88집, 대한철학회, 2003, 235~258면 참고.

84 상징에 대한 김억의 이러한 이해는 서구 미학의 관점에서 보더라도 비교적 정확하다. 18세기의 서구에서 상징은 대체로 볼 수 있는 것과 볼 수 없는 것, 감각적인 것과 비감각적인 것의 합치를 나타내는 미학적 개념으로 활용되고 있었기 때문이다. 한스 게오르그 가다머, 이길우 외역, 『진리와 방법』, 문학동

白村의 『근대문학 10강』을 바탕으로 근대문예의 흐름을 소개한 글에서 보다 명확하게 나타나 있다. 이 글에서 김억은 넓은 의미에서 '표상파'로 묶었던 신낭만주의를 이상, 몽환, 공상, 동경으로써 '인생의 숨어 있는 방면'을 추구하는 기존의 '낭만파'와 "인생의 외부적 사실"을 '사실'로만 제공하려는 '자연파'와 구분하고 있다.[85] 말하자면, 그는 초감성적인 세계로 초월하려는 '낭만파'의 '공상'이나 감성적인 현실에 갇힌 자연파의 '재현'과 구별하여 현실에서 현실 너머에 있는 세계를 '표상'하기 위한 방식으로 상징주의를 말하고 있는 것이다. 그는 구체적인 상징의 방식으로 '음악'을 거론하고 있다. 이 음악은 율격과 같은 형식을 의미한다기보다 현실의 언어를 통해 현실 너머에 있는 세계를 환기하려는 방식을 의미한다. 그래서 김억은 현실 너머에 있는 세계를 환기하는 '상징'을 "신비로운 암시"라고 말했던 것이다.

이처럼 김억은 보이는 세계와 보이지 않는 세계, 물질계와 영계, 유한과 무한의 세계를 연결하기 위한 장치로 '상징'을 도입하였다. 그러면 그가 어떤 이유에서 보통 감성적인 세계에 국한된 인식활동을 의미하는 '표상'을 '상징'과 일치시키고 있는가에 대한 의문을 느낄 것이다. 이는 그가 '상징'을 통해 '표상'하려는 세계를 원전에 없던 "신비향神秘鄕"이나 "영활향靈活鄕"이라는 개

네, 2000, 141~145면.

85 김억, 「近代文藝(8)」, 박경수 편, 『안서김억전집』 5(문예비평론집), 한국문화사, 1987, 134~135면.

념으로[86] 설명하고 있는 부분에서 어느 정도 실마리를 얻을 수 있다. 말하자면, 그에게 비가시적 세계, 영계, 무한의 성격을 지니는 초감성적 세계는 현실의 자아가 다다를 수 없는 숭고한 영역에 있으면서도 현실의 자아가 지향해야할 '이상향'으로 받아들여졌다. 그래서 그는 가시적인 세계에서 비가시적 세계를, 물질계에서 영계를, 유한에서 무한을 지향하기 위해 '상징'에 '표상'이라는 개념을 일치시켰던 것이다.

김억의 이러한 인식은 1920년대 초기 조선에서 상징주의를 '숭고시학'의 측면에서 접근해볼 수 있는 가능성을 열어준다. 보다 직접적으로 박종화는 상징주의의 논의에서 신비주의를 끌고 옴으로써 상징주의를 '숭고시학'의 관점에서 해명할 사례를 제공하고 있다.

> 神秘主義의 藝術家들은 神秘를 表示하기에 努力하얏다 눈으로 볼 수 업고 귀로도 들을 수 업는 그 神秘를 表示하랴 하엿다 이 神秘를 表現하랴 하는 데는 描寫뿐으로는 不可能이다 描寫는 感覺을 土臺삼지 안이하면 안이되는 것이다 感覺을 超越한 神秘를 表現하는 데는 到底히 描寫로는 될 수 업는 것이다 그리함으로 여긔에 비로소 神秘主義는 必然的으로 샘볼리슴과 結合치 안이치 못하게 되는 것이다 幽遊朦朧한 神秘의 境은 茫然한 情調 속에 暗示되는 것이다

86 위의 책, 133면.

우리의 思想으로 能히 들을 수 업는 엇더한 그 무슨 속에 神秘는 감추어 잇는 것이다 그 神秘를 表現하랴면 우리는 그 무슨 엇더한 것을 깨트리지 안이하면 모를 것이다 卽 情調象徵이라 하는 것이 神秘主義의 文藝에 빠저서는 안이되는 것이다 다시 말하면 象徵은 다만 情調를 나타내일 쌘만이 안이다 情調를 쫄어 神秘를 엿볼 수가 잇는 것이다 情調와 神秘와 象徵 이 셋은 各々 써러저서는 안이된다 쏘 情調象徵쌘만 안이라 高級象徵도 神秘를 表現하는 것이다.

象徵이란 것은 볼 수 업고 들을 수도 업는 無形無象한 것을 有形한 具象的인 것으로 表現하는 것이다 다시 말하자면 感覺에 부닷치지 못하는 世界 곳 心靈의 境을 感覺에 부닷칠 수 잇는 것을 依賴하야 表現하게 하는 것이다 肉으로써 靈을 뵈이는 것이오 有限으로 無限을 나타내이는 것이다

—「샘볼리슴(象徵主義)」 부분[87]

서두에서 밝히고 있듯이 이 글에서 박종화는 자연과학으로 대변되는 자연주의와 대비하여 상징주의를 신비주의와의 관계에 따라 설명하고 있다.[88] 그런 점에서 그가 글의 제목으로 상징주

87 박종화, 「샘볼리슴(象徵主義)」, 『문우』 창간호, 1920.5, 16면.

88 이에 대해 김옥성은 1920년대 초기 동인지의 시론과 시학에서 근대와 상충되는 신비주의를 수용한 의의를 '미적 근대성'의 기획과 같은 맥락에서 해명하였다. 그는 전대의 문학과 종교가 계몽주의적 근대성의 영역에 포섭된 것과는 달리 동인지의 문학은 신비주의를 계기로 자율적 영역을 모색하게 되었다고 말한다. 그는 그러한 것들이 근대의 합리주의나 계몽주의적 근대성의 반발로

의를 달고 있음에도 이 글에서 신비주의를 끌어 들이는 의도에 대해 살펴봐야 할 것이다. 박종화는 이 글에서 두 가지의 측면에서 신비주의를 끌어들이고 있다. 먼저, 그는 신비주의를 도입하여 일상의 현실을 초월한 세계가 있다는 것을 강조하고 그러한 세계를 숭고한 영역으로 두고자 했다. 이는 그가 신비주의를 자연과학 또는 자연주의와 대비시키는 부분에서 드러난다. 그는 어떠한 현실이라도 '무한'의 정도까지 추구하다 보면 인간의 힘으로는 알지 못할 '아득한 신비'가 있다고 말한다. 그가 보기에 신비주의는 인간의 오감을 초월한 "신비의 세계"를 파악할 수 있다는 점에서 "오감"에 접촉되는 감각적 세계를 대상으로 삼는 자연과학이나 "묘사"에 치중하여 현실을 객관적으로 그리려는 자연주의보다 우월한 힘을 지닌다.

박종화는 앞서 김억이 감각을 초월한 신비의 세계에 비가시적 세계, 무한계, 영계라는 수사를 덧붙였던 것처럼 거기에 '무한'과 '신비'의 수사를 부가하고 있다. 왜냐하면, 그에게 현실 너머에 있는 세계는 절대적인 크기를 의미하는 '무한'과 현상계의 범위를 초과한 대상의 불가해성不可解性을 의미하는 '신비'의 범주로써 나타날 수 있었기 때문이다. 신비의 세계를 바라보는 박종화의 관점은 종교적 경험의 하나로서 신비주의를 고찰한 윌리엄 제임

나타난 것으로 보고 있다(김옥성, 「1920년대 동인지의 신비주의와 미적 근대성」, 『현대시의 신비주의와 종교적 미학』, 국학자료원, 2007, 19~46면).

스의 논의를 참고해보면 보다 정당화될 수 있다. 윌리엄 제임스는 여러 종교에 공통적으로 나타나는 요소로서 즉각적 느낌, 직관, 황홀경 등을 제시하였으며 신비주의가 이러한 요소들을 포함하고 있다고 말하였다. 즉, 그는 신비주의가 경험자에게 직접 나타날 수는 있지만 결코 그러한 정신 상태를 감각이나 이성으로 파악하거나 표현하는 것은 불가능하다고 말한다.[89] 이런 점으로 미루어볼 때, 박종화가 신비주의를 통해 접근할 수 있다고 말한 세계는 현실의 자아에게 숭고한 영역으로 놓여 있음에 틀림없다.

다음으로, 박종화가 신비주의를 도입하고 있는 의도는 이를 통해 파악할 수 있는 신비의 세계를 일상의 감각적 세계와 접속시키기 위해서이다. 이는 그가 신비의 세계를 단순한 '공상'이나 '상상'과 구별하여 감정에 이성을 "집주集注"한 참에 대한 '열애'이자 "지식의 무한"이라고 말하는 부분에서 직접적으로 드러난다. 말하자면, 그에게 신비주의를 통해 접촉할 수 있는 세계는 일상의 감각적 세계에서 대립되는 감정과 이성을 결합시키고 지식을 '무한'의 차원에서 추구하도록 하는 계기가 된다. 그래서 박종화는 신비의 세계에 '참다운 인생'이 있으며 나아가 '생명'이 있다고까지 말하고 있는 것이다.[90] 따라서 박종화가 이 글에

89 참고로 윌리엄 제임스는 신비주의의 하나의 특징으로 "형언 불능성(In-effability)"를 제시한 바 있다(윌리엄 제임스, 김재영 역, 앞의 책, 461~516면).

90 이러한 관점은 변영로가 쓴 『장미촌』의 서문에서도 살펴볼 수 있다. 서구의

서 신비주의를 도입하고 있는 것은 신비의 세계를 현실의 자아가 도달하지 못하는 숭고한 영역에 두면서도, 그것을 자신들의 '생명'의 원천인 '이상향'으로 두기 위해서이다.

하지만 박종화는 단순히 종교적인 측면에서 신비주의를 초월적 체험과 같은 것으로 받아들이지 않았다는 것을 보여준다.[91] 왜냐하면 그는 상징주의에 신비주의의 논리를 끌고 오면서도 결국 신비주의로 파악할 수 있는 세계를 상징주의의 방식으로 '표상(=암시)'하려했기 때문이다. 좀 더 정확하게 말해, 그는 신비주의를 통해 발견한 숭고한 영역으로 '초월'하려고 했던 것이 아니라 상징주의의 방식을 통해 그러한 영역을 현실세계에서 체험하고 '표상'해내려 했던 것이다. 이를 위해 박종화는 "유현 몽롱"한 신비의 세계를 표상하기 위해 "정조상징情調象徵"을 도입한다. 다시 말해, 그에게 상징이야말로 '육'으로써 '영'을 보이고 '유한'으로써 '무한'을 나타낼 수 있다. 그는 정조를 나타내는 '정조상징'을 통해 신비의 세계를 엿보려고 했다. 이를 강조하기라도 하듯 그는 신비

신비사상을 소개한 바 있는 변영로는 『장미촌』의 서문에서 볼 수 있는 세계에서 볼 수 없는 세계로, 유한한 물질계에서 무한한 정신계로 나아갈 때 자신들이 살 수 있는 '생명'과 살아야만 하는 '생명'이 있다고 말하였다. 그래서 그는 자신들의 시적 사명을 정신계로 나아가는 '성배의 기사'에 비유했던 것이다(변영로, 「薔薇村」, 『장미촌』 제1호, 1921.5, 1면).

91 1920년대 초기의 조선에서 신비주의를 본격적으로 소개한 바 있는 이훈은 신비주의에서 발현되는 초월적 세계를 '종교와 같은 것'이라고 말한 바 있다. 심지어 그는 신비주의 체험을 통한 "영구적 보편적 자각"을 "종교적 감(感)"이라고 정의하고 있다(이훈, 앞의 글, 62면).

의 세계를 신비주의에서의 '직관'으로 파악하는 것에서 벗어나 "무형무상無形無象"한 것을 "유형有形"하고 "구상적"인 것으로 표현할 수 있는 '상징'에 의해 나타날 수밖에 없다고 말하고 있다.

박종화는 이후 김억과 마찬가지로 '정조상징'을 '음악'과 같은 것으로 파악한다. 이 지점에서 그는 신비-암시-정조상징-음악의 축을 연결하면서 신비주의를 통해 암시하려는 '이상향'을 상징주의의 방식으로 표현해내려는 의도를 내비치고 있다. 물론 그가 이 글에서 말하는 '정조상징'이 무엇이고 그것이 음악과 어떠한 관련이 있는가에 대해서는 자세하게 파악하기 어렵다. 글의 후반부에서 그가 상징을 음과 색의 배합이나 관능의 교착과 같은 면에서 설명하고 주요한과 홍사용의 작품을 짧게 언급하는 차원에서 글을 마무리하고 있기 때문이다. 다만, 그가 말하는 '정조상징'은 김억이 제시한 '언어의 음악'과 같은 맥락에 있다는 것만은 확인할 수 있다. 그들은 이러한 '언어의 음악'과 '정조상징'을 통해 다다를 수 없는 지점에 놓인 '이상향'을 '표상(=상징=암시)'해내려 했던 것이다.

이처럼 1920년대 초기 조선에서 상징주의는 신비주의의 도입을 통해 숭고한 영역을 '표상'해내려는 방식을 모색하고 있었다.[92] 그러면 지금까지 상징주의를 '숭고시학'의 측면에서 접근

92 상징주의의 논리에 신비주의를 끌고 와서 상징주의를 '숭고시학'으로 전환하려는 측면은 동시대의 다른 시인들에게도 살펴볼 수 있다. 예컨대, 노자영은 주관을 적극적으로 활동하여 객관의 상에서 "영적 생명"을 추구하려는 신비주

해볼 수 있었다면, 이제 1920년대 초기 시인들이 말하는 '정조상징'이나 '언어의 음악'의 정체가 과연 무엇인가에 대해 규명해야 할 것이다. 이는 그들에게 다다를 수 없는 지점에 놓여 있으면서도 '생명'을 느끼게 하는 대상을 '표상'할 수 있는 시적 장치가 무엇인가에 대한 질문으로 바꿔볼 수 있다. 그것을 해결할 수 있는 단서가 바로 '영혼'이다.

> 그럿습니다. 곳 이것입니다. 우리는 우리의 몸이나 맘으로는 日常에 보지도 못하며 늣기지도 못하든 것을, 또는 그들로는 볼 수도 업스며 늣길 수도 업는 밝음을 지어바린 어둡음의 골방에 서며, 사름에서는 좀 더 도라안즌 죽음의 새벽빗츨 밧는 바라지 우헤서야, 비로소 보기도 하며 늣기기도 한다는 말입니다. 그럿습니다, 分明합니다. 우리에게는 우리의 몸보다도 맘보다도 더욱 우리에게 各

의와 상징주의가 물질의 진화를 가능케 하는 세계의 발견과 맞닿아 있다고 말하였다. 그러한 맥락에서 그는 작가의 개성적인 생명의 표현이 작가 개인의 것에 그치지 않고 독자의 생명과 접촉하여 '무한'의 세계로 나아갈 수 있다고 보았던 것이다(노자영, 「輓近思想의 趨勢」, 『기독신보』, 1919.6.4, 1088면; 노자영, 「文藝에서 무엇을 求하는가」, 『창조』 제6호, 1920.5, 70~71면). 변영로는 서구의 신비사상을 소개하는 자리에서 기존의 '퇴폐문학'과 구별하여 신비사상의 의의를 해명하였다. 그는 '퇴폐문학'이 과도한 "관능미"와 "정서미"의 기분에 치중되어 있었다면, 신비사상은 여기서 해방하여 지금까지의 현실에서 느끼지도 보지도 못하는 세계로 인도하는 것에 의의가 있다고 말한다. 변영로는 그러한 "불가사의"한 세계를 현현하는 방식으로 '상징'을 제시하고 있다(변영로, 「메-터링크와 예잇스의 神秘思想」, 『폐허』 제2호, 1921.1, 31~36면).

自의 그림자가티 갓갑고 各自에게 잇는 그림자가티 반듯한 各自의 靈魂이 잇습니다. 가장 놉피 늣길도 잇고 가장 놉피 꽤달을 수도 잇는 힘, 또는 가장 强하게 振動이 맑지게 울니어 오는, 反響과 共鳴을 恒常 니저바리지 안는 樂器, 이는 곳, 모든 물건이 가장 갓가이 빗치워 드러옴을 밧는 거울, 그것들이 모두 다 우리 各自의 靈魂의 標象이라면 標象일 것입니다.

그러한 우리의 詩魂은 勿論境遇에 짜라 大小深淺을 自在變換하는 것도 안인 同時에, 時間과 空間을 超越한 存在입니다.

(…중략…)

다시금 그들은 엇든 째에는 반드시 한 번은 업서도 질 것이며 지금도 亦是 時時刻刻으로 적이도 變換되려고 하며 잇지마는, 靈魂은 絶對로 完全한 永遠의 存在며 不變의 成形입니다.

—「시혼(詩魂)」 부분[93]

이 글은 김소월의 유일한 시론으로서 그가 숫자를 붙여 분류하고 있는 것처럼 내용상으로도 세 부분으로 나눠볼 수 있다. 첫 번째 부분에서 그는 평범한 일상과 습관적 행위에서 벗어나 '진리'를 찾을 수 있는 시・공간과 그러한 진리를 발견할 수 있는 각자의 '영혼'을 제시하고 있다. 두 번째 부분에서 그는 그러한 '영혼'이

93 김소월, 「詩魂」, 『개벽』, 1925.5; 김용직 편, 『김소월전집』, 서울대 출판부, 1996, 496면.

시작詩作상에 나타날 때 "시혼詩魂"의 의미와 "음영陰影의 현상" 간의 관계에 대해 말하고 있다. 마지막으로, 그는 자신을 비롯한 실제 작품을 예로 들어 작품의 "미적 가치"로서 "고유한 음영"에 대해 설명하고 있다. 이렇듯 실제 작품을 예로 들어 자신의 논리를 증명하는 마지막 단계를 제외하고 볼 때 그의 '시혼'을 파악하기 위해서는 '영혼'의 정체를 살펴보는 것이 급선무다. 그러기 위해 그가 이 글에서 '영혼'을 언급하고 있는 배경을 살펴보자.

김소월은 먼저 우리가 사물의 정체를 바로 보고 '진리'를 발견할 수 있는 시·공간을 제시하고 있다. 그에 따르면 우리는 결코 평범한 가운데서는 사물의 정체를 바로 보지 못하며 습관적 행위에서는 '진리'를 발견하지 못한다. 그러한 시·공간은 소란스러움이 '광휘'와 '세력'을 다투는 '도시'의 공간과 '낮'의 시간을 가리킨다. 그보다 우리는 '적막'과 '고독'을 가깝게 느낄 수 있는 '자연'(혹은 골방)의 공간과 '밤'의 시간에서 그동안 보지 못하던 것을 보고 느끼지 못하던 것을 느낄 수 있다. 그러한 순간에 우리는 '별', '달빛', '채운彩雲', '벌레', '갈대', '고인故人'의 '행적行蹟' 등 거대한 일상에 가려 보지 못하던 미세한 것들을 볼 수 있다. 뿐만 아니라 우리는 그러한 것들이 '슬픔' 가운데, 그리고 '어두움의 거울'에 비치어 우리에게 나타날 수 있다는 진실을 알아채기도 한다. 이 지점에서 김소월은 그러한 것들을 가장 가깝게 느낄 수 있는 통로로서 "각자의 영혼"을 제시하고 있다.[94] 다시 말해, 우리는 각자 '영혼'을 가지고 있기 때문에 평범한 일상과 습관적 행위에 가려진 사물의 정체와 진리를 파악할 수 있는 것이다.

지금까지 보았을 때 이 글에서 김소월은 자연과 밤의 시·공간을 마련하고서 도시와 낮의 일상에서 멀어진 사물과 정서적인 교감을 이루고 있는 것처럼 보인다. 그것은 결국 적막과 고독의 상태에서 이루어지고 '혼'이라는 형식을 통해 사물과의 소통을 이루고 있다는 점에서 낭만주의의 관점에 따른 서정시의 논리와 별반 다르지 않은 것처럼 보인다.[95] 하지만 김소월이 자연과 밤의 시·공간을 마련하고자 했던 것은 단순히 사물에 대한 정서적인 결핍을 느끼는 도시와 낮의 시·공간과 대비시키기 위함이 아니었다. 뿐만 아니라 그는 단순히 자연과 밤의 시·공간에서 왜소해진 자아를 회복하기 위한 권능으로 '영혼'을 도입하고 있

94 사실 김소월이 이 글에서 말하는 '영혼'이라는 개념은 당대의 문화적 환경을 바탕으로 나타난 산물이었다. 근대 초기 담론에 나타난 '영혼'의 계보를 추적한 이철호는 '영혼'이라는 어휘를 조선의 지식인들이 서구 근대성을 접촉하는 과정에서 획득한 근대어로 보았다. 그에 따르면, 1900년까지 조선에서 '영혼'이라는 개념은 주자학의 '심성(心性)', 정약용의 '영체(靈體)', 박은식의 '양지(良知)' 등과 같은 개념들과 경합하면서 근대적 자아를 형성하는 원천으로 두루 활용되어왔다. 그러다가 1910년 이후 '영혼'이라는 개념은 기독교의 개입에 따라 '미적 자율성' 혹은 창조적인 자아를 의미하는 낭만주의의 용어로 자리잡아나갔다고 한다(이철호, 『영혼의 계보－20세기 한국문학사와 생명 담론』, 창비, 2013, 40~65면 참고).

95 서정시에서 '영혼'의 문제를 다룬 논의는 김경복, 「서정시에서 영혼의 의미」, 『인문학논총』 제12권 제1호, 경성대 인문과학연구소, 2007, 81~95면 참고. 비슷한 맥락에서 오세영은 김소월의 '시혼'을 인간의 유한성에서 벗어나 자연과의 합일을 통해 영원한 자아를 실현하려는 낭만주의의 산물이라 보고 있다(오세영, 앞의 책, 136~138면).

지는 않다. 그는 오히려 자연과 밤의 시·공간에서 사물들이 '진리'와 같은 숭고한 영역으로 나타나도록 하기 위해 '영혼'을 제시하려했다. 즉, 이 영역에서 사물과 대상은 객체가 아니라 인간을 압도하는 주체로서의 지위를 얻는다.

이런 맥락에서 김소월은 앞에서 나열한 사물들에 숭고의 범주를 덧붙이고 있는 것이다. 말하자면, 그에게 '별'은 자연과 밤의 시·공간에서 '영원'을, '채운'은 '숭엄崇嚴'을, '난바다'는 '무한'을, 고인의 '행적'은 '거룩함'을 나타내 보인다. 이는 단지 도시와 낮의 시·공간을 벗어난다고 해서 보고 들을 수 있는 것이 아니다. 그것은 자연과 밤의 시·공간에서도 숭고한 영역에 들어서게 될 때 나타날 수 있다. 김소월은 심지어 그러한 대상들을 느끼고 볼 수 있는 공간을 "살음을 좀 더 멀리한", "죽음에 가까운 산마루"라고 말하지 않는가. 그런 의미에서 그는 숭고한 영역에 있는 사물과 대상을 접촉하기 위한 '영혼'을 시·공간을 '초월'하고 절대로 완전한 '영원'의 존재로 정의하고 있다. 그러할 때 '영혼'은 앞에서 제시한 사물과 마찬가지로 산과 강과 달과 별들이 영원한 존재라는 것을 알려준다. 그래서 그는 사물들이 그와 같은 숭고한 영역에 들어서게 될 때 '진리'를 발견할 수 있었던 것이며 자신의 '생명'이 나부낀다고 말할 수 있었던 것이다.

그러면 숭고한 영역에 있는 사물들과 접촉할 수 있는 영원불멸의 '영혼'은 어떠한 방식으로 나타날 수 있는가? 김소월은 '영혼'이 '시혼'으로 "현현顯現"하는 시간으로 '순간'을 제시하고 있으며 영혼이 '시혼'으로 현현하는 순간에 "음영陰影"이 나타난다고 말하고 있다. 다시 말해, 김소월은 시대와 사회, 혹은 당시 정경의 여하에 의하여 사물의 '음영'이 다르게 나타나는 것처럼 작가의 '시혼' 또한 '음영의 현상'으로 인해 다르게 나타날 수밖에 없다고 말한다. 그것은 그가 존재의 영원불멸성을 느끼는 것에서 나아가 '시혼'으로 존재의 고유성을 나타낼 수 있다는 것을 보여준다. 즉, 그는 변하지 않는 영원불멸의 존재인 '시혼'이 "순간瞬間"마다 "고유한 음영"을 가지고 나타날 수 있다고 보았던 것이다. 이는 바로 그가 몸과 마음보다 "각자의 그림자"를 예로 들면서 각자의 '영혼' 또한 고유성을 가지고 있다고 말하는 부분에서 단적으로 드러난다. 따라서 그는 존재의 영원불멸성뿐만 아니라 존재의 고유성을 나타내는 '영혼'을 자신의 '시혼'으로 삼고자했던 것이다.

이러한 점에서 김소월의 '시혼'은 '숭고시학'의 관점에서 접근해볼 수 있다. 그는 '영혼'이 대상의 고유성을 인식함에 따라 자신을 가장 높이 느낄 수 있고 가장 높이 깨달을 수 있는 존재로 상승시킬 수 있다고 말하고 있다. 이는 '영혼'을 가지고 있는 상대방의 경우에서 보더라도 마찬가지이다. 우리는 그러한 '영혼'을 통해 서로의 고유성과 고유성을 대화적 관계에 놓게 될 때 더욱 높은 '생명력'을 느낄 수 있다. 결국 김소월은 우리가 사물과 대화적 관계에 놓이고 더욱 높은 생명력으로 고양될 수 있는 '영혼'을 자신의 '시혼'으로 삼고자 했던 것이다. 나아가 그는 우리가 높은 '생명'으로 거듭나기 위해 사물들을 '반향'하고 '공명'하는 '표상'의 방식을 보다 구체적으로 제시한다. 그것이 바로 "악기"와 "거울"이다. 즉, 우리는 영혼의 '악기'를 통해 사물의 고유한 그림자와 '공명'할 수 있으며 영혼의 '거울'을 통해 사물의 고유한 그림자를 '반향'해낼 수 있다.[96] 이에 따라 김소월은 우리의 자아가 숭고한 영역에 놓여있는 대상을 '표상'해냄으로써 더욱 높이 느끼고 깨달을 수 있는 존재로 거듭날 수 있다고 보았던 것이다.

이처럼 김소월은 이 글에서 숭고한 영역에 있는 존재들이 생명력을 지닌 대상으로 나타날 수 있는 시・공간을 제시하고 그러한 대상을 '표상'할 수 있는 방식을 보여주고 있다. 흥미롭게도 김소월은 글의 후반부에서 자신의 시에 대한 김억의 평가를 예로 들면서 '시혼'에 대한 김억과의 입장 차이에 대해 말하고 있다. 바꿔 말해, '시혼'에 대한 김억의 입장을 확인하는 것은 숭고시학에 대한 김소월과 김억의 입장 차이를 확인하는 것과 같다.

96 이러한 측면은 홍사용에게도 찾아볼 수 있다는 점에서 더욱 설득력을 얻는다. "자연의 미"보다 "자연의 신비감"에 도취되어있던 홍사용은 만유의 모든 물건을 내심으로 경험하고 그러한 물건을 동일하게 불러일으킬 수 있는 기관으로서 '영혼'을 제시하였다. 그는 김소월과 마찬가지로 '영혼'을 '거울'에 비유하여 사물의 고유성과 접촉하려 했던 것이다(홍사용, 「白潮時代에 남긴 餘話－젊은 文學徒의 그리든 꿈」, 『조광』 제2권 9호, 1936.9, 132~133면).

(가) 그러치요? 여러 말이 만흘 것 갓습니다만은 詩라는 것은 刹那의 生命을 刹那에 늣기게 하는 藝術이라 하겟습니다. 하기 째문에 그 刹那에 늣기는 衝動이 서로 사람마다 달를 줄은 짐작합니다만은 廣義로의 한 民族의 共通的되는 衝動은 갓틀 것이여요. (…중략…) 詩人의 呼吸을 刹那에 表現한 것은 詩歌이지요. 一般的으로 呼吸과 鼓動이 잘 調和되면 □□□□ 다 좃타고 하는 것이겟지요. □□□ 意味의 詩歌는 表現할 수가 업고 그 呼吸과 鼓動을 늣기는 그 詩人에게만 詩味를 理解할 수 잇는 沈黙의 詩밧게는 업술줄 압니다. 言語 쏘는 文字의 形式을 알게되면 詩味의 半分은 업서진 것이오. 言語의 文字는 衝動을 그려내일 수 업지요.

—「시형(詩形)의 음률(音律)과 호흡(呼吸)—열졸(劣拙)한 비견(非見)을 해몽형(海夢兄)에게」 부분[97]

(나) 갓튼 동무가 다갓치 生의 歡樂에 陶醉되는 四月의 初旬 째가 되면은 째도 업는 고기썽이밧게 안되는 내 몸에도 즐겁음은 와서 限긋도 업는 넓은 바다 우에 써놀게 됩니다. 그러나 自由롭지 못한 나의 이 몸은 물결에 쌀아 바람결에 쌀아 하욤업시 썻다 잠겻다 할 섄입니다. 봇기는 가슴의, 내 맘의 설음과 깃븜을 갓튼 동무들과 함씌 노래하랴면 나면서부터 말도 몰으고 '라임'도 업는 이

97 김억, 「詩形의 音律과 呼吸—劣拙한 非見을 海夢兄에게」, 『태서문예신보』 제14호, 1919.1.13; 박경수 편, 『안서김억전집』 5, 34~35면.

몸은 가이업게도 내 몸을 내가 비틀며 한갓 썻다 잠겻다 하며 복길 싸름입니다. 이것이 내 노래입니다. 그러기에 내 노래는 설고도 곱습니다.

——「서문—해파리의 노래」 부분[98]

김소월이 비판의 대상으로 삼고 있는 「시단詩壇의 일년一年」을 보면, '시혼'에 대한 김억의 입장이 나타나 있다. 「시단의 일년」에서 김억은 시가詩歌를 '심금心琴의 시가', '문자의 시가', '현실의 시가'와 같이 세 가지로 분류하고 있다. 이 중에서 그는 '심금의 시가'와 '문자의 시가'에 대해서는 결코 가치 평가를 내릴 수 없다고 말한다. 왜냐하면 '심금의 시가'의 경우 '시혼의 황홀'은 시인 자신의 마음에만 있고 시인 자신만이 느낄 수 있다는 점에서 결국 표현할 수 없기 때문이다.[99] 다시 말해, 김억에게 시인의 마음에 있는 '시혼의 황홀'은 절대 파악하기 "불가능"한 영역에 있다. 이런 점에서 김억은 김소월의 시에서 문자로 표현된 것에 대한 자신의 감상을 말하고 있을 뿐 '시혼의 황홀'에 대해서는 결코 부정하지 않았다.[100]

98 김억, 「서문—해파리의 노래」, 『해파리의 노래』, 조선도서주식회사, 1923; 『한국현대시 원본전집』 1(해파리의 노래), 문학사상사, 1975, 1면.

99 김억, 「詩壇의 一年」, 『개벽』 제42호, 1923.12; 박경수 편, 『안서김억전집』 5, 205~206면.

100 위의 책, 207면.

「시단의 일년」에서 보여준 김억의 견해는 초창기 그의 대표적인 시론인 「시형詩形의 음률音律과 호흡呼吸」에서도 나타난다. (가)에서 김억은 '시혼의 황홀'을 신성불가침의 숭고한 영역에 두고 있다. 그에게 시인의 마음에 있는 '시혼의 황홀'은 시인에게만 "시미詩味"를 줄 뿐 표현해낼 수 없는 "침묵沈默의 시"이다. 그래서 그는 "시미詩味의 반분半分"이 없어지고 말지만 어쩔 수 없이 "언어의 문자"를 통해 '시혼의 황홀'을 표현해낼 수밖에 없다고 말하는 것이다. 그러면 불완전하게나마 "언어의 문자"를 통해 '시혼의 황홀'과 접촉할 수 있다고 한다면, "언어의 문자"는 과연 무엇을 의미하는가? 김억은 그것을 바로 혈액 돌아가는 힘과 심장의 고동과 같은 "생리적 기능"과 일치시키고 있다. 말하자면, 김억에게 시인의 마음에 있는 '시혼의 황홀'은 찰나 찰나마다 다르게 나타나는 육체의 "생리적 기능"을 통해 나타날 수 있었던 것이다. 그래서 김억은 시를 "찰나의 생명"을 "찰나"에 느끼게 하는 예술이라 정의하고 있는 것이다.

이 지점에서 김억은 '시혼의 황홀'을 '생명'이라는 개념으로 대체하면서 그것을 체험할 수 있는 시간으로 '찰나'를 도입하고 있다. 앞의 맥락에서 보건대 그에게 '생명'은 찰나를 통해 체험할 수밖에 없으며 찰나 찰나의 시간마다 반복해야 할 대상이라는 점에서 잉여의 속성을 가지고 있다. 그것을 강조하는 것처럼 김억은 (가)의 글에 이어 『태서문예신보』에 게재한 그의 다른 글에서도 '찰나'의 시간에 담긴 '생명'의 숭고한 속성을 내비치고 있다.[101] 이 글에서 그는 인간이 기본적으로 인생의 유한성과 고뇌에 굴복하지 않고 무와 싸워서 유를 얻으려는 존재라고 보고 있다. 다시 말해, 그는 인생이 싸움의 '찰나'에서 싸움의 '찰나'로 옮겨가는 가운데 '생명'의 '진화'와 '무한'의 발전을 얻을 수 있다고 말하고 있다. 그에게 '생명'은 이처럼 찰나의 반복을 통해 체험할 수 있는 숭고한 영역에 놓여 있었다. 따라서 그는 인간이 '생명'을 느끼는 '찰나'의 시간을 '무한'에 대한 '유한'의 시간이자 '죽음'마저 초극한 경지라고 말하고 있는 것이다.[102]

그러면 김억은 '찰나'의 시간을 바탕으로 '숭고시학'을 어떠한 방식으로 그리고 있는가? 이는 그의 첫 번째 시집인 『해파리의 노래』에서 '표박'의 방식으로 나타나 있다. (나)에서 김억은 시집의 표제로 삼고 있는 '해파리'를 자신이 이 시집에서 환기하고자 하는 어떤 존재론적인 표상으로 내세우고 있다.[103] 그는 자

101 김억, 「가난한 벗에게」, 『태서문예신보』 제16호, 1919.2.17; 박경수 편, 『안서 김억전집』 6(수필집), 한국문화사, 1987, 15~17면. 김억은 이 글의 뒷부분을 보완하여 같은 제목으로 『서울』 제5호(1920.6.15)에 발표한 바 있다.

102 위의 책, 15·19면.

103 김승희의 논의는 이 시집에 나타나는 해파리의 '떠오름'이라는 역학적 이미지를 통해 안서의 문학적 공간이 형성되어가는 과정을 해명한 대표적인 사례이다. 그에 따르면, 김억은 상징주의의 영향을 받은 초기 시에서 주체성을 소실하고 '떠흐르는 듯한' 자아의 감량을 보여주게 되는데, 그 지배적인 이미지가 바로 '해파리'이다. 초기 시에서 '-라' 각운을 많이 쓰고 있는 것은 '떠오름'이라는 주체를 형식적으로 표현하고자 하는 장치이며 지워지는 주체의 부유하는 모습과 존재의 감량을 암시하는 장치이다. 그는 김억이 민요시 창작과 격조

신의 몸을 끝도 없는 넓은 '바다' 위에 물결에 따라 바람결에 따라 하염없이 떴다 잠겼다 하는 '해파리'로 묘사하고 있다. 이 '해파리'는 '무한'이라는 절대적 크기를 가진 '바다' 위를 정처 없이 떠도는 가운데 바다의 물결에 뜨고 잠기는 행위를 반복하는 '찰나'에 자신의 존재를 드러낼 수 있다. 다시 말해, 김억은 이러한 해파리의 이미지를 통해 '찰나'의 순간마다 무한한 '바다' 위를 떠돌면서 자신의 '생명'을 고양시키려 했던 것이다.[104]

지금까지 이 글에서는 1920년대 초기 조선의 상징주의에서 다다를 수 없는 대상을 '표상'하기 위한 시적 장치로서 '영혼'과 함께 시간적인 측면으로 '찰나'와 공간적인 측면으로 '표박'을 도입하고 있다는 것을 살펴보았다. 이에 따라 1920년대 초기 조선에서 상징주의가 '숭고시학'의 측면에서 나타날 수 있게 되었다. 이제 1920년대 초기의 조선에서 형성되고 있었던 '숭고시학'이 어떠한 지형도와 체계를 가지고 있는가를 살펴보자.

詩에는 "人語"와 "靈語"의 別이 잇다. 詩의 用ㅎ는 語는 곳 이 靈

시에 이르러 조선심의 형식을 통해 떠오르는 주체를 정착하려 했다고 보았다(김승희, 「지워지는 주체와 '떠오름'의 현상학」, 『김안서연구』, 새문사, 1996, 84~104면).

104 지금까지 살펴보았듯이 김소월이 '찰나'에 나타난 '음영의 현상'에서 시혼의 '영원성'을 말하고 있는 것과 달리, 김억은 '찰나'의 시간에 나타나는 생명의 '절대성'을 말하고 있다. 이러한 김소월과 김억의 인식이 실제 작품에서 어떠한 차이를 보이고 있는가에 대해서는 이 책의 3장에서 살펴볼 것이다.

語일다. 靈語람은 人間과 神과의 交涉에만 쓰이는 한 語學일다. 그러나 이 "말"에는 辭書도 업고 學校도 업다. 그럼으로 天才가 아니면 그 "말"을 學홀수 업다. 이 靈語에 依ᄒᆞ여 綴한 者라야, 비로셔 詩라는 일홈이 븟는다. (…중략…)

自我 最高의 美를 훔키며, 그 美에 觸홀 ᄯᅢ의 "늣김"을 普通 "靈感" 或은 "神興"이라 ᄒᆞᆫ다. 더 強ᄒᆞ게 말ᄒᆞ면 "靈感" "Inspiration"은 神의 雪白의 힝긔(句)로운 頰에 觸홀 ᄯᅵ, 그 손을 꽉 쥐일 ᄯᅵ 이려나는 "魂의 淨ᄒᆞᆫ 肉感"일다. 이 肉感의 滴에 엉겨, "쓰거운 말"이 되야 全神經의 纖錐의 絃에 숫쳐 써러질 ᄯᅢ가, 詩 抒情詩를 낫는 境일다. 詩가 ᄒᆞᆫ 液體란 意義는 이곳에서 더욱 발게 盡ᄒᆞ여진다. (…중략…)

詩歌는 勿論, 氣分藝術이다. 그러나 그 氣分ᄲᅮᆫ의 單純ᄒᆞᆫ 것썹질의 表現이여서는 아니 된다. 氣分은 어는 氣分에던지 一種 衰味를 가젓다. 이것은 氣分의 特性 = 天性이라고도 홀 것이다. 그러나 곳이 單純ᄒᆞᆫ 哀의 表現이여서는 아니 된다. 氣分은 어느 未知의 世界를 包홀 ᄒᆞᆫ 氣圍氣에 不過ᄒᆞ다.

—「시화(詩話)」 부분[105]

105 황석우, 「詩話」, 『삼광』 제3호, 1920.4; 정우택 편, 『황석우 연구』, 박이정, 2008, 143~146면. 원래 황석우는 「詩話」의 1회와 2회를 각각 1919년 9월 22일자와 1919년 10월 13일자의 『매일신보』에 발표하였다. 그리고 「시화」의 2회분에다가 「氣分과 叡智」, 「語의 貯藏」이라는 두 개의 장을 추가하여 『삼광』 제3호에 발표하였다.

이 글에서 황석우는 시인을 '천재'라고 보고 시에는 "영률靈律한 맛"이 담겨야 한다고 전제하면서 논의를 전개하고 있다. 그는 앞에서 살펴본 김소월과 마찬가지로 자아 최고의 미를 얻고 접촉하기 위한 매개로서 '혼魂'을 제시하고 있다.[106] 그는 시인이 '혼'을 매개로 하여 숭고한 영역에 있는 세계와 접촉할 때 모든 신경의 감각들이 예리하게 살아나는 황홀한 순간을 체험할 수 있다고 보았던 것이다.[107] 여기서 흥미로운 점은 황석우가 '영혼'과 관련하여 시인이 쓰는 언어의 문제를 다루고 있으며 시인이 '영혼'의 언어를 통해 숭고한 영역에 있는 대상과 접촉할 때 느끼는 '기분'의 문제를 다루고 있다는 것이다. 각각의 사항에 대해 중점적으로 검토해보자.

먼저, 황석우는 시인 = 천재가 쓰는 언어의 문제를 논의한다. 표면적으로 그는 언어를 "인어人語"와 "영어靈語"로 구분하고 있

106 참고로 박현수는 1920년대 동인지가 기존의 이광수류의 계몽주의와의 대척점에서 추구하고자 했던 문학적 기획을 "초월적 미학주의"라는 말로 요약한 바 있다. 그는 동인지 문학이 초월성의 회복을 위해 계몽주의에 의해 배제된 '혼'의 개념을, 미학성의 회복을 위해 계몽주의에 의해 도구화된 '화원'의 개념을 추구하였다고 설명하였다(박현수, 「1920년대 동인지의 '영혼'과 '화원'의 의미」, 『어문학』 제90집, 한국어문학회, 2005, 555~578면). 여기서는 '영혼'이 초월성을 회복하기 위한 장치라기보다 현실의 자아와 숭고한 영역에 놓인 대상을 매개함으로써 현실의 자아를 보다 높은 정신적 지점으로 상승시키는 장치라 보고자 한다.

107 황석우는 다른 글에서 이러한 순간을 "황홀", "망아(忘我)", "탈실(脫實)"의 경지에 있는 마음의 상태라고 표현함에 따라 '찰나'를 통해 숭고한 영역과 접촉할 수 있다고 보고 있다(황석우, 「詩의 鑑賞과 그 作法(前續)」, 『학생계』 제6호, 1921.1, 19면).

다. 이때 그가 말하는 "인어"는 일상생활에서 쓰는 "현실어"와 동의어로서 시어로 쓰인다고 해도 결코 "영률靈律한 맛"을 주지 못한다. 그에 비해 그는 시에 "영률한 맛"을 담기 위해서는 "영어"를 시어로 써야한다고 말한다. 달리 말해, 황석우가 말하는 "인어"는 김억이 말하는 '재현'의 언어와 흡사하며 "영어"는 인간이 일상생활 너머의 '신'과 교섭할 수 있게 한다는 점에서 '상징'의 언어와 닮아 있다. 그런 의미에서 황석우에게 "영어"는 시인에게 숭고한 영역을 체험하도록 하는 언어이다. 뿐만 아니라 그에게 그러한 숭고한 영역은 현실과 동떨어진 세계가 아니라 현실의 자아에게 "인격의 호흡"과 그 "맥脈의 고동鼓動"이 생생하게 살아있는 곳으로 나타나는 '생명'의 세계이다.

이처럼 황석우는 "영어"를 시어로 도입하여 숭고한 영역에 있는 대상을 표상하려는 시인으로서의 사명을 보여주고 있다. 그런 다음 그는 숭고한 영역에 있는 대상과 접촉할 때 발생하는 '생명'을 '기분氣分'이라는 개념에 따라 세분화 해낸다. 어떤 의미에서 그는 앞에서 김소월과 김억이 똑같이 말하고 있는 '생명'의 층위를 구별하여 '생명'을 숭고시학의 측면에서 논하려는 의도를 보여주는 것이다. 그는 '기분'을 두 가지로 분류하면서 '생명'의 관점에서 가치 평가를 내린다. 첫 번째의 경우는 무슨 특별한 외부의 자극이 있을 때에만 드문드문 오는 '기분'으로, 앞에서 그가 말한 "인어"와 다를 바 없다. 그가 보기에 이러한 기분은 그저 몽롱한 분위기 가운데 "탄미嘆味 형식"에 의해 표현된 것으로 별다른 생명력을 주지 못한다. 이런 맥락에서 그는 외부의 자극에 따라 단편적인 기분을 노래한 일본의 "기분시氣分詩"를 비판하고 있는 것이다. 그와 달리 그는 두 번째의 '기분'이 어느 "미지의 세계"를 포함하고 있다고 말한다. 다시 말해, 시인은 '기분'을 통해 숭고한 영역에 있는 '미지의 세계'와 접촉할 수 있어야 한다. 그리하여 황석우는 전자와 구별하여 두 번째의 기분에서 생명력을 느낄 수 있다고 보는 것이다.

황석우는 이보다 몇 개월 뒤에 발표한 글에서도 감상鑑賞의 측면에서 '기분'의 문제를 다룬다. 이 글에서 그는 기분을 상징시나 민중시 등 모든 시에 공통된 현상이라 말한다. 그리고 그는 '미지의 세계'와 접촉한 그러한 기분에서 "생명生命"이 나온다고 말함으로써 앞에서 제시한 두 번째의 기분을 긍정하고 있다.[108] 이러한 점은 그가 『학생계』의 현상문예란에 실린 독자의 시들을 평가하는 부분에서 구체적으로 살펴볼 수 있다. 여기서 그는 시의 제1요소로서 기분의 중요성을 강조하고 '미지의 세계'에 있는 숭고한 영역과 접촉하기 위한 통로로 "영靈의 폐장肺臟"과 "마음의 전선全線"을 제시하고 있다.[109] 이 지점에서 그가 제시하는 '영혼'과 '마음'은 현실의 자아가 미지의 세계와 접촉하기 위한

108 황석우, 「詩의 鑑賞과 그 作法」, 『학생계』 제4호, 1920.11, 16~19면.
109 황석우, 「詩의 鑑賞과 그 作法(前續)」, 『학생계』 제6호, 1921.1, 21면.

시적 장치로 나타나고 있다는 것을 확인할 수 있다. 그는 결국 시인이 '영혼'의 언어인 "영어靈語"를 통해 숭고한 영역에 있는 '미지의 세계'와 접촉하게 될 때 '생명력'이 담긴 '기분'을 느낄 수 있다고 보았던 셈이다.

따라서 지금까지의 논의를 토대로 하여 1920년대 초기 조선에서 형성된 '숭고시학'의 체계를 좀 더 세밀하게 그려낼 수 있을 것이다. 먼저, 대상에게서 숭고를 느낄 수 있는 범주를 거칠게나마 유형화하자면, 양적인 측면에서 '무한'과 질적인 측면에서 '신비'와 '영원'을 들 수 있다. '무한'의 경우 현상계의 범위를 초과한 대상의 절대적인 크기를 나타내며, '신비'는 현상계의 범위를 초과한 대상의 불가해성不可解性을, '영원'은 현상계의 범위를 초과한 대상의 시간성을 나타낸다. 다음으로, 앞에서 제시한 범주들을 통해 다다를 수 없는 지점에 놓인 대상을 '표상'(=상징=암시)할 수 있는 '숭고시학'의 요소로 '영혼'과 '생명'을 들 수 있다. 엄밀히 말해, '영혼'은 숭고한 대상을 반향하고 공명해내는 시적 장치로서 '찰나'와 '표박', '기분'의 방식으로 구체화되었다. 그리고 '생명'은 숭고한 대상과의 접촉으로 인해 고양된 자아의 정신적 지표를 의미하였다.

3장

숭고 체험의 계기와 '숭고시학'의 구체적 표지

1. 목소리의 잉여와 실패하는 '표박'의 반복성

앞에서 살펴본 대로 1920년대 초기 시인들은 문단 내적 차원에서 기존의 '지知'와 '의意'와는 다른 문학 고유의 영역으로서 '정情'을 발견해내면서도 감정을 불러일으키는 대상에게서 그 이상의 의미를 담지하고 있는 '잉여'와 마주하거나 그러한 대상에 대한 도달 불가능성을 표면화하였다. 그들은 '미적 원근법'으로 환원할 수 없는 '숭고'에 대한 인식을 보여주었으며 숭고의 문학적 지표로서 '거리감'을 도입하고자 했다. 그리고 그들은 문단 외적으로 종교와의 관련성을 통해 문학의 영역에서 숭고의 범주를 발견해내었으며 기독교와 종교적 경험인 신비주의의 수사를 동반하여 '숭고시학'을 가능하게 하는 논리를 전개하였다. 그들은 그러한 종교의 수사를 통해 도달 불가능한 대상이 가시적이고 물질적이고 유한한 현실의 자아에게 비가시적이고 정신적이며 무한한 세계라는 점을 보여주려 했던 것이다. 그런 점에서 그들은 현실의 자아에게 '이상향'으로 기능하고 있는 숭고한 대상을 '표상'하기 위해 '숭고시학'을 구축하고자 했다.

앞서 중점적으로 살펴본 '자연'과 함께 1920년대 초기 시에서 다다를 수 없는 지점에 놓인 대상은 구체적으로 '애인', '고향', '어머니' 등으로 나타난다. 1920년대 초기 시인들은 '애인', '고향', '어머니'와 함께 '조선'이나 '전통'의 기호를 결부시키고 있다. 하지만 이러한 기호들은 '근대적 원근법'에 균열을 일으키는 반근대적 기호라든지 외부 담론이나 정치적 이념성에 복무하기 위한 산물이 아니라는 점에 유의해야 한다.[1] 말하자면, 1920년

1 선행연구에서 '조선'이나 '전통'의 기호를 '근대적 원근법'에 균열을 일으키는 이질적인 기호로 보고서 이를 '반근대'나 '전통주의'의 관점에서 해명한 논의로는 박현수, 『현대시와 전통주의의 수사학』, 서울대 출판부, 2004, 32~71면; 차승기, 『반근대적 상상력의 임계들－식민지 조선 담론장에서의 전통·세계·주체』, 푸른역사, 2009, 45~74면 참고. 그리고 '조선'이나 '전통'의 기호를 외부 담론과 연계하여 국민문학 운동의 차원에서 파악한 논의로는 구인모, 『한국 근대시의 이상과 허상』, 소명출판, 2008, 233~310면 참고. 이와 비슷한 맥락에서 이철호는 '애인', '고향', '어머니' 등의 대상과 '조선'이나 '전통'의 기호가 결부되는 데 중요한 수사적 근거로 나타나는 '영혼'이나 '생명'을 일본 '다이쇼 생명주의'의 산물로 바라보고 근대적 주체를 형성하기 위

대 초기 시인들은 자신들의 자아와 '애인', '고향', '어머니' 등의 대상을 '생명'의 관계에 두기 위해 '조선'이나 '전통'의 기호를 결부시키고자 했다. 그들에게 이러한 기호들은 '근대적 원근법'으로 환원할 수 없는 지점에 놓여 있으면서도 '생명'을 매개로 하여 근대성의 '외연'을 구성하는 산물로 받아들여졌다. 그런 점에서 그들이 '숭고'에 대한 인식을 보여주고 '숭고'를 체험하고자 하는 것은 자신들에게 '진리'의 차원으로 남아 있는 '생명'의 근원을 탐색하기 위한 시도라 볼 수 있다.

이를 해명하기 위해 3장에서는 2장에서 세운 방법론을 토대로 당대의 텍스트에서 숭고를 유발하는 계기에 대해 살펴보고 그러한 계기들이 '숭고시학'의 측면에서 어떠한 시적 특성과 표지를 가지고 구현되고 있었는가를 검토하고자 한다. 여기서는 1920년대 초기 시에서 숭고 체험의 계기로 명확한 의미를 알 수 없으나 현실의 자아를 잡아끄는 '목소리'에의 이끌림과 병적인 '헤매임'에 대해 살펴보고자 한다.[2] 이 글에서 무엇보다 '숭고시

한 이데올로기적 장치로 해명한 바 있다(이철호, 『영혼의 계보—20세기 한국문학사와 생명담론』, 창비, 2013, 40~193면).

2 1920년대 초기 문학을 다룬 사례는 아니지만 신범순의 논의는 정지용의 시세계를 모더니즘이라는 범박한 틀에서 벗어나 '헤매임'의 양상에 따라 접근한 대표적인 사례이다. 그는 정지용 초기 시에서의 '헤매임'이 주로 고향상실과 관련되며 근대 도시의 어두운 공간 속에서의 상실된 상태와 소외의 느낌을 강렬하게 표현하고 있다고 말하였다. 그리고 산문적 양식과 여행의 형식을 바탕으로 하는 정지용 후기 시에서의 '헤매임'이 그러한 데카당스적인 주체를 극복한 '유유(悠悠)함의 세계', '동양적 소요(逍遙)의 공간'을 열어놓는다고 보았다. 이러한 '헤매임'의 주제는 근대적 도시와 대비하는 어떤 전통적 정신

학'을 탐색하기 위한 주제로서 '목소리'의 문제를 거론하는 것은 그동안 자아의 자유로운 '내면'을 표출하기 위한 선결적인 과제로서 '목소리'의 문제가 제출되었기 때문이다. 이는 당대의 문단에서 서구문학의 소개를 통해 조선 근대문학의 성립에 기여한 김억의 시론 첫 장에서부터 확인할 수 있기도 하다.[3]

이 글에서 김억은 시인 내부의 '생명'을 의미하는 '목소리'가 예술의 특수성을 나타내는 표지라는 것을 말하고 있으며 내부의 목소리와 외부의 음률을 일치시키면서 나타나는 '음악성'의 문제를 다루고 있다. 이에 주목하여 기존의 논의에서는 김억이 말하는 '음악성'을 시의 형식적인 차원에 국한시키거나 그가 추구하려는 '민족의 공통적 시형'을 이데올로기적 차원으로 환원하고 있다. 김억이 기존의 언문일치체를 부정하고 청각적이고 구어적인 충동을 기반으로 하는 '격조시형론'으로 나아갔다거나[4] 음성중심주의의 사고를 통해 종족중심주의나 근대적 민족 관념을 형성하려 했다고 보는 논의가[5] 그러하다. 이러한 논의에서는

의 세계의 탐색과 맞물려 있다는 점에서 이 글에 시사하는 바가 크다(신범순, 「정지용 시에서 병적인 헤매임과 그 극복의 문제」, 『한국 현대시의 퇴폐와 작은 주체』, 신구문화사, 1998, 57~94면).

3 김억, 「詩形의 音律과 呼吸－劣拙한 非見을 海夢兄에게」, 『태서문예신보』 제14호, 1919.1.13; 박경수 편, 『안서김억전집』 5(문예비평론), 한국문화사, 1987, 34~35면.

4 곽명숙, 「김억의 '조선적 시형'에 대한 고찰」, 『인문연구』 제55호, 영남대 인문과학연구소, 2008, 263~290면.

5 구인모, 앞의 책, 147~165면.

김억이 말하는 내적 목소리라는 시의 명제를 지나치게 의미의 자기 현존과 충만함을 담지하는 '시형'의 측면에서 바라보고 외부의 민족주의에 귀속시키고 있는 것이 사실이다.

물론 이 글에서 김억이 "시형으로의 음률과 호흡"의 문제를 "광의로의 한 민족의 공통적 되는" 시형의 문제와 연결시키고 있다는 점에서 그러한 해석이 충분히 가능하다. 그리고 이 글의 부제로 해몽 장두철에게 부친다는 내용을 명시하고 있다는 것에서 그가 말하는 예술의 특수성이 『태서문예신보』에서 계몽적 층위에 놓여 있던 장두철과 연계되어 있다고 볼 수도 있다. 실제로 장두철이 『태서문예신보』의 사설에서 개체와 전체의 조화를 의미하는 '대아大我'라는 개념을 등장시켜 인생의 갖가지 문제점을 모색하고 있다는 것은[6] 그 근거라 볼 수 있을 것이다. 하지만 기존의 논의에서는 김억이 말하는 내부의 '목소리'를 '민족'이라는 일반성에 귀속시킴에 따라 그러한 관계성을 성립시키는 '외연'에 대해서는 간과하고 있다.[7]

---

6 이에 대해서는 최호영, 「『태서문예신보』에 나타난 자아 탐색과 '대아(大我)'의 의미지평에 관한 고찰」, 『한국문학연구』 제50집, 동국대 한국문학연구소, 2016.4, 282~290면 참고.

7 이와 같은 맥락에서 최근 연구에서는 한일 자유시 담론에서 근대시의 내용으로 요청된 '감정'을 표현해내기 위해 '음악성'을 어떤 방식으로 실현하고 있는가를 비교하여 조선의 근대시가 내포하고 있는 특이성을 해명한 바 있다. 이에 대해서는 최호영, 「한일 자유시 담론에서의 '감정' 인식과 '음악성' 도입 논리의 비교 고찰」, 『한국민족문화』 제60호, 부산대 한국민족문화연구소, 2016.8, 115~142면 참고.

그것이 바로 '전통'이라는 지평이며 '조선'이라는 기호이다.[8] 말하자면, 김억은 내부의 '목소리'가 그러한 지평을 배경으로 하여 '개성'이라는 고유한 특이성을 가지고 나타날 수 있다고 보았던 것이다. 이는 그가 '조선'이라는 기호를 '불란서', '지나支那'와 같은 '고유명'과 함께 출현시키고 있는 것에서 확인할 수 있다. 이러한 점에서 1920년대 초기 시에서 '내부 목소리'의 문제는 말의 직접성을 통해 주체의 현존을 지향하려는 원근법적 의미로만 나타나지는 않는다. 다시 말해, '전통'이라는 지평과 '조선'이라는 기호는 '내부 목소리'를 근대 민족주의로 환원시키는 원근법의 '외부'에 놓여 있다는 점에서 숭고한 대상이면서도 '근대적 원근법'을 작동시키는 '외연'으로 나타나 있었다.

특히, 이 글에서 그동안 논의의 대상이 되었던 '내부 목소리'에서 벗어나 '외부'에서 들려오는 '목소리'에 주목하고자 하는 것은[9] '전통'이나 '조선'이 놓여 있는 지점을 알려줄 뿐만 아니라

8 이런 점에서 김억은 전통에 대한 "문자의 해석"이 다르다고 말하고 있을 뿐 결코 '전통'을 부정하지는 않고 있다. 이는 그가 '인습'으로 인해 "불문시와 영문시"가 서로 다를 수밖에 없다고 말하는 부분에서 구체적으로 드러난다. 좀 더 정확하게 말해, 김억은 선험적으로 존재하는 '전통'을 수동적으로 받아들이는 것을 부정했을 뿐 '전통'을 창조적으로 계승해야 할 필요성을 제기하려했던 것이다. 이와 관련하여 김억의 문학세계를 서구적인 층위와 함께 기존의 "한문맥(漢文脈)"과 같은 '전통'의 맥락에서 재구하려는 논의가 이루어지기도 했다(정기인, 「김억 초기 문학과 한문맥의 재구성」, 『한국현대문학연구』 제44집, 한국현대문학회, 2014, 5~45면 참고).

9 선행연구에서 이론적 발판이 된 데리다적인 의미의 목소리와는 달리 지젝이 말하는 정신분석학적 의미의 목소리는 이 책에서 주목하려는 '외부 목소리'의

그러한 대상들을 숭고한 것으로 체험하는 계기가 되기 때문이다.[10] 그래서 1920년대 초기 시에서 '목소리'라는 문제에 더욱 풍요롭게 접근하기 위해 주위에서 해득하지 못한 채 떠도는 목소리가 자아를 병적으로 이끌리게 만드는 것의 의미가 무엇인가에 대해 확인할 필요성을 느낀다.[11] 이를 확인하기 위해 아래의 두 글을 살펴보자.

(가) 압江에서 日常 불으는 우렁찬 소리가 엽분 나를 불너냅니다. 귀에 닉은 音聲이 머얼이서 들일 째에 철업는 마음은 조와라고 밋처서 쟌듸밧 모래톱으로 쥴달음쥽니다. (…중략…)

新婦의 고요히 휩싸는 치마짜락갓치 달 잠겨 썰이는 잔살물결이

숭고함을 파악하는 데 도움이 된다. 지젝은 목소리를 "'대상'으로서의, 기표작용의 대상적인 잔여물로서의 목소리"로 정의한다. 그는 라캉이 그래프를 통해 기표의 의미작용과 주체의 호명과정을 설명하는 과정에서 "고정적인 지시자"로 기능하는 '누빔점' 이후에도 남는 '목소리'를 "대상적인 찌꺼기로서의 무의미한 대상"이라고 말하였다(슬라보예 지젝, 이수련 역, 『이데올로기라는 숭고한 대상』, 인간사랑, 2002, 182~183면).

10 이에 대해서는 1920년대 초기 시가 아니라 김동인의 소설을 정신분석학의 관점에서 분석하는 과정에서 언급된 바 있다. 권희철은 김동인의 소설에 나타난 "대동강의 속삭이는 목소리"가 "모든 경험적이고 현상적인 세계를 초월한 숭고한 사물을 가리키며 더할 나위 없는 장엄함을 지시하고" 있다는 점에서 그의 '참예술'을 구성하는 원리가 되고 있음을 해명하였다(권희철, 「속삭이는 목소리로서의 '대동강'과 어머니 형상의 두 얼굴-김동인 소설의 정신분석적 읽기 시론(試論)」, 『한국근대문학연구』 제17호, 한국근대문학회, 2008, 225~234면).

11 최호영, 「1920년대 초기 시에 나타난 '거리감'의 몇 가지 형식과 숭고시학」, 『한국시학연구』 제38호, 한국시학회, 2013, 302~308면.

소리업시 어린이의 神興을 흐느적어리니 물고기갓치 나닷는 가슴을 것잡을 수 업서 물빗도 銀갓고 물소리도 銀갓흔 가업는 喜悅나라로 더벅〻〻 걸어감이다…………밋칠듯키 자지러저 철〻 흐르는 깃붐에 씌여서—. (…중략…)

커다란沈默은 기리〻〻 죠으는데 쓧업시 흐르는 밀물나라에는 낫닉는 별하나히 새로히 빗췹니다. 거기서 우슴석거 불으는 자장노래는 다소히어리인 金빗숨터에 호랑나뷔처럼 훨〻 나라듭니다.

엇지노! 이를 엇니조 아— 엇지노! 어머니젓을 만지는 듯한 달콤한 悲哀가 안개처럼 이 어린 넉슬 휩싸들으니………심술스러운 응석을 숨길 수 업서 뜻안이한 우름을 소리처움이다.

—「백조(白潮)는 흐르는데 별 하나 나 하나」 부분[12]

(나) H는 홀노 定向도 없이 넓고 넓은 ××벌판에서 崇嚴한 大自然과 벗을 삼고 反響 없는 이약이를 하면서 長閑하게 건인다.

靜肅하고 寂〻한 벗인 하늘 大氣 가운대서는 어듸서인지도 모르는 自然의 희미한 音響이 가벼운 曲調에 和하야 H의 鼓膜의 振動數에 變化를 일으키게 한다. 힘잇고 우렁차게도 나오고 弱하고 速하게도 흘으고 부드럽고 느럭느럭하게 울니기도 한다.

'그러나 우리 社會를 살펴보니 西洋文明의 流入됨과 同時에 朦昧한 人民들은 말할 것도 없거니와 제所謂 新文明을 맛보앗느니 二十

12 홍사용, 「白潮는 흐르는데 별 하나 나 하나」, 『백조』 제1호, 1922.1, 1~2면.

世紀泰西文藝를 呼吸하엿나니 하는 連中 가운데에도 盲目的 西洋心醉者들만 생기여 歐美의 事物, 異國의 動靜에만 憧憬의 헷눈을 베풀고 기리는 헷노래만 불넛지! 참으로 우리 故國의 거츨음과 兄弟의 前途를 爲하야 노래하고 을프며 或은 한숨쉬고 눈물내여 울어본 선배가 몃이나 되노. 一極小部分에 지내지 못하얏구나.' (…중략…)

멀고먼 우리 朝鮮을 보아라. 녯이약이를 살펴들어라 우리의 녜부터 傳하여 나려오든 모든 文物을 調査하여 보라! 거긔는 엇더한 힘과 엇더한 뜩엄으로 우리 朝鮮의 美를 讚美하엿스며 粹를 保全하얏는지? (…중략…)

'멀고 먼 新羅적 高麗人적 將神市人적 그때에도 같은 저 달의 아릿다운 姿態는 밤마다 우리 朝鮮의 땅을 우리 祖先의 얼골을 빛이엿슬 터이지.

—「뜨어온 불꽃」 부분[13]

인용된 글에서 화자는 외부에서 자신을 잡아끄는 알 수 없는 '목소리'에 이끌리면서 상념을 전개하고 있다. 이 글에서 주목해야할 것은 화자가 외부의 목소리에 의해 일상과는 다른 시·공간으로 나아가면서도 결코 '목소리'를 계기로 발견한 세계와 명확한 합일을 이루지 못한다는 점이다. 그러한 점이 화자에게 어떠한 계기로 나타나고 있는가를 살펴보자. (가)에서 화자는 시

13 곧은똘, 「뜨어온 불꽃」, 『근화』 창간호, 1920.4, 4~6면.

간적으로는 밤, 공간적으로 인적이 끊긴 자연을 배경으로 자신이 느낀 상념과 몽상을 전개하고 있다. 그를 일상의 시·공간에서는 보지도 듣지도 못한 시·공간으로 들어서게 하는 계기는 바로 멀리 앞강에서 강물이 불러내는 "음성音聲"이다. 물론 그가 들은 '음성'은 자신의 '내적 목소리'가 아니라 그를 내부에서 벗어나 현실과는 다른 세계로 들어서게 하는 '외부의 목소리'이다. 그는 그 음성에 이끌려 "태백성"이나 둥글게 솟아오른 '달'과 같은 주변의 자연을 보기 시작한다. 특히, 그가 달을 "반가운 그이"라고 연달아 외치거나 달빛을 "달콤한 저녁의 막"이 밀려오는 "허-연 밀물"이라 표현하는 것은 자연과 점차 동화되어가는 신비로운 상황을 연출한다.

이때 홍사용은 화자와 자연이 동화되어가는 상황을 보여주기 위해 달을 여성적 혹은 모성의 이미지와 연결하고[14] 자신을 어린아이의 이미지와 연결하는 수법을 취하고 있다. 그에 따라 화자가 어린아이로의 퇴행을 통해 모성적인 달과의 일체화를 이루고

14 1920년대 초기의 잡지를 살펴보면 이 글이 게재된 『백조』의 표지뿐만 아니라 『금성』에는 여인의 그림이 삽입되어 있다. 이 그림에는 해당 잡지가 표방하고 있는 분위기를 일정 부분 반영하고 있다고 볼 수 있다. 이에 주목한 김행숙의 논의는 당시 동인지에 나타난 표지와 삽화를 '고독한 예술가의 내면'으로 해석하거나 '악마적인 수사학'으로 해석하는 등 수록된 텍스트와 연계하여 해석하고 있는 대표적인 사례이다. 하지만 이 논의는 여성의 이미지들을 속세의 물질적인 가치에서 벗어나 예술을 통한 이상적인 미적 가치를 표상하는 것으로 단순화하고 있다(김행숙, 『문학이란 무엇이었는가-1920년대 동인지 문학의 근대성』, 소명출판, 2005, 176~214면).

있다는 점에서, 그동안 이 글이 게재된 『백조』의 전반적인 분위기는 감상적 낭만주의라 지적되어 왔던 것이다. 그리고 이 글에서 취하고 있는 달과의 상상적 동일화가 주체로 하여금 일상의 현실에서 부과된 상징적 정체성에서 벗어나게 하는 기능을 한다고 해도[15] 이 글에 나타난 비현실성에 대한 비판을 면하기 어려운 것으로 보인다. 하지만 문제는 시적화자가 점차 달과의 상상적 동일시를 이루지 못하고 있다는 점이다. 다시 말해, 그는 어린아이로 퇴행하면 할수록 모성적인 달과의 합일에 대한 '피곤'과 '고달픔'을 느끼기 시작한다. 그는 결국 모성적 달과 점차 합일될 수 없다는 심정을 느끼고 "엇지노"라는 탄식과 "달콤한 비애"라는 역설을 보여줌에 따라 달과 합일될 수 없다는 '거리감'을 노출하고 있다. 그가 마지막 부분에서 더욱더 심술스러운 응석을 부리면서 뜻하지 않은 '울음'을 터트리는 장면은 그러한 '거리감'을 단적으로 보여주고 있다.

15 환상에 대한 이러한 관점은 지젝에 의해 제기되었다. 그에 따르면, 아버지의 이름으로 나타나는 상징적 정체성의 최고 기표는 라캉이 말한 "기의 없는 기표"로서 기원들의 회복 불가능한 상실을 나타낸다. 지젝은 모든 상징적 동일화가 궁극적으로 X와의 동일화이며, 알려지지 않은 내용을 나타내는 '텅 빈' 기표와의 동일화라고 말한다. 그는 우리가 X와 동일시함으로써 기원들의 상실을 '완성'하는 것으로 보고 있다. 이러할 때 환상을 통해 상상적 동일시를 이루어내는 것은 상징적 동일화에 의해 상실한 '잃어버린 기원'과의 대면을 가능하게 한다고 볼 수 있다. 홍사용의 경우 환상을 통해 모성적 대상과의 상상적 동일시를 이루어내기보다 그러한 대상과 합일될 수 없다는 것을 보여줌에 따라 '잃어버린 기원'과 대면하고 있다는 것에 주목해야 한다(슬라보예 지젝, 이성민 역, 『부정적인 것과 함께 머물기』, 도서출판b, 2007, 154~158면).

하지만 여기서 확인해야 할 것은 그가 모성적인 달과의 합일이 불가능하다고 자각하는 장면 자체에 있지 않다. 오히려 우리는 이 장면에서 그가 달과의 합일 불가능성을 자각함에 따라 모성적인 달이 숭고한 영역에 놓여 있는 것에 주목해야한다. 그리고 그의 외부에서 그를 잡아끄는 '목소리'가 그러한 숭고한 영역에 놓인 대상을 대면하게 만드는 계기가 된다는 것에 주목해야 한다. 따라서 그가 '외부의 목소리'에 병적으로 이끌리는 것은 모성적 이미지로 나타나는 잃어버린 기원과 대면하고 이를 '생명'의 근원으로 두기 위함이었다고 할 수 있다. 이러한 측면은 (나)의 글에서 좀 더 역사적인 성격을 가지고 드러나 있다.

일석一石 이희승이 쓴 것으로 추정되는 이 글에서 화자는 봄날 밤의 대자연을 무대로 산책을 하다가 "자연의 희미한 음향"에 이끌린다. 그 소리는 그의 의식을 깨울 정도로 강렬한 마력을 가지고 다가오면서 그를 일상과는 다른 시·공간으로 나아가게 한다.[16] 그 소리 중에서도 그는 "힘없는 동정을 표할만한 가련한 신음" 소리를 듣고서 자신이 처해 있는 조선 사회의 낙후성을 자각한다. 그가 보기에 당대 조선 사회는 제대로 된 근대화를 이루지

16 참고로 이 글과 같은 지면에 실려 있는 「풍유의 거울」이라는 글에서도 음악가로 보이는 한 청년이 작곡을 하는 과정에서 자신에게 예술적인 영감을 제공하는 "대음향(大音響)"을 듣는 장면이 나온다. 이 소리는 주위의 만류에도 불구하고 그를 강하게 잡아끄는 매혹적인 의미로 다가온다. 이 글은 'Sarah Kaftal' 이라는 저자의 글을 번역한 것으로 보이지만 정확하게 누구인지는 알 수가 없다. 「풍유의 거울」, 『근화』 창간호, 1920.4, 9면.

못하고 있으며 "서양문명"에 "맹목적"으로 심취할 수밖에 없는 후진성을 면하지 못하는 것 같다. 그런 상황에서 그가 "조선의 미를 찬미"하고 민족의 "수粹"를 보전해야한다고 말하는 것은 자신의 역사적 과업을 "조선민족"을 위한 "계승자"로 설정하려는 의도를 보여준다. 글의 제목으로 삼고 있는 '뜨거운 불꽃'은 그러한 계몽주의적 열정을 단적으로 나타내는 것 같다.

따라서 이 글에서 '외부 목소리'는 화자에게 민족주의를 고취하는 계기가 된다고 볼 수 있다. 그에 따라 그동안 이 글에 나타난 '민족'이라는 기호는 "개방적 민족주의"와 같은 이념적인 층위에 따라 평가되어왔던 것이다.[17] 물론 이러한 평가는 이 글이 게재된 『근화』의 창간사를 보면 일면 타당해보이기도 한다. 『근화』의 창간사에서는 반만년의 장구한 "해동역사海東歷史"를 회고하는 가운데 고대의 찬란한 문학과 예술이 오랜 역사의 흐름을 거쳐 오면서 쇠퇴한 상황을 탄식하고 있다. 그래서 『근화』에서는 세계적으로 찬란한 고대의 문예를 부흥시키기 위해 "민족적 의무"를 다하겠다는 다짐을 내보인다. 이런 면에서 『근화』에 게재된 (나)의 글은 "민족문학 나아가 민족문화에 대한 자긍심과 자부심"을[18] 표출하고 있는 것으로 볼 수 있을 것이다.

하지만 이 글에서 주목해야할 점은 외부에서 들려오는 소리가

17 이경돈, 「잡지 『근화』와 문학동인지시대」, 『반교어문연구』 제26집, 반교어문학회, 2009, 372면.

18 위의 글, 363~368면.

명확한 의미로 해득될 수 없는 '잉여성'을 가지고 있다는 것이다. 그에 따라 화자는 '민족'이라는 기호를 당대 담론의 이념이나 정치성으로 환원할 수 없는 지점으로 나아가고 있다는 것이다. 이는 그가 자신을 잡아끄는 '외부 목소리'에서 벗어나 산 위에 떠오른 달을 보는 장면에서 나타난다. 그는 저 달을 쳐다보는 모든 나라의 사람들이 다 각기 "다른 감정"을 가지고 자신들의 나라를 위해 노래한다고 말함으로써 '민족'이라는 기호를 세계라는 보편성 가운데 특수성을 가진 것으로 보고 있다. 이와 함께 그는 '민족'이라는 기호가 고유한 특이성을 가지고 있다는 것을 보여주기 위해 "조선朝鮮"이 놓여 있는 역사적인 지평을 보여준다.

그는 지금 보고 있는 달이 멀고 먼 "신라", "고려" 때부터 조선의 땅을 비추어 왔으며 선조들의 얼굴을 비추어왔다고 말한다. 그리고 지금의 자신과 마찬가지로 선조들 또한 저 달을 보고서 힘 있고 뜨거운 사랑이 담긴 예술을 노래해왔다고 말한다. 거기에서 나아가 그는 선조들이 놓여 있는 범위를 "신시神市"라는 아득한 민족의 기원에 위치시키고 있다. 물론 현재의 그와 "신시" 사이에는 '멀고 먼' 아득한 '거리감'이 가로 놓여 있다. 하지만 그럼에도 그의 '가슴', '혈액', '뼛속'과 같은 몸속에는 "조선 수천 년"의 "암시"가 파묻혀 내려오고 있다. 이처럼 그는 당대의 조선이 세계라는 보편성 가운데 고유한 특이성을 가질 수 있기 위해 그러한 역사적인 지평을 배경으로 할 수밖에 없다는 것을 보여주고 있다. 그러한 점에서 화자를 잡아끄는 '외부의 목소리'는 당대 조선이 세계 속의 민족으로 설 수 있는 '생명'의 근원을 탐색하는 계기가 된다. 그가 이 글에서 다짐하는 "**숭고**崇高한 예술"(강조 표시는 인용자의 것임)은 그 지점에 놓여있다.[19]

따라서 1920년대 초기 문학에서 그 의미를 명확하게 알 수 없는 자아 '외부의 목소리'는 민족주의의 이념으로 환원되기보다 오히려 자아를 구성하는 풍성한 '외연'을 탐색하는 계기가 된다고 할 수 있다. 그래서 1920년대 초기 문학에서 자아는 '외부의 목소리'에 대해 다다르지 못하는 실패나 거리감을 수반하면서도 거기에 병적으로 이끌릴 수밖에 없었던 것이다. 그러면 이제 이와 같은 '목소리'에의 이끌림이 '숭고시학'의 측면에서 어떠한 시적 특징을 수반하고 있는가를 검토해보자.

> 첫기러기의 울음소리가 하늘을 울니며
> 물깃는 싸님의 얼골이 움물 우에 어리울쌔,
> 거름 실은 소(牛)를 몰고가는 農軍의 짓거리노래는
> 압山 밋을 감도는 배노래와 함씌 들니는
> 내 故鄕의 어린 쌔의 그 봄날이 그립어.
>
> 안개가 다사롭은 해볏을 설게도 덥흐며

19 곧은똘, 앞의 글, 10면.

진달내의 갓 픤 꼿이 빨핫케 숨쉴 째,
菜田가의 낭이 캐는 아희들의 흥어리소리가
뜰안에서 어미 찻는 병아리소리에 석기는
내故鄕의 어린 째의 그 봄날이 그럽어.

—「잃어진 봄」 전문[20]

인용된 시를 비롯하여 『해파리의 노래』에 수록된 「풀밧 우」, 「십일월十一月의 저녁」, 「밤의 대동강大同江가에서」, 「기억記憶은 죽지도 안는가」, 「실제失題」 등의 시에 나타난 '외부의 소리'는 무한한 바다를 떠도는 '해파리'의 내면과 공명하면서[21] 독특한 분위기를 자아내는 장치이다. 이 시에서 시적화자는 겨울을 나던 '기러기'가 북으로 떠나는 첫 "울음소리"를 들으면서 조만간 봄이 올 거라 예감한다. 기러기는 아마도 북쪽에 있는 그의 고향으로 떠나는 대상이라는 점에서[22] 작품 전반에 그의 고향을 환기하는 기능을 하고 있다. 1연에서 그는 기러기의 첫 "울음소리"가 하늘을 울리고 얼음이 녹은 우물물 위로 물 긷는 따님의 얼굴이

20 김억, 「잃어진 봄」, 『해파리의 노래』, 조선도서주식회사, 1923; 『한국현대시 원본전집』 1(해파리의 노래), 문학사상사, 1975, 10면.

21 김억은 시집의 서문에서 자신의 존재를 '해파리'에 비유하면서 '무한'이라는 절대적 크기를 가진 바다 위를 정처 없이 떠돌아야 하는 상황을 보여준다. 이 책의 2장에서는 '해파리'를 숭고시학의 측면에서 분석한 바 있다.

22 김억은 시집의 한 장으로 자신의 고향인 평북 정주의 황포(黃浦)를 대상으로 삼고 있기도 하다(김억, 『한국현대시 원본전집』 1(해파리의 노래), 문학사상사, 1975, 67~83면).

어리우자 곧 봄이 찾아올 거라는 예감에 사로잡힌다.

나아가 김억은 기러기의 울음소리와 공명하여 그의 고향에서도 봄이 찾아온 정경을 '외부의 소리'를 통해 그려내고 있다. 즉, 기러기의 울음소리가 그에게 봄소식을 전한 것처럼 그의 고향에서도 거름 실은 소를 몰고 가는 농부의 '노래'와 앞산을 감도는 '뱃노래'가 어우러져 봄소식을 전할 것이다. 하지만 실제로 봄이 왔다고 해서 그것이 그에게 '진짜' 봄인 것은 아니다. 제목에서 나타나 있듯이 그는 이미 봄을 잃어버렸다. 왜냐하면 그가 어릴 때 보아온 봄날의 풍경을 간직한 고향과 현재의 자신 사이에는 물리적인 '거리감'뿐만 아니라 심리적인 '거리감'이 가로놓여 있기 때문이다. 그는 그 '거리감'으로 인해 실제로 봄이 왔다고 해도 봄을 상실했다고 말할 수밖에 없는 것이며 어릴 때의 진짜 '그 봄날'을 그립다고 토로할 수밖에 없는 것이다.

이러한 점은 2연에서 더욱 심화되어 나타난다. 1연에서의 봄이 소식과 같이 다소 잠재적인 것이라면, 2연에서의 봄은 주변의 사물을 통해 현실적인 것으로 나타나 있다. 그는 이제 '안개'가 따사로운 햇볕을 덮고 '진달래꽃'이 빨갛게 피어난 것을 보고서 자신의 주변에도 봄이 왔다는 사실을 알게 되었다. 그래서 그는 이러한 풍경을 보고서 1연에서 기러기의 울음소리를 통해 고향의 봄을 상기한 것처럼 '소리'를 통해 봄이 온 고향의 풍경을 환기시킨다. 좀 더 구체적으로 말해, 그의 고향에서도 봄이 와서 "채전菜田가"에서 냉이 캐는 아이들의 소리와 뜰 안에서 어미 찾는 "병아리소리"로 떠들썩할 것이다. 하지만 그는 1연에서와 마찬가지로 현실적인 봄이 와도 '진짜' 봄을 느끼지 못한다. 왜냐하면 그는 자신의 기억 속에 침잠해 있는 봄과 실제로 찾아온 봄 간에 '괴리감'을 느꼈기 때문이다. 이 지점에서 그는 1연에서 보여준 심리적인 '거리감'을 실제 현실 속에서 느끼는 괴리감으로 보여줌으로써 고향의 상실감을 효과적으로 수행하고 있다. 따라서 이 시는 외부에서 촉발된 소리를 통해 계절의 감각을 환기하고 있을 뿐만 아니라 그것과 공명하는 화자의 내면 풍경을 그려내고 있는 셈이다.

그러할 때 이 시의 화자에게 고향은 상실된 것으로서 다다르지 못하는 대상임에 틀림없다. 실제로 김억은 이 시집에서 이러한 고향의 좌표를 보여주는 '거리감'의 지표로서 '저 멀리', '머나먼', '끝도 없는' 등과 같은 형용사를 빈번하게 동반하고 있다.[23] 그리고 그와 고향 사이에는 물리적으로도 무한한 크기(넓이)를 가진 '바다'가 가로놓여 있기도 하다. 이러한 점으로 미루어볼 때, 그에게 고향은 숭고한 대상이다. 이와 함께 그가 무한한 바다를 떠도는 '해파리'를 자신의 존재론적 표상으로 삼은 것은 다다르지 못하는 '거리감'에도 불구하고 고향에 대한 지향성을 표출하려는 의도를 나타낸다고 할 수 있다. 보다 구체적으로

23 대략 시집에서 눈에 띄는 대로 몇 개의 예를 제시하면 「풀밧 우」, 「바다 저便」, 「배」, 「孤寂」, 「椰子의 몸」, 「난홈의 노래」, 「봄의 仙女」, 「나의 理想」 등을 들 수 있다.

김억은 고향에 대한 '해파리'의 지향성을 '표박漂迫'의 형식으로 구체화하고 있다.

> 어둡은 밤하늘에는 반작이는 별,
> 흘음의 써도는 몸에는 긋업는 憂愁.
> 모든 것은 하나좃차 쓸 데가 업서라,
> 목슴이 무엇이며,
> 사랑좃차 무엇이랴.
> 나는 혼자서 다만 것노라.
>
> —「표박(漂迫)—여섯재」 전문[24]

김억은 시집의 한 장을 아예 '표박'이라는 제목으로 구성하고 있다. '표박'의 장은 "표박의 끝없는 길을 떠도는 무명초無名草에게" 보낸다는 헌사와 함께[25] 총 여섯 편의 시로 구성되어 있다. 김억은 이 시편에서 '꿈'이라는 형식적 장치나 '구름', '바람', '낙엽'과 같은 자연물을 동원하여 '표박'의 주제를 형상화하고 있다. 그가 '표박'의 목적지로 담고 있는 대상은 "한정限定" 없고 '끝이 없는' '하늘'로 나타난다. 그래서 그는 이 시편에서 '하늘'이라는 무한한 대상에 대한 귀결하지 못하는 '표박'을 반복함으

24 김억, 「漂迫—여섯재」, 『한국현대시 원본전집』 1(해파리의 노래), 문학사상사, 1975, 52면.

25 위의 책, 46면.

로써 자신의 '표박'이 숭고한 대상을 체험할 수 있는 계기가 된다는 것을 보여준다.

하지만 문제적인 것은 정작 그의 '표박'이 딱히 특별한 이유가 없다거나 뚜렷한 방향성을 제대로 구현하고 있지 못하다는 점이다. 인용된 시에서 그는 자신의 '표박'의 목적이 어두운 밤하늘에서 반짝이는 '별'과 같은 이상에 있다는 것을 암시하고 끝없는 '표박'의 흐름에 내맡기려는 의도를 보여주면서도 세상의 모든 것을 부정하고 혼자서 떠돌 수밖에 없는 표박자의 '운명'만을 확인하고 있다. 뚜렷한 목적 없이 '표박'을 감행하고 있는 그에게 '목숨'이나 '사랑'과 같은 세상의 모든 가치들은 하나같이 쓸 데가 없는 '허무함'만을 남길 뿐이다. 그래서 이 시에서는 결국 무한한 대상에 좌절한 화자의 "우수憂愁" 정도만을 확인할 수 있을 뿐이다. 따라서 김억은 '표박'의 길에서 대면하는 무한한 대상이 자신에게 어떠한 의미가 있는가를 탐구하기보다 거기에 부딪혀 좌절한 자아의 비극적 정서에 초점을 맞추고 있는 것처럼 보인다.

그보다 그의 제자인 김소월의 시에서 '표박'을 통해 대상의 숭고함에 직면한 화자가 어떠한 정신적인 높이에 도달하려는 '숭고시학'의 측면을 확인할 수 있다. 김억과 마찬가지로 김소월의 시에서 또한 주로 '저'라는 대명사와 '멀리'라는 부사를 결합하여 다다를 수 없는 대상에 대한 '거리감'을 표면화하고 있다.[26]

26 이를 테면, 「바다」, 「山 우헤」, 「우리집」, 「朔州龜城」, 「집 생각」 등을 예로 들

山에는 꼿 픠네
꼿치 픠네
갈 봄 녀름 업시
꼿치 픠네

山에
山에
픠는 꼿츤
저만치 혼자서 픠여 잇네

山에서 우는 적은 새요
꼿치 죠와
山에서
사노라네

山에는 꼿 지네
꼿치 지네
갈 봄 녀름 업시

수 있다. 앞에서 살펴본 김억의 시에서 시적화자와 대상의 사이에 주로 무한한 크기를 가진 '바다'가 가로놓여 있었다면, 김소월의 시에서는 무한한 높이를 가진 '산'이 가로막고 있다. 차후의 검토에서 나타나듯이, 이는 단순한 소재의 차이가 아니라 '숭고시학'의 차이를 보여준다.

꽃치 지네

—「산유화(山有花)」 전문[27]

일찍부터 김소월의 대표작으로 주목 받아온 이 시에서 시적화자는 "저만치"라는 거리감에 의해 가로놓인 '산'을 바라보고 있다. 그가 바라보는 '산'은 사계절 내내 '꽃'이 피고 지는 순환을 반복하는 자족적인 공간으로 나타나 있다. 그리고 '꽃'과 거기서 사는 '새'가 "혼자서" 자신만의 독자적인 영역을 형성하면서도 친밀감('좋아함')을 바탕으로 공존하고 있는 이상적인 공간으로 나타나 있다. 하지만 시적화자는 그러한 '산'에 대해 "저만치"라는 '거리감'을 도입함으로써 적어도 자신이 그러한 세계를 상실해버렸다는 것을 환기하고 있다.

이러한 점에서 김소월 시의 본질로 '저만치'에 주목한 김동리는 "저만치 혼자라는 〈저만치〉의 거리"가 "인간과 청산과의 거리"이자 "인간의 자연 혹은 〈신〉에 대한 향수의 거리"라고 지적하면서 그의 시에서 "아무것으로도 영원히 메꾸어질 수 없는" 정한情恨 자체가 "저만치"의 '거리감'을 파생시켰다고 말하였다. 이어서 그는 그러한 정한이 개인의 특수한 감정을 초월하여 "일반적 보편적 정서"로 통하게 됨으로써 자연스레 김소월의 시에서 '민요조'를 띠게 되었다고 말하였다.[28] 이러한 관점을 바탕으로

27 김소월, 「山有花」, 김용직 편, 『김소월전집』, 서울대 출판부, 1996, 180면.

김소월의 시는 민요와 같은 전통적인 양식을 구현하려는 '전통주의'에 위치해왔던 것이다.[29] 물론 김소월의 시세계에서 '전통'은 민족적 특성과 같은 역사적 맥락에 따라 해석할 수도 있다. 하지만 정작 문제적인 것은 그가 "저만치"라는 '거리감'에 의해 다다를 수 없는 지점에 놓인 전통적 세계에 대해 '표박'의 실패를 반복해가고 있다는 점이다.[30]

그 누가 나를 헤내는 부르는 소리
붉으스럼한 언덕, 여긔저긔
돌무덕이도 음즉이며, 달빗헤,
소리만 남은 노래 서리워 엉겨라,

28 김동리, 「청산과의 거리－김소월론」, 『김동리 전집』 7(평론－문학과 인간), 민음사, 1997, 39~45면.

29 '전통주의'에 대한 대표적인 논의는 박현수, 『현대시와 전통주의의 수사학』, 서울대 출판부, 2004, 32~71면 참고.

30 이와 관련하여 최근 연구에서 김소월이 '저만치'라는 거리감을 도입하여 '전통' 혹은 '전통'이라고 불릴 만한 것들을 왜 파생시키고 있는가에 대한 논의가 전개되고 있는 것은 주목할 만하다. 일례로, 권희철은 김소월의 시세계를 근대성과 전통성의 이분법적 관점에 따라 접근하는 것에서 벗어나 그의 시에서 '슬픔'이 잃어버린 어떤 충만한 시간과 공간을 불러오는 장치라고 보고 있다(권희철, 「"'나'는 누구인가?"에 대한 1920년대 문학의 문답 지형도」, 『한국현대문학연구』 제29집, 한국현대문학회, 2009, 141~173면). 이와 비슷한 맥락에서 김정현은 김소월의 시에서 '고향', '님', '사랑', '영혼' 등의 대상과 결부되어 있는 '전통'이나 '조선'의 기호를 정치적이고 현실적인 담론과 직결시키기보다 당대 조선적 현실을 '폐허'로 지시하고 이를 넘어서려는 유토피아적 가치의 차원에서 해명하였다(김정현, 「金素月 詩의 感情과 '音聲的 텍스트' 그리고 傳統의 問題」, 『어문연구』 제41집, 한국어문교육연구회, 2013, 327~362면 참고).

옛 祖上들의 記錄을 무더둔 그곳!

나는 두루 찻노라, 그곳에서,

형적업는 노래 흘너퍼져,

그림자 가득한 언덕으로 여긔저긔,

그 누구가 나를 헤내는 부르는 소리

부르는 소리, 부르는 소리,

내 넉슬 잡아끌러 헤내는 부르는 소리.

—「무덤」 전문[31]

이 시에서 '외부의 목소리'에 이끌리는 시적화자는 대상에 대한 도달 불가능성을 환기하는 '거리감'의 지표로서 '그곳'을 도입하고 있다. 좀 더 정확하게 말해, 시적화자가 말하는 '그곳'은 대상과의 '거리감'을 압축한 "저만치"의 변형이면서 표면적으로는 제목인 '무덤'을 가리킨다. 이 시에서 우리는 시적화자가 생의 영역에 있고 '조상'들이 죽음의 영역에 있다고 한다면, 시적화자를 부르면서 헤매게 만드는 (목)소리의 정체가 과연 무엇이며, 죽음의 영역이 그의 생의 영역에 어떠한 의미 지평을 형성하고 있는가를 살펴봐야 한다.

동시대의 많은 문인들이 주로 생과는 대척적인 측면에서 죽음에 과도한 에너지를 집중하고 있는 것과는 달리,[32] 김소월은 이

31 김소월, 「무덤」, 김용직 편, 앞의 책, 142면.

시에서 생과 대화적 관계에 놓인 죽음, 즉 '사후세계'를 다루고 있다. 그는 "옛 조상"들이 묻혀 있는 '무덤'을 사후세계로 보고 거기서 끊임없이 들려오는 소리에 귀 기울이고 있다. 그 소리는 그를 부르고만 있는 것이 아니라 그를 이끌리게 만드는 강렬한 마력을 지니고 있다. 하지만 그는 무덤을 결국 '그곳'이라는 대명사로 지칭하면서 자신과 '그곳'과의 '거리감'을 표면화하고 있다. 생의 영역에 있는 그가 결코 죽음을 거치지 않고서는 조상들이 있는 사후세계로 갈 수 없기 때문이다. 그는 그러한 사실을 직시하고 있다.

그러나 그러한 사실 자체가 중요한 것은 아니다. 김소월은 오히려 자신과 조상과의 '거리감'을 표면화하면서 무덤에서 들려오는 자신을 부르는 소리에 강렬하게 이끌리게 될 때 생의 영역을 지탱할 수 있다는 사실을 알고 있기 때문이다. 그는 시에서 무덤을 "옛 조상"들을 묻어둔 곳이라고 하지 않고, "옛 조상"들의 "**기록**記錄"(강조 표시는 인용자의 것임)을 묻어둔 곳이라고 말하고 있다. 다시 말해, 그는 자신을 잡아끄는 소리가 들려오는 조상들의 무덤이 자신의 정체성과 생의 진실을 알려줄 "기록記錄"

32 이와 관련하여 최호영은 1920년대 초기 이장희의 시에서 과도한 죽음충동이 상상계적인 시적 언어를 통해 당대 상징계의 질서를 전복하려는 시도이자 상징계의 질서에 생명력을 부여하는 모성적 세계를 지향하려는 의도와 결부되어 있음을 밝힌 바 있다(최호영, 「이장희 시에 나타난 '우울'의 미학과 모성적 정치성」, 『한국시학연구』 제32집, 한국시학회, 2011, 309~334면).

을 묻어둔 곳임을 알고 있다.[33] 그리하여 그는 자신과 조상과의 '거리감'에 직면하면서도 더욱 강렬하게 그곳에 이끌리고 자신을 잡아끄는 소리에 헤맬 수밖에 없는 것이다.

이 지점에서 그가 외부에서 자신을 불러내는 소리를 '노래'와 연결하는 것에 주목할 필요가 있다. 그 노래는 본래 충만한 의미를 담고 있었으나 오랜 세월을 거쳐 오는 동안 의미는 사라지고 이제 '소리'만 남기고 있다. 그 소리는 이제 "형적 업는 노래"라는 점에서 명확한 의미로 해득될 수 없다. 그만큼 '소리만 남은 노래'는 아득한 시원始原을 가지고 그에게 전해오고 있다는 점에서 그에게 일종의 '서러움'을 불러일으킨다. 그는 다만 무덤뿐만 아니라 여기저기에 흘러 퍼져 있는 소리에 이끌리면서 헤맬 뿐이다. 무덤 주변의 "돌무덕이"가 움직이고 "붉으스럼한 언덕"에 달빛이 엉겨 있는 장면은 자신에게 들려오는 소리가 환청과 같은 것이면서도 그만큼 절실하게 그를 잡아끌고 있다는 것을 보여준다. 그것은 또한 '나'의 존재에 삶의 의미를 부여해주는 그 노래를 그가 부를 수밖에 없다는 것을 보여준다. 그는 그 노래를 부름으로써 자신과 조상과의 사이에 놓인 간극을 넘

33 신범순은 이 시에서 무덤에 묻혀 있는 '옛조상'들의 기록이 반드시 후손에게 전해져 새 시대의 언어로 해독되어야 할 소중한 말씀이라고 해석하였다. 그러면서 그는 그들이 죽음의 영역에서 삶의 영역으로 넘겨줘야 할 너무나 중대한 것들을 가지고 있기 때문에 이 시에서 그곳에 있는 영적인 힘들이 마력을 행사하고 있는 것이라고 말한다(신범순, 『노래의 상상계-'수사'와 존재생태기호학』, 서울대 출판문화원, 2011, 432면).

을 수 있는 것이다.[34]

그러면 김소월은 이 시에서 무덤에서 들려오는 소리를 통해 자신과 조상과의 사이에 있는 '거리감'을 표면화하면서도 본래의 의미를 잃어버린 그 소리를 '노래'로 부름으로써 자신의 생의 영역을 지탱하고 있는 셈이다. 바꿔 말해, 그는 자신과 조상과의 간극을 자각하고 있으면서도 오히려 그 간극을 넘어 조상들의 기록이 남겨져 있는 '노래'라는 양식이 전해오면서 자신의 생에 생명력을 불어넣고 있다는 것을 보여주고 있다. 이를 앞에서 살펴본 「산유화山有花」와 연계해서 보자면, 김소월에게 '노래'로 나타나는 '전통'은 단순히 복고적 민족주의라기보다 현재의 그가 새로운 의미를 채워가야 할 창조의 대상이라 볼 수 있다. 그래서 그는 환청과 같은 병적인 '헤매임'을 통해, 그리고 몇 차례 나타나는 '헤매임'의 반복성을 통해 자신의 존재론적인 의미를 상승시키는 대상에 대한 지향성을 표출하고 있는 것이다.[35]

34 류순태는 김소월 시에서 '만남 / 이별', '오다 / 가다', '열림 / 닫힘'과 같은 경계의식이 의미 형성에 있어 중요한 근간을 이루고 있으며, 동시에 그 경계너머에 있는 어떤 지평을 창출하고 있다고 지적하였다. 하지만 그는 그 경계너머의 의미 지평을 김소월의 미적 욕망과 등치시키고 있을 뿐만 아니라 결국 당대 시인들의 시적 성과를 '미적 근대성'으로 정의하려는 기존의 평가를 반복하고 있다(류순태, 「김소월 시의 경계 의식에 내재된 미적 욕망과 그 근대성 연구」, 『한국시학연구』 제36집, 한국시학회, 2013, 179~205면).

35 이와 관련하여 최호영은 「浪人의 봄」, 「夜의 雨滴」 등 『창조』에 실린 김소월의 시에서 '그곳'과의 거리감에도 불구하고 실패하는 '표박'을 반복하고 있는 의미에 대해 해명한 바 있다(최호영, 「1920년대 초기 시에 나타난 '거리감'의 도입과 숭고시학에 관한 시론—'자아'와 '자연'을 중심으로」, 『민족문학사연

지금까지 살펴보았듯이 김억과 김소월의 시에서 '외부의 목소리'는 다다를 수 없는 대상을 체험하는 계기로 나타나고 있었다. 이를 계기로 그들의 시에서 '숭고시학'은 다다를 수 없는 '거리감'으로 인해 끊임없이 실패하는 표박임에도 불구하고 '헤매임'의 반복성을 통해 '그곳'에의 지향성을 창출하려는 형식으로 나타나고 있었다. 물론 김억과 김소월의 '숭고시학'은 질적인 차이를 보이고 있었다. 두 시인의 시에서 '그곳'은 '머나먼', '끝도 없는', '저만치'와 같은 수사를 동반하는 숭고한 대상으로 나타났다. 하지만 김억이 대상의 무한함에 봉착하여 좌절한 자아의 비극적인 감정에 초점을 맞추고 있는 반면에, 김소월은 오히려 대상의 무한함에 직면하여 자아의 정신적인 높이를 상승시키는 지점으로 나아가고 있었다. 이러한 측면을 앞에서 살펴본 그들의 시론과 연계해서 보자면, 김억이 숭고한 대상에 부딪혀 좌절한 자아의 비극적인 감정에서 '생명'의 원천을 발견하고 있는 데 반해, 김소월은 영원성과 찰나를 매개하는 '영혼'을 통해 숭고한 대상과 자신을 대화적인 관계에 둠에 따라 자아를 상승시키는 '생명'을 발견하였다고 할 수 있다.[36]

究』 제54호, 민족문학사학회, 2014, 293~296면).

36 비슷한 맥락에서 동시대에 활동한 변영로는 방랑과 꿈의 모티프를 통해 '님' = '조선'을 자신의 '생명'의 근원으로 설정하고자 했으며, 1930년대의 '백두산 시편'을 통해 공동체의 원형을 탐색하려는 시도를 보여주었다(이에 대해서는 최호영, 「수주 변영로의 초기 문학에 나타난 방랑과 이상적 공동체론」, 『인문논총』 제73권 제3호, 서울대 인문학연구원, 2016.8, 147~179면 참고).

이처럼 '외부의 목소리'가 들려오는 숭고한 영역을 현재의 자아와 대화적인 관계에 두려는 '숭고시학'은 아래의 시에서 다른 방식으로 변주되어 나타나고 있다.

조요히 빗나는 별 미테, 별 미테
나는 혼자 잇다. 물결이 배를 싯는다.
조요히 빗나는 별 미테, 별 미테
나는 부른다, 혼자서, 처량흔 노래.
저 건너 물가, 숩속에 저녁이 춤춘다
별 미테 혼자서 물소리조차 소리흘 적에.

"강물이 흐른다, 흐른다, 그 동안에 나는 나히 먹엇다.
산 우에 두고 온 그 님에게서, 눈물의 한 마듸조차 업다.
강물이 흐른다, 흐른다, 그 동안에 나는 나히 먹엇다."

강물은 나의 집—내 고향, 내 나라, 내 무덤도,
아니다, 내 님, 내 안해, 내 골육이 저 물이다.
여긔서 바다어구가 삼십 리 안팍, 강물과 바람이
내 목숨을 쥐고 잇다. 다 이저버린 녯말은
무엇흐러 이 밤에 내 목을 메이게 흐나, 강물이,
강물이 나를 부른다, 부른다, 소리를 흐라고.

"강물이 흐른다, 흐른다, 그 동안에 나는 나히 먹엇다.
써날제 던지던 그 눈물은, 어더메 모래테에 숨엇는고?
강물이 흐른다, 흐른다, 그 동안에 나는 나히 먹엇다."

다시야 생각ᄒᆞ랴, 녯 니애기를, 녯 니애기를.
ᄒᆞ지만, 별 미테 혼자서 부르는 노래의
처량ᄒᆞᆫ 목소리는 숨기랴 숨길 것가!
강물에 부드처서 어둔 하늘에 스러지는 내 노래,
노 젓는 쎄걱소리에서 생겨난 내 노래,
별 미테 혼자서, 혼자서 부르는 내 노래…………

"강물이 흐른다, 흐른다, 그 동안에 나는 나히 먹엇다.
얼그망이차손이는 물에 싸저 죽엇다고 세상이 안다지.
강물이 흐른다, 흐른다, 그 동안에 나는 나히 먹엇다."

—「별 미테 혼쟈서」 전문[37]

『창조』의 마지막 호를 장식하고 있는 이 시는 물리적으로나 심리적으로도 『창조』의 첫 장을 연 「불노리」의 세계에서 멀리

37 주요한, 「별 미테 혼쟈서」, 『창조』 제9호, 1921.6, 28면. 시의 배열은 원시의 배열을 그대로 따랐으며, 짝수 연마다 강물에서 들려오는 소리를 들여쓰기 하는 배열방식과 구어체의 표기로 보여주는 효과에 대해서는 본문에서 자세히 분석할 것이다.

떨어진 위치에 놓여 있다. 익히 알려진 대로 주요한의 「불노리」는 사월 초파일 대동강을 배경으로 한 불놀이 축제를 그리고 있지만 그 이면에는 자본주의의 상업적인 축제로 전락하여 풍요로운 민속적 축제의 전통이 파괴된 현장에서 느끼는 슬픔을 주된 내막으로 깔고 있었다.[38] 위의 시에서 주요한은 「불노리」에서 그리고 있는 전통적인 축제의 현장에서 더욱 멀어져 상해에서 이광수와 함께 임시정부 기관지 『독립신문』의 편집을 맡고 있었다.[39] 그러면 이 시에 등장하는 강은 표면적으로 중국 상해를 가로지르는 황포강黃浦江을 가리키면서도 보다 근본적으로는 그의 기억에 남아있는 고향의 대동강을 가리킨다. 따라서 주요한이 이 시에서 황포강과 대동강을 겹쳐놓고 있는 의도가 무엇인가에 대해 살펴보는 것이 관건이다.

그는 먼저 홀수 연에서 자신이 있는 중국 상해 황포강가의 모습과 현재 자신이 느끼는 상념을 전달하고 있다. 그는 해가 지는 조용한 강에서 혼자서 배를 타고 노래를 부르고 있다. 사방에는 저녁이 깊어가고 물소리밖에 들리지 않는다는 점에서, 그가 혼

38 신범순, 「주요한의 「불노리」와 축제 속의 우울 (1)」, 『시작』 제1권 제3호, 천년의시작, 2002, 206~220면.

39 『창조』에서는 동인들의 소식을 간간이 전하고 있다. 『창조』 제3호(1919.12)의 「나믄말」(77면)에서는 편집발행인이 주요한에서 김환으로 변경될 수밖에 없는 사정을 그가 "지금 여기 있지 않고 우리를 위해 어디로" 갔다는 식으로 전하고 있다. 그리고 『창조』 제7호(1920.5)의 여백에서는 이광수와 함께 그의 소재를 "여행 중 미상(未詳)"이라고 밝히고 있다.

자 부르는 노래는 처량할 수밖에 없다. 그런 상황에서 현재의 그에게 대동강의 소리가 들려온다. 실제로 황포강에서 흘러가는 강물이 '삼십 리' 정도 떨어져 있을 바다의 '어귀'를 지나 대동강과 만날 수 있다는 점을 고려하면 그가 충분히 황포강에서 대동강을 떠올릴 법하다. 그리하여 그는 구어체로 들여쓰기를 한 짝수 연에서 현재 황포강에서의 자신의 모습과 대동강에 녹아 있는 과거 고향의 모습을 겹쳐놓고 있는 것이다. 그는 현재 자신이 있는 황포강에서 과거 고향의 모습이 녹아 있는 대동강이 '흐른다'고 말하고 있다. 그는 짝수 연에서 "강물이 흐른다"라는 시어를 연달아 반복한다. 엄밀하게 말해, 첫 번째의 "강물이 흐른다"는 시어는 대동강의 소리가 그에게 들려온다는 것이고, 두 번째의 "흐른다"는 시어는 현재의 그가 대동강을 불러낸다는 것을 의미한다. 그래서 그는 연이어 그동안 자신이 나이를 먹었다고 말함으로써 과거의 고향에 대한 '거리감'을 내비치는 것이다.

그러면 그가 이 시에서 불러오고 있는 고향은 어떠한 곳인가? 이보다 앞서 주요한은 이 시에 나타난 고향의 모습을 바로 『창조』 제8호에 발표한 「그 봄을 바라」에서 펼쳐 보인 바 있다. 이 시에서 고향은 '흰색'을 바탕으로 대동강과 사람들이 조화를 이루고 있고 어린 시절에 죽은 아우와의 추억이 녹아 있으며 아늑한 자연으로 둘러싸여 있다. 그래서 그는 매 연의 끝에 '그대와 함께' 고향에 가보고 싶은 소망과 지향성을 표출하고 있는 것이다.[40] 이런 맥락에서 보건대, 그가 2연에 등장시키고 있는 산 위에 두고 온 님은 고향과 얽혀 있는 대상일 것이다. 하지만 그 님으로부터 '눈물' 한 마디조차 없으며 그는 그동안 나이를 먹었다는 점에서 현재의 그와 과거 고향 사이의 '거리감'은 더욱 증폭되어가는 것이다. 이 지점에서 고향은 그에게 숭고한 대상으로 부상하고 있다.

하지만 그는 이 시에서 고향에 대한 '거리감'을 표출하는 것에 머무르지 않는다. 그는 오히려 황포강에서 대동강의 소리를 듣는 가운데 고향을 복원해내고 있다. 그럼에 따라 고향과 얽혀 있는 대상들이 현재의 자신에게 어떠한 존재론적 의미로 다가오고 있는가를 보여준다. 말하자면, 그에게 들려오는 강물 속에는 '나의 집', '내 고향', '내 나라', '내 무덤'뿐만 아니라 '내 님', '내 아내', '내 골육'이 녹아있다.[41] 그 강물 속에는 그만큼 자신에게 다

40 참고로 시의 전문은 다음와 같다. "푸른 물 모래를 비최고 흰 돗대 섬을 감돌며, / 들 건너자 지빗 봄안개 서름 업시 울 적에, / 서산에 꼿 썩그러, 동산에 님 뫼오러 / 가고 오는 흰 옷 반가운, 아아 그 땅을 바라 / 그대와 함께 가볼거나…………. // 뜨거운 가을 해, 멧견에 솔나무 길이 못 되고, / 어린 아우 죽은 무덤에 일홈 모를 꼿이 피어, / 쉼 가튼 어린 시절 차즈러, 아아 그 산을 바라, / 그대와 함께 가볼거나…………. // 아츰에 저녁에 해묵은 느릅나무, 가마귀 울고, / 담정예가 제푸른 넉굴, 다정한 비 색릴제, / 섬돌 빗 누른 꼿을 쓰더서 노래하던, / 지붕 나즌 나의 고향집, 아아 그 봄을 바라, / 그대와 함께 가볼거나…………." (주요한, 「그 봄을 바라」, 『창조』 제8호, 1921.1, 94면)

41 여기서 주요한이 "나의 집 ― 내 고향, 내 나라, 내 무덤도,"라는 행의 다음에 "아니다, 내 님, 내 안해, 내 골육이 저 물이다"라고 말하고 있다고 볼 때, 그것은 "나의 집 ― 내 고향, 내 나라, 내 무덤"을 그가 부정하고 다음 행의 대상들을 긍정하는 것이 아니라 강물 속에는 그러한 모든 것들이 깃들어 있다는 것을

양한 의미로 미끄러질 만큼 명확하게 해득할 수는 없지만, 자신의 '목숨'을 쥐고 있을 만큼 절실한 것들이 녹아 있다. 그것은 지금은 '다 잊어버린 옛말'임에도 불구하고 이 밤을 새도록 그의 목을 메이게 하는 것이라는 점에서 그의 존재론적인 의미망을 구성하고 있는 산물임에 틀림없다. 그래서 그는 강물 속에 담긴 대상들이 자신에게 '소리'를 하라 한다고 말함으로써 현재의 자신이 그들과 필연적인 관계를 맺어야 한다는 것을 보여준다.

이제 강물의 소리는 그와 고향 사이의 '거리감'을 증폭시키는 것이 아니라 현재의 그가 고향을 복원할 수 있는 계기가 된다. 이런 상황에서 그가 "강물이 흐른다"는 시어를 반복해가고 '나이를 먹었다'는 고백을 반복해가는 것은 고향에 대한 괴리감을 표출하기 위한 것이 아니라 현재의 상황에서 고향을 불러오기 위한 장치가 된다. 황포강에 녹아 있는 대동강의 소리를 듣게 된 이상 4연에서부터 그는 강물의 소리를 불러옴으로써 고향에 대한 지향성을 적극적으로 표출해가는 것이다. 그가 고향에 두고 온 님이 떠날 때 흘리던 눈물을 떠올리고 나서 "강물이 흐른다"는 시어를 반복해가는 것은 그러한 의도를 극명하게 보여준다. 이제 황포강에서

보여준다. 예컨대, 김소월의 「樹芽」, 「가는 길」 등의 시에서도 이처럼 쉼표와 분행에 따른 효과가 나타난다. 이것은 단순한 형태적인 차원의 문제가 아니라 시적인 발화를 규제하는 의미 내용에 깊게 관여하고 있다는 것을 보여준다. 5연에 나오는 '하지만'이라는 접속사 또한 이러한 맥락에서 이해할 수 있다(김소월 시에서 분행의 효과에 대해서는 장철환, 『김소월 시의 리듬 연구』, 소명출판, 2011, 131~146면 참고).

그가 부르는 노래들은 그의 독백에서 나온 노래가 아니다. 물론 그는 현재 황포강의 강물에 부딪혀 어두운 하늘에 쓰러지는 자신의 노래가, 그리고 노 젓는 소리에서 생겨난 자신의 노래가 별 밑에서 혼자서 부르는 노래라고 말하고 있기는 하다.

하지만 현재 그가 부르는 노래는 그의 고독에서 나온 것이 아니라 '옛 이야기'를 통해서, 보다 정확하게 말해 고향과의 관계성을 통해 나온 것이다. 그가 5연의 첫 행에서 "다시야 생각ᄒᆞ랴, 녯 니애기를, 녯 니애기를"라고 말하는 것은 옛 이야기에 나오는 과거의 대상과 자신과의 '거리감'을 확인하고 그것을 생각해봐야 부질없다는 것을 한탄하는 것이 아니다. 왜냐하면, 그는 바로 다음 행에 '하지만'이라는 접속사를 위치시킴으로써 별 밑에서 혼자서 부르는 노래의 목소리를 숨기려고 해도 숨길 수 없다는 것을, 자신이 필연적으로 불러야할 노래라는 것을 말하고 있기 때문이다. 그러한 점에서 그가 마지막 연에서 "강물이 흐른다"와 자신이 '나이를 먹었다'는 시어를 반복하고 고향과 얽힌 "얼그망이차손이"를[42] 불러오는 의도가 드러난다. 그것은 바로 고향에

42 "얼그망이차손이"는 '얼그망이'와 '차손이'가 합쳐진 시어이다. '얼그망이'는 '얼음뱅이'의 평북 방언으로 얼굴에 자국이 듬성듬성 얽혀 있는 사람을 낮게 이르는 말이다. '차손이'는 둘째 손자를 가리키는 말이다. 아마도 "얼그망이차손이"는 죽은 그의 아우를 가리키는 것으로 보인다. 주요한은 『창조』 제8호에 실린 「그 봄을 바라」에서도 어린 시절에 죽은 아우를 언급하고 있으며 그 시를 『아름다운 새벽』(1924)에 실을 때 사랑하는 아우에게 바친다는 내용을 언급하고 있다.

대한 '거리감'을 드러내는 것에서 나아가 고향과의 관계성에 따라 현재 자신의 존재론적인 의미가 더욱 풍요로워질 수 있다는 것을 보여주기 위해서이다. 따라서 주요한은 이 시에서 다다를 수 없는 고향과의 '거리감'에도 불구하고 현재의 나와 고향이 뒤섞이는 풍요로운 외부의 공간을 창출하고 있는 셈이다.[43]

지금까지 살펴본 것처럼 1920년대 초기 시에서 명확한 의미를 알 수 없는 '목소리'에의 이끌림은 숭고를 체험할 수 있는 계기가 되고 있었다. 1920년대 초기 시인들은 외부에서 들려오는 '목소리'에 병적으로 이끌리면서도 대상에 대한 다다를 수 없는 '거리감'을 도입하고 그로 인한 '표박'의 실패를 반복해감으로써 숭고 체험을 구체화하였다. 그 과정에서 그들은 숭고를 유발하는 대상에 대한 비극적인 좌절을 체험하기도 하지만 숭고한 대상에 대한 '표박'을 반복해감으로써 자아의 정신적인 높이를 상승시키거나 존재론적인 의미망을 풍요롭게 하는 세계를 구축할

43 이와 관련하여 주요한은 이 시를 발표하던 때에 『독립신문』의 편집을 맡으면서 송아지, 목신(牧神), 요(耀)라는 필명으로 11편의 시가를 발표하였다. 그는 이 시들에서 주로 새해를 맞이하는 기쁨을 노래하거나 3·1절과 같은 역사적인 기념일을 맞이하여 나라를 위해 희생한 넋을 애도하고 있다. 그가 이처럼 남성적인 어조로 조국과 민족에 대한 긍지를 내보이고 계몽주의적 열정을 내보일 수 있었던 것은 위의 시에서 살펴보았듯이 현재의 나를 구성하는 고향과의 관계성을 바탕으로 하고 있다는 점에 주목해야할 것이다. 말하자면, 그에게 고향은 이념적인 층위보다 넓은 외연을 가지고 작동하고 있었다(상해시절의 주요한뿐만 아니라 주요한 삶 전체의 행보를 언어 민족주의의 관점에서 접근한 사례는 정우택, 「주요한의 언어 민족주의와 국민시가의 창안」, 『어문연구』 제137호, 한국어문교육연구회, 2008, 305~330면 참고).

수 있었다. 이 책에서는 '목소리'에의 이끌림과 실패하는 '표박'의 반복성을 1920년대 초기 시에서의 숭고시학의 한 양식으로 파악하고자 했다.

2. 환상의 지속과 '찰나'를 통한 역사적 시·공간으로의 도약

1920년대 초기 시의 주요한 주제로서 '환상'의 문제는 일찌감치 제기되어왔다. 초창기의 연구에서 김은전의 논의는 환상을 현실과 동떨어진 비현실적인 세계와 공간을 동경하려는 의식으로 파악한 대표적인 사례이다.[44] 하지만 후속 연구가 전개됨에 따라 1920년대 초기 시에서의 환상은 현실을 초월하거나 인간의 조건을 벗어나 우월한 대안적 세계로 도피하려는 미적 산물이 아니라 당대의 현실과 접목된 시적 방법론의 차원에서 적극적으로 평가받게 되었다.[45] 환상에 대한 그러한 생산적인 논의가 가능할 수 있

44 김은전, 『한국상징주의시연구』, 한샘, 1991, 224~239면.

45 대표적인 연구 사례로는 손민달과 문혜원의 논의를 들 수 있다. 손민달은 이상화 시에서의 환상성을 퇴폐와 저항으로 이분화된 기존의 관점을 봉합할 수 있는 방법론으로 작용할 수 있음을 밝혔다(손민달, 「이상화 시의 환상성 연

었던 것은 환상을 현실에 대한 저항과 전복의 측면에서 읽어내고 환상의 급진적인 성격을 드러낼 수 있었기 때문이다. 원론적인 차원에서 볼 때 환상은 현실에서 소외되고 억압된 존재들이 현실질서를 위반하면서 출몰하는 틈새 공간을 열어젖힌다.[46]

하지만 환상의 반문화적 효과와 위반의 기능에 초점을 맞추기 전에 보다 근본적으로 환상에 의해 나타나는 현실 이면의 세계가 현실과 어떠한 관계에 있는가를 주목할 필요가 있다. 말하자면, 환상은 욕망을 실현하고 보이지 않는 것을 보이는 것으로 만들며 부재를 찾아내려는 불가능한 시도가 될 수 있다는 점에서[47] 현실에서 벗어나 있는 숭고한 세계를 탐색하는 장치가 될 수 있다. 그러할 때 환상은 그동안 표면적인 현실에 가려왔음에도 불구하고 현실을 더욱 풍요롭고 온전하게 만들 수 있는 세계를 지향하려는 시도로 나타날 수 있다. 그것이 바로 현실 너머의 숭고한 영역을 현실과 대화적인 관계에 놓는 환상의 근본적인 측면이 아닐까. 이처럼 환상에 대한 원론적인 논의를 살핀 것은

구」, 『국어국문학』 제150호, 국어국문학회, 2008, 347~387면). 문혜원은 이장희 시에서의 환상성을 치밀한 구성방식을 통해 만들어진 창작 방법으로서 1920년대 초기 시의 공통적인 특질로서의 환상성과 대비하여 논의하였다(문혜원, 「이장희 시에 나타나는 환상성의 특징 연구」, 『한중인문학연구』 제26집, 한중인문학회, 2009, 49~72면).

46 로지 잭슨, 서강여성문학연구회 역, 『환상성—전복의 문학』, 문학동네, 2007, 241~242면.

47 이러한 관점은 로지 잭슨이 환상을 두 가지 층위로 구분한 논의와 맞닿아 있다. 이에 대해서는 위의 책, 12~13면.

1920년대 초기 시에 나타난 환상의 문제에 접근할 관점을 마련하기보다 1920년대 초기 시를 '숭고시학'에서 바라볼 관점을 마련하기 위해서이다.

위에서 살펴보았듯이 환상은 닫힌 현실을 열어젖히려는 욕망을 실현하여 현실의 자아에게 부재한 대상으로의 지향을 가능하게 만든다. 그러한 점에서 환상은 현실의 자아가 다다르지 못하는 대상이나 세계에 대한 체험을 가능하게 한다는 점에서 숭고의 계기가 된다. 그러한 계기를 바탕으로 1920년대 초기 시에서 환상에 의해 부상하는 대상이 자아와 어떠한 관계성에 놓여 있는가를 살펴봐야 할 것이다. 물론 1920년대 초기 시에서 환상에 의해 나타난 대상들은 표현의 미숙함으로 인해 비현실성을 띠고 있다는 점을 부정할 수 없지만, '숭고시학'의 측면에서 자아의 존재론적 의미망을 풍요롭게 구성할 수 있는 지평으로 기능하고 있다는 점 또한 부정할 수는 없을 것이다. 따라서 환상의 기능과 시적인 표지를 검토하는 작업은 1920년대 초기 시에서의 '숭고시학'을 살펴보는 것과 같은 맥락에 있다.

> 아, 이러할 째
> 무덤가티 잠잠한 모래두던 우에
> 무릅을 껴안고 실음 업시 안즌
> 이 나의 거츠른 머리칼은

나무입을 스치는 바람결에
갈갈이 나붓기어라.

半圓을 크다란케 그리는
東녁 한울 긋에
조고만 샛별이 써잇어
聖者가티 느려선 숩념으로
언제보아도 혼자일러라.
선밤에서 눈 썬 샛별은
싸늘한 나의 뺨가티 썰며
銀빗진 微笑를 보내나니.

외써러진 샛별이어,
내리 봄이 어듸런가,
바다이면 아마도 섬이잇고
섬이면은 고은 쏫피는 水國이리라,
오, 이질 수 업는 머나먼 憧憬이어.

흐르는, 구름에 실려서라도
나는 가련다, 가지 안코 어이하리,
얄밉게도 지금은

水國의 𝌆숩으로 돌아가버린
그러나 그리운 녯님을 뵈올가하야.

그러면 님이어,
或시 그대의 門을 두다리거든
젊어서 시들은 나의 魂을
쑛업는 安息에 멱 감게 하소서.

아, 저 두던에 울리도다,
마리아의 은은한 쇠북소래,
저녁은 갈사록 한숨지어라.

—「동경(憧憬)」 부분[48]

총 8연으로 이루어진 이 시는 내용상의 측면에서 두 부분으로 나뉠 수 있다. 1연에서 4연까지의 부분에서는 '옛님'을 상실한 시적화자가 현재 자신의 쓸쓸한 모습을 보여주고 있다. 5연에서 8연까지의 부분에서는 환상을 통해 시적화자가 '옛님'을 만나려는 의지를 보여주지만 결국 님에 대한 도달불가능성을 표출하고 있다. 선행연구에서 적절하게 지적한 것처럼 시적화자가 현실에서 환상의 영역으로 넘어갈 때 등장하는 매개체가 바로 '샛별'이

48 이장희, 「憧憬」, 『신여성』 제2권 제12호, 1924, 68~70면.

다.[49] 하지만 이 시에서 주목해야할 점은 환상이 일종의 숭고한 대상을 체험할 수 있는 계기가 된다는 것과 그 좌절로 인해 시적 화자가 우울의 감정을 노출하고 있다는 것이다.

시적화자는 현재 자신의 가슴 깊이 고달프게 숨죽이고 있는 '옛 생각'으로 인해 쓸쓸함을 느끼고 있다. 보다 직접적으로 그는 상실한 '옛님'으로 인한 슬픔을 느끼고 있다. 그래서 그는 저녁이 찾아오자 '옛님'과 얽혀있는 '옛 생각'을 떠올리면서 '옛님'을 만나고픈 "회색灰色의 꿈 노래"를 부르는 것이다. 그런 상황에서 그가 자신의 슬픔을 위로할 수 있는 공간으로 '잠잠한 모래언덕'이 등장한다. 그는 그 위에 무릎을 껴안고 앉아 동쪽 하늘에서 떠오르는 '샛별'의 미소를 보고서 자신의 쓸쓸한 마음을 위로 한다. 그것은 그가 혼자인 것처럼 '샛별' 또한 "언제보아도" "혼자" 있다고 말하는 부분에서 단적으로 드러난다. 하지만 4연에서 5연을 지나면서 시적화자는 '샛별'을 통해 현실과는 다른 '환상'의 영역으로 접어든다.

그에게 '샛별'은 이제 자신의 쓸쓸한 감정을 투영할 수 있는 수평적 대상이 아니라 자신을 내려다보는 수직적 대상으로 변모한다. 그는 자신을 내려다보는 '샛별'이 바다로 둘러싸인 '수국水國'을 내려다보고 있는가를 묻는다. 이 '수국'은 아무래도 그와 이별한 "그리운 옛님"이 있는 곳으로 보인다.[50] 보다 정확하게

49 문혜원, 앞의 글, 61면.
50 실증적으로 '수국'과 '옛님'은 각각 일본의 동경과 거기에 있는 한 여성을 가리킨다. 이장희와 가깝게 지냈던 양주동의 회고에 따르면, 이 시의 제목인 동경(憧

'옛님'은 "수국의 꽃숲"에 있다. 하지만 수국에 있는 옛님은 "머나먼 동경"으로밖에 나타날 수 없다는 점에서, 그가 다다를 수 없는 숭고한 대상이다. 그는 그러한 상황에서 환상을 통해 흐르는 '구름'에 실려서라도 님에게 가고 싶어 한다. 그래야만 "젊어서 시들은" 그의 '혼魂'은 끝없는 위안을 느낄 수 있다. 이 지점에서 환상은 다다를 수 없는 님을 일시적으로나마 만나게 해준다는 점에서 '숭고시학'의 장치가 되고 있다. 그것은 그가 마지막 연에서 '마리아'와 같은 대상과 대비하는 부분에서 극명하게 드러나고 있다. 즉, 그는 다다를 수 없는 대상을 만나기 위해서는 '마리아'로 표상되는 종교적 초월이 아니라 '환상'을 경유할 수밖에 없다는 것을 보여주고 있다.

결과적으로 이 시에서 환상을 통해 '옛님'을 만나려는 시적화자의 의지는 좌절된다. 이는 마지막 연에서 '마리아'의 "은은한 쇠북소리"가 들려오는 가운데 그가 갈수록 한숨을 짓고 있는 부분에서 나타난다. 그는 마치 저녁이 한숨짓는 것처럼 말함으로써 자신의 실망감을 더욱 강조하고 있다. 결국 님의 부재에 직면한 그는 님에 대한 도달불가능성의 표상으로 '우울'의 감정을 노출할 수밖에 없는 것이다.[51] 따라서 이 시에서 이장희는 환상을 통

憬)은 일본의 동경(東京)과 동음이의어이다. 그런 점에서 그가 이 글의 제목으로 삼고 있는 동경(憧憬)은 동경에 있는 M이란 여성에 대한 동경을 의미한다고 볼 수 있다(양주동, 「落月哀想―李章熙 군을 哭함」, 『조선일보』, 1929.11.17~11.24; 김재홍 편, 『이장희』, 문학세계사, 1993, 128~129면).

해 다다를 수 없는 대상과의 만남을 일시적으로 보여주면서도 결국 만남의 불가능성에 직면함에 따라 부재한 대상의 자리에 '우울'의 감정을 도입하고 있는 셈이다. 이런 점에서 그는 환상을 통해 숭고한 대상을 체험할 가능성을 보여주고 있지만 님에 대한 도달불가능성을 자각함에 따라 자신의 '혼'을 위로하는 이상의 지점으로는 나아가지 못하고 있다. 오히려 환상을 통한 '숭고시학'의 가능성은 아래의 시에서 좀 더 효과적으로 나타나 있다.

> 밤은 깁히도 모르는, 어둠 속으로
> 끗임업시 굴으고, 또 싸져서 갈 째
> 어둠 속에, 낫출 가린, 微風의 한숨은
> 갈 바를 몰라서, 애쑤진 사람의 마음만
> 부지럽시도, 미치게 흔들어 노토다.
>
> 가장 아람다웁든, 달님의, 마음이
> 이 째이면은, 남 몰래, 알코서 잇다.

51 이와 관련하여 이장희는 그의 시 전반에 '우울'의 감정을 의식적으로 도입하면서 '달'이나 '집'으로 표상되는 모성적인 공간을 지향하고 있기도 하다. 말하자면, 그의 시에서 '우울'은 숭고한 대상에 대한 좌절을 나타내는 감정이기도 하면서 이것을 반복해가려는 측면에서 보자면 그러한 좌절을 보상할 모성적인 공간으로의 지향을 가능하게 만드는 기능을 수행하고 있다(이에 대해서는 최호영, 「이장희 시에 나타난 '우울'의 미학과 모성적 정치성」, 『한국시학연구』 제32집, 한국시학회, 2011, 322~324면 참고).

근심스럽게도 한 발 한 발 거러오르는 달님의
靜脈血로 짠, 面紗속으로서 나오는
病든 얼굴의 말 못하는, 근심의 비치 흐를 째
갈 바를 모르는, 나의 헤매는 마음은
부지럽시도 그를 思慕하도다.

　가장 아름답든, 나의 쓸쓸한 마음은
　이 째로부터, 病들기 비롯한 째이다.

달비치 가장, 거리낌업시 흐르는
넓은 바다까, 모래 우에다
나는, 내 압흔, 마음을, 쉬게 하랴고
족으마한, 病室을 맨들려하야
달비츠로, 쉬지 안코, 짜코 잇도다.

　가장 어린애가티, 비인 나의 마음은
　이 째에 처음으로, 무셔움을 알엇다.

한숨과 눈물과 後悔와 憤怒로
알는 내 마음의 臨終이, 낫나려 할 째
내 病室로는 어엽분, 세 處女가 들어오면서

—당신의 알는 가슴 우에 우리의 손을 대이라고
달님이, 우리를 보냇나이다.—

이 쌔부터, 나의 마음에 감추어 두엇든
히고 힌 사랑에, 피가 무듬을 알엇도다.

나는 고마워서 그 處女들의 이름을 물을 쌔
—나는 '슬픔'이라 하나이다.
나는 '두려움'이라 하나이다.
나는 '安逸'이라고 부르나이다—
그들의 손은 압흔 내 가슴 우에 고요히 딋도다.

이 쌔로부터 내 마음이, 미치게 된 것이
씃업시 고치지 못하는 病이 되엇도다.

—「월광(月光)으로 싼 병실(病室)」 전문[52]

선행연구에서 『백조』 시기 박영희의 시에 도저한 환상의 문제는 낭만성의 측면에서 현실과는 다른 세계를 동경하는 데 중요한 문학적 장치가 되고 있다는 점을 밝힌 바 있다.[53] 박영희가 자

52 박영희, 「月光으로 짠 病室」, 『백조』 제3호, 1923.9, 47~49면. 원시의 배열 방식을 살려 인용하였으며 내용상의 측면에서 배열의 효과에 대해서는 본문에서 자세히 논할 것이다.

신의 호인 "회월懷月"에서 시적 몽상의 주요한 대상으로 '달'을 표방한 것처럼 이 시에서도 달을 자신의 환상을 촉발시키는 대상으로 삼고 있다. 이 시는 일찍이 프랑스 상징주의의 영향 아래 달 = 여성(미인)의 이미지를 통해 문학예술에 대한 지고한 관념·영원성·은유(상징) 등에 대한 인식을 표출한 것으로 주목받아 왔다.[54] 여기서는 환상을 낭만성의 측면에서 '미'에 대한 절대성을 표출하는 산물로 파악하기보다 '숭고'의 측면에서 파악하고자 한다. 왜냐하면 이 시에서 시적화자가 환상으로 돌입함에 따라 '피'와 같은 이질적인 이미지가 개입하고 있으며 환상 전후에 나오는 '병病'의 의미가 질적으로 달라지기 때문이다.

1연에서 시적화자는 환상으로 접어드는 시간을 도입하고 있다. 그것은 어둠이 깊이를 모를 정도로 깊어가고 '미풍'의 한숨조차 느껴지는 '밤'이다. 그 시간에 그의 마음 또한 미풍에 부질없이 흔들릴 정도로 감상적인 상태에 젖어든다. 그래서 그는 2연에서 자신의 나약한 마음을 달래줄 대상으로 '달님'을 등장시키는 것이다. 좀 더 정확하게 말해, 그는 '달님'과 그의 마음을 중첩시킴으로써 자신의 아픔을 의도적으로 창출하고 있다. 그것은 3연에서 구체적으로 그려져 있다. 즉, '달님'은 "정맥혈靜脈血"로 짠 "면사面紗" 속의 '병든 얼굴'에서 '근심의 빛'을 내비침에 따라 감상적인 그의

53 김태진, 「박영희 시에 나타난 낭만성」, 『우리어문연구』 제18집, 우리어문학회, 2002, 55~74면.

54 조영복, 『1920년대 초기 시의 이념과 미학』, 소명출판, 2005, 74~83면.

마음과 호응하고 있다. 이와 맞물려 갈 바를 모르고 헤매는 그의 마음은 가녀리고 병든 달을 부질없는 줄 알면서도 '사모'한다고 고백하고 있는 것이다. 이 지점에서 그의 마음이 달과 호응하는 것을 넘어 '병'드는 이유가 나타나 있다. 바로 그는 '병들기'를 통해 환상의 공간으로 들어갈 수 있기 때문이다.

5연에서 그는 '병들기 = 환상'을 통해 자신만의 은밀한 공간을 창출하고 있다. 그곳은 '달빛'이 거리낌 없이 흐르는 넓은 바닷가의 모래 위에 만들어진 조그만 "병실病室"이다. 그곳에서 그는 자신의 주위를 달빛으로 쉬지 않고 싸면서 아픈 마음을 쉬려고 한다. 이때 문제적인 점은 그가 병실에서 자신의 쓸쓸한 마음을 제대로 치유하고 있지 못하다는 것이다. 다시 말해, 그의 마음은 환상으로 접어들수록 오히려 '어린애'와 같이 '무서움'을 알게 되었다고 말한다. 물론 그가 느끼는 무서움의 원인은 정확하게 파악할 수 없지만 그 상황에서 병실로 들어오는 '세 처녀'는 무서움으로 인해 그가 환상의 영역과 합일되지 못한다는 것을 보여준다.

7연을 보면 '한숨'과 '눈물'과 '후회'와 '분노'로 점철된 그의 마음은 환상으로 구축한 '병실'에서 아픔의 '임종'을 마치기 전에 어여쁜 '세 처녀'를 맞이한다. 아마도 그들은 그의 앓는 마음을 달래주기 위해 '달님'이 보낸 대상이라 볼 수 있다.[55] 문제는

55 이와 관련하여 박영희의 초기 시에서 자주 등장하는 여성의 이미지를 '여성유령'의 측면에서 접근하는 사례가 있다. 허혜정은 박영희 초기 시의 '여성유령'을 그가 "문학적으로 경도했던 서구시인들의 미적 이념"에서 비롯된 것이자

그가 세 처녀의 등장으로 인해 환상이 더욱 심화되어가면서도 병실에서 심리적인 안정을 누리지 못하고 있다는 것이다. 이는 그가 9연에서 그들의 이름을 물을 때 그들이 자신들의 이름을 각각 "슬픔", "두려움", "안일"이라고 명명하는 장면에서 단적으로 나타난다. 즉, 이 장면에서 그의 마음은 환상으로 구축한 병실에서 정서적인 안일을 느끼는 것이 아니라 그와 상반되고 이질적인 감정들이 착종되고 있다는 것을 보여준다. 그런 점에서 그가 앞에서 '세 처녀'가 등장하기 전에 병실에서 '두려움'을 느끼는 것은 환상을 통해서도 정서적인 안일을 느끼지 못할 거라는 우려를 표현한 것이라 볼 수 있다. 그는 환상을 통해 구축한 공간과 일종의 '거리감'을 느끼고 있는 셈이다.

보다 흥미로운 점은 그가 두려움을 느끼면서도 자신의 마음에 '피'가 묻었다는 것을 알고 있다는 것이다. 이는 위에서 살펴본 두려움과 마찬가지로 그가 환상을 통해 구축한 공간과의 '거리감'을 순전히 받아들인다는 것을 의미하지 않는다. 왜냐하면, 그는 9연에서 병실로 들어온 '세 처녀'가 "슬픔", "두려움", "안일"과 같은 복합적인 감정들이 착종된 대상이라는 것을 알면서도 10연에서

"한국의 전통 괴담과 연관성을 가지고 있는 관능화된 자연의 인격적 표현"이라고 해명하였다. 그런 점에서 그는 박영희 시에서의 여성유령을 "이성적 질서에 적대되는 욕망" 또는 "감정의 비합리성" 등을 바탕으로 현실의 모순을 강렬하게 드러내는 이미지로 설명하고 있다(허혜정, 「박영희의 초기 시에 나타난 여성유령의 의미」, 『문학과 환경』 제6권 2호, 문학과환경학회, 2007, 115~138면).

그의 마음이 더욱 미치게 되었다는 것을 보여주고 있기 때문이다. 다시 말해, 그는 환상을 통해 자신의 마음이 병실로 완전히 도피할 수 없을 거라는 '거리감'을 동반하면서도 오히려 앞으로도 자신이 그러한 환상을 계속해서 지속해갈 수밖에 없다는 것을 보여주는 것이다. 그래서 그는 '이때부터' 자신의 마음이 '끝없이 고치지 못하는 병'에 걸렸다고 고백하는 것이다. 이 지점에서 그의 환상은 현실의 부정적인 감정을 비현실적인 영역으로의 초월을 통해 은폐하는 것이 아니라 '끊임없는 병들기'를 통해 지속해가고 있다는 점에서 좀 더 숭고한 영역을 겨냥하고 있다.

흥미롭게도 총 10연으로 이루어진 이 시는 형식의 측면에서도 그러한 시의 내용과 긴밀하게 결부되고 있다. 홀수 연의 경우 환상이 이루어지는 장소와 상황 등을 구체적으로 보여주고 그가 환상으로 접어드는 전후의 과정을 보여주는 기능을 한다. 그에 비해 홀수 연보다 들여쓰기를 한 짝수 연에서는 환상을 거칠 때마다 변화해가는 굴절된 내면 심리를 내적 목소리로 보여주는 기능을 하고 있다. 하지만 그는 자아의 내적 목소리를 통해 비현실적인 공간으로 침잠해가는 것이 아니라 환상으로 창출한 공간과의 괴리감을 더욱 표출하고 있다. 그래서 형식상의 측면으로 볼 때, 그는 홀수 연에서 환상을 전개해갈 때마다 짝수 연에서 환상을 통한 비현실적인 공간으로의 도피가 제대로 이루어지지 못할 거라는 '거리감'을 내비치고 있는 셈이다. 따라서 이 시에서 '피'의 이미지와 '끊임없는 병들기'를 통한 환상은 그가 의식적으로 '병실'을 숭고한 영역으로 두면서도 그러한 숭고 체험을 지속적으로 창출하려는 '숭고시학'의 산물이라 할 수 있다. 이런 점을 박영희의 다른 시에서도 확인해보자.

> 아! 내가 만든 黃金塔은 다 써나가고
> 밤 潮水의 출렁거리는 물결만
> 내 마음 黃金塔까지 써나가게 하엿도다,
> 아! 써나가는 塔 우에 안즌 나의 愛人이여!
>
> 어둔 물결 우에서 빗틀거리는
> 黃金塔 우에 안즌 나의 愛人이여!
> 黃金塔의 녯 香氣를 가삼의 품고
> 두 사람의 헛된 꿈속의 微笑을
> 너의 햇슥한 얼굴에 듸우라
>
> 물결에 써나다가 岩礁에 붓드처
> 黃金塔이 쌔트러질 쎅
> 옛날 香氣은 陰風이 되고
> 꿈속의 微笑는 거품이 되여
> 너를 쓧업시 써가주고 가리라

끗업시 써나가는 黃金塔이여!

너는 개트려젓스나

만흔 未來의 끗업는 愛의 幻影은

깁흔 밤 눈물 만흔 눈압헤

흐미하게 蜃氣樓갓치 보이도다

그러나 그것은 나의 金剛石 갓흔

눈물방울에만 나타나도다

—「환영(幻影)의 황금탑(黃金塔)」 부분[56]

「월광月光으로 짠 병실病室」에서의 '병실'과 마찬가지로 이 시에 나오는 "황금답黃金塔" 또한 시적화자의 '환상'의 산물이다. 박영희는 이 시에서 환상을 두 가지의 층위에서 그려내고 있다. 첫 번째의 환상은 현실과는 다른 시·공간을 창출하여 '애인'을 숭고한 위치를 두는 기능을 하고 있다. 그는 자신의 환상 속에서 구축한 '황금탑'과 그 위에 앉힌 '애인'이 바다의 물결에 휩쓸려 떠내려가 버림에 따라 결코 만날 수 없다는 것을 알고 있다. 왜냐하면 그는 '황금탑'과 '애인'을 '꿈' 속에서 만날 수 있을지언정 결국 "음풍陰風"과 "거품"이 되어버릴 거라고 말하고 있기 때문이다. 그처럼 애인과 그의 사이에는 다다를 수 없는 '거리감'이 증폭되어간다는 점에서 그에게 애인은 숭고한 위치에 놓여 있다.

56 박영희, 「幻影의 黃金塔」, 『백조』 제1호, 1922.1, 52~54면.

그런 상황에서 그가 도입하는 두 번째의 환상은 애인과의 만남을 가능하게 하는 장치로 나타나 있다. 그는 앞으로 많은 미래에도 애인의 "환영幻影"이 자신의 눈앞에 "신기루蜃氣樓"와 같이 나타날 거라고 말한다. 다시 말해, 그는 앞으로도 애인에 대한 환상을 '끝없이' 이어감으로써 애인과의 만남을 지속하고자 하는 것이다. 이는 환상과 함께 애인이 비치는 "눈물방울"을 단단한 "금강석金剛石"의 이미지와 결부시키고 있는 것에서 단적으로 드러난다. 말하자면, 그는 환상의 반복을 통해 다다를 수 없는 대상에 대한 만남을 지속해가고자 했으며 "눈물방울"과 "금강석"의 이미지를 결합하여 만남에 대한 의지를 강화하고 있는 것이다. 「월광으로 짠 병실」에서 '피'의 이미지와 '끊임없는 병들기'를 통해 '숭고시학'을 구현하고 있는 것처럼 이 시에서는 환상의 반복성과 '금강석 같은 눈물방울'을 통해 '숭고시학'을 구현하고 있다.

따라서 1920년대 초기 시에서 환상은 현실에서 느끼는 부정적인 감정을 비현실적인 공간으로의 도피를 통해 은폐하려는 산물이 아니라 도달 불가능한 세계나 대상에 대한 지향성을 표출하려는 '숭고시학'의 산물이라 볼 수 있다. 물론 그것은 이장희의 시에서 살펴본 것처럼 다다를 수 없는 대상에 대한 거리감을 자각하고 '우울'과 같은 비극적인 감정을 노출하는 것으로 나타나기도 한다. 하지만 박영희의 시에서 살펴본 것처럼 환상은 대상에 대한 도달 불가능한 '거리감'을 느끼면서도 '끊임없는 병들기'를 통해 반복되어야 하는 행위로 나타나기도 하는 것이다. 이러한 '숭고시학'의 한 표지로서 환상은 '찰나' 혹은 '순간'의 시간성과 결합하여 독특한 시적 효과를 창출하기도 한다.

사실 1920년대 초기 시에서 '찰나'의 시간은 기존의 시와는 다른 새로운 시에 도입되어야 할 지향점으로서 여러 시인들이 제기한 바 있다.[57] 그 중에서도 '찰나'의 문제를 '기분'과 관련하여 다루고 있는 황석우의 글은 특히 주목된다. 그는 메이지 시기 일본의 문단에서 '찰나'의 시간을 보여주는 장르로 "기분시氣分詩"를 언급하고 있다.[58] 그는 이러한 '기분시'가 단편적인 표현에

57 예컨대, 김억은 '찰나'의 시간을 작가의 주관성과 개성의 척도로 도입한 바 있다. 그는 시를 비롯한 모든 예술을 그 사람 자신의 '정신' 또는 '심령'과 그것을 포용하는 '육체'의 조화라고 정의하였다. 그에게 시인 내부의 정신이 외부의 육체와 조화되기 위해서는 육체 중에서도 "혈액 돌아가는 힘"과 "심장의 고동"과 일치되어야 한다. 물론 그것은 사람마다, 또는 나라마다 다를 수밖에 없기 때문에 "개인의 예술성" 또한 달라지는 것이다. 이 지점에서 김억은 '찰나'의 시간을 시가 담지해야할 주관성의 영역에 위치시키고 시인의 개성을 담보하는 척도로서 도입하고 있다. 그래서 그는 시를 "찰나의 생명을 찰나에 느끼게 하는 예술"이라 정의했던 것이다(김억, 「詩形의 音律과 呼吸－劣拙한 非見을 海夢兄에게」, 『태서문예신보』 제14호, 1919.1.13; 박경수 편, 『안서김억전집』 5(문예비평론), 한국문화사, 1987, 34~35면). 김억의 제자인 김소월 또한 영원불멸의 '영혼'이 현현(顯現)해오는 시간성으로 '찰나'의 문제를 거론하고 있다. 그는 각자의 존재가 지닌 '영혼'에서 우러나는 '음영(陰影)'을 표상할 수 있는 시간으로 '순간'을 들고 있다. 그에게 각자의 고유한 '영혼'은 영원한 존재임에도 불구하고 시대와 사회와 당시 정경의 여하에 따라 무시로 다른 '음영'을 가지고 나타날 수밖에 없기 때문에, 그러한 '음영의 현상'은 '순간'의 시간 가운데 표현될 수 있는 것이다. 김소월은 결국 '영혼 = 시혼'을 매개로 '순간'에 현현된 '음영'을 대상의 고유한 본질과 연결시키고 있다(김소월, 「詩魂」, 김용직 편, 앞의 책, 495~498면).

58 메이지 시기 일본의 구어자유시 시인들은 메이지 41년 말 이후의 시점에서

따른 "탄미嘆美 형식"에 불과하다고 비판하면서 기분이 "어느 미지의 세계"를 포함하고 있어야 한다고 말한다.[59] 이러한 맥락에서 '찰나'는 자아의 직접적인 목소리를 통해 감정의 편린을 표출하기 위한 시간이라기보다 현실과는 다른 시·공간을 탐사할 수 있는 계기가 될 수 있다. 특별히, 아래의 글은 환상과 결합된 '찰나'의 시간을 '숭고시학'의 측면에서 접근할 가능성을 열어준다.

> 今日主義던지 他界主義던지 其히 有限의 生命을 가지고서 無限의 慾望을 滿足식일 일이 到底히 不可能한 것을 怨恨하고 이 痛恨을 忘却하난디난 다른 엇던 幻想에 依支할 수밧게 업다는 싱각은 二者共通이지만 今日主義는 刹那의 歡樂에 陷沒하야 幻想을 엇으려하고 他界主義난 久遠의 幸福을 假設히 가지고 그것을 求ᄒᆞ려고하는 것이다 그러나 刹那의 歡樂은 思想의 同伴이 업난 感覺에 不過ᄒᆞ고

"인상시", "기분시", "단편시"라고 불리는 시의 형식을 창안해낸다. 이것은 '지금·여기'에 있는 자아 그것의 직접적인 목소리를 전달하려는 구어자유시의 요구를 적극적으로 받아들여, 찰나 찰나에 떠오르는 단편적인 인상을 보여주는 데 중점을 두는 형식이었다(佐藤伸宏, 『詩の在りか－口語自由詩をめぐる問い』, 笠間書院, 2011, pp.55~65). 이와 달리 1920년대 초기 시인들은 자아의 직접적인 목소리를 단편적으로 노출하기 위해 '찰나'를 도입하기보다 자아를 둘러싼 의미망과 존재론적 근거를 탐색하기 위해 '찰나'를 도입하고 있었다(구어자유시 시인들과 1920년대 초기 시인들이 '찰나'를 형상화하고 있는 방식에 대해서는 최호영, 「한일 상징주의론의 전개와 '생명' 개념 도입의 비교 고찰」, 『어문론총』 제68호, 한국문학언어학회, 2016.6, 417~42면 참고).

59 황석우, 「詩話－氣分과 叡智」, 『삼광』 제3호, 1920.4; 정우택 편, 『황석우 연구』, 박이정, 2008, 112면.

永久의 幸福은 感覺이 同伴치 안넌 思想에 不過ᄒᆞ다 (…중략…)

吾人은 確然히 하나 잇다고 밋ᄂᆞᆫ다 그것은 現實에 生活하ᄂᆞᆫ 瞬間에 永遠을 보며 部分 가온ᄃᆡ셔 全體를 보고 事實 가온ᄃᆡ셔 理想울 보려 ᄒᆞᄂᆞᆫ 理想主義라 ᄒᆞᆫ다 理想主義난 어ᄃᆡᄭᅡ지 現實事實 以外에 事實을 認定치 안코 ᄯᅩ 現實生活 以外에 生活을 認定치 안는다 (…중략…)

自己라ᄂᆞᆫ 것 普通 吾人이 ᄉᆡᆼ각하ᄂᆞᆫ 것보다 큰 것이다 自己ᄂᆞᆫ 空間的으로 말ᄒᆞ면 他人을 包含힛고 時間的으로 말ᄒᆞ면 後人을 包含힛다 웨 그런고 하니 自己가 엇던 事實을 ᄉᆡᆼ각ᄒᆞᆯ ᄶᅢ에ᄂᆞᆫ 그것이 얼만치 貧小한 것이라 ᄒᆞᆯ지라도 엇더턴지 그것과 그 他人의 ᄉᆡᆼ각을 變하지 아니하고 ᄉᆡᆼ긱하기가 能ᄒᆞᆯ가

…萬若 그럿케 하기를 不得ᄒᆞ면 自己의 周圍난 空間的으로ᄂᆞᆫ 他人의 사이에 時間的으로 子孫ᄭᅡ지 擴張되야서 잇ᄂᆞᆫ 것이다

—「현실(現實)붓허 영원(永遠)에」 부분[60]

『신청년』에 게재된 이 글은 '찰나'의 문제를 "이상주의理想主義"의 관점에서 다루고 있다.[61] 이일은 시간에 대한 몇 가지 시각을

60 이일, 「現實붓허 永遠에」, 『신청년』 제1호, 1919.1.20, 2~3면.

61 『신청년』은 일찍이 한기형 교수에 의해 학계에 소개되었다. 현재까지 발굴된 바에 따르면 『신청년』은 청년단체인 경성청년구락부의 기관지로서 1919년 1월 20일에 첫 호가 발간되어 1921년 7월 15일에 발행된 6호까지의 존재가 확인되고 있다. 『신청년』에서는 표면적으로 문예잡지를 표방하고 있으며 1920년대 초기의 문인 중 오천석, 황석우, 박종화, 박영희 등이 주요 필자로

보여주는 가운데 '이상주의'의 관점에 따라 찰나와 환상을 결합하여 당대의 현실을 둘러싼 역사적인 시・공간을 탐사하고 있다. 그는 먼저, 시간을 바라보는 시각으로 "금일주의今日主義"와 "타계주의他界主義"를 제시하고 이를 환상의 관점에서 비판한다. 그가 보기에 '금일주의'와 '타계주의'는 인생에서 "유한의 생명"을 가지고 "무한의 욕망"을 만족시키는 일이 '불가능'한 것을 자각하고서 어떤 '환상'에 의지하려한다. 문제는 그 환상이 현세에서 충분한 의미와 가치를 발견하지 못한다는 동일한 한계를 가지고 있다. 말하자면, '금일주의'에서 환상은 "찰나의 환락"에 '함몰'한 '감각'에 불과하며 '타계주의'에서 환상은 현세를 초월한 곳에서 "구원의 행복"을 '가설'하려는 것에 불과하다. 양자는 결국 현실을 형성하는 데 필연적인 결함을 가지고 있기 때문에 인생의 궁극적 의의를 해결하지 못하는 "비실재적" 주장에 불과하다.

그러면 인생의 궁극적 의의를 해결할 수 있는 주장은 무엇인가? 이일은 그것이 바로 "이상주의"라고 말하고 있다. 그는 앞에서와 마찬가지로 환상의 관점에 따라 '이상주의'를 당대의 현실과 관련된 문제로 다룬다. 그는 '이상주의'를 현실에서 생활하는

참여하고 있었다. 『신청년』의 전반에 대한 사항은 한기형, 「『신청년』 해제」, 『서지학보』 제26호, 한국서지학회, 2002, 249~250면; 「근대잡지 『신청년』과 경성구락부」, 위의 책, 165~206면; 「중세적 인식론의 전환과 새로운 담론의 모색-잡지 『신청년』 소재 근대문학 신자료 (1)-나도향, 박영희, 최승일, 황석우의 작품들」, 『대동문화연구』 제41집, 성균관대 대동문화연구원, 2002, 427~494면 참조.

'순간'에 '영원'을 보며 '부분' 가운데 '전체'를 보고 '사실' 가운데 '이상'을 보는 것으로 정의 내린다. 물론 그것은 단순히 현세의 감각적 생활에 치중하는 '금일주의'와 현세를 초월한 세계에 침잠하는 '타계주의'의 절충이 아니라 철저하게 현실의 생활과 사실을 기반으로 하여 인생의 의의와 가치를 발견하려는 의의를 지닌다. 왜냐하면, 이일은 앞에서 '금일주의'와 '타계주의'가 현실의 의의와 가치를 방관하는 '환상'에 불과하다고 말하고 있는 것에서 나아가 '이상주의'에서 '환상'을 현실에 속한 '자기'와의 관계에서 풀어내고 있기 때문이다.

이 지점에서 '환상'은 현실의 '자기'가 속한 '찰나'의 시간을 '영원'의 시간과 매개하는 기능을 한다는 점에서 주목된다.[62] 말하자면, 이일은 '자기'라는 것이 "공간적"으로는 "타인"을, "시간적"으로는 "후인後人"을 '포함'할 만큼 보통 우리가 생각하는 것보다 큰 것이라 말하고 있다. 왜냐하면, '나'의 행위가 아무리 작은 것에 불과할지라도 "타인의 생각"을 변하게 할 수 있으며 "자손의 행동"

62 '찰나'의 시간을 '영원성'과 연결시키는 관점은 1920년대 초기의 잡지에서 쉽사리 찾아볼 수 있다. 예컨대, 홍수산인(紅樹山人)은 '애(愛)'와 '자연'의 개념과 본질을 설명하고 둘의 관계를 논하는 글에서 그러한 관점을 내비치고 있다. 그에 따르면, '애'의 본질은 "생활의 옹호"와 "생명의 유지발전"에 있다. 생명을 가진 것들은 그러한 "애의 표현"을 나타내기 때문에 '애'는 우주에 충만한 위대한 힘으로서 보편성을 가진다. 그리고 의지 있는 생물을 산출한 '자연' 또한 의지라는 것을 가지고 있기 때문에 '생명'을 가지고 있다. 그는 '인생의 애'가 비록 일시적이지만 생명의 기원으로부터 시작되고 생활을 통해 생명의 유지를 지속해가고 있다는 점에서 '자연의 애'인 영원과 통한다고 말한다(홍수산인, 「自然과 愛」, 『서광』 제3호, 1920.2, 94~97면).

을 움직일 수 있기 때문이다. 그런 점에서 그는 현실의 '자기'가 영위하는 범위를 공간적으로는 "타인"의 사이에, 시간적으로는 "자손"에까지 '확장'되어 있다면서 방점을 찍고 있는 것이다. 따라서 이일은 '환상'을 통해 '찰나'와 '영원성'을 매개하면서 현실의 '자기'가 처한 역사적 시·공간을 탐색하고 있는 셈이다.

'찰나'에 대한 이러한 관점은 앞에서 이장희와 박영희의 시를 통해 살펴본 '환상'의 문제와 결부하여 좀 더 구체적으로 '숭고시학'의 측면에서 접근할 수 있다. 앞서 확인하였듯이, 1920년대 초기 시에서 '환상'은 현실의 부정적인 감정을 은폐하고 비현실적인 공간으로 도피하려는 산물이 아니라 다다를 수 없는 대상에 대한 지향성을 반복해가는 방식으로 나타나 있었다. 이를 이일의 글과 관련해보면, '환상'은 찰나와 영원성을 매개하는 방식으로 등장하여 자아가 속해있는 현실의 의미망을 더욱 풍요롭게 만드는 시·공간을 탐사하려는 시도로 나타날 수 있다. 따라서 1920년대 초기 시에서의 '환상'은 다다를 수 없는 대상에 대한 숭고를 체험하는 계기에서 나아가 '찰나'와 결합하여 자아를 구성하는 역사적 좌표를 탐색하려는 장치가 될 수 있는 것이다. 그러면 1920년대 초기의 시인들은 구체적으로 어떠한 역사적 시·공간을 탐색하고자 했으며 그러한 과정에서 어떠한 시적 특징을 보여주고 있는가를 살펴보자.

(가)

홋허젓던 兄弟

모혀들고

시집 가 잇는

누이까지

오래간만에

아바지 모시고

한房에 자보니

도라가신 어머니도

그곳에 게신듯—.

—「일유씨온」 전문[63]

(나)

뭇득뭇득 心眼에

閃光갓치 빗최시는

어머니의 神像!

어머니는 참말 도라가섯습닛가?

살어 實在하시나잇가?

어듸메

엇더케

63 오상순, 「일유씨온」, 『서울』 1주년 기념호, 1920.12, 161면.

쌍입니가?

하날입닛가?

저의 心奧라 하시나잇가?

—「제사(祭祀)」 부분[64]

위의 시들은 『만십주년전滿十週年前에 세상世上을 써나신 어머니 영위靈位에 올니는 말—』이라는 큰 제목과 함께 묶여있는 시이다. 「기원祈願」, 「일유―지온」, 「제사祭祀」, 「무덤 우의 달」의 순으로 묶인 이 시편들은 형태상으로 비교적 짤막할 뿐만 아니라 내용상으로도 돌아가신 어머니에 대한 스쳐가는 상념과 단편적인 일화를 보여주는 것에 치중하고 있다. (가)에서 시적화자는 '일루지온illusion'이라는 제목에서 단적으로 드러나듯이 현실에서 어머니의 '환상'을 보고 있다. 그는 그만큼 어머니에 대한 그리움에 젖어있다. 그것은 그가 (가)의 앞에 배치되어 있는 시들에서 기차를 타고가다 별세한 어머니의 '용모'와 비슷한 여인을 보고서 중도에 내렸다는 일화를 보여주거나 어렸을 적에 어머니에게 '볼기짝' 맞는 것을 싫어하면서도 지금은 다시 맞고 싶다는 소망을 내비치고 있기 때문이다. 그래서 그는 (가)에서 어머니의 제사를 지내기 위해 흩어져 있던 '형제'와 시집간 '누이'까지 오랜만에 '아버지'를 모시고 모인 '한 방'에 돌아가신 어머니도 같이

64 오상순, 「祭祀」, 『서울』 1주년 기념호, 1920.12, 162면.

있는 것 같은 '환상'에 사로잡힌다.

하지만 그는 어머니가 현실에서 '환상'을 통해 나타날 수밖에 없다는 사실을 알고 있다. 이는 그가 어머니의 "영위靈位" 아래 엎드려 "의식" 또는 "무의식"으로 '기도'하던 중에도 어머니에 대한 기억이 없다는 막내 동생의 말에 젖을 떼자마자 어머니가 돌아가셨으니 무리는 아니라고 말하는 부분에서 드러난다. 그리고 제사가 끝나고 어머니의 '무덤' 위에 뜬 달에게 그가 왜 '뜻 없고 말 없는 / 무덤' 위를 비추느냐고 묻는 장면에서도 드러난다. 즉, 그는 어머니가 현실에서 부재한 대상이자 다다를 수 없는 대상이라는 것을 알고 있다. 그럼에도 현실에 있는 그가 어머니에 대한 '거리감'을 느끼는 가운데에서도 '환상'을 통해 어머니의 존재를 불러내는 것은 어머니가 숭고한 영역에 있다는 것을 보여준다.

이처럼 그는 어머니를 다다를 수 없는 영역에 두는 가운데 (나)에서 '환상'과 '찰나'의 순간을 결합하여 어머니와의 만남을 효과적으로 드러낸다. (나)를 보면, 현실에 있는 그에게 어머니는 "신상神像"과 같은 숭고한 대상으로 나타나 있다. 왜냐하면 그는 어머니가 돌아가셨다는 것을 알고 있으며 살아서 "실재"하더라도 '땅'이나 '하늘'과 같은 무한한 영역에 있다는 것을 알고 있기 때문이다. 그런 상황에서 그와 어머니가 만날 수 있는 것은 환상 가운데 '문득문득' "섬광閃光"과 같이 비춰오는 순간이다. 그 순간에 그는 자신의 "심안心眼"에 비치는 어머니가 적어도 자신의 '마음 깊숙한 안쪽'에 살아 있다는 것을 느낀다. 따라서 오상순은 이 시에서 '환상'과 '찰나'를 결합하여 다다를 수 없는 어머니가 자신의 '마음'과 공명하는 '찰나'에 살아 있는 존재로 나타날 수 있다는 것을 보여주고 있는 셈이다.[65]

지금까지 오상순이 '찰나'의 순간을 통해 자신의 '생명'의 근원이 되는 어머니를 복원해낼 수 있었다면, 아래의 시에서 황석우는 '찰나'를 통해 새로운 자아가 탄생할 수 있는 토대로서 모성적인 공간을 그려내고 있다.

> 勇士야 들으라, 未來의 門간에 나가들으라,
> 官能의 廢址, 아, 落月의 低로,
> 고요히, 哀처롭게
> 놉흔(尊) 蓐日의 曲, 新我의 頌.
>
> 僞의 骨董에 魅한, 날근 나는 가고,
> 嬰兒는 懺悔의 閨 三位一體의 胎에 頬笑하다,
> 自然, 人間, 時間.

65 이와 관련하여 오상순은 이보다 몇 달 뒤 『폐허』 2호에 발표한 「가위쇠」, 「遺傳」, 「秋夕」에서도 어머니를 다다를 수 없는 숭고한 영역에 두면서도 '찰나'의 순간에 어머니를 환기하는 사물을 통해 어머니와의 일시적인 만남을 성취하고 있다. 이에 대해서는 최호영, 「1920년대 초기 시에 나타난 '거리감'의 몇 가지 형식과 숭고시학」, 『한국시학연구』 제38호, 한국시학회, 2013, 314~316면 참고.

新我는 부르짓다, "오 — 大我의 引力에,
感電된 肉의 刪木 — 一我, 一我야,
新我의 피는, 世상의 비롯과 긋헤 흘너가고, 흘너오다.

나에게 슬픔 업고, 무섬 업고, 괴롬 업다,
참나 — 無限의 傷과 滅亡밧게,
아 죽엄과 늙음은,
調和의 花化일다, 夕宴일다,"라고.

— 「신아(新我)의 서곡(序曲)」 전문[66]

인용된 시는 황석우 시에서 새로운 자아의 탄생을 노래하려는 출발점에 놓여 있다는 점에서 그간 주목 받아왔다. 선행연구에서는 이 시에서의 "신아新我"를 기존의 구제도와 인습에서 벗어난 산물이라 보고서 이 시를 근대적 자아의 탄생을 노래하려는 시로 해석해왔다.[67] 하지만 기존의 연구에서는 『태서문예신보』에 이 시가 게재되었을 때 이와 함께 묶인 「송頌」을 같은 지면에서 활동하던 김억에게 바친다는 점을 명시하고 있다는 것에 대해 별다른 주목을 하지 않았다. 그리고 이 시가 부분적으로 개작이 되어 「기

66 황석우, 「新我의 序曲」, 『삼광』 창간호, 1919.2, 8~9면.
67 이에 대한 대표적인 논의로는 노춘기, 「황석우의 초기 시와 시론의 위치 – 잡지 『삼광』 소재의 텍스트를 중심으로」, 『한국시학연구』 제32호, 한국시학회, 2011, 48~53면.

아棄兒(십이월十二月의 시詩)」, 「야유揶揄」와 함께 「정사丁巳의 작作」이라는 제목으로 『삼광』에 게재되었을 때 같은 지면에서 활동하던 홍난파와 염상섭에게 바친다는 점을 부기하고 있는 것에 대해 특별한 주목을 하지 않았다.[68] 따라서 이 시가 황석우와 주변 문인들과의 대화의 산물이라고 본다면, 이 시에 나오는 "신아"는 단순히 근대적 자아와는 다른 각도에서 볼 수 있다는 암시를 받게 된다. 말하자면, 황석우는 이 시에서 '찰나'의 시간을 도입하여 자아에게 고유한 실체를 주는 모성적인 공간을 탐색하고 있다.

이 시에서 황석우는 시간의 관점에서 자아 탄생의 문제를 다루고 있다. 그는 "신아"가 탄생하는 시간으로 '미래'를 도입하고 있다. 그가 보기에 기존의 거짓되고 낡은 '골동품'과 같은 '나'는 현재의 시간을 벗어나지 않으면 새로운 자아로 탄생할 수 없다. 그래서 그는 1연의 첫 행에서 자신을 기존의 낡은 '나'와 싸우는 "용사"로 호명하고서 '미래'의 시간으로 불러들였던 것이다. 그

68 이 시가 『태서문예신보』에 처음 발표될 때에는 "K兄"에게 부친다는 내용을 명시하고 있었다. 이 'K형'은 같은 지면에 「詩形의 音律과 呼吸」이라는 시론을 싣고 있는 김억을 가리킨다. 그런 점에서 『태서문예신보』에 게재된 「新我의 序曲」은 김억과의 대화의 산물이라는 점을 간과할 수 없다. 이후 개작되어 『삼광』에 실린 시는 'H'와 'R'의 '兩兄'을 가리키는 것으로 바뀐다. 이들은 각각 『삼광』의 발행인이자 편집인으로서 '난파(蘭坡)'라는 필명을 쓰고 있던 홍영후를, 그리고 『삼광』의 주요 필진이었던 제월 염상섭을 가리킨다. 염상섭은 다음 호에 「象牙塔兄의…「丁巳의 作」과 「理想的 結婚」을 보고…」라는 글을 게재하여 황석우의 요청에 화답하고 있다. 이러한 점들을 감안한다면, 황석우가 자아의 문제를 탐색하는 데 있어 주변 문인들과의 관계가 어떠한 영향을 미치고 있는가를 살펴보는 것은 중요한 일이 아닐 수 없다.

리고 그는 기존의 자신이 골동품과 같다는 것을 '참회'하고 새로운 자아의 탄생을 개시하는 노래를 부른다. 그러한 상황에서 그가 2연에서 '신아'를 "영아嬰兒"로 표현하고 있는 것은 자신이 기존의 거짓되고 낡은 '나'에서 벗어나 새로운 '나'로 태어났다는 것을 보여주기 위해서이다. '영아'가 된 그는 '자연'과 '인생'과 '시간'이 "삼위일체"를 이룬 곳에서 새롭게 태어난다. 이때 '자연'은 '신아'가 활동하는 무대를, '인생'은 '신아'가 영위하는 삶을, '시간'은 '신아'가 살아가는 시간을 의미한다.

하지만 여기서 주목해야할 점은 '신아'가 미래의 시간으로 나아가서 기존의 거짓되고 낡은 나에게서 벗어난다고 해도 아직까지 그때의 '나'는 관념적인 수밖에 없다는 것이다. 황석우 또한 '신아'가 '세상'의 '비롯'과 '끝'으로 흘러가고 흘러오는 관념적인 존재에 불과하다는 것을 알고 있다. 그런 '나'에게 '슬픔', '무서움', '괴로움'과 같은 감정이 있을 리가 없다. 뿐만 아니라 그런 상황에서 '신아'는 "무한"의 "상傷"과 "멸망"을 반복해가고 '죽음'과 '늙음'을 반복해가는 존재에 불과하다. 물론 그는 시간이 흘러가면서 탄생하는 수많은 '신아'들을 "대아大我"라는 집합 속에서 "일아一我"로 통합하고 있지만 그때의 '나' 또한 아직 "참나"로서의 실체를 얻은 것이 아니다. 그러면 새롭게 탄생한 수많은 '신아'들이 '참나'의 실체를 얻기 위해서는 어떻게 해야 하는가?

황석우는 바로 '신아'들이 '참나'의 실체를 얻기 위한 시간으로 "찰나"를 도입하고 있다. 위에서 그는 '신아'가 기존의 거짓되고 낡은 '나'에서 벗어나기 위한 시간으로 '미래'를 도입하고 있다고 말한 바 있다. 나아가 그는 '신아'들이 미래의 시간으로 도약하는 구체적인 시간으로 '찰나'를 도입하고 있는 것이다.[69] 현재의 수많은 '신아'들은 '찰나'의 시간 가운데 '참나'의 실체를 가지고 미래의 시간으로 도약할 수 있다. 하지만 그와 같은 수많은 '신아'들이 '찰나'의 시간 가운데 구체성을 얻을 수 있다고 하더라도 여전히 "대아"라는 일반성에 수렴되는 "일아"에 불과해 보인다. 선행연구에서 '신아'를 '근대적 자아'로 정의한 것 또한 이러한 맥락에 있었다. 거기서 나아가 황석우는 이 시에서 '신아'가 '근대적 자아'로서 성립될 수 있는 근거를 제시하고 있다. 그것이 바로 모성적 공간인 "태胎"이다. 즉, 이 시에서 자아의 탄생은 그러한 '태'를 배경으로 하고 있다는 것을 고려하지 않으면 안 된다.

3연에서 그는 '자연', '인간', '시간'이 삼위일체를 이룬 '신아'의 삶이 '태'에서 비롯되는 그때 '영아'로 거듭날 수 있다고 말하고 있다. 다시 말해, 수많은 '신아'들은 '태'라는 모성적 공간을 자각함으로써 '참나'로서의 고유한 실체를 가질 수 있다. 그래서 그는 마지막 연에서 '신아'의 탄생을 "석연夕宴"과 같은 축제적인 분위기 가운데 그려내고 있는 것이다. 이 시에서 모성적 공간으

69 이 시에서 '찰나'의 시간을 가리키는 이미지가 바로 "화화(花火)"라는 불꽃의 이미지이다. "화화(花火)"는 일본어로 하나비(はなび)라고 발음되며 불꽃이라는 의미를 가진다.

로서 '태'가 함의하는 바는 그가 대화의 상대로 삼았던 김억과 염상섭의 글을 참고해보면 명확해진다. 김억은 「신아新我의 서곡序曲」이 게재된 『태서문예신보』 16호에 「시형詩形의 음률音律과 호흡呼吸」을 발표하였다. 그는 이 시론에서 개인의 '내적 목소리'가 '찰나'의 순간 가운데 '생명'을 가지고 외부의 '민족의 공통적 시형'과 일치될 수 있으며 그러한 조화를 가능하게 하는 근거로 '전통'과 '조선'의 기호를 제시하였다. 그리고 염상섭은 「신아의 서곡」이 발표된 『삼광』이 근대적 문화의 보급에 기여하기 위해서는 '고조선'과 같은 아득한 역사적 지평을 배경으로 해야 한다는 것을 말하였다.[70] 그들이 제시한 '전통'과 '조선', '고조선'은 자아를 구성하는 존재론적 근거라는 점에서 「신아의 서곡」에 나타난 모성적 공간으로서의 '태胎'와 같은 맥락에 있다. 즉, 황석우는 수많은 '신아'들이 "대아"의 구성원으로서 고유한 '생명'을 배당받을 수 있는 기원을 탐색하고자 했던 것이다.[71] 그는 이 시에서 '찰나'의 시간 가운데 미래로 도약할 수 있는 존재의 근거를 탐색하고 있다는 점에서 '숭고시학'을 적절하게 구현하고 있

70 김억의 「詩形의 音律과 呼吸」은 이 책의 3장에서 자세히 분석하였으며 염상섭의 「三光頌」은 이 책의 4장에서 자세히 분석할 것이다.

71 이러한 관점은 『삼광』의 창간호에 발표된 작품 중에서 이 시를 제일 고평하고 있는 염상섭의 글에도 나타난다. 염상섭은 「丁巳의 作」에 묶여 있는 시들을 하나의 흐름 아래 읽어내고 있다. 그는 "육(肉)"에 대해 "야유"를 보내는 "신아"가 "영(靈)"을 획득하고 '생명'을 가지게 된 이상 "영생불멸"에 이른다고 말하고 있다(염상섭, 「象牙塔兄의…「丁巳의 作」과 「理想的 結婚」을 보고…」, 『삼광』 제2호, 1919.12, 42면).

는 셈이다.

지금까지 살펴본 것처럼 1920년대 초기 시에서 '환상'은 현실의 부정적인 감정을 은폐하고 비현실적인 공간으로 도피하려는 산물로만 나타난 것이 아니라 다다를 수 없는 대상에 대한 지향성을 반복하는 방식으로 나타났다. 1920년대 초기 시에서 환상은 다다를 수 없는 대상에 대한 체험과 관련된다는 점에서 숭고의 계기가 된다. 이와 함께 환상은 '찰나'의 시간과 결합하여 자아가 속해있는 현실의 의미망을 더욱 풍요롭게 만드는 시·공간을 탐사하고 있었다. 그러한 시·공간은 자아에게 역사적인 실체를 부여하거나 고유한 '생명'을 부여할 수 있는 근거로 나타나고 있었다. 따라서 1920년대 초기 시에서 '찰나'와 결합하는 '환상'은 '숭고시학'의 한 표지라고 볼 수 있다.

3. '정조상징'을 통한 관계성의 열림과 공감의 창출

앞서 우리는 1920년대 초기 시인들이 숭고한 영역에 있는 대상과 접촉하기 위한 매개로서 '정조상징'을 제시하고 있다는 것을 살펴본 바 있다. 특히 황석우는 '정조상징'이 단순한 기분이 아니라 '생명'을 느낄 수 있는 기분을 의미한다는 것을 보여주었다. 이러한 점에서 1920년대 초기 시에서 '기분'은 숭고시학의 측면에서 접근할 수 있는 지표로 떠오른다. 주지하다시피, 한국근대문학의 출발점에서 감정 혹은 정조의 문제는 근대성을 담보하는 지표로서 매 국면마다 거론되어 왔다. 이광수가 서구 'literature'의 번역어로서 문학文學 개념을 도입하는 과정에서 과학의 범주인 '지知'와 윤리·도덕의 범주인 '의意'와 구별하여 문학 고유의 범주로서 '정情'을 도입한 것은 익히 알려진 사례이다. 그리고 다음 세대인 20년대 동인지 문인들이 '무한' 혹은 '절대' 등의 수사를 부가하여 미의 영역에 대한 "낭만주의적 태도, 절대적 주관성"을 보였다는 지적[72] 또한 감정의 문제에 천착한 사례이다.

그 중에서도 1920년대 초기 시의 주된 정조로 거론되어온 '슬픔' 또는 '비애'는 한국인의 고유한 정서로 정착되어온 한恨과 결부되어 논의의 쟁점으로 부상해왔다. 선행연구에서는 이 감정을 근대초기의 담론에서 '피', '눈물', '칼', '죽음' 등의 이미지와 '님'(조선) 등의 대상과 결합하여 '민족'이라는 숭고한 관념을 형성하려는 억압기제의 측면에서 해명한 바 있다.[73] 그리고 1920

72 황호덕, 「한국 근대에 있어서의 문학 개념의 기원(들)—신채호, 이광수, 『창조』파의 삼분법(三分法)적 가치 범주와 '문학' 개념」, 『한국사상과 문화』 제8집, 한국사상문화학회, 2000, 3~31면.

년대 중반 이후 국민문학론으로 대두한 민요시 운동에서 그러한 감정이 민족성, 국민성, 향토성 등으로 치환될 수 있는 조선인의 공통심성을 형성하기 위한 논리로 작동하고 있다고[74] 밝힌 바 있다. 사실 이러한 논의는 거슬러 올라가보면 '비애'를 근대적 관점으로 파악하고 있는 외부의 시선과 겹쳐져 있다는 점에서 문제적이다. 예컨대, 야나기 무네요시는 조선의 예술에서 느껴지는 "선의 아름다움"을 "사랑에 굶주린 마음의 상징"이라 보고 "인생에 대한 갖가지 슬픈 생각과 고민의 역사"가 '곡선'으로 나타나 있다고 지적하였다. 그는 조선 예술의 미학적 특질을 '비애의 미'라고 정의하였다.[75] 그리고 당대의 문청들에게 선풍적인 열풍을 일으킨 구리야가와 하쿠손은 유럽 근대문학의 흐름과 특징을 체계적으로 소개하는 과정에서 당대 근대 사조 전체에 일관하는 정조로서 '비애'를 제시한 바 있다. 그는 비애의 특징을 "지식의 개발

73 고미숙은 '민족'이 기존의 천리, 전제군주, 중화주의 등 초월적 기표의 실종 속에서 근대적 담론과 종교적 교리 등과 결부하여 신성불가침의 기호로 나타나게 되었다고 말한다. 그러면서 그는 어떤 사유와 행동의 체계들이 능동적 힘을 발휘하지 못하도록 억압시키는 민족의 근저를 폭파하고 결별해야할 필요성을 제시하였다. 하지만 고미숙은 민족을 '동일성'으로 포섭시키는 이데올로기로 환원함에 따라 실제 당대의 공동체적 현실에서 기능하고 있는 지평을 간과하고 있다(고미숙, 『한국의 근대성, 그 기원을 찾아서－민족 · 섹슈얼리티 · 병리학』, 책세상, 2010, 61~78면).

74 구인모, 앞의 책, 147~192면.

75 柳宗悅, 「朝鮮人を想ふ」, 『朝鮮とその藝術』, 日本民芸協会, 1972, pp.1~17; 「朝鮮の友に贈る書」, 위의 책, pp.18~52; 「朝鮮の美術」, 위의 책, pp.102~139.

과 자연과학의 발흥"에 따른 낭만적 시대의 "환영소멸의 비애", 근대의 정조를 회의적 경향으로 볼 때의 "우울한 애수", "개인적이고 주아적 경향으로부터" 발생한 비애로 정리하고 있다.[76]

이 논의들에 따른다면, 1920년대 초기 문학에 편만한 '비애'는 그저 외부 환경에 따른 결정론의 산물이거나 수동적이고 반동적인 감정에서 벗어나지 못한다.[77] 하지만 이 글에서는 1920년대 초기 문학에서 '비애'가 단지 외부의 관점에 따라 조선인의 민족적 특성으로 환원되거나 정치적 이념에 복무하기 위한 이데올로기의 장치로 받아들여졌다는 것에 의문을 느낀다. 이를 확인하기 위해 '비애'를 근대적 감정으로 논의하기 이전의 담론들을 추적해봐야지만, 적이도 당대 담론을 검토해보면 '비애'가 식민지 조선의 한계를 극복하기 위한 계기로 나타나거나 당대 현실의 모순과 투쟁하기 위한 방법론으로 나타나 있다는 것을 살펴볼 수 있다. 나아가 '비애'는 식민지적 근대로 인해 공동체의 의미망을 상실한 당대의 현실에서 '생명'을 불어넣는 숭고한 대

76 구리야가와 하쿠손, 임병권・윤미란 역, 『근대문학 10강』, 글로벌콘텐츠, 2013, 110~168면.

77 참고로 구리야가와 하쿠손은 다음에서 보듯이 '비애'를 외부 환경의 영향에 따른 산물로 규정짓고 있다. "대체로 이러한 암흑의 근대적 정신이 가장 강하게 나타나서 작동한 것은 북유럽의 문예이다. 이것은 러시아, 폴란드 주변의 슬라브 민족에 본래 고유한 일종의 침울한 기질, 비수(悲愁)의 기분이 그 기초를 이루고 있을 뿐만 아니라, 또한 동시에 북유럽 일대의 기후와 풍토, 그런 기후와 풍토의 자연계 모두가 쓸쓸한 음울함으로 가득 차 있기 때문이다."(위의 책, 118~119면)

상들을 끊임없이 불러오는 기능을 하고 있다. 따라서 1920년대 초기 문학에서 '비애'는 '숭고시학'의 측면에서 접근할 가능성을 안고 있다.

(가) 우리 朝鮮은 荒凉훈 廢墟의 朝鮮이요, 우리 時代는 悲痛한 煩悶의 時代일다. 이 말은 우리 靑年의 心臟을 쏙이는 듯한 압흔 소래다. 그러나, 나는 이 말을 아니할 수 업다, 嚴然한 事實이기 째문에. 소름이 씻치는 무서운 소리나, 이것을 疑심할 수 업고 否定할 수도 업다. (…중략…)

우리의 生은 實로 宇宙的 大生命의 流動的 創造요, 그 活現임을 쌔다랏고, 우리가, 이 天地에 主人임을 確實히 알엇다. 우리의게, 엇지 永久한 죽음이 잇스랴. 果然 陰府의 廢墟가 어듸 잇스며, 死亡의 가시가 어듸 잇느냐'다 (…중략…)

이 어린 싹은 다른 것 안이다. 一切를 破壞하고, 一切를 建設하고, 一切를 革新革命하고, 一切를 改造再建하고, 一切를 開放解放하야 眞正 意味 잇고 價値 잇고 光輝 잇는 生活을 始作코자 하는 熱烈한 要求! 이것이 곳 그것일다.

—「시대고(時代苦)와 그 희생(犧牲)」 부분[78]

(나) 셋채로 藝術品은 悲劇的 要素를 가지야 될 것이라고 생각한

78 오상순, 「時代苦와 그 犧牲」, 『폐허』 제1호, 1920.7, 52~53면.

다. 왜 그러냐 하면 究極의 感美的 經驗은 悲哀인 까닭이다. 壯麗한 美를 接觸할 때는 누구나 悲哀를 늣기게 된다. 그리고 偉大한 藝術品 가운데는 반드시 悲壯한 潮流가 흐르는 것을 보아도 悲哀가 美의 根本的 要素인 것을 알겟다. 그 쌘 안니라 悲哀는 未知의 世界에 대한 憧憬心을 衝動식히는 同時에 永遠과 無限에 對한 情熱的 嘆願이 숨어잇다. 그리고 悲哀는 高潔한 情緖를 創造해주는 以外에 狂暴한 惡魔的 情緖도 創造해준다. (…중략…)

悲哀가 異常한 美의 對象인 것은 누구나 否定치 못할 事實이다. 그리고 悲哀는 超自然性을 만히 가질사록 切實한 現實이 表現되는 故로 우리를 슷까지 迷惑식히는 同時에 不知不識間 우리로 하여금 無限量한 傳說의 世界로 誘導한다. 그때 비로소 우리는 現實의 醜苦한 對象과 써나서 살 수가 잇다. 그 셜음은 俗世에서 가슴압푸든 셜음이 안니고 새로히 美感을 創造해주는 셜음이겟다.

그리고 勸善懲惡을 爲하는 偏狹한 倫理的 感情과 罪를 悔恨하는 感傷的 情調는 全혀 업는 世界다. 그럼으로 우리의 奔放한 魂이 無限히 自由스럽게 살 수잇는 世界라 할 수 잇다.

―「미의(美) 절대성(絶對性)」 부분[79]

(가)에서 오상순은 당대의 현실에서 오는 '비애'를 "시대고時代苦"라는 개념으로 압축해 놓았다. 이 글에서 그는 『폐허』 동인

79 임노월, 「美의 絶對性」, 『영대』 제3호, 1924.10, 22~23면.

들과 문제의식을 공유하는 가운데[80] '비애'를 두 가지의 측면에서 분류하고 현실의 주체가 숭고한 주체로 거듭나는 계기로 삼고 있다. 첫 번째로 그가 파악하는 '비애'는 당대의 황량한 현실을 '폐허'라는 이미지로 파악하고 이를 자신의 투쟁의 대상으로 삼을 때 나타난다. 말하자면, 첫 번째의 '비애'는 외부 환경의 영향에 따른 수동적이고 반동적인 태도를 의미한다. 거기서 벗어나기 위해 오상순은 현실을 "엄연한 사실"로써 받아들이고 당대의 조선이 "멸망과 죽음이 지배하는" 곳이라는 철저한 인식이 선행되어야 한다고 말한다. 이 지점에서 부상하는 두 번째의 '비애'는 더 이상 현실에 대한 반동적인 감정에 그치지는 않는다. 왜냐하면. 오상순은 이제 '사자의 쇠사슬'도 자신의 손에 들어와 녹을 만한 주체적인 태도를 깨우쳤기 때문이다. 그리하여 그는 반동적인 태도를 보이는 사자의 단계를 지나[81] 자신의 이상과 자유에 따른 창조의 단계로까지 나아가는 것이다.

이처럼 오상순이 말하는 '비애'는 수동적이고 반동적인 측면과 능동적이고 주체적인 측면을 동시에 포함하고 있다. 하지만 오상순은 '비애'가 단순히 기존의 낡고 부조리한 것들을 파괴하

80 익히 알려진 것처럼 『폐허』의 제호는 독일 시인 실러의 "녯것은 멸(滅)하고, 시대(時代)는 변(變)하엿다, / 내 생명(生命)은 폐허(廢墟)로부터 온다"라는 시구에서 취한 것이다(「想餘」, 『폐허』 제1호, 1920.7, 128면).

81 프리드리히 니체, 정동호 역, 『차라투스트라는 이렇게 말했다』, 책세상, 2000, 38~41면.

는 미적 주체의 산물이 아니라 숭고를 체험할 수 있는 계기가 된다는 것을 보여준다.[82] 왜냐하면, 그는 앞에서 '폐허'를 현실의 모든 방면에서 주체를 압도하는 대상으로 보고 있으며 그로 인한 '비애'를 '폐허'에 대한 끊임없는 투쟁과 창조의 대상으로 바꾸어놓고 있기 때문이다. 다시 말해, 그는 이 '폐허' 속에서 일체의 모든 것을 파괴하고 건설하려는 싸움을 지속해갈 거라는 점에서 현실의 주체를 숭고한 차원으로까지 격상시키고 있는 것이다. 보다 직접적으로 그는 '비애'를 당대의 조선으로 대변되는 '폐허'에 그치는 것이 아니라 주체의 인식을 넘어서는 우주적인 차원으로까지 확대하고 있다. 이는 그가 자신의 생을 우주적인 차원에서의 '주인'임을 자각하는 장면과 자신의 요구를 "우수적 의미"에서의 "최고 이상"에 위치시키는 것에서 나타난다. 실제로 오상순은 자신의 싸움이 "신성한 것", "숭고한 것"을 얻기 위한 것이라 말하고 있기도 하다.[83]

(가)에서 오상순이 당대 현실의 모순을 해결하기 위한 투쟁의

82 이와 관련하여 조은주의 논의는 1920년대 문학에서 '폐허'에 담긴 이중성을 읽어내고 이를 '개조주의'로 집약되는 당대 역사주의를 비판하는 반역사주의, 탈역사주의적 접근법과 연계하여 해명하고 있다. 이 논의에서는 당대 담론에서 독특한 수사를 형성하고 있는 '폐허'를 문예사조적 접근뿐만 아니라 근대성 연구의 일환으로 주창된 '미적 근대성' 등으로 아우를 수 없는 지점에 두고 있다는 점에서 이 글에 중요한 시사점을 제공한다(조은주, 「1920년대 문학에 나타난 허무주의와 '폐허(廢墟)'의 수사학」, 『한국현대문학연구』 제25집, 한국현대문학회, 2008, 7~40면).

83 오상순, 「時代苦와 그 犧牲」, 『폐허』 제1호, 1920.7, 56면.

관점에서 '비애'를 다룬다면, (나)에서 임노월은 '미적 원근법'을 벗어나는 세계로 나아가는 계기로서 '비애'를 다루고 있다. 이 글에서 임노월은 예술의 궁극적인 미가 '비애'에서 우러나온다고 보고 있다. 그가 말하는 '비애'는 "장려한 미"를 접촉할 때, 혹은 "비장한 조류"가 흐르는 "위대한 예술품"과 접촉할 때 느낄 수 있다는 점에서 현실적인 제약이나 기준을 벗어나 있다. 말하자면, 그에게 '비애'는 '숭고'를 체험할 수 있는 계기가 되는 것이다. 그는 그러한 관점에 대해 부연설명 하기라도 하듯 '비애'가 "미지의 세계에 대한 동경심을 충동"시키는 동시에 그 속에 "영원과 무한에 대한 정열적 탄원"이 숨어있다고 말한다. 다시 말해, 그는 '비애'가 육안의 틀과 유한의 한계에 갇힌 현실에서 벗어나 '영원'과 '무한'의 범주를 가진 숭고한 세계를 체험할 수 있는 계기가 된다고 보았던 것이다. 그래서 그는 현실의 제약에서 벗어나 "고결한 정서를 창조"해주는 그러한 '비애'를 더욱 '광폭'하게 지향하라고 주문한다. 그가 말하는 "악마적 정서"는 바로 숭고를 체험하게 해주는 '비애'를 가리킨다.

나아가 임노월은 '비애'를 통해 체험할 수 있는 세계를 좀 더 구체적으로 그려내고 있다. 그 세계는 단순히 현실의 "추고醜苦"한 대상을 떠나고 속세의 가슴 아픈 설움에서 벗어난 비현실적인 세계가 아니다. 오히려 그 세계는 "권선징악"을 위하는 편협한 "윤리적 감정"이나 죄를 회한하는 "감상적 정조"로는 느낄 수 없을 뿐이다. 그는 그러한 점을 말해주듯이 비애가 "초자연성"을 많이 가질수록 오히려 '절실'한 현실로 표현될 수 있다고 말하고 있다. 그는 '비애'를 통해 다다를 수 있는 그러한 세계에서 우리의 분방한 "혼魂"이 '무한'히 자유롭게 살 수 있다고 보고 있다. 따라서 그는 '비애'가 '무한'과 '영원'의 범주로 나타나는 숭고한 세계를 체험할 수 있는 계기라는 것과 그 세계에서 우리의 '영혼'이 보다 높은 생명력을 획득할 수 있다는 것을 보여줌으로써 '비애'를 '숭고시학'의 측면에서 접근할 가능성을 열어주었다.[84]

여기서는 '비애'를 비롯한 '정조상징'이 '숭고시학'으로서 어떠한 기능을 하고 있는가를 살펴보고자 한다. 지금까지 전개되어온 철학사에 따른다면,[85] 1920년대 초기 시에서 '비애'의 기능을 수행하는 문학적인 장치로써 '눈물'을 들 수가 있으며 '기

84 '비애'에 대한 이러한 관점은 이훈이 신비주의를 소개하는 과정에서도 등장한다. 이훈은 표면적이고 감각적인 의식을 벗어난 의식 깊은 곳에 참된 "영적 세계"가 잠재해있다고 말한다. 그는 '비애'가 우리를 그러한 "화려한 경지"에 이르게 한다고 말한다. 그는 우리가 개척해간 세계를 '생명'이 있는 세계라고 보고서 "비애의 가치"를 "생명의 가치"와 동일시하고 있다(이훈, 「神秘主義(MYSTICISM)」, 『학지광』 제21호, 1921.1.1, 64면).

85 데카르트, 라이프니츠와 함께 대륙의 합리론을 대변하는 근대 철학자로 알려진 스피노자는 그의 주저 『에티카』의 한 장을 감정의 문제에 할애하면서 정신과 신체의 관계에 따라 감정을 분류한다. 그는 기쁨을 "정신이 더 큰 완전성으로 이행하는 수동"으로 정의하면서 정신과 신체에 동시에 관계되는 기쁨의 정서로 "쾌적감 또는 유쾌함"을 제시하였다. 그리고 슬픔을 "정신이 더 작은 완전성으로 이행하는 수동"으로 정의하면서 정신과 신체에 동시에 관계되는 슬픔의 정서로 "고통이나 우울함"을 제시하였다. 이때 그의 감정론에서 기쁨과 슬픔은 대립적인 관계에 놓여있다(바뤼흐 스피노자, 강영계 역, 『에티카』, 서광사, 2007, 166~167면).

뿜'을 수행하는 문학적인 장치로써 '웃음'을 들 수 있다. '눈물'의 경우 그간 '내면'의 발견과 맞물려 낭만적 감상성을 표출하는 미학적 산물로 평가되어 왔고[86] '웃음'의 경우 주로 건강한 정서의 범주로 평가되어 왔다.[87] 그러할 때 '눈물'과 '웃음'은 표면적으로 상반되는 감정에 머물고 만다. 선행연구에서 신범순은 유일하게 1920년대 전반기 시들에서 극단적인 울음과 웃음이 고통스런 현실에 대한 좌절과 그 현실에 대한 파괴적 충동에서 비롯되었다고 해명함으로써 그러한 이분법적 경계를 넘고 있다. 그는 특히 1920년대 초기 시에서 '웃음'의 기능을 다양하게 열어놓았으며 근대시 초창기에 획득한 심오한 주제로서의 '웃음'을 제시하고 있다.[88]

이 책은 그러한 관점에 공감하는 가운데 1920년대 초기 시에서 '눈물'과 '웃음'을 '숭고시학'의 측면에서 접근할 것이다. 지금까지 전개해온 글의 맥락에서 볼 때, '눈물'과 '웃음'은 대립적인

86 김행숙, 『문학이란 무엇이었는가－1920년대 동인지 문학의 근대성』, 소명출판, 2005, 93~182면.

87 대표적으로 심원섭은 주요한의 시에 나타난 의지적 건강성을 다이쇼기 유학생들의 사상 형성에 큰 영향을 미친 베르그송의 『창조적 진화』에서 그 기원을 찾고 있다(심원섭, 『한・일 문학의 관계론적 연구』, 국학자료원, 1998, 172~292면).

88 신범순은 그 예로 주요한의 시에 나타난 그로테스크한 웃음이 자본주의의 관념으로 변질된 축제의 허무로부터 빠져나갈 수 있는 기능을 하고 있으며 박영희의 시에서 괴기스러운 웃음이 이와 반대로 근대 도시의 상업적 본질을 띠고 있다고 말한다(신범순, 『노래의 상상계－'수사'와 존재생태기호학』, 서울대출판문화원, 2011, 415~420면 참고).

경계를 벗어나 자아의 '영혼'을 숭고한 영역에 있는 대상과 공명 시키는 기능을 하고 있다. 그것을 다음의 시를 통해 살펴보자.

宇宙를 덥흔 女王의
燦爛한 그 옷짜락을 머리에 쓰고
나는 녯날 나의 눈물의 바다에서
써나려 보낸 녯 愛人을 맛나보랴고
숩속에 夜鶯 우는 悲哀의 호젓한 고개를
나는 돌고 돌아 밤이슬에 젓다.

근심의 바람이 불어서 올 씨
애끗는 슬픈 曲調가 펴저오는대
金剛石을 색린 눈물의 바다가
쓸쓸하게도 바람에 光彩가 흔들인다

나는 그 바다를 건느지 못하고 안젓쓸 씨에
적은 女神이 '悲哀船'을 타고 나려와서
'눈물의 宮殿' 속에 나의 愛人이 잇다고 하야
나는 그 쓰린 눈물바다 우흐로 限업시 흐르다.

푸른 그늘이 얽키이고

陰鬱한 바람이 부러오는 그곳에[89]
번적거리는 '눈물의 宮殿'이 안개갓치 보이고
그 周圍에는 적은 魔法師들이 춤추며 돌다.

나는 몸이 썰이며 피가 몰아들어
魔法師들을 깨트려 부시고
'눈물의 宮殿'의 '歡樂의 門'을 열고 드러가
悲哀로운 소리로 愛人을 부르다

머리 숙으리는 달 아래 薔微쏫갓치
힛쓱한 나의 愛人을
怪異한 魔術師가 손을 잡을 쎄
惡魔가 나의 염통을 쥐여 흔드는 것이로다.

나는 뛰여들어가
戀人에게 안키이려 할 제
'눈물의 宮殿'은 트러져 흐르고
눈물의 바다에는 血潮가 부어들어
나의 마음에는 무거운 북(鼓)소리가 크게 울니다

—「눈물의 궁전(宮殿)」 부분[90]

89 원문에 '陰爵'이라고 되어 있으나 '陰鬱'의 오기로 판단하여 수정하였다.

인용된 시는 '눈물바다'라는 소재를 사용하거나 전반적으로 '순례'의 모티프로 시상을 전개하고 있다는 측면에서 『장미촌』 창간호에 게재된 「과거過去의 왕국王國」과 상호텍스트성의 관계에 놓여 있다.[91] 조영복은 상징주의의 시풍을 통해 고독한 청년의 감수성을 관념적으로 노래한 『장미촌』 소재의 시가 『신청년』 소재의 시들과 유사한 특징을 보인다고 지적한 바 있다. 그리고 인용된 시에서 박영희의 독서 체험에서 비롯된 서구의 신화적 이미지가 나타나 있다고 짧게 언급한 바 있다.[92] 조영복이 말하

---

90 박영희, 「눈물의 宮殿」, 『신청년』 제6호, 1921.7, 42~43면.

91 박영희, 「過去의 王國」, 『장미촌』 제1호, 1921.5, 13~14면. 참고로 시의 전문은 다음과 갈다. "끗업는 蒼空에 뜬 / 閑暇히 흐르는 白雲갓치 / 限업는 내 靈窓으로는 / 虛無하게도 내 過去는 흐르다 // 모든 것은 끗업는 뒤로 흐르다, / 흐르는 過去로 '美의 宮闕'을 삼다, / 나난 나의 '美의 宮闕'을 차지랴고 / 나의 愛人을 다리고 나난 過去로 흐르다, // 나는 어린 아해의 表情 갓튼 / 憧憬에 '벌판'을 맛나다, / 모든 歡樂, 모든 希望에 迷路하는 / 바이올린줄 갓튼 내 마음의 줄(線)은 / 秩序 업시 울이다, // 나는 그 벌판을 지내 / 朦朧한 안개 갓흔 過去의 秘密 속을 / 술醉한 사람처럼 빗틀거리며 / 愛人을 가삼에 안고 헤매이다 // 다음에는 견우(牽牛)星에 / 새로 싼 城 우에셔 / 愛人과 나는 소리 크게 / 괴로운 沈黙을 新鮮하게 쌔트리다 // 나는 한 큰 눈물바다를 만나다 / 쌔트러진 베(舟)는 孤寂히 漂流하는대 / 별안간 내 눈에셔 두 줄기 새샘이 흐르다 / 愛人은 그 물 우를 거러 / 그윽히 보히다가 업서지다, // 나는 한 마을에를 왓다, / 苦惱 悲哀 怨望 孤寂의 무리가 / 번드거리는 幻影椅子을 태워가지고 / 끗업시 끗업시 다리고 가다, / 나는 '過去의 王國'에를 다々럿다, / 智慧 絶望 巡禮者의 무리가 / 홰불(炬火)를 번드거리며 饗宴의 盃을 들어 / 나를 '過去의 王國'의 王으로 세우다, // 그러나 눈물바다에서 업서진 愛人을 / 나는 쌔々 幻影의 언덕(丘)에서 / 그가 낫잠(晝眠)잠을 보앗다 / 그러나 나의 마음의 헛터진 壁은 / 다시 막지 못하고 말엇다"

92 조영복, 「『신청년』의 시와 상징주의 시 수용의 한 계보」, 『근대서지』 제11호, 근대서지학회, 2015, 630~636면.

는 서구의 신화적 이미지는 「과거의 왕국」을 게재하고 있는 『장미촌』의 서문을 통해 보충할 수 있다.

『장미촌』의 서문에서 변영로는 자신들의 시적 사명을 유한한 "물질계"에서 '생명'이 흐르는 무한한 "정신계"를 순례하는 "성배의 기사"에 빗대고 있다.[93] 변영로가 말하는 '성배'는 예수가 최후의 만찬에 사용했던 술잔을 의미하기보다 아더 왕과 원탁의 기사들이 찾아 나선 생명의 잔을 가리킨다. 보다 거슬러 올라가 보면, '성배'는 남성과 여성의 차이에 따른 연합 원칙에 기초하여 공동 협력 체제를 구축하던 신석기 시대의 문명에서 '생명'을 탄생시키는 여신의 몸(보다 구체적으로는 자궁)을 상징한다. 리안 아이슬러는 그러한 공동 협력 체제가 '칼'로 대변되는 남성 중심의 지배 체제로 인해 파괴되어버렸다고 말한다.[94] 이러한 점을 참고해 볼 때, 박영희의 시들이 공통적으로 이별한 '연인'을 만나기 위한 '순례'의 모티프를 감행하고 있는 것은 자신에게 생명력을 불러일으키는 연인과의 만남을 통해 잃어버린 풍요로운 세계를 구축하려는 의도를 적잖이 품고 있다고 볼 수 있다. 흥미로운 점은 그가 연인을 향한 지난한 순례를 추동하기 위해 '비애'

93 변영로, 「薔薇村」, 『장미촌』 제1호, 1921.5, 1면.

94 리안 아이슬러, 김경식 역, 『성배와 칼』, 비채, 2006, 15~79면. 제시 워스턴 또한 태곳적부터 전 세계에 걸쳐 '창'은 남성의, '잔'은 여성의 재생 능력을 나타낸다고 말한다. 일례로 그는 창이 병에 기대어 병치된 모습을 생명의 순환과 재생력을 의미하는 상징체계로 설명하고 있다(제시 워스턴, 정덕애 역, 『제식으로부터 로망스로』, 문학과지성사, 1988, 88~91면).

와 '눈물'을 도입하고 있다는 것이다.

형식상의 측면에서도 총 9연으로 이루어진 이 시는 '비애'와 '눈물'의 기능과 호응하여 3연씩 전개될 때마다 애인이 있는 곳으로 향하는 순례의 여정에 일정한 변화를 보이고 있다. 1연에서 3연까지는 그들이 만날 수 있는 시・공간과 분위기를 창출하고 있다. 시적화자와 애인이 만날 수 있는 시・공간은 깊은 밤 '꿈속'에서 이루어진다. 시적화자는 만물이 찬란한 조응을 이루는 밤의 시간 속으로 깊이 몰입해감에 따라 「과거의 왕국」에서 "눈물바다"로 떠나보낸 '옛 애인'을 만나려는 소망을 표출한다. 3연에 나타난 "눈물의 바다"는 일차적으로 그가 옛날 애인을 떠나보낼 때 흘린 '눈물'이라는 짐에서 이별과 상실의 결과에서 비롯한 눈물을 의미한다. 그런 상황에서 그는 지금 만날 수 없는 애인을 만나기 위해 '꿈'으로 접어들고 보다 근본적으로 애인을 만날 수 있는 "눈물의 궁전"에 가기 위해 '비애'를 도입한다. 그는 '고개'로 비유된 '비애'에 침잠하고 근심과 슬픔에 젖을 때 '애인'이 있는 곳, 즉 "눈물의 궁전"을 비춰낼 눈물을 흘릴 수 있다. 그러한 점에서 4연에서 그가 흘리는 "눈물의 바다"가 "금강석"과 같은 단단한 이미지와 결합하고 있는 것은 '눈물'을 통해 애인이 있는 곳으로 향하는 순례의 강한 의지를 강조하고 있는 것이다.

4연에서 6연까지는 그가 '눈물'을 통해 애인이 있는 "눈물의 궁전"으로 향하는 순례의 여정을 보여준다. 그는 '바다'의 이미지와 결부된 눈물을 과도하게 쏟을 때 "눈물의 궁전"으로 갈 수 있다. 애인의 소재所在를 알려줄 작은 '여신'이 "비애선悲哀船"을 타고 온다는 표현에서 알 수 있듯이, 그만큼 그의 눈물이 '비애'의 도입으로 심화되고 과도하게 흘러넘친다는 것을 보여준다. 이 때의 '비애'는 3연에서 확인한 것처럼 더 이상 이별과 상실의 결과가 아니라 애인으로 향하는 순례를 추동하는 장치로 도입되고 있다. 그럼에 따라 그는 "눈물의 궁전"에 겨우 당도하였다. 7연에서부터 9연까지는 그가 "눈물의 궁전"으로 들어가 애인과의 만남이 이루어지기 전까지의 과정을 보여준다. 그가 "눈물의 궁전"의 "환락의 문"으로 들어가 '연인'의 품에 안기려고 하지만 그 순간 "눈물의 궁전"은 흐트러지고 말기 때문이다. 결국 이 지점에서 그와 애인과의 만남은 성사되지 못한 채 '실패'로 끝난다는 것을 알 수 있다. 9연에서 그의 마음에 무거운 "북소리"만이 크게 울린다는 것은 만남에 실패한 그의 심정을 내비치고 있다.

따라서 지금까지 살펴본 순례의 여정으로 미루어보건대, 시적화자와 애인의 만남은 결국 불가능하며 꿈속에 도입된 '비애'와 '눈물'을 통해 순례의 여정을 계속해서 이어나갈 수밖에 없다는 것을 확인할 수 있다. 이는 특히 4연에서 6연에 걸쳐 '비애'로 인한 '눈물'을 통해 "눈물의 궁전"에 당도하고 7연에서 9연에 걸쳐 "눈물의 궁전"의 "환락의 문"을 통과하는 장면에서 확인할 수 있다. 이때 시적화자의 '비애'와 그로 인한 '눈물'은 순전혀 그가 1연과 3연에서 보여준 이별의 결과가 아니라 애인이 있는 곳으로 향하는 순례를 추동하는 효과를 거두고 있다. 물론 그와 애인과의 만남은 결과적으로 실패하고 말지만 '비애'의 도입과 그에 따른 '눈물'로 인해 애인과의 만남에 대한 욕망을 증폭시켜 간다는 점에 주목해야 한다.[95] 이 시에서 '눈물'과 '바다'의 이미지가 결합되어 있는 것은 다다를 수 없는 대상에 대한 지향성을 표출하는 '숭고시학'의 장치라고 할 수 있다.

지금까지 살펴본 박영희의 시가 순례의 여정에서 '비애'와 '눈물'을 통해 다다를 수 없는 대상에 대한 만남의 지향성을 창출해냈다면, 아래 오상순의 시에서는 '표박'을 마치고 돌아온 나그네가 '비애'를 통해 '생명'의 근원을 발견해내고 있다.

> 오 너는, 멀고 먼 나라 나라를 漂浪하야 헤매이다가 故鄕을 그리워 도라온 疲困하고 孤獨한 旅客의 唯一한 希望과 抱擁과 慰安의 源泉일 것이다.
>
> 오 그러나 나는 슬퍼한다. 너와 나를 爲하야 痛哭한다. 그윽하게도 아름다운 曲線의 리듬에 써(浮) 멋잇게도 흐르는 듯이 축축 느러저 가브여운 微風에 步調 맛추어 춤추던 너의 가지 가지(枝)는

95 이와 관련하여 박영희가 '비애'를 인생의 문제와 관련하여 논하고 있는 글이 주목된다. 이 글에서 그는 '비애'가 유한과 물질에 따른 인간의 숙명적인 한계에서 벗어나 "정신적인 무한의 향락"으로 향하게 하는 계기가 된다고 본다(박영희, 「生의 悲哀」, 『백조』 제3호, 1923.9, 177~196면).

理解업는 모르는 異邦 사람의 손에 蹂躪을 밧고 거친 環境에 외로히 서잇는 너의 모양!

길고 긴 歲月의 익지 못하고 낫서른 異域의 나그네길 우에 서잇던 나의 身勢도 理解 못 밧고 同情 업기에 너보다 나흘 것은 조금도 업섯다. 그럼으로 나는 너를 차저 도라왓다. 녯나라의 오랜 歷史와 事件과 그 運命을 한 가지 하는버들아! 녯 故鄕집의 隆替와 盛衰를 말하는 나의 어렷슬 때의 벗아! 압픔의 經驗을 가진 이라야 압픔에 알는 이를 理解하며 살필 수가 잇는 것이다.

녯날 동무야 용서하라! 나의 不純의 罪를 容恕하라! 내가 이제 너의 몸으로 기어올러가 굴거진 너의 목을 얼싸안고 오래간만에 以前과는 意味 다른 눈물 흘느며 너에게 興奮에 熱한 나의 입을 대임은, 니질 수 업는 녯날의 깁흔 追憶과 아즉 生命 以前의 分裂作用이 生기々 以前의 混一純眞하던 無意識的의 어린 熱情을 못 니짐으로 세라. 나의 生命은 어느 意味로는 그 동안 成長하고 發展하엿슴은 疑心할 수 업는 事實이다. 너의 그것과 마찬가지로.

그러나 나의 內面的 不純과 邪氣는 가릴 수 업는 嚴肅한 事實이다. 그는 너 自身도 應當 늣겻슬 것이다.

以前에 天眞하고 爛漫하던 때에 生命의 피와 熱에 김 서리는 맨발이 너의 살에 다을 적—그때에는 너의 몸의 넘치는 生命과 生氣는 나의 맨발을 슴이여 나의 핏줄을 짜러 全身에 自由로 도랏슬 것이 의심업다—과 밋헤 쇠못 박은 가죽신이 너의 가슴에 다을 적과

比較感이 엇더하냐. 나는 이제 너의 가슴에 눈물까지 ᄲᅳ렷슴은 事實이나 一種의 무섭은 隔離感 — 너와 나 사이에 — 의 苦痛을 견댈 수 업다. 오 — 두렵은 悲劇!

엇지하면 조흘가! 엇지하면 조흘가!

오 — 벗아, 녯동무야! 나는 다시 한 번 발거벗고 맨몸으로 너의 傷한 가슴 싸안으련다!

> 버들! 오! 버들!
> 너는 다른 아모것도 아니다
> 東洋藝術의 象徵!
> 朝鮮의 사람과 自然의 血脈을 通하야
> 永遠히 悠久히 흘러가는 線의 藝術의 象徵!
> 목숨은 ᄶᅡᆲ다, 그러나 藝術은 悠久하다

— 「폐허행(廢墟行)」 부분[96]

이 시에서 나그네로 표상되는 시적화자가 '고향'으로 돌아와서 마주치는 '버드나무'는 두 가지의 기능을 하고 있다. 먼저, 시적화자가 고향에서 보낸 유년 시절을 회상하는 매개가 되며 그의 고향으로의 회귀를 추동하는 기능을 하고 있다. 다음으로 '곡선'으로 상징되는 조선의 "선의 예술"을 발견하는 매개이자 그것

96 오상순, 「廢墟行」, 『폐허이후』 제1호, 1924.1, 121~122면.

으로의 복귀를 추동하는 기능을 하고 있다.[97] 말하자면, 이 시에서 '버드나무'는 시적화자가 기존의 나그네로서 살아온 삶과 결별하고 '고향'으로 회귀하여 근대적 예술과는 달리 조선의 민족적 특질이 담긴 예술을 지향하려는 기능을 하고 있다고 볼 수 있다.[98] 그러한 관점에서 볼 때, 이 시에서의 '비애'는 외부의 파괴된 현장에서 느끼는 수동적인 정서로 고착화될 뿐만 아니라 시적화자가 외부자의 시선에 의해 규정된 민족주의의 이념에 함몰되는 장치에 불과해 보인다. 물론 이 시를 당대의 역사적 맥락에 따라 읽어내는 것은 가능하다. 하지만 그러할 때 이 시에서 '비애'를 통해 지향하려는 '생명'의 의미는 간과되고 만다.

이 시에서 '비애'는 시적화자의 고향이 표층과 심층의 차원에서 대립되는 것에서 발생한다. 표층의 차원에서 그는 고향으로 돌아왔음에 틀림없다. 하지만 심층의 차원에서 볼 때, 그의 고향

97 앞에서 살펴보았듯이, 조선의 예술에서 느낄 수 있는 '미'를 "선의 아름다움"으로 정의하고 거기서 "사랑에 굶주린 마음의 상징"을 읽어낸 것은 야나기 무네요시이다. 그는 "인생에 대한 갖가지 슬픈 생각과 고민의 역사"가 조선의 예술에서 '곡선'으로 나타나 있다고 지적하고 조선 예술의 미학적 특질을 '비애의 미'라고 정의하였다(柳宗悅, 「朝鮮人を想ふ」, 『朝鮮とその藝術』, 日本民芸協会, 1972, pp.1~17; 「朝鮮の友に贈る書」, 위의 책, pp.18~52; 「朝鮮の美術」, 위의 책, pp.102~139). 야나기 무네요시와 1920년대 초기 문인들의 교유 관계를 '생명의식'의 관점에서 파악하고 그 차이점에 대한 논의로는 최호영, 「야나기 무네요시의 생명사상과 1920년대 초기 한국시의 공동체 문제」, 『일본비평』 제11호, 서울대 일본연구소, 2014, 238~273면 참고.

98 영락한 탕자의 귀환이라는 모티프에 따라 김억의 시를 분석한 구인모의 논의에서 이러한 관점을 살펴볼 수 있다(구인모, 앞의 책, 236~252면 참고).

으로의 회귀는 '실패'에 그치고 있다. 왜냐하면, 그의 고향이 다른 사람의 마을이 되어 있기 때문이다. 그런 상황에서 그가 '버드나무'를 통해 유년시절을 회상하는 것은 고향과 일체화된 시절을 떠올리기 위한 것보다 현재의 고향과 과거의 고향 사이에 존재하는 괴리감을 증폭시키기 위한 것이다. 그가 원시적 생활상태로 버드나무와 놀던 모습과 현재의 문명화된 모습 사이에서 느끼는 "격리감"은 그와 고향 사이에 가로놓인 현격한 '거리감'을 단적으로 보여준다. 말하자면, 그의 고향으로의 회귀는 원천적으로 '실패'에 그치고 있으며 앞으로 끊임없이 반복해가야 할 성격의 것이다. 따라서 시적화자에게 고향은 다다를 수 없는 숭고한 영역에 놓여 있다.

그러면 시적화자는 왜 고향을 현재 자신이 가지고 있는 이념으로 환원할 수 없는 지점에 두고 있는가? 그것은 바로 그에게 고향이 표박의 실패를 반복해가면서 발견해야 할 '생명'의 대상이기 때문이다. 다시 말해, 그에게 고향은 이념으로 구성할 수 있는 것보다 큰 '생명'의 영역을 형성하고 있기 때문이다. 이는 그가 자신의 '생명'이 어떤 의미로는 그동안 '성장'하고 발전하였던 것처럼 '버드나무'의 경우에서 보더라도 마찬가지라고 말하는 부분에서 나타나 있다. 그리고 그가 버드나무의 몸에서 넘치는 '생명'과 '생기'가 유년시절에 자신의 '전신'에서 자유롭게 돌았을 것이 틀림없다고 말하는 부분에서 나타나 있다. 말하자면, '버드나무'로 표상되는 '고향'과 '조선의 예술'은 그동안 방치되고 황폐화되기만 한 것이 아니라 어떤 방식으로 '생명'을 가지고 존속해오면서 그의 '생명'을 구성해왔던 것이다. 이런 맥락에서 그는 마지막 연에서 '고향'과 '조선의 예술'의 '생명'이 '조선의 사람'과 '자연'의 '혈맥'을 거쳐 오면서 영원히 흘러왔을 뿐만 아니라 앞으로도 '유구'히 흘러갈 것이라고 말했던 것이다. 그에게 '고향'과 '조선의 예술'은 자신의 '생명'을 감싸고 있는 외연이자 앞으로도 자신의 '생명'을 구성하는 지평으로 나타날 것이다. 결국 그가 이 시에서 '표박'의 방식과 함께 도입하고 있는 '비애'는 '고향'과 '조선의 예술'을 '생명'의 근원으로 추동하는 감정이라 할 수 있다.[99]

---

99 이러한 측면은 홍사용의 시에서도 찾아볼 수 있다. 그는 「나는 王이로소이다」에서 자신의 눈물이 선천적으로 타고난 것이라는 점에서 앞으로도 "이 세상 어느 곳에든지" "눈물의 왕"이 되어 살아갈 수밖에 없는 운명을 말하고 있다. 그는 특히, 어머니의 "구슬픈 옛이야기"를 듣거나 "상두꾼의 슬픈 노래"를 듣고 우는 장면을 통해 자신의 울음이 존재의 근원적인 슬픔과 맞닿아 있거나 장구한 역사의 흐름에 따라 전해오는 것이라는 점을 보여준다. 이는 그가 후일 『백조』 시대의 활동을 회상하는 글에서 결정적으로 확인할 수 있다. 이 글에서 그는 『백조』의 생애와 활동상을 "동대륙 그윽한 땅"에서 남으로 "반도의 최남단까지" 유리(遊離) 도망하여 온 "부루 종족의 역사"에 빗대어 표현한 바 있다. 여기서 '부루 종족'이 '고조선'으로 표상되는 민족의 고대사 영역을 의미하고 '부루 종족'이 부르는 '상두꾼의 노래'가 역사 강역이 점차 축소되어 남쪽으로 쫓겨 온 역경을 비탄의 감정으로 노래한 것이라고 한다면, 홍사용의 눈물은 그러한 신화적 기억과 얽혀있다는 것을 보여준다. 따라서 홍사용이 자신을 '눈물의 왕'이라 표현하고 '눈물'을 끊임없이 도입하고 있다는 것은 풍성한 존재의 기원으로부터 쫓겨난 신화적인 기억을 불러내는 장치를 하고 있다(홍사용, 「白潮時代에 남긴 餘話 — 젊은 文學徒의 그리든 꿈」, 『조광』 제2권 9호, 1936.9, 131~132면).

지금까지 살펴본 것처럼 1920년대 초기 시에서 '비애'와 '눈물'은 만남의 실패를 거듭해감에도 불구하고 숭고한 대상에 대한 지향성을 창출해내는 '정조상징'이라 볼 수 있다. 물론 1920년대 초기 시에서 '비애'와 '눈물'은 일차적으로 외부의 환경에서 기인하는 수동적인 감정이긴 하지만 '바다'의 이미지와 결합하거나 실패하는 '표박'의 반복을 추동하는 독특한 방식으로 나타나 있다. 이러한 '눈물'은 감정의 측면에서 반대항에 놓여 있는 '웃음'과 관련해보면 '정조상징'으로서의 기능을 보다 뚜렷하게 드러낼 것이다. 1920년대 초기 시에서는 '눈물'의 주제 못지않게 '웃음'의 주제를 그리려는 시도 또한 쉽게 찾아볼 수 있다.

젊은 新婚의 夫婦의 지적이는 房의
窓에 불 그림자가 써지듯키 夕陽은 써지다,
夕陽은 써지다,
愛人아 밤 안으로 흠벅 우서다고,
나의 質素한 處女의 살갓흔 깨긋한 마음을 펼(擴)쳐서
네 눈이 샛시게 되도록, 너의게 뵈히마,
내 마음에는 지금 밧은
黃昏의
脈 풀닌, 힘업는
애痛한 接吻의 자욱이 잇슬 썐일다.

愛人아, 밤 안으로 흠벅 우서다고,
나의 이 연(柔)한 마음을 펴처
가을의 행긔렵운 夕月을 싸듯키
네의 부닷기고, 고寂한 魂을 싸주마.

愛人아, 밤 안으로 흠벅 우서다고,
네의 우슴 안에 적은 幕을 치고
地球의 슷에서 기어오는 앙징한 '새벽'이
우리의 魂 압헤 도라올 째ㅅ지,
너와 니야기하면서 쑬을 싸듯키 자려 한다.

愛人아, 밤 안으로 흠벅 우서다고,
네의 그 微笑는 처음 사랑의
쓰거운 恍惚에 턱 괴힌
少女의 살적가(鬢際)를 춤추어 지내는
봄저녁의 愛嬌 만흔 바람 갓고,
쏘 너의 그 微笑는
나의 울음 개힌 마음에 繡논 적은 무지개(虹) 갓다.

愛人아, 밤 안으로 흠벅 우서다고,
나의 가쟝 새롭은 黃金의 叡知의 펜으로

네의 玲瓏한 우슴을 찍어
나의 눈(雪)보덤 더 흰 마음 우에
黃昏의 키-쓰를 序言으로 하여
아々 그 애痛한 키-쓰의 輪線안에
너의 얼골(肖像)을
너의 긴-生涯를
丹紅으로, 藍색으로, 碧空色으로
네의 가쟝 즐기는 빗으로 그려주마.

愛人아, 밤 안으로 흠벅 우서다고,
내 마음이 醉해 넘머지도록
너의 薔薇의 馨氣 갓고
處女의 살 馨氣와 갓흔 속힘(底力)잇는 웃음을 켜(彈)려한다
愛人아 우서라, 夕陽은 써지다

愛人아, 밤 안으로 흠벅 우서다고,
내 우슴이 내 마음을 덥는 한 아즈랑이(靄)일진대
네 우슴이 내 마음의 압헤 드리우는 한 꼿발(花簾)일진댄
나는 그 안에서 내 마음의 곱은 化粧을 하마,
네 우슴이 어느 나라에 길 써나는 한 颱風일진댄, 구름일진댄
나는 내 魂을 그 우에 갑야웁게 태우마,

네 우슴이 내 生命의 傷處를 씻는 무슨 液일진댄
나는 네 우슴의 그 쓸는 坩堝에 뛰여들마,
네 우슴이 어느 世界의 暗示, 그 生活의 한 曲目의 說明일진댄
나는 나의 귀의 굿은 못을 빼고 들으마,
네 우슴이 나의게만 열어뵈히는
너의 悲哀의 秘密한 畵帖일진댄
나는 내 마음이 洪水의 속에 잠기도록 울어주마,
愛人아 우서라, 夕陽은 써지다.

—「석양(夕陽)은 써지다」 전문[100]

이 시에서 "석양이 꺼지는" 저녁의 하강 이미지는 그가 말하고 있는 대로 표면적으로 "세기말적 기분"으로 점철된 자신의 최근 사상의 경향을 반영하고 있다.[101] 이미 박영희를 비롯한 1920년대 초기의 시인들이 밤의 시·공간을 마련하여 애인과의 만남이 이루어지는 환상을 펼쳐냈던 것처럼 이 시에서 밤 또한 황석우만의 고유한 이미지는 아닌 것 같다.[102] 다만, 시에서 황석우는 황혼

100 황석우, 「夕陽은 써지다」, 『폐허』 제1호, 1920.7, 12~15면.
101 황석우는 이 시의 뒤에 이어 「太陽의 沈沒」에서 그러한 내용의 부기를 달아놓고 있다(황석우, 「太陽의 沈沒(舊稿)」, 『폐허』 제1호, 1920.7, 17면). "이 全篇의 詩안에 特히 '저녁'이란 말이 만히 씨혀 잇스나 이는 한 世紀末的 氣分에 붓잡힌 나의 最近의 思想의 傾向을 가장 率直히 낫하낸 者일다, 讀者여 諒之하라."
102 이와 관련하여 1920년대 초기 시에 농후한 '어둠'과 '동굴'의 이미지를 데카당스의 측면에서 접근한 박승희의 논의는 주목할 만하다. 이 논의에서는 1920년대 초기 시에서 데카당스를 퇴폐나 죽음과 같은 표층적인 층위에서 재단하

무렵이 지나고 저녁으로 돌입해갈수록 애인의 '웃음'과 공명하는 독특한 '정조상징'을 펼쳐냄에 따라 세기말로 점철된 시·공간을 밝히는 특징을 내보인다. 따라서 이 시에서는 밤과 같은 자연적인 시간을 '생명'의 시간으로 바꿔놓는 '정조상징'의 기능을 '숭고시학'의 측면에서 파악할 필요가 있다.

황석우는 1연에서 만남을 위한 시·공간을 창출하고 있다. 그에게 '밤'과 '방'은 젊은 남녀의 은밀한 합일이 이루어진다는 점에서 신비롭고 성스러운 시·공간이다. 그곳에서 그는 '애인'을 반복적으로 호명해내고 '웃음'의 매개를 통해 두 사람의 관계성을 환기해가는 방식을 취하고 있다. 그가 시상을 전개해감에 따라 특징적인 점은 그의 '마음'이 자연의 순리에 따른 일몰과 호응하여 필연적으로 나약하고 어두워지는 상황에서도 애인의 '웃음'에 의해 오히려 생명력을 회복해간다는 것이다. 그런 점에서 이 시는 애인의 '웃음'에 공명하여 나의 '마음'이 부르는 연가라 부를 만하다.

황석우는 매 연마다 "애인愛人아 밤 안으로 흠벅 우서다고,"를 반복하면서 밤으로 인해 어두워진 마음에서 벗어나 애인의 '웃음'과 공명해가는 '마음'의 풍경을 그려내고 있다. 좀 더 구체적으로 말해, 그는 애인의 '웃음'이 그에게 '꿀', '봄바람', '무지개', '장미' 등 다채로운 이미지로 나타날 때마다 그에 호응하는 '마음'의

는 관점에서 벗어나 새로운 생성의 세계로 나아가려는 '제의적 산물'이라 보고 있다(박승희, 「1920년대 데카당스와 동인지 시의 재발견」, 『한민족어문학』 제47집, 한민족어문학회, 2005, 311~334면).

풍경을 그려낸다. 그럼으로써 그의 '마음'은 석양이 꺼진 어두워진 '방'을 밝힌다. 이는 시상이 전개될 때마다 애인의 '웃음'과 공명하는 그의 '마음'이 수동적인 수혜의 입장에서 벗어나 점차 능동적이고 창조적인 시혜의 입장을 보여주는 부분에서 드러난다.[103] 말하자면, 그는 애인이 "밤 안으로" 흠빽 웃어주기만 한다면, 그의 '마음'으로 애인의 '눈'이 부시도록 할 것이며 애인의 '혼'을 감싸줄 것이며 애인의 '얼굴'을 그려줄 것이며 애인의 '웃음'을 연주하기도 할 것이다.

이처럼 황석우는 매 연마다 "애인아 밤 안으로 흠벅우서다고," 라는 소망을 반복함에 따라 애인의 '웃음'과 공명하는 자신의 '마음' 상태를 시각, 청각, 후각, 미각, 촉각의 경계를 자유롭게 넘나들어 노래하고 있다. 나아가 황석우는 그의 '마음'이 애인의 '웃음'과 공명하여 어둠이 자욱한 방을 밝히는 생명력을 얻고 있다는 점에서 '웃음'을 '정조상징'의 측면에서 그려내고 있다. 심지어 그는 이제 애인의 '웃음'이 어떠한 속성을 가지더라도 그에 따른 '마음'의 주체적인 변화를 보여줄 수 있을 거라는 확신을 보여준다. 왜냐하면 그는 애인의 '웃음'이 '아지랑이', '꽃발', '태풍',

103 이러한 관점은 황석우 시의 비유 구조를 분석한 권유성의 논의에서도 찾아볼 수 있다. 그는 황석우의 시에서 '애인'이나 '소녀'로 대변되는 대상들이 시적 화자를 절대적이고 신성한 구원의 공간으로 인도하는 구원자의 형상으로 나타나면서도 점차 구원자와 구원의 대상이 전도되고 있는 기이함을 보여준다고 지적하였다(권유성, 「1920년대 초기 황석우 시의 비유 구조」, 『국어국문학』 제142호, 국어국문학회, 2006, 253~258면).

'구름', '도가니', '어느 세계의 암시'와 같이 어떠한 방식으로 나타나더라도 그의 마음이 거기에 화답할 수 있는 잠재적인 가능성을 보여주고 있기 때문이다.

심지어 황석우는 점차 애인의 '웃음'과 그의 '마음'의 공명이 절정을 이룸에 따라 '웃음'과 '눈물'의 경계를 넘나들고 있다. 이는 마지막 연에서 애인의 '웃음'이 자신에게만 열어 보이는 "비애의 비밀한 화첩畵帖"과 같은 것으로 파악하는 부분에서 단적으로 드러난다. 이제 그의 마음에서 '웃음'은 기쁨의 감정을 수행하거나 '눈물'은 슬픔의 감정을 수행하는 이분법에 갇혀 있지 않다. 그는 애인의 '웃음'이 자신에게 열어 보이는 비밀스러운 '비애'와 같을 때 그의 '마음'이 "홍수"에 잠길 정도로 울어줄 기라고 말하고 있다. 말하자면, 그는 애인의 '웃음'의 이면에 '비애'가 감추어져 있을 때 그것을 파악한 그의 '마음' 또한 '웃음'이 아닌 '비애'와 공명하는 것이다. 따라서 그는 '웃음'과 '눈물'의 경계를 넘어 그의 '마음'이 애인의 '마음'에 '공감'할 수 있다는 것을 보여주고 있다.

지금까지 황석우는 '웃음'과 '눈물'이 '마음'의 무한한 변화를 이끌어낼 뿐만 아니라 '마음'과 '마음'의 공감을 이끌어내는 '정조상징'이라는 것을 보여주었다. 그는 '웃음'을 주제로 한 아래의 시에서도 애인의 '웃음'과 공명하는 '마음'의 변화 과정을 보여주는 가운데 '마음'의 공감 능력을 확대시켜간다.

내 靈을 실어가는 네 微笑의 꼿가마(花輿)야,
내 靈은 네 微笑에 휩쓸녀
　　愛의 적은 炬火를 놋(放)코 놋코
저물어가는 太陽의 힘업는 빗(光)의 우를
異相한 잇기(台) 덥힌 花岡石의 언덕의 우를
울어비는 듯한 어린 木草의 우를
肺患者의 喘息과 갓흔 훗훗한 바람의 우를
줄 끈어진 鳶(風)갓치
方向 업시 빗틀거려 가는도다.

그대여, 深更의 고요한 女修道院의
瓦斯燈의 흐르는 수풀빗(森色)의 둥근 움푹한
窓과 갓흔 네의 그 큰 눈의 서느릅한 그늘에는
聖者의 처음 巡禮의 淨한 숨에 쌈흘니는
어느 귀엽운 사람이 모로 누어잇슬 것일다.
　　(노래하면서, 노래하면서, 노래하면서)
나는 한갓 그이의게 맛나려는 남아지에
의지 업는 可憐한 내 靈은 路傍(길가)에 싸러내버리는
한 방울의 葡萄液 갓흔 네 微笑에 醉해 싸저
이럿케 方向 업시 휩쓸녀 가는도

그대여, 네 우물거리는 石榴와 갓흔 그 입에는
어느 귀엽운 사람의 게맛흔'말'을
내 마음의 가러올(耕立)닌 넓은 밧고랑에
뿜어 색려주렴이 아니냐 生覺한다,
나는 한갓 그것을 빗으려는 남아지에
流船과 갓흔 네 微笑의 우에 쒸여올는 것일다,
아아 내 靈을 실어가는 네 微笑의 쏫가마(花輿)야.

—「미소(微笑)의 화여(花輿)」 전문[104]

이 시에서 황석우는 애인의 '웃음'을 자신의 "영靈"을 실어가는 '꽃가마花輿'에 비유하면서 '마음'의 변화 과정을 세 단계에 걸쳐 보여주고 있다. 첫 번째 단계에서 그는 자신의 영혼이 애인의 '꽃가마'에 실려 감에 따라 '저물어 가는 태양', '화강석花岡石의 언덕', '어린 목초牧草', '바람'과 같은 주변의 자연물을 체험하게 된다. 하지만 이는 줄 끊어진 '연'과 같이 '방향'없이 비틀거린다는 고백에서 나타나듯이 그가 애인의 '웃음'과 공명함에도 불구하고 일방적으로 거기에 휩쓸리고 있다는 것을 보여준다. 따라서 이 단계에서 그가 내적 '마음'에서 벗어나 외부의 자연물에 눈길을 돌릴 수 있다고 해도 그것은 그의 '마음'에 별다른 변화를 일으키지 못한다.

104 황석우, 「微笑의 花輿」, 『개벽』 제3호, 1920.8, 34~35면.

두 번째 단계에서 황석우는 불완전하나마 그의 '마음'에 변화를 일으킬 수 있는 가능성을 보여준다. 그의 영혼은 애인의 '눈' 속에 들어가[105] 애인과 만나려고 한다. 하지만 그의 영혼은 애인과 만나려는 맹목적인 욕망이 앞선 나머지 애인의 '웃음'과 공명하지 못한다. 이는 그의 영혼이 '포도주'처럼 자신을 매혹시키는 애인의 '웃음'에 도취해버림에 따라 여전히 방향 없이 휩쓸리는 장면에서 나타난다. 그에게 중요한 것은 결국 그의 영혼이 애인의 '웃음'과 공명하여 '마음'의 주체적인 변화를 이끌어내는 것이다. 그것을 이루어내지 못한다면, 그와 애인과의 만남은 무의미하다. 그래서 세 번째 단계에 이르러 황석우는 애인의 '웃음'과 공명하는 것에서 나아가 거기에 공감하는 '마음'의 변화를 보여준다. 즉, 그는 애인의 '말'에 공감하여 자신의 '마음'에 있는 넓은 '밭고랑'을 갈 수 있는 상황으로 나아가는 것이다.

그가 애인의 말에 공감하여 마음의 '밭고랑'을 간다는 것은 무슨 의미인가? 황석우는 그의 시론에서 시의 감상을 "마음의 미각味覺"(="영靈의 미각味覺")으로 한다고 말한 바 있다. 다시 말해, 그에게 시를 감상하는 '마음'은 청각, 시각, 촉각, 후각 등 감각의 경계를 넘나들어 감각을 '전적'으로 '활동'시키는 능력을 가

105 참고로 황석우는 시론에서 '시각'을 영혼의 "오관(五官)"으로 통할 수 있는 통로라고 보고 있다(황석우, 「詩의 鑑賞과 그 作法(前續)」, 『학생계』 제6호, 1921.1, 17면). 이런 점에서 그가 애인의 눈 속에 들어가 애인을 만나려 하는 것은 애인의 '영혼'과 접촉하려는 의도를 가지고 있다고 볼 수 있다.

지고 있다. 그래서 그는 마음을 "원래 만능萬能"이라고 말할 수 있었던 것이다.[106] 이러한 관점으로 미루어보건대, 위에서 그가 자신의 '마음'의 '밭고랑'을 간다는 것은 자신이 가지고 있는 모든 감각을 자유롭게 작동시켜 애인의 말에 주체적인 공감을 보이겠다는 의도를 담고 있다고 할 수 있다. 이 지점에서 그는 앞서 애인의 '웃음'에 휩쓸려 그냥 지나쳤던 외부의 자연물에 대해서도 공감을 보일 수 있는 것에서 나아가 자신의 "만능"과 같은 '마음'을 통해 새로운 세계를 창조해갈 수 있을 것이다.

지금까지 살펴본 것처럼, 1920년대 초기 시에서 '눈물'과 '웃음'은 각각 외부의 환경에서 발생하는 감정을 수행하는 것에서 벗어나 숭고한 영역에 있는 대상과 접속할 수 있는 기능을 수행하고 있었다. 좀 더 구체적으로 말해, '눈물'의 경우 다다를 수 없는 대상에 대한 '표박'을 추동하기 위해 '바다'와 결부된 독특한 이미지를 창출해내고 있었다. '웃음'의 경우 숭고한 영역에 있는 대상과 공명하여 주체의 '마음'에 무한한 변화를 이끌어낼 수 있는 가능성을 보여주었으며 주체의 '마음'에서 새로운 세계를 창조해낼 수 있는 가능성을 보여주고 있었다. 따라서 1920년대 초기 시에서 '눈물'과 '웃음'은 숭고한 영역에 있는 대상과 접촉하는 '영혼'과 '마음'을 생명력이 있는 경지로 상승시키고 있다는 점에서 '숭고시학'의 표지라고 할 수 있다.

106 위의 책, 18면.

4장

숭고시학의 심화와 공동체의 이념 확립

앞서 살펴보았듯이 1920년대 초기 시에서 숭고한 영역에 있는 대상과의 '거리감'을 바탕으로 하면서도 대상에 대한 만남의 지향성을 보여주는 '숭고시학'의 표지는 다음과 같이 세 가지로 유형화할 수 있다. 첫째, 1920년대 초기 시인들은 명확한 의미를 파악할 수 없는 '외부의 목소리'에 이끌리면서 목소리와 얽혀있는 대상에 대한 '표박'의 실패를 반복해가고 있었다. 둘째, 1920년대 초기 시인들은 다다를 수 없는 대상에 대한 '환상'을 지속해가고 환상과 '찰나'의 시간을 결합하여 자아에게 고유한 '생명'을 부여하는 역사적 시·공간을 모색하고 있었다. 셋째, 1920년대 초기 시인들은 '정조상징'을 통해 숭고한 영역에 있는 대상과 공명하고 새로운 세계를 창조할 수 있는 '마음'의 공감 능력을 보여주었다.

1920년대 초기 시에서 '자연'과 함께 다다를 수 없는 대상은 구체적으로 '애인', '고향', '어머니' 등으로 나타났다. 그러한 대상들은 '무한', '영원', '신비'의 범주를 동반함에 따라 숭고한 위치에 놓여 있었다. 사실 근대적 관점으로 환원할 수 없는 지점에 놓인 이러한 대상들은 당대 문단의 선배인 이광수의 혹독한 비판과, 김소월과 이장희의 자살에서 단적으로 나타나듯이 그 비현실성과 허무주의적 경향에 대한 비판을 쉽사리 면하기 어려운 것 같다. 칸트의 '물자체'와 라캉의 '실재계'를 결합하여 자본주의 사회의 이데올로기 작동 방식을 설명한 지젝의 관점은 그러한 현상을 설명할 단서를 제공한다. 지젝에 따르면, 칸트에게 숭고한 것은 표상과 사물 간의 극복 불가능한 간극 자체를 경험하게 해주며 궁극적으로 사물의 진정한 차원을 부정적인 방식으로 감지하게 해준다. 하지만 그는 칸트가 여전히 '물자체'를 도달 불가능한 현상계 너머에 실정적으로 존재하는 것으로 두려는 태도에서 벗어나지 못한다며 칸트를 비판적으로 독해한다. 그는 그보다 현상계 너머에는 오히려 '무無'만이 있다는 것을, 그리고 '물자체'는 바로 그 "근본적인 부정성"에 불과하다고 본다. 그리하여 그에게 숭고함은 결국 "현상계가 사물을 정확하게 표상할 수 없다는 사실이 현상계 그 자체 안에 기입되

어" 있는 방식으로만 나타난다.[1]

지젝의 견해에 따른다면, 1920년대 초기 시에서 '무한', '영원', '신비' 등의 범주에 따라 숭고한 위치에 올라선 '애인', '고향', '어머니' 등은 환상과 같이 '있음의 효과'에 의해 창출된 '무無'이거나 상징적 질서 내에서의 결여를 채우기 위한 이데올로기적 장치에 불과해 보인다. 그들에게 그러한 대상들은 그처럼 허구적인 상상에 의해 있다고 믿은 대상에 불과한 것인가. 물론 그들의 문학을 관념성과 비현실성의 측면에서 비판하는 것은 충분히 가능한 일이다. 하지만 1920년대 초기 문학을 어떠한 한계에 가두기보다 존재 자체를 부정하는 '무無'와 존재의 '부재'를 의미하는 '무無'를 구별하여 그들의 문학에 접근해보면 어떠한가. 1920년대 초기 시인들은 '애인', '고향', '어머니' 등의 대상이 현재 '부재'하고 있다고 말하고 있을 뿐 존재하지 않는다고 말하지는 않았다. 앞에서 살펴본 대로 그들은 '숭고시학'을 통해 자신들의 '영혼(마음)'이 그러한 대상과 접촉하여 보다 높은 정신적인 상승을 나타내는 기호로서 '생명'이라는 개념을 제시하고 있었다.

실제로 김억, 황석우, 김소월, 주요한, 오상순, 홍사용 등의 사례에서 확인하였듯이 1920년대 초기 시인들은 '생명'이 '전

1 슬라보예 지젝, 이수련 역, 『이데올로기라는 숭고한 대상』, 인간사랑, 2002, 259~385면.

통'이나 '조선'의 기호와 결부하여 자신에게 역사적 실체를 주는 모성적 공간에서 기원하고 있다는 것을 보여주었다. 다시 말해, 그들에게 '생명'은 관념이나 상상에 의해 구성된 개념이라기보다 오랜 세월을 거쳐 '혈액', '언어', '노래' 등을 매개로[2] 전해오는 것이었다. 그러할 때 그들이 '애인', '고향', '어머니' 등의 대상과 '생명'의 관계에 놓일 때 노출한 '조선'이나 '전통'은 '반근대'나 '전근대'와 같이 근대적 원근법에 균열을 일으키는 이질적인 기호로만 보기는 어렵다. 오히려 그들은 '애인', '고향', '어머니' 등의 대상이 근대적 원근법으로 환원할 수 없는 외부에 놓여 있으면서도 '조선'이나 '전통' 등의 기호를 통해 근대적 원근법의 '외연'을 구성하고 있다는 것을 보여주었다. 이러한 점들은 1920년대 초기의 조선에서 '단군'으로 표상되는 '생명'의 기원을 탐색하려는 움직임과 식민지 조선의 한

2 이러한 점은 앞에서 살펴본 이희승의 글에서 '조선'이라는 기호에 결부된 '생명'의 실체성을 말하기 위해 '혈액'을 예로 드는 부분에서 나타난다. 그리고 이돈화는 진화론의 관점을 바탕으로 사람의 '생명'을 '우주적 생명'과 연결시키는 과정에서 '무궁' 이전으로부터 흘러온 생명의 실체성을 나타내는 것으로 '혈액'을 언급하고 있다(곧은뜰, 「뜨어온불꽃」, 『근화』 창간호, 1920.4, 5면; 이돈화, 『인내천요의』, 천도교중앙총부, 1968, 67면). 개성(開城)이라는 고유한 지방색을 가지고 발행된 문예잡지 「여광」에서 이만규는 "여광의 정신"이 개성에 전해져오는 문장의 정신을 계승하는 데 있다고 말함으로써 언어와 문장이 '생명'을 담는 그릇이라는 것을 보여준다. 또한 홍사용은 조선에서 '메나리'만은 오랜 세월이 흘러도 썩지 않는 "거룩한 보물"이라고 말하면서 사람과 환경이 자연스레 어울려 만들어내는 '메나리'의 가락 속에서 '조상의 영혼'과 '넋'을 읽어내고 있다(이만규, 「麗光에對하야」, 『여광』 창간호, 1920.3, 6~7면; 홍사용, 「朝鮮은 메나리 나라」, 『별건곤』 제3권 제2호, 1928.5, 170~174면).

계를 극복할 수 있는 공동체를 탐색하려는 움직임으로 분출되고 있었다.

따라서 이 책의 4장에서는 1920년대 초기 시에서 '숭고시학'이 단순히 시학적인 측면에서 그치지 않고 당대의 현실에서 심화되고 있는 지점을 고찰하고자 한다. 이는 두 가지의 방향으로 이루어진다. 첫 번째의 방향은 숭고시학에서 '조선'이나 '전통'의 기호를 통해 '애인', '고향', '어머니' 등을 '생명'의 근원으로 두려는 방식이 당대의 담론에서 '단군'으로 표상되는 선조들의 문명을 '생명'의 기원으로 두려는 방식으로 나타난다. 두 번째의 방향은 '숭고시학'에서 자아의 정신적 상승을 나타내는 표지였던 '생명'이 당대의 담론에서 조선의 공동체적 현실을 구상하려는 원리로 구체화되는 것으로 나타난다. 이에 따라 이 책에서는 1920년대 초기 조선에서 형성되고 있던 공동체의 이념을 설명하기 위해 '생명공동체'라는 개념을 제시할 것이다.

1. 개조주의의 조선적 변용과 '생명'의 기원 탐색

앞에서 살펴보았다시피 1920년대 초기 시인들은 '숭고시학'을 통해 자아의 존재론적인 의미망을 풍요롭게 하는 세계를 구축하고자 했다. 그러면 우리는 '숭고시학'이 1920년대 초기 조선에서 문학 외적으로 어떠한 담론의 효과를 창출하고 있으며 문학 내적으로 어떠한 성과를 거두고 있었는가를 살펴볼 필요성을 느낀다. 이에 따라 4장에서는 '숭고시학'에서 숭고한 영역에 있는 대상과 접촉할 때 나타났던 '생명'이 당대 조선의 현실에서 구체적으로 작동하는 방식을 중점적으로 검토하고자 한다. 여기서는 그 선결적인 작업으로 당대 담론에서 '생명'의 기원을 모색하려는 논의를 살펴봄으로써 조선의 공동체적 현실을 존속시키는 '외연'이 무엇인가를 밝히고자 한다. 그러기 위해 당대의 담론에서 내·외부적인 정세의 변동과 연동하여 활발하게 나타나고 있던 '개조주의' 담론을 살펴봐야 할 것이다.

주지하다시피, 1920년대 초기 조선에서 그동안 사회진화론으로 팽창해온 근대의 위기를 반성하고 물질과 정신의 양방면에서 식민지 조선의 한계를 극복하기 위한 대안으로 모색된 논의가 바로 '개조주의'이다. 선행연구에서 '개조주의'에 대한 논의는 다음과 같이 두 가지의 방향으로 전개되어왔다. 첫째, 1920년대 초기 조선에서 '개조주의'가 대두하게 된 배경을 급박한 외부 정세의 변동에 따른 산물로 보는 시각을 들 수 있다. 권보드래는 1910년 말에서 1920년대 초의 조선에서 '개조주의'가 등장한 배경으로 '제1차 세계대전'과 같은 역사적 사건을 제시하였다. 이 사건으로 인해 그는 당대 조선에서 '영혼', '생명', '우주'와 같은 개념이 종교, 문학, 예술론 등 다방면에서 등장하여 사회·정치적 제도에 대한 변혁을 꾀하였고 멀게는 3·1운동을 예비한 정신적 변동에까지 영향을 미쳤다고 보았다. 보다 구체적으로 그는 당대의 지식인들이 제1차 세계대전의 경험을 통해 개체를 무한한 시·공간으로 전이시킴에 따라 '신생에의 의지', '공동체적 감성', '개조에의 의지' 등의 차원에서 주체의 위치를 새롭게 설정해갔다고 해명하였다.[3]

차승기 또한 비슷한 맥락에서 제1차 세계대전과 함께 사회진화론이 설득력을 잃고 문화주의적 개조의 기획이 등장하게 된 배경을 설명하고 있다. 그는 식민지 조선의 지식인들이 미디어를 통해 제1차 세계대전의 실상을 접함으로써 국가주의를 넘어 세계와 접속할 수 있었고 기존의 자본주의, 물질주의의 가치를 비판하기 위해 '생명', '정신', '문화'에 대한 새로운 인식을 보여

3 권보드래, 「영혼, 생명, 우주－1910년대, 제1차 세계대전의 충격과 '죽음'의 극복」, 『개념과 소통』 제7호, 한림대 한림과학원, 2011, 5~34면.

주었다고 말한다. 그는 특히 당대 조선에서 세계의 현실과 식민지의 사실 사이의 간극에서 발생하는 부재의식을 극복하기 위해 '나'를 민족적 주체로 비약시키는 방향으로 문화주의적 개조가 전개되었다고 평가하고 있다.[4] 이들 논의를 통해 1920년대 초기 조선에서 '개조주의'가 등장하게 된 배경을 세계사적인 시야에서 파악할 수 있게 되었다. 하지만 이들 논의에서 1920년대 초기 조선에서의 '개조주의'는 조선 자체의 능동적인 담론의 산물이라기보다 외부 정세의 대응에 따른 반동적 산물이라는 점으로 귀결되고 있다.

둘째, 1920년대 조선에서 '개조주의'가 대두하게 된 '연원'을 일본 담론과의 영향관계 아래 좀 더 실증적으로 고찰하려는 논의를 들 수 있다. 일찍이 『개벽』을 통해 1920년대 초·중반 조선의 담론 지형도를 새롭게 그린 최수일은 『개벽』에서뿐만 아니라 1920년대 초기 조선에서 '개조주의'라는 시대정신이 '문화주의'의 의장을 갖추고 전개된 사실에 주목하였다. 그는 당대 조선의 담론에서 혼용되고 있던 '문화운동'과 '문화주의'의 개념을 구분하고 조선의 '문화주의'가 "사실상 일본의 '문화주의'를 모태로 하고" 있다고 지적하였다. 그러면서 그는 일본의 문화주의와 달리 조선의 '문화주의'에는 "민족적 색채"가 가미되는 약간

4　차승기, 「폐허의 사상－'세계 전쟁'과 식민지 조선, 혹은 '부재 의식'에 대하여」, 『문학과사회』 제106호, 문학과지성사, 2014년 여름, 406~431면.

의 변용과정을 거치게 되었다고 말한다. 결과적으로 그는 1920년대 초기 조선에서 '문화주의'가 논자의 사상적 경향에 따라 다소의 차이를 보이면서도 개인의 정신적 개조와 사회의 물적 개조의 두 측면을 포괄하는 특징을 보이고 있다고 결론 내린다.[5]

이철호는 보다 구체적으로 '개조주의' 담론에서 주요한 두 축을 담당하는 개인과 사회의 연결 고리 역할을 하는 '생명'의 개념에 주목하여 1920년대 초기 문학에 나타나는 '생명'의 한 기원으로 '다이쇼 생명주의'를 지적하였다. 그는 1920년대 초기 조선에서 '생명'이 '영혼'과 같이 종교적 체험을 통해 획득되었으며 근대적 자아의 각성에 결정적인 계기가 되었다고 말한다. 나아가 그것을 각각 내면과 예술을 옹호하는 "낭만적 자아의 전유물"로, "민족공동체를 위한 도덕적 주체들을" 결속시키는 "민족주의적 기율"로 유형화하였다.[6] 이들 논의에 따라 1920년대 초기의 조선에서 '개조주의'가 등장하게 된 배경으로 '신칸트주의'를 기반으로 한 일본의 '문화주의'와 '다이쇼 생명주의'라는 두 흐름이 있었다는 점이 밝혀지게 되었다. 그럼에도 이들의 논의에서는 조선에서의 '개조주의'가 여전히 일본 담론과의 영향관계의 산물이라는 점에서 벗어나지 못함으로써 조선의 독자적인 사상적 특질에 대한 의문을 불러일으킨다.

5 최수일, 『『개벽』 연구』, 소명출판, 2008, 436~461면.
6 이철호, 『영혼의 계보-20세기 한국문학사와 생명담론』, 창비, 2013, 106~193면.

사실 앞에서 살펴본 논의들은 거슬러 올라가보면 그 논의에 직·간접적인 이론적 근거를 마련하고 있는 스즈키 사다미의 논의와 맞닿아 있다.[7] 스즈키 사다미의 논의에서도 '생명'이라는 개념은 급박한 외부 정세의 변동에 따른 반동의 산물이거나 근대의 위기를 진단하려는 서구 사상의 영향의 산물이라는 점에서 벗어나지 못하고 있기 때문이다. 앞에서 살펴본 논의들 또한 이러한 시각의 연장선상에서 1920년대 초기의 조선에 나타난 '개조주의'와 그 지류로서의 '생명주의'를 설명하고 있다는 점에서 문제적이다. 하지만 스즈키 사다미가 바라보는 일본에서의 '생명주의'와 1920년대 초기 조선에서의 '생명주의'는 근대의 위기를 진단하려는 비슷한 문제의식에서 출발하였을지는 모르지만 결과적으로 다른 역사적 맥락을 띠고 있다. 말하자면, 스즈키 사

7 스즈키 사다미는 일본의 근·현대 문학사에서 '생명주의'의 흐름을 다음과 같이 읽어내고 있다. 즉, ① 메이지 45년(1912)부터 다이쇼 3년(1914) 사이 일본의 문단에서 시마무라 호게츠(島村抱月), 소마 교후(相馬御風) 등 이른바 '생명'을 키워드로 하여 자연주의의 논쟁을 펼친 일군들, ② 가네코 치쿠스이(金子筑水)와 같이 유럽의 세기말에서 20세기 초의 문예를 번역, 소개하는 과정에서 '생명'의 개념을 발견하는 일군들, ③ 오스기 사카에(大杉栄)뿐만 아니라 시라카바(白樺)의 일군들을 들 수 있다. 그는 일본의 문단에서 '생명'의 개념이 돌출하게 된 배경으로 베르그송의 『창조적 진화』, 에머슨의 신비적 우주론, 톨스토이의 사상 등과 같은 실증적인 근거를 드는 것에서 나아가 그 직접적인 요인으로 무수한 죽음을 산출한 러일전쟁이나 신경증과 같은 시대의 병을 일으킨 도시의 발달 등을 들고 있다. 그래서 그는 당시 일본의 문단 내·외부에서 생명의 불안과 위기를 목도함으로써 인간의 궁극적인 가치를 회복하기 위한 일환으로 '생명'이라는 개념이 보편화되었다고 말한다(鈴木貞美, 『生命で読む日本近代ー大正生命主義の誕生と展開』, NHK Books, 1996, pp.6~36).

다미의 경우 근대의 위기에 봉착한 일본의 사상계에서 일제히 '생명은 무엇인가'와 같은 질문에 답하려 했다고 보고 있다면, 1920년대 초기 조선의 지식인들은 그 질문과 함께 '생명은 어디에서 오는가'와 같은 질문에 더욱 방점을 찍고 있었다.

이러한 점은 그간 선행연구에서 간과되어왔다. 따라서 여기서는 1920년대 초기 조선에서 '개조주의'에 담긴 독자적인 특질을 검토하고자 한다. 다시 말해, 조선에서 '개조주의'가 '생명은 무엇인가'의 문제를 '생명은 어디에서 오는가'의 문제로 변용하면서 '생명'의 기원을 둘러싼 독특한 논의를 전개하는 과정을 살펴보고자 한다. 그 논의의 출발점으로 개조의 문제를 표면화하고 있는 아래의 글부터 살펴보자.

> 全世界를 震動ᄒᆞ든 戰亂도, 大鵬의 翼을 收흠과 갓치 거두어지고, 世界는 다시 平和의 曙光을 띄우게 되엿다. (…중략…) 그리ᄒᆞ야, 全人類는, 至今ᄭᆞ지의 生活狀態을, 改造ᄒᆞ야, 一步一步, 理想의 新生活을 實現ᄒᆞ기에, 努力을 不怠ᄒᆞᆫ다.
>
> 歐米의 各國은, 다시 말ᄒᆞᆯ 것 업거니와, 日本으로 見ᄒᆞᆯ지라도, 今番 大戰亂을, 經ᄒᆞᆫ 後에, 各界를 通ᄒᆞ야, 얼마나 變動이 多大ᄒᆞᆫ가를 보아라. 雜誌나 新聞上에, 新思想 新言論의 躍動흠이, 얼마나 熱烈ᄒᆞ고, 悲壯ᄒᆞᆫ가를 보아라. 各方面에 改造의 步가 얼마나 着々 進行되는가를 보아라. (…중략…)

吾輩는, 아모 經驗도 업고, 力量이 微弱흔 者로라. 知識이 蔑如흐고, 思想이 淺薄흔 口尙乳臭의 者로라. 그러나 今에 微誠을 合흐야, 玆에 曙光을 刊行흠은, 우리 半島 暗黑中 一個의 曉星이 되야, 一은 靑年 學生의 前進을, 啓示흐기에 微光을 發흐며, 一은 新知識 新思想을 鼓發흐야, 社會進運에 萬分一을, 貢獻흠이 有흘가, 自期흠이로다.

—「발행(發行)의 사(辭)」 부분[8]

1919년 11월 문흥사에서 발행된 『서광』은 창간호의 표지에서부터 횃불과 칼을 들고 사방으로 빛을 발산하는 '자유의 여신상'과 그 앞에서 어떤 이가 종을 흔드는 그림을 게재함으로써 잡지의 계몽적 성격을 전면에 내걸고 있는 것 같다.[9] 『서광』의 표제 그림에서 엿볼 수 있는 이러한 분위기는 동시대에 발간된 『서울』 창간호(1919.12)의 전면에 미국의 윌슨 대통령의 초상화를 게재하고 있다고 볼 때, 제1차 세계대전 이후 민족자결주의가 선포되었던 분위기를 전해준다. 그러한 상황에 발맞춰 『서광』이 지향하려는 잡지의 성격은 '어둠'과 '빛'의 대비를 통해 지금까지 '어둠'으로 표상되는 구시대의 인습과 제도에서 벗어나 '빛'

8 「發行의 辭」, 『서광』 창간호, 1919.11, 1~2면.

9 참고로 동원 이일은 『서광』의 창간을 축하하기 위해 기고한 시에서 '빛'과 '어둠'을 대조하여 창간호에 실은 그림의 성격을 더욱 명확히 하고 있는 것 같다(이일, 「曙光을 보며」, 『서광』 창간호, 1919.11, 16면).

으로 표상되는 신문명의 대열에 참가하려는 것에 있는 것 같다. 인용된 글 역시 제1차 세계대전 이후 세계의 정세를 알리는 가운데 '서광 = 개조'의 도식을 성립시키고 있다.

제1차 세계대전은 그동안 우승열패와 약육강식을 기반으로 하는 사회진화론의 한계를 보여주고 근대의 위기의식을 노출한 사건이었다. 달리 보자면, 제1차 세계대전은 지금까지의 생활을 지배하던 모순을 일거에 드러내고 그것의 척결로 나아가는 계기이기도 하였다. 왜냐하면 인용된 글에서는 지금까지의 '모순'으로 집약되는 생활에서 벗어나 모든 사람들에게 '광명'으로 집약되는 생활을 추구하게 하는 계기로서 제1차 세계대전을 바라보고 있기 때문이다. 그래서 『서광』은 제1차 세계대전 이후 세계적으로 비치는 '서광'의 기운을 기존의 모순된 생활과 결별하고 "이상의 신생활"을 실현하기 위한 움직임이라 보고 있는 것이다. 하지만 문제는 당대 조선이 세계적인 추세에 있는 개조의 움직임에서 뒤쳐져 근대문명의 '낙오자'의 위치에 놓여 있다는 것이다.

따라서 인용된 글에서는 『서광』의 지향점을 당대의 조선에 '개조'를 전파하기 위한 것에 두었던 것이다. 이 글에서는 세계적으로 '서광'이 비치고 "개조의 경종"이 울리는 가운데 조선이 더 이상 뒤처질 수 없는 위치에 놓여 있다고 말한다. 물론 이 글에서는 『서광』이 아직까지 제대로 된 '경험'과 '역량'이 미미하고 가지고 있는 '지식'과 '사상'도 천박하지만, 『서광』의 발행이 조선의 '암흑'을 밝히는 한 개의 '효성'이기를 바라고 있다. 그리하여 글의 말미에서 『서광』 발행의 목적을 "신지식"과 "신사상"의 고취에 둠으로써 조선의 개조를 위한 계몽적인 성격을 표방하고 있는 것처럼 보인다. 지금까지 살펴본 『서광』의 계몽적 측면은 이미 앞에서 검토한 선행연구에서도 충분히 지적된 사항이다. 그와 연장선상에서 『서광』이 표방하려는 개조는 결국 제1차 세계대전과 같은 외부 정세의 반동에 따른 결과이며 서구와 일본의 근대를 추종하는 민족주의적 개조주의의 일환으로 환원되고 만다.

물론 『서광』에서 촉발된 개조의 출발점은 제1차 세계대전 이후 세계적인 차원으로 대두하였던 근대의 위기의식에 놓여 있었다. 하지만 『서광』에서는 그와 함께 곳곳에서 당대 조선의 현실과 접목되어있는 독자적인 사상의 편린들을 찾아볼 수 있다. 따라서 이 글은 조선에서 전개된 개조의 문제에 대해 좀 더 신중해질 필요성을 느낀다. 당대 조선의 현실과 관련하여 개조의 문제를 다루고 있는 아래의 글을 살펴보자.

(가) 元來 物質은 自我의 外에 存在ᄒᆞ야 自我의 意識을 通ᄒᆞ야 始로 出現ᄒᆞ며 自我의 生活要求에 基ᄒᆞ야 始로 效果를 付ᄒᆞᆫ난 것이니 (…중략…) 精神的의 主動力으로 實在的 客觀物의 上에 臨ᄒᆞ야 此를 統整 利用ᄒᆞ야 崇高善美ᄒᆞᆫ 道義的 生涯로써 人類生活의 終局

的 目標를 立홈은 우리 全人類生活이 眞理大法則에 復歸ᄒᆞ는 것이다 (…중략…)

物質뿐으로 吾人生活의 滿足을 得ᄒᆞ려 ᄒᆞ면 戰爭을 免치 못홈은 更疑홀 餘地가 無ᄒᆞ며 世界의 大戰이 物的 競爭으로부터 由起됨은 또ᄒᆞᆫ 否認치 못홀 事實이다 (…중략…) 우리 人類는 此刺戟을 受홈과 共히 吾人生活의 舊制度가 誤謬홈을 覺醒ᄒᆞ야 物質로부터 脫離ᄒᆞ야 物質上에 超越코저 ᄒᆞᆫ다 吾人生活의 根據를 物質에서 離ᄒᆞ야 精神的으로 推入ᄒᆞ는 同時에 强者는 弱者를 扶ᄒᆞ며 富者는 貧者를 救ᄒᆞ며 優者는 劣者를 助ᄒᆞ야 自由平等博愛의 美德을 發揮ᄒᆞ야 宇宙萬有에 特靈ᄒᆞᆫ 吾人 人類의 安寧的 共同生活을 企圖홈은 彼我가 共히 奮起猛進ᄒᆞ랴는 바이다

—「시대(時代)의 변천(變遷)과 오인(吾人)의 자각(自覺)」 부분[10]

(나) 이 조흔 世界, 이 文明進步한 世界에 我等은 엇더하뇨 我等의 世界는 아즉 沙漠世界니라 我等의 世界는 아즉 暗黑世界니라 我等은 文明進步의 世界에서 落伍되니라 그럼으로 精神界로나 物質界로나 다 退步한 人民이 오 精神界로나 物質界로나 다 進步하여야 될 人民이니라 (…중략…)

我等의 先朝가 이러케 苦心盡力으로 文明을 進步식여 조흔 世界를 맨들고 조흔 生活을 하얏거늘 彼等의 後에 彼等의 子孫은 엇지

10 신종석, 「時代의 變遷과 吾人의 自覺」, 『서광』 창간호, 1919.11, 22~24면.

하야 此를 繼續치 못하얏나뇨 엇지하야 그 文明을 退步식이고 그 조흔 世界를 조치 못하게 하얏나뇨 (…중략…) 試하야 看하라 今日 世界의 大勢가 엇더한가 舊思想, 舊事物은 다 打破되려 하고 新思想, 新事物를 改造하랴 하도다 이 新思想, 新事物은 何뇨 곳 眞正, 壯大한 文明進步的의 思想, 事物이니 이 世界의 大勢를 順應하야 進取하랴는 我等이여 곳 이 文明進步를 努力하려는 我等이여 我等에게 조흔 世界가 來하리라 (…중략…) 또 試하랴 看하라 我等은 聰明英達한 先祖의 遺傳性이 存하고 我等은 勤實强壯한 先祖의 遺傳性이 現하지 아니하엿는가 (…중략…) 我等이여 忍耐하리로다 我等이여 勤勉하리로다 我等이여 勇敢하리로다 我等이여 勞作하리로다 我等은 文明을 進이 步식이리로다 縱으로 先祖의 文明을 中恢하리로다 橫으로 世界의 文明을 擴張하리로다

—「아등(我等)의 서광(曙光)」 부분[11]

신종석은 앞에서와 마찬가지로 제1차 세계대전 이후 세계적인 차원에서 '서광'으로 표상되는 개조의 분위기가 나타나게 된 상황을 전하고 있다. 이와 함께 그는 제1차 세계대전이 발발하게 된 근본적인 원인이 무엇인가를 분석하고 있다. 이 과정에서 그가 조선에서의 개조를 어떠한 방향으로 전개시켜갈 것인지에 대한 관점을 내비치고 있는 점이 주목된다. 그는 제1차 세계대

11 장도빈, 「我等의 曙光」, 『서울』 제1호, 1919.12, 6~17면.

전을 발발시킨 과거 제도의 모순을 "물적 경쟁"과 물질에 편중하는 가치관에서 찾고 있다. 그는 과거에 "유물적 경쟁"으로 인해 '나'와 '타자'가 서로 적대시하게 됨에 따라 "세계의 평화"가 깨지게 되었다고 말한다. 그런 점에서 그는 물질에만 편중하는 경쟁으로 인해 인류의 공동생활에 요구되는 정신적 가치가 경시되어버렸다는 우려를 나타내고 있는 것이다.

그러면 신종석은 위에서 제기한 문제점을 어떻게 해결할 수 있다고 보고 있는가? 그는 바로 물질에 편중하는 과거의 제도와 가치관에서 벗어나 정의, 인도, 공평을 기반으로 하는 "공동적 생활"을 영위하고 "도덕적 정신적 방면"을 회복해야 한다고 말한다. 이 지점에서 제1차 세계대전 이후 물질 중심의 과열된 현상을 극복하기 위한 관점으로 '정신'의 영역이 부상한다. 여기서 주목해야할 점은 그가 기존에 전도되어 있던 물질과 정신의 관계를 새롭게 정립하여 올바른 '자아'를 설정하고 있다는 것이다. 신종석은 원래 물질이 '자아'의 밖에서 "자아의 의식"을 통해 비로소 '출현'하는 것으로 보고 있다. 그에게 물질은 "자아의 생활요구"로 인해 그 '가치'를 부여받을 수 있으며 "자아의 이용"으로 비로소 '효과'를 얻을 수 있는 것이다. 말하자면, 그에게 물질이 자아의 생활요구에 따른 외부 환경으로 올바르게 정착되기 위해서는 그것을 근본적으로 움직일 수 있는 동력이 필요하다. 그것이 바로 '정신'이다.

이러한 관점을 바탕으로 신종석은 물질과 정신의 상호보완적인 관계를 설정하기 위해 새로운 개조의 관점을 내비친다. 그는 물질만으로 편중된 가치관을 '초월'하여 생활의 '근거'를 '물질'보다 '정신'에 더욱 방점을 두려는 관점을 제시한다. 말하자면, 그는 '강자'와 '약자', '부자'와 '빈자'와 같은 빈부와 계급의 차별에서 벗어나 '자유', '평등', '박애'를 바탕으로 하는 '상호부조'를 통해 "인류의 공동생활"을 기도하는 것에 '정신'의 의의를 두고 있다. 따라서 인용된 글에서 신종석은 기존의 물질 중심의 가치관에서 벗어나 정신적 방면의 회복을 역설하고 있으며 '상호부조'를 통해 인류공동의 생활을 주장하고 있는 셈이다.

이러한 신종석의 사상적 특질을 크로포트킨P. A. Kropotkin으로 대표되는 아나키즘anarchism으로 요약하고 당대 아나키즘 사상의 지형도 속에서 그의 위치를 새롭게 조명할 수 있을지 모른다. 하지만 이는 문학에 편중된 기존의 관점과는 다른 측면에서 전위적인 이념성을 부각시키는 방식에 불과해 보인다.[12] 이 책의 관

12 『서광』에 실린 신종석의 다른 글뿐만 아니라 『근화』(근화사, 1920년 4월 창간), 『문우』(문흥사, 1920년 5월 15일 창간), 『여광』(개성 여광사, 1920년 4월 5일 창간), 『삼광』(삼광사, 1919년 2월 창간) 등 1920년대 초기의 잡지에서 '상호부조론'에 기반하는 '아나키즘'은 폭넓게 찾아볼 수 있다. 조남현에 따르면 한국에서 '아나키즘'은 1920년대에 들어와 다윈의 '생존경쟁론'보다 크로포트킨의 '상호부조론'을 선호하게 됨에 따라 1923년이 되면 사회주의와는 다른 존재로 인정받게 되었다고 한다. 그는 주로 볼셰비즘과 무정부주의의 대립, 카프와 아나키스트 사이의 논쟁 과정을 통해 정치적으로 분화되는 '아나키즘'의 계보를 살펴보고 있다(조남현, 「한국 현대문학의 아나키즘 체험」, 『한국 현대문학사상 연구』, 서울대 출판부, 1994, 77~124면). 하지만 조선의

심사는 거기에 있지 않다. 왜냐하면 신종석의 글을 게재하고 있는 『서광』에서는 아나키즘뿐만 아니라 범박하게 말해 장응진, 장도빈으로 대변되는 소위 민족주의적 개조주의 계열, 정백 등으로 대표되는 사회주의의 계열, 그리고 박종화, 노자영 등 소위 예술주의 계열의 문인들까지 포함하고 있기 때문이다.[13] 그래서 사상적 특질에 따라 해당 글의 성격을 규정하거나 문학(예술)보다 정치(성)을 우위에 두는 관점으로 담론의 의의를 해명하는 시도는 당대 담론의 특질을 일면적으로 보는 것에 그친다. 그보다 당대의 문인들이 매체와 인적교류를 통해 다양한 사상의 네트워크를 그리고 있는 현상은[14] 어떠한 근거에서 연유하게 되었는가

사상계에서 '아나키즘'은 그 이전부터 뚜렷한 정치적 입장으로 나타나지는 않았지만 기존의 '개조주의'를 비판하고 반성하는 사상의 근거로서 폭넓게 분포되어 있었다. 이런 상황에서 주목해본다면, 그간 동인지 중심의 '미적 근대성'에 관한 연구에서 벗어나 문학과 사상·정치의 관련성을 다루는 최근의 논의들은 어떤 면에서 타당해 보인다. 일례로 권유성은 『공제』, 『아성』, 『신생활』과 같은 사회주의 잡지에서 '개성', '감정'을 키워드로 하여 동인지 문예론과 공유하는 지점과 나눠지는 지점을 꼼꼼하게 추출해내고 있다. 그 결과 그는 당시 문학의 '미적자율성'을 활성화하려는 측면과 함께 문학의 사회성·정치성을 활성화하려는 측면 또한 다양한 시적 실천을 전개하고 있었다고 해명하였다(권유성, 「1920년대 초기 사회주의경향 잡지의 문예론과 시적 실천 양상 연구」, 『국어국문학』 제165호, 국어국문학회, 2013, 359~390면).

13 실제로 『서광』 창간호의 전면(前面)에서는 『서광』의 발행소인 문흥사의 사장, 총무, 간사, 주필, 편집주임, 편집원을 소개하고 있다. 『서광』의 필자 중 주필은 장응진, 편집주임은 신종석, 편집원은 정백으로 이미 발행소에서부터 이념적인 측면에서 차이를 보이는 구성원들로 구성되어 있었다. 이에 대해서는 차후 자세히 논할 것이다.

14 참고로 정우택은 매체와 인적 교류를 바탕으로 당대의 문단에 다양하게 얽혀 있던 문학적·정치적 조류와 기획을 읽어낸 바 있다. 그는 정백, 홍사용, 박종

를 파악해야한다.

이 지점에서 생활의 기반으로서 '물질'을 제대로 작동시킬 수 있는 근거로서 '정신'의 회복을 주장한 신종석의 글로 돌아가 보자. 위에서 살펴본 당대 조선의 지형도를 참고해본다면, 그의 논의에서 '자아'로 하여금 물질을 활동의 영역으로 열도록 하는 '정신'이 어떠한 맥락에 놓여 있는가를 살펴볼 실마리를 얻을 수 있다. 이는 바로 『서광』의 필자로 참가하기도 했던 장도빈의 글에서 명확하게 드러난다. (나)에서 산운山耘 장도빈은 신종석과 마찬가지로 글의 첫머리에서부터 당시 세계적으로 '물질계'뿐만 아니라 '정신계'의 모든 방면에서 "문명의 진보"로 집약되는 '서광'이 비치고 있는 분위기를 전하고 있다. 하시만 "세계의 대세"에 뒤떨어진 조선은 정신계에서나 물질계에서나 세계에서 한참 뒤떨어진 문명의 '낙오자'였다. 그는 조선이 이러한 상황에 처하게 된 원인을 타진하면서 개조에 대한 자신의 관점을 내비친다. 여기서 주목해야할 점은 장도빈이 그 원인을 선조들이 이룩한 문명으로부터의 퇴보에서 찾고 있다는 것이다.[15]

화 등이 『문우』(1920.5)를 발간하기 이전에 종합지 『서광』(1919.11)에 편집자 혹은 필자로 참여하고 있으며, 이후 박종화가 박영희와 나도향과 함께 문예잡지 『신청년』 2기(4호, 1921.1)와 『장미촌』(1921.5)의 활동을 이끌어내고 문예동인지 『백조』의 발간으로 나아가는 과정을 실증적으로 추적해내었다. 이 논의를 통해 당시 '문화'라는 범주에 함께 묶여 있던 '문학'과 '사상'이 분화되어 가는 과정을 파악할 수 있게 되었다(정우택, 「『문우』에서 『백조』까지－매체와 인적 네트워크를 중심으로」, 『국제어문』 제47집, 국제어문학회, 2009, 35~65면).

그는 문명의 낙오자인 조선이 앞으로 "문명진보"한 '인민'이 될 수 있다는 것을 우리의 과거가 증명하고 있다고 말하고 있다. 우리의 '선조'들은 경제, 교통, 산업 등 물질상의 방면에서나 정치, 예술, 도덕 등 정신상의 방면에서 세계적으로 "문명진보"를 성취하였기 때문이다. 그는 우리의 선조가 "단조檀朝"의 시대에 문명의 뿌리를 내리고 "오국五國"의 시대에 문명의 맹아를 틔우며 "삼국시대"에 문명의 꽃을 피운 일련의 역사의 단계가 그것을 증명하고 있다고 말한다. 하지만 정작 문제점은 우리의 선조가 그렇게 "고심진력"으로 이룩한 문명 진보의 세계를 우리의 '자

15 1920년대 개조론의 대세 속에서 『서울』의 발간을 통한 장도빈의 민족적 개조주의의 의의를 세계성과 민족성의 관계에 따라 분석한 논의는 서은경에 의해 이루어진 바 있다. 그는 『서울』이 추구하는 주된 방향으로 고대사의 조망을 통한 민족적 자긍심의 획득과 주체적 입장에서 민족개조 사업의 도모를 들면서 식민주의의 논리에 포섭되지 않는 저항의 측면을 읽어내고자 했다(서은경, 「잡지 「서울」 연구－1920년대 개조론의 대세 속 『서울』 창간의 배경과 그 성격을 중심으로」, 『우리어문연구』 제46집, 우리어문학회, 2013, 291~318면) 하지만 그러한 측면으로 『서울』의 성격을 규정할 경우 『서울』에서 탐색하고자 하는 고대사의 탐색이나 민족의 주체성에 대한 탐색은 협소한 범위에 머물 수밖에 없다. 서은경의 논의에서는 사상과 문학의 영역을 분리하여 사상의 측면에서 잡지의 정치적 이념성을 읽어내는 데 그치고 있다. 하지만 『서울』에서는 6호(1920.9)부터 한성도서주식회사 출판부에서 간행됨에 따라 전영택, 오천석, 노자영, 김억, 이일, 오상순 등 당시 순수잡지에서 활동했다고 평가받는 인물들이 대거 필자로 등장한다. 그리고 『서울』은 『학생계』(1920.7)의 발간과 연계되면서 최팔용, 김명식 등 조선유학생 학우회 출신의 독립 운동가들과도 접촉하게 된다. 이런 점에서 사상과 문학의 영역을 분리하거나 문학의 자율성보다 정치를 우위에 두는 방식에 따라 당대 잡지의 성격을 읽어내기보다 당대의 문인들이 이와 같이 다양한 사상을 전개하고 교류할 수 있었던 배경이 무엇인지에 대한 접근이 필요해 보인다.

손'들이 지속하지 못하고 '퇴보'시킨 것에 있다. 그는 그러한 원인을 삼국시대 이래 주로 중국으로부터 불순한 외래문화가 유입되고 보다 직접적으로는 선조들의 찬란한 문명을 제대로 계승하지 못하는 것에 있다고 진단한다.

그러면 세계적인 차원에서 우리의 유일한 사명이 문명 진보라고 한다면, 장도빈은 어떻게 그것을 달성할 수 있다고 보고 있는가? 이는 단순히 "구사물"과 "구사상"을 "신사물"과 "신사상"으로 '개조'하는 것으로만 해결할 수 있는 게 아니다. 그보다 장도빈은 진정한 개조를 추동하는 원동력으로 선조들의 찬란한 문명의 회복을 들고 있다. 좀 더 정확하게 말해, 그는 "종으로 선조의 문명"을 회복하고 "횡으로 세계의 문명"을 확장하는 것에서 조선이 나아가야할 문명진보의 좌표를 찾고 있는 것이다. 그래서 장도빈은 『서울』의 주필을 맡으면서 당대의 세계정세에 민감하게 반응하는 가운데, '단군'에서부터 전개되어온 조선의 주체적인 역사를 탐색하려는 작업을 병행했던 것이다. 왜냐하면 그는 당대의 조선이 세계적인 차원에서 문명을 확장하려면 선조들의 찬란한 문명을 회복하는 것이 급선무라고 보았기 때문이다.

이 지점에서 앞에서 살펴본 신종석이 아나키즘의 사상을 보이는 데 반해, 장도빈은 당대의 문명진보를 추동하는 근거를 선조들의 역사에서 찾고 있다는 점에서 민족주의적 개조주의를 보이고 있다고 보는 것은 큰 의미가 없을 것 같다. 그보다 신종석이 말하는 '정신'이 당대의 조선에서 어떠한 맥락에 놓여 있는가를 장도빈의 글을 통해 보완하는 것이 더욱 생산적일 것이다. 장도빈은 그러한 정신을 '단군'으로부터 비롯되는 선조들의 찬란한 문명에 놓고 있었다. 하지만 그는 현재 선조들의 문명을 상실해버렸고 거기에 대한 '거리감'을 느끼고 있을 뿐이다.[16] 따라서 그는 선조들의 문명을 상실했다는 사실을 받아들이고 자신의 도처에서 이어져오는 선조들의 "유전성"을 계속해서 이어나가야할 필요성을 더욱 강조하고 있는 것이다.

지금까지 신종석과 장도빈의 글을 통해 살펴본 이러한 점은 『서광』을 비롯하여 당대의 잡지들에 걸쳐 있는 '서광' 혹은 '빛'의 이미지를 근대적 '개조주의'의 관점에 따라 읽어내려는 시도와는 다른 각도에서 보게 만든다. 말하자면, 1920년대 초기의 조선에서 전개된 개조주의의 담론에서 '빛'은 보다 근본적으로 '정신'으로부터 비롯되는 것이었다. 물론 그것은 물질과 상호보완적인 관계를 이루는 '정신'을 의미하기도 하지만 당대의 역사

16 장도빈은 이 글을 발표하고 난 뒤에 당대의 정신적, 도덕적 방면의 타락을 개탄하는 글을 『서광』 2호에 발표하였다. 이 글에서 그는 조선이 물질 방면뿐만 아니라 정신 방면에서도 세계의 낙오자임을 안타까워하면서 그 중 특히 정신적, 도덕적 타락이 가장 슬픈 일이라고 말하고 있다. 그는 물론 시대의 흐름에 따라 도덕률의 차이를 보이지만 뒤 세대의 도덕에는 앞 세대의 도덕에서 존속하거나 확장할 방면 또한 있기 마련이라고 말하고 있다. 하지만 그가 보기에 조선에서는 점차 시대가 흘러감에 따라 그러한 도덕을 이어받지 못하고 퇴보하고 있는 것 같다. 이 글에서 그가 말하는 도덕은 넓은 의미에서 선조들의 정신적인 유산을 지칭하고 있다(장도빈, 「精神的 墮落을 悲하노라」, 『서광』 제2호, 1920.1, 36~38면).

적 맥락에서 볼 때 '단군'으로 표상되는 선조들의 문명을 가리키고 있었다. 이러한 추측은 아래의 글을 통해 더욱 명확해진다.

> 音樂 美術 文學의 三大藝術을 硏鑽하야 光彩잇는 新文化를 三千里疆土에 建設할 使命을 가지고 나온 것이 '三光'이냐?
>
> '三光'! '三光'! '三光'!
>
> 너의 榮光 너의 光彩 너의 光熙 눈부시고 놀나우며, 너의 使命 크다만은, 더 크고 더 밝은 光이 또 잇지 안으냐? (…중략…)
>
> '三光'! '三光'! '三光'!
>
> 이것이 네가 아니냐?
>
> 未(羊)年陽春에 瑞氣光風이 어리워서 나왓스니 너는 平和의 瑞光이오, 妙香山 놉흔 精氣 骨髓에 깁히 매처 壇木下에 빗첫스니 너는 槿域의 國光이오, 二天萬의 우리 同胞 갈 바를 指導하니 너는 暗夜의 月光이 아니냐?
>
> —「삼광송(三光頌)」 부분[17]

인용된 글은 표제에서 짐작할 수 있듯이 잡지 『삼광』의 출현을 칭송하기 위해 부른 노래이다.[18] 실제로 월간문예잡지 『삼

17 염상섭, 「三光頌」, 『삼광』 제1년 2호, 1919.12, 3~4면.

18 『삼광』은 근대 초기의 음악가인 난파 홍영후가 편집과 발행을 맡아 동경에서 발간한 음악 잡지임에도 불구하고 황석우, 염상섭과 같은 1920년대 주요 문인

광』은 "신문단의 개척건설자! 예술계의 일대 혁명아革命兒!"라고 칭송되면서 『서광』 창간호의 전면광고를 통해 주목받은 바 있다. 염상섭은 글의 초반부에서부터 "삼광三光"을 연달아 부르짖으면서 그것이 자신들에게 어떠한 의미를 가지는지에 대해 묻고 있다. 따라서 '삼광'의 의미를 파악하는 것은 당대의 잡지에 폭넓게 걸쳐있던 '빛'의 의미를 파악하는 것과 같은 차원에 있다.

염상섭은 먼저 '삼광'이 '태양'이나 '삼성'과 같은 자연의 빛을 뜻하는지, 아니면 '백', '적', '청' 등 영롱한 '삼색'을 가리키는지, 그것도 아니면 "삼한삼국三韓三國의 후예" 등 역사상의 인물이나 그와 얽힌 일화를 의미하는지를 묻는다. 그런 다음, 그는 '삼광'이 '음악', '미술', '문학'의 삼대 예술을 연구하여 "삼천리 강토"에 '광채' 있는 '신문화'를 건설할 사명을 가지는 것에서 연유하였느냐고 묻고 있다. 아마 이때까지 그가 얻고자 하는 대답은 후자의 "삼"과 "광"에 방점을 찍고 있다는 점에서 전자보다 후자에 더욱 가까워보인다. 이는 이미 『삼광』 창간호의 편집 후기에서 창간의도를 밝히고 있다는 점을 고려하면 충분히 가능해 보이기도 하다.[19] 하지만 염상섭은 『삼광』이 그처럼 음악, 미술,

들이 가담하고 있어 선행연구에서 일찍부터 주목을 받아왔다. 『삼광』은 현재 1919년 2월 10일에 간행된 창간호와 같은 해 12월 18일에 발간된 1년 2호, 마지막으로 1920년 4월 14일에 발행된 2년 1호까지 총 3호를 확인할 수 있다(『삼광』에 대한 전반적인 사항에 대해서는 서은경, 「1910년대 후반 미적 감수성의 분화와 '감정'이 부상하는 과정－유학생 잡지 『삼광』을 중심으로」, 『현대소설연구』 제45집, 한국현대소설학회, 2010, 175~204면 참고).

문학의 3대 예술을 기반으로 근대적인 문화를 보급하려는 목적에 그치지 않는다는 것을 말하고 있다.[20] 왜냐하면 그는 『삼광』이 그러한 사명만으로도 "눈부시고" "놀라우며" 충분히 "크지만은" 그보다 "더 크고 더 밝은 광光이 또 있지 않느냐?"고 반문하고 있기 때문이다. 말하자면, 그는 『삼광』의 빛을 근대적 '개조주의'에만 두는 것이 아니라 그보다 근본적이고 거시적인 차원에 두고 있었다.

그것을 강조하기 위해 염상섭은 '삼광'이 탄생하기까지의 과정을 신화적인 분위기에 따라 보여주고 있다. 그가 보여주고 있는 신화적인 분위기는 다음과 같다. 삼광이 탄생하기 전의 세계는 "부빙산北氷山"의 세찬 바람이 "남극"까지 불이와 곳곳을 에워싸고 "창궁의 검은 구름"이 녹아서 내를 이루고 있었다. 그리고 세상의 "울림창생鬱林蒼生"이 다 파묻혀 떠내려가고 "신불보살"마저 다 돌아간 암흑의 세계였다. 더군다나 '등활지옥等活地獄'이 에워싸고

19 참고로 편집후기에서 창간의도를 밝히는 부분은 다음과 같다. "본지(本誌)는 음악(音樂), 미술(美術), 문학(文學)의 삼종(三種) 예술(藝術)을 주체(主體)로 한 순예술잡지(純藝術雜誌)임니다, 취중(就中), 음악사상(音樂思想)의 보급(普及)과, 사회음악(社會音樂)의 발달(發達)에 대(對)하야 특(特)히 주의(注意)하랴함니다."(「編輯餘言」, 『삼광』 창간호, 1919.2, 39면)

20 서은경은 편집 후기에 언급된 내용을 근거로 계몽담론이 주를 이루었던 1910년대를 지나 문학의 자율성을 확립하는 시기로 나아가는 가운데, 『삼광』이 차지했던 역할을 주로 인간 감수성의 자각과 감정 도입의 측면에서 해명하려 했다(서은경, 「1910년대 후반 미적 감수성의 분화와 '감정'이 부상하는 과정 -유학생 잡지 『삼광』을 중심으로」, 『현대소설연구』 제45집, 한국현대소설학회, 2010, 175~204면).

"염라대왕"이 거기에 "진좌"하면서 상황은 더욱 악화되는 것 같았다. 그런 상황에서 한줄기 구원의 빛처럼 선포된 신의 칙령을 따라 "산신"과 "수신"은 산과 물을 정비한다. 또한 시체가 쌓인 산과 피로 이루어진 강은 태평양과 대서양의 맑은 물에 씻기며 세상의 파멸을 야기한 "청룡도靑龍刀", "황룡도黃龍刀", "갑옷투구"는 불타버린다. 이런 상황에서 갖옷과 혁대를 찬 "목양신牧羊神"이 왼손에 한 마리의 양을, 그리고 오른손에 99마리의 양을 안고서 '평화'의 분위기를 띠우는 가운데 '동해'에서 '삼광'이 비친다.

이처럼 염상섭은 아득한 시·공간을 넘나드는 신화적인 흐름에 따라 삼광이 탄생하게 된 역사적 기원을 보여주고 있다. 그것이 바로 '아침 일찍 해가 뜨는 동쪽의 나라'를 의미하는 "조일선명朝日鮮明", 즉 '고조선'이다. 여기서 염상섭이 "조일선명朝日鮮明"에 방점을 찍고 있는 것은 '삼광'이 근대적인 예술을 보급하기 위한 목적이 그보다 더 큰 역사적 지평에 따라 가능해질 수 있다는 것을 보여주기 위해서이다. 염상섭은 글의 다른 부분에서 이 점을 다시 한 번 강조하고 있다. 말하자면, '삼광'은 1919년 기미년의 봄에 탄생했다는 점에서 "평화의 서광"이다. 그리고 '삼광'은 단군신화의 무대인 "묘향산"의 높은 "정기골수精氣骨髓"에 깊이 맺혀 신단수 아래의 신시神市를 비췄다는 점에서 "근역槿域의 국광國光"이기도 하다. 나아가 염상섭은 '삼광'을 "이천만 우리 동포"가 나아갈 바를 지도하는 "암야의 월광月光"으로 봄으로써 ‘삼광’이 ‘단군’으로 표상되는 역사적 기원에서 비롯되었다는 것을 보여주고 있다.

이러할 때 당대의 담론에서 등장하는 ‘빛’은 단군으로 표상되는 선조들의 문명에서 비롯된다는 점이 분명해진다. 다시 말해, 1920년대 초기 조선에서 근대적 개조주의가 활발하게 전개될 수 있었던 것은 바로 그러한 역사적 지평을 배경으로 하고 있었기 때문에 가능했던 것이다. 이러한 점을 염두에 둘 때 1920년대 초기의 잡지에서 폭넓게 등장하고 있는 ‘빛’이 폐허의 이미지로 나타나는 ‘화원’에 ‘꽃’을 피우는 ‘생명’의 근원이 되고 있는 것 또한 명확해진다.[21] 즉, ‘화원’과 ‘꽃’을 ‘생명’의 관계로 연결하는 비유체계는 지금까지 살펴본 ‘생명’의 기원을 탐색하려는 흐름이 있었기 때문에 가능했던 것이다. 따라서 1920년대 초기의 조선에서는 ‘생명은 무엇인가’의 문제에서 나아가 ‘생명은 어디에서 오는가’의 문제를 탐색하려했으며 그러한 ‘생명’의 기원으로 ‘단군’으로 표상되는 선조들의 문명을 지

21 이를테면, 1920년 4월 5일 개성에서 발간된 『여광』 창간호에서는 ‘여광(麗光)’이 거칠고 황량한 폐허를 “방화복욱(芳花馥郁)한 동산”으로 만들기를 바라고 있다. 그리고 『서광』 제7호에서는 “지나간 영화”가 “일장의 신기루”와 같이 남은 “고원(故園)”에 ‘개성’과 ‘생명’을 뿌리로 하는 ‘문화의 꽃’을 피우기를 바라는 것에 이어 1주년 기념호에서는 ‘서광’이 “고원(故園)의 화단”에 묵은 “무궁화 고목”을 일구기를 바라고 있다. 그 뿐 아니라 『폐허』의 창간호에서는 『폐허』가 황량한 “조선의 예원(藝苑)”을 개척하여 “백화난만(百花爛漫)한 화원”을 만들기를 바라면서 그러한 사업이 ‘세계’를 위한 것이 되기를 바라고 있다(「緊急動議」, 『서광』 제7호, 1920.9, 1면; 「記念辭」, 『서광』 제8호, 1921.1, 2~3면; 「想餘」, 『폐허』 제1호, 1920.7, 127면).

목하고 있었다.

지금까지 살펴본 이러한 점은 이 책의 관심사인 '숭고시학'과도 통하고 있다. 말하자면, 1920년대 초기의 조선에서 '정신'은 이미 오랜 세월을 거쳐 오는 동안 상실해버렸기 때문에 아득한 '거리감'에 의해 나타날 수밖에 없는 숭고한 대상이었다. 그럼에도 '정신'은 앞서 살펴보았듯이 당대의 담론에서 '생명'의 기원을 탐색하려는 움직임을 통해 현재의 자아가 회복해야할 대상으로 부상하였다. 이는 '애인', '고향', '어머니' 등 다다를 수 없는 대상에 대한 '거리감'에도 불구하고 '영혼'을 매개로 숭고한 대상에 대한 만남의 지향성을 창출한 '숭고시학'과 만나고 있다. 말하자면, '숭고시학'에서 숭고한 영역에 놓여 있던 '애인', '고향', '어머니'는 당대 담론에서 구체적으로 아득한 역사적 기원에 놓여 있던 '단군'으로 나타나고 있었던 것이다. 또한 '숭고시학'에서 숭고한 대상과 '생명'의 관계에 놓이면서 나타난 '조선'이나 '전통'의 기호는 당대의 맥락에서 보건대 '단군'으로 표상되는 선조들의 문명을 표상하는 것으로 심화되고 있었다.

따라서 이 글은 1920년대 초기의 조선에서 '숭고시학'이 당대 조선적 현실에서 개조주의의 모색을 통해 구체화되고 있었다는 것을 확인하였다. 이제 그러한 측면이 당대의 시에서 어떻게 나타나고 있는가를 살펴보자.

ㄱ

왼누리로 자루받은 회오리바람
가진것을 휩싸넛코 핑々돌때에
서리맞은 것친풀이 엉킨동산은
주리엇든 봄바람을 깃거맛도다.

ㄴ

어러붙은 땅속으로 작은싹들은
구석々々 버서나서 알머리드니
달이올는 하날우는 더욱어둡고
불다남은 찬바람에 소름찟치네.

ㄷ

샛별같은 가는눈을 깜작어리되
옷칠을한 넓은들은 빗칠수업고
약한손에 방울쥐고 흔들어보나
귀먹어리 새벽꿈의 묵거운귀청

ㄹ

울며떨며 일어서々 비틀거리고
동튼다는 긔별듯고 거름을배니

헛트러진 가시덤불 맨발을찔러
연한살에 붉은피만 새암이솟듯

ㅁ

눈물로서 굽어보신 사랑의검은
오른손에 밝은촉불 높히드시니
입새라는 입새에는 구슬먹음고
굴레벗은 무궁화는 피여웃도다.

ㅂ

울어르니 힌해발에 눈은부신대
울엉차게 종소래는 힌뫼에울고
붉은구름 얕이빗긴 하날가로서
텬녀들의 찬미소리 흘러내리네.

—「새벽빛」 전문[22]

심훈이 쓴 것으로 추정되는 이 시는 1920년 1월에 썼다는 부기로 미루어 보아 새해를 맞이하는 감회를 노래하고 있다. 선행 연구에서 이 시는 어둠에서 광명으로, 고난에서 희망으로 나아가는 정서적 고양을 표현하고 있으며 겨울에서 봄으로의 계절적

22 금강샘, 「새벽빛」, 『근화』 창간호, 1920.4, 3면.

변화에 따라 현재의 지양을 통한 미래의 성취라는 계몽적 구도를 잘 드러내고 있다고 평가하였다. 이러한 관점에 따른다면, 이 시에서 '무궁화'와 '흰뫼'와 같은 민족적 상징의 개입, ㄱ에서 ㅂ 순으로 표기된 연 구분과 한자어를 배제한 우리말 표기, 4·4·5의 규칙적인 음수율에 따른 조선적 형식의 모색 등은 "계몽을 통한 민족적 희망의 메시지"를 전달하려는 의도를 강화하고 있는 것 같다.[23] 하지만 선행 논의에서는 '빛'과 '무궁화'의 관계에만 초점을 맞춤으로써 정작 그러한 관계를 가능하게 하는 지평이 무엇인가에 대해서는 주목하지 못했다. 말하자면, 이 시에서 '빛'과 '무궁화'를 긴밀한 관계에 놓기 위해서는 이를 가능하게 하는 기원, 즉 "사랑의검"이라는 존재가 선행되어야 한다.

먼저, 이 시에서 "사랑의검"이 놓여 있는 배경을 살펴보자. 거친 자루를 박은 "회오리바람"이 '온 누리'에 몰아닥치는 겨울에 황량한 '동산'은 기꺼이 '봄바람'을 맞이하려고 한다. 그래서 폐허의 동산 구석구석마다 "작은 싹"들이 얼어붙은 땅에서 맨머리를 내밀어보지만 달이 오르는 하늘 위는 더욱 어둡고 여전히 소름끼치는 "찬바람"만 불어오고 있다. 이런 상황에서 하늘이 '샛별'같이 '가는 눈'을 깜빡해보아도 '넓은 들'을 비칠 수조차 없다. 그리고 약한 손에 '방울'을 들고 흔들어보아도 "새벽꿈"을 꾸

23 이경돈, 「잡지 『근화』와 문학동인지시대」, 『반교어문연구』 제26집, 반교어문학회, 2009, 351~373면.

는 "귀머거리"의 "무거운 귀청"을 깰 수 없을 정도로 미약하다. 이처럼 동산은 암흑과 같은 오랜 겨울을 지나 봄을 맞이하려고 해도 맨발이 찔리고 붉은 피만 흘리는 시련만 거칠 뿐이다. 이때 그러한 상황을 굽어본 "사랑의검"이 오른손에 "밝은 촛불"과 같은 '햇발'을 들자 동산에는 "무궁화"가 피어나고 광명을 알리는 "종소리"와 '천녀'들의 "찬미소리"가 곳곳에서 들려온다.

그러면 이 시에서 결국 "무궁화"의 탄생을 가능하게 하는 기원은 '빛'이 아니라 "사랑의검"이지 않은가. 말하자면, 이 시에서 겨울에서 봄으로 넘어가는 생성의 시기를 배경으로 "무궁화"와 '빛'을 어머니와 아이의 '이자관계'처럼[24] 긴밀하게 결속시키는 근거가 무엇인가를 물어야한다. 바로 둘의 관계를 '생명'의 관계로 연결하는 것이 "사랑의검"이다. 이는 앞선 개조주의의 논의에서 '생명'의 기원으로 등장했던 '정신'과 같은 맥락에 있다. 앞에서 살펴보았다시피 당대 조선적 현실에서 개조주의가 실질적으로 작동하는 배경에는 '단군'으로 표상되는 선조들의 문명이 가로놓여 있었다. 이러한 맥락에서 볼 때 이 시에서 "사랑의검"은

24 어머니와 아이의 '이자관계(binary relationship)'는 오이디푸스 콤플렉스 중 상상계의 단계에서 구축하는 구조를 말한다. 프로이트와 라캉이 말하고 있는 것처럼 유아는 생후 초기에 어머니에 대한 절대적인 의존심을 경험하게 되면서 "타자의 욕망 안에서 나는 무엇인가"라는 질문을 던지게 되는데 이러한 과정을 통해 오이디푸스 콤플렉스를 해소해간다고 한다(숀 호머, 김서영 역, 『라캉 읽기』, 은행나무, 2012, 96~100면). 여기서는 '빛'과 '꽃'을 어머니와 아이와 같은 '이자관계'로 연결시키는 것은 '상상'이 아니라 실제로 '생명'의 기원에 대한 인식을 바탕으로 성립하고 있다는 것을 밝히고자 했다.

폐허의 동산에서 고통과 시련을 거쳐도 얻기 어려웠던 '생명'의 빛을 작동하게 만드는 숭고한 대상으로 나타난다.

이러한 인식은 같은 호에 실려 있는 「신神의 명령命令」에서도 나타나 있다. 이 시에서 '단군'의 후손으로 추정되는 '귀족'들이 황량한 동산을 일구어 "아름다운 낙원"을 이루고 '세계'에 새 '광채'를 나타내도록 하는 것이 바로 "신의 명령"이다.[25] 이 신은 폐허의 현실과 같은 황량한 동산에 '생명'의 빛을 던져주는 존재의 기원이라는 점에서 '단군'을 가리킨다고 볼 수 있다. 이런 점들을 염두에 두고 다시 앞의 논의로 돌아가, 심훈의 시에서 ㄱ~ㅂ순에 따른 연 구분, 한자어 표기의 배제와 순우리말의 지향, 단어의 축약을 통한[26] 음수의 지향은 '빛'과 '무궁화'를 '생명'의 관계로 연결시키는 '정신', 즉 '단군'으로 표상되는 선조들의 문명에 대한 지향성을 담고 있는 것으로 보아야 하지 않을까.

실제로 1920년대 초기의 담론에서 '검'은 우리 민족의 신앙에 바탕을 둔 특수한 신神이라는 의미로 단군 숭배를 기반으로 하는 기층 신앙과 맞닿아 있었다.[27] 그 단적인 예로 당시 대표적

25 솔샘, 「神의 命令」, 『근화』 창간호, 1920.4, 30면.
26 구체적으로 'ㄱ'연의 2행 "휩싸넛코"는 '휩싸다'와 '넣다' 두 동사를 4음절로 맞추기 위해 축약한 경우이고, 3행의 "깃거맛도다"는 '기껍다'와 '맞도다' 두 동사를 5음절로 맞추기 위해 축약한 경우이다. 'ㄴ'연의 3행 "달이올른" 또한 4음절로 맞추기 위해 '달이오르는'을 축약한 경우라 볼 수 있다.
27 박현수, 「미적 근대성의 혼종성과 숭고 시학」, 『어문학』 제96집, 한국어문학회, 2007, 385~388면.

인 역사학자 박은식, 신채호, 최남선 등의 역사서나 대종교 계통의 역사서 등과 같이 고대사의 영역을 탐구하려는 역사서들에서 '단군'과 '백두산'이 중심 단어로 등장하는 것을 들 수 있다. 이에 대해 선행연구에서는 '단군'을 "고전적 상상" 속에 나타난 "초월적 세계"를 의미하는 것으로 받아들여 왔다.[28] 하지만 일찍이 이광수가 지적한 것처럼 "신권神權"을 토대로 하는 "소공화국"은 역사적으로 실재해왔고 조상을 뿌리로 두는 의식과 혈연에 대한 동질성을 바탕으로 하는 "배달의 유풍"으로 전해져왔다. 다만 그러한 공화국의 유풍은 근대의 "법령"과 "피상적 문명"에 의해 파괴되어버렸던 것이다.[29] 이런 점에서 당대 담론에서 '단군'과 '백두산'이라는 기호가 폭넓게 등장했던 것은 당대 조선적 현실을 풍요롭게 하는 역사의 기원을 복구하려도 시도로 봐야할 것이다.[30]

따라서 심훈의 시에 나타난 '검' 또한 '빛'과 '무궁화'를 어머니와 아이의 관계로 연결하기 위해 필수적으로 수반되어야 하는 기원으로 나타났던 것이다. 그래서 심훈은 '검'에 대해 민족이라

28 위의 글, 388면.
29 이광수, 「공화국의 멸망」, 『학지광』 제5호, 1915.5, 9~11면.
30 신범순에 따르면, 당대의 역사적 맥락에서 '검'이라는 기호는 자연의 풍요로움 속에서 공동체의 번영을 만끽했던 '나라'의 활력을 복구하려는 의도를 담고 있다. 이런 점에서 당대의 현실에서 단군을 생명의 기원으로 두고 있었던 것은 국가 체제를 기반으로 하는 역사시대를 거쳐 오면서 상실해버린 '나라'를 복구하기 위함이었다(신범순, 『노래의 상상계―'수사'와 존재생태기호학』, 서울대 출판문화원, 2011, 253~268면).

는 협소한 이념보다 "사랑"이라는 수사를 덧붙이고 있는 것이다. 말하자면, 그에게 '검'은 '빛'과 '무궁화'를 '생명'의 관계로 놓을 수 있는 대상이라는 점에서 '사랑'이라는 수사를 동반하였던 것이다. 이러한 인식은 주제나 형식의 측면에서 심훈의 시와 현격한 차이를 보이는 아래의 시에서도 살펴볼 수 있다.

> 아—검이여 나도 또한 모든 거와 갓흔 "삶"이랏가,
> 나의 지금 이것이 살어잇슴이릿가
> 동네마다 붉게 흐르는 저 달큼한 蠱惑의 냄새 그것이, 거짓 안인 참이릿가.
>
> 달 먹는 거리에 피리소래 갓흔
> 저 젊은이들의
> 질거운 우슴소리가,
> 그것이 참 삶의 노래릿가,
> 퍼런 곰팡내 나는 낡은 무덤 속에
> 썩은 해골과 갓흔
> 거리~~마다 즐비하게 느러슨 그것이,
> 삶의 질검이 흐르는 곳이릿가
> 아—나는 도라가다, 캄々한 내 密室로 도라가다.

ᄯᅢ는 澆季의 末世

해의 죽음의 시절인가

魂의 우름은

것침업시 ᄭᅮᆯ벌의 ᄭᅮᆷᄭᅮ는 房을 싸도다

요란하게도 遙行의 집을 흔드러 오는데

蠱惑의 杯盤에 둘러안저

사람 사람은 우스며 들네인다,

아— 나는 가다 캄々캄한 내 密室로,

나릿한 만수향 냄새 ᄯᅥ도는 내 密室로 도라가다.

오— 검이여 참 삶을 주소서,

그것이 만일 이 세상에 엇을 수 업다 하거든

열쇠를 주소서

죽음나라의 열쇠를 주소서,

참 "삶"의 잇는 곳을 차지랴 하야

冥府의 巡禮者— 되겟나이다.

漆 버슨 거츤 棺桶을 가르쳐

그것이 眞理의 곳이라 하면,

나는 그 棺에 내 몸을 담어

虛華의 이 시절을 咀呪하랸다.

어둔 밤 별 아래 쌔드러진 屍體에
永遠의 "참"이 잇다 하면
나는 뛰여가 죽엄을 안어
"참"의 동무가 되려 한다.

끗까지 이 세상은 어둠의 시절,
삶이란 스러저가는 燭불의 무리(暈)
거룩한 젊움을 나는 참아
滛行의 삶을 삶꾸어 밋는
蟲惑의 동산에 더질 수 업다.

아—가랸다 冥府의 길을
참의 삶을 찾기 위하야.
열쇠를 달라 거짓 업는 冥府의 열쇠를 달라.

—「밀실(密室)로 도라가다」 부분[31]

이 시뿐만 아니라 박종화는 『백조』, 『장미촌』 등에서 죽음을 주제로 한 일련의 시를 발표한 바 있다. 이는 비단 박종화뿐만 아니라 동시대의 주요한, 홍사용, 김찬영, 이장희 등의 시에서도 폭넓게 찾아볼 수 있는 현상이었다. 이들의 시에서 죽음은 생과

31 박종화, 「密室로 도라가다」, 『백조』 제1호, 1922, 11~15면.

대립되는 것으로 '무덤'이나 '밀실'과 같은 폐쇄적인 공간으로의 도피를 극단화하는 장치인 것처럼 보인다. 이러한 점에 주목하여 1920년대 초기 시에서 죽음은 그간 '속세'로 집약되는 허위의 삶과 구별되는 예술적 지표이자 '미적 영원성'의 산물로 평가되어왔다.[32] 하지만 선행연구에서는 이 시에서의 죽음과 이를 가능하게 하는 '밀실'의 공간을 속세의 삶과 대비되는 측면에서만 바라봄에 따라 '미적 영원성'이 놓여 있는 맥락을 포착하지 못하고 있다. 말하자면, 이 시에서 '밀실'이 '미적 영원성'의 공간으로 기능하기 위해서는 이를 둘러싼 '검'이라는 존재가 선행되어야한다는 점에 대해 간과하고 있다.

먼저, 이 시에서 시적화자가 '밀실'을 죽음의 공간으로 연출하는 장면을 살펴보자. 시적화자는 떠들썩한 웃음과 관능적인 쾌락에 빠진 속세의 삶에 회의를 느끼고 "만수향 냄새"가 떠도는 캄캄한 '밀실'로 돌아가려 한다. 그는 '검'이라는 존재를 호명하여 속세의 삶이 과연 "거짓 아닌 참"인지, 아니면 자신 역시 "모든 것과 같은 삶"에 불과한지를 묻고 있다. 그가 속세의 삶을 부정하고 있다고 볼 때 여기서의 '검'은 속세의 삶과는 다른 차이를 내보이는 지표가 된다. 그래서 그는 "해의 죽음"이 있는 속세의 삶과는 달리 "삶의 즐거움"이 있는 '밀실'로 돌아가려했던 것

32 이에 대한 대표적인 논의는 곽명숙, 「1920년대 초반 동인지 시와 낭만화된 죽음」, 『한국현대문학연구』 제11집, 한국현대문학회, 2002, 101~128면 참고.

이다. 다시 말해, 그는 "해의죽음"이 있는 속세를 떠나 적어도 해와 같은 강렬한 "참'삶'"이 있는 '밀실'로 가고자했던 것이다. 그에게 '밀실'은 '해'를 통해 표상하고 있듯이 진정한 삶과 강렬한 생명력이 있는 공간이었던 것이다.[33]

이러한 맥락에서 박종화는 시의 중반부부터 후반부까지 '밀실'로 돌아가려는 의식을 수행한다. '밀실'의 제단에서 분향으로 피우는 "만수향냄새"가 떠돌고 있다는 것은 그가 의식적으로 죽음의식을 수행하려는 것을 보여준다. 그는 심지어 '밀실'을 속세의 삶과 대비되는 공간으로 두는 것에서 나아가 "명부冥府의 순례자巡禮者"가 되겠다고 말하기도 한다. 말하자면, 그에게 '명부'는 '밀실'을 죽음의 공간으로 변모시키는 극단적인 장치이다. 그리하여 그는 거친 "관통棺桶"에서 '진리'를 발견할 수 있고 '시체'에서 '영원'의 "참"을 발견할 수 있는 '명부'로 가겠다고 말하는 것이다. 이러한 점에서 그간 선행연구에서는 이 시에서 죽음을 속세의 삶과 대비되는 미적인 장치로 보고 '밀실'과 '명부'를 그러한 죽음의식을 보장하는 '미적 영원성'의 공간으로 보아왔던 것이다.

하지만 여기서 정작 주목해야할 점은 시적화자가 "명부의 길"

33 참고로 박종화는 다른 시에서 '아침 해'를 '애인'에 비유하여 자신에게 "더 뜨거운 사랑"을 주고 "더 뜨거운 입김을 불어 보내라"는 에로틱한 분위기를 연출한 바 있다. 그에게 해는 속세의 '삶의 꿈'을 깨는 환희를 선사하는 대상이었던 것이다(박종화, 「아침해」, 『서광』 제3호, 1920.2, 104면).

로 가기 위해서는 결코 "명부의 열쇠"가 없이는 불가능하다는 것이다. 그 "죽음나라의 열쇠"를 가지고 있는 이가 바로 '검'이다. 이것은 무엇을 의미하는가? 이 '검'은 당대의 담론에 유포되고 있었던 사회역사적 개념으로 이 시에서 '미적 근대성'에 균열을 일으키는 기호로 등장한 것인가? 다시 말해, 이 시에서 시적화자가 '검'이라는 기호를 동원하는 것은 '미적 근대성'의 성취를 절대화하고 자신을 숭고한 주체로 상정하기 위한 의도를[34] 보이기 위한 것인가? 그보다 이 시에서 '검'이라는 존재는 죽음을 미적인 장치로 성립시키고 밀실과 명부를 '미적 영원성'의 공간으로 성립시키는 근거로 나타나있다고 봐야한다. 왜냐하면 시적화자는 '검'이 "죽음나라"로 가는 열쇠를 가지고 있다고 말하고 있거니와 마지막 부분에서도 '검'에게 "명부의 열쇠"를 달라고 외치고 있기 때문이다. 그는 결코 '검'의 존재가 선행되지 않고는 "죽음나라"와 "명부의 길"로 갈 수 없었던 것이다. 따라서 이 시에서 '검'이라는 대상은 '미적 근대성'에 균열을 일으키는 대상이라기보다 오히려 '미적 근대성'을 작동시키는 '외연'에 위치해 있다고 볼 수 있다.

지금까지 살펴본 것처럼, 1920년대 초기 시에서 '숭고시학'은 '개조주의'를 통해 당대의 조선적 현실에서 구체화될 수 있었다. 1920년대 초기의 조선에서 '개조주의'는 '생명은 무엇인가'의

34 박현수, 「미적 근대성의 혼종성과 숭고시학」, 『어문학』 제96집, 한국어문학회, 2007, 386~388면.

문제를 '생명은 어디에서 오는가'의 문제로 전환하여 '빛'(서광)이 '생명'의 기원인 '정신'으로부터 비롯된다는 것을 보여주었다. 이 '정신'은 당대의 담론에서 '빛'과 '화원'의 이자관계를 성립시키는 근거로서, 정확하게는 '단군'으로 표상되는 선조들의 문명을 가리키고 있었다. 이는 '숭고시학'에서 '영혼'을 통해 다다를 수 없는 대상과 접촉할 때 발생하는 '생명'이 당대의 조선적 현실에서 '생명'의 기원을 탐색하려는 움직임으로 심화되고 있었다는 것을 보여준다. 따라서 이어질 글에서는 지금까지 살펴본 정신적 토대를 바탕으로 '생명'이라는 개념이 조선의 공동체적 현실에 구체적으로 작동하는 방식에 대해 해명하고자 한다.

2. 생명 담론의 전개와 '공동共同'의 원리 모색

앞에서 살펴봤듯이, 1920년대 초기 조선에서는 '개조주의'를 통해 현실의 자아에게 물질을 활동의 무대로 열고 두 항을 '생명'의 관계로 연결시키는 기원으로서 '정신'을 발견하고 있었다. 그러면 지금까지 '단군'으로 표상되는 '정신'이 당대의 현실을 존속시키는 지평으로 작동하고 있었다는 것을 확인하였다면, 이제 보다 구체적으로 '생명'이라는 개념이 조선의 공동체적 현실에 어떠한 방식으로 개입하고 있는가를 살펴보고자 한다. 실제로 당대의 담론에 폭넓게 걸쳐 있는 '생명'이라는 개념은 사회적인 측면에서 볼 때 자아와 물질의 관계를 표상하는 '개체'와 '전체'의 관계를 다양한 관계성 속에서 여는 매개 고리의 역할을 하고 있다. 이를 바탕으로 '생명'이라는 개념은 당대의 현실에서 이상적인 공동체를 창출하기 위한 원리로써 작동하고 있었던 것이다.

여기서는 이러한 사항에 대해 다음과 같은 세 가지 측면을 중점적으로 검토하고자 한다. 먼저, 1920년대 초기의 문학에서 기독교로 대표되는 종교 담론을 도입하여 '이상향'에 대한 생명의식을 드러내고 당대 현실에 토대를 둔 '이상향'을 구체화하려는 방식에 대해 살펴볼 것이다. 다음으로, 1920년대 초기의 담론에서 '생명'의 개념이 공동체의 두 축을 담당하는 '개체'와 '전체'의 관계를 연결시키기 위해 공동체 구성의 원리인 '공동共同'의 원리로 모색되는 양상을 살펴볼 것이다. 마지막으로, '생명'이라는 개념이 소위 세기말로 집약되는 묵시론적 세계관과 역사적으로 동학과 천도교에서 말하는 '후천개벽사상'의 흐름과 만나면서 식민지 조선의 한계를 극복할 이상적 공동체의 상을 구체화하고 있는 측면을 살펴볼 것이다.

주지하다시피, 1920년대 초기 문학에서 '생명'이라는 용어를 문학어로 도입하게 된 계기는 기독교로 대표되는 종교적 체험이다.[35] 하지만 이 책의 2장에서 살펴본 대로, 1920년대 초기의 문인들은 종교와의 관련성을 통해 문학에서 숭고의 범주를 발견해내면서도 종교와 문학의 영역을 철저하게 분리하려고 했다. 그들은 종교상의 경험인 신비주의를 상징주의의 논의 과정에서 끌고 와 '무한', '영혼', '신비'의 수사를 통해 도달하지 못하는 대상의 숭고함을 부각시키고자 했다. 나아가 그들은 종교와 구별되는 문학의 영역에서 기독교의 수사를 동반하여 도달하지 못하는 대상을 '생명'의 근원으로 두려는 의식을 강화했다. 따라서 그들에게 '애인', '고향', '어머니' 등과 같은 숭고한 대상은 현실의 이념으로 환원되지 않는 지평으로 기능할 수 있었다. 이와 같이 1920년대 초기 문인들에게 도달하지 못하는 대상을 '생명'의 관점으로 연결할 때 기독교로 대표되는 종교적 수사는 중요한 역할을 담당하고 있었다. 여기서 그 논의의 출발점으로 노자영의 활동을 거론하는 것은 기독교의 수사를 통한 생명의식의 단적인 예를 보여주는 것이자 그가 표방하는 '이상향'이 당대 조선의 현실에서 실현될 수 있는 공동체로 모색되고 있었기 때문이다.

35 실제로 '생명'이라는 개념은 1920년대 초기 조선에서 기독교를 표방하는 영역으로 폭넓게 나타나고 있었다. 일례로 그러한 점은 오상순이 예술과 종교의 공통점과 차이점을 논하는 과정에서 나타나며, 보다 직접적으로는 기독교와 관련을 가진 『신생명(*THE NEW LIFE*)』과 같은 매체에서 찾아볼 수 있다(오상순, 「宗教와 藝術」, 『폐허』 제2호, 1921.1, 3~4면; 「人類와 新生命(卷頭言)」, 『신생명』 창간호, 1923.7, 2~3면).

노자영은 『창조』, 『백조』, 『장미촌』 등 1920년대 초기의 주요 잡지에 관여하기 전부터 장로회와 감리회의 연합으로 발행된 『기독신보基督申報』에서 활발한 활동을 펼쳤다. 그는 남궁벽이 '소년문학'란에서 선/악과 같은 윤리적인 문제를 다루거나 교훈적인 내용으로 독자를 계몽하려 했던 것에서 벗어나 점차 문학의 측면에서 '이상향'을 추구하려는 의식을 내보이고 있었다. 남궁벽의 시도가 다소 단편적인 것에 비해 그는 시, 소설, 감상, 논論 등 다방면에서 기독교의 수사를 통한 이상향 의식을 구체화하였다.[36] 『기독신보』 소재의 그의 글을 살펴보면, 그는 '생명'을 기독교에 위치하려는 인식을 바탕으로 문학상의 측면에서 "예루살렘", "낙원", "에덴", "파라다이스" 등의 수사를 통해 이상세계에 대한 생명의식을 표출하고 있다.[37] 이는 비단 『기독신보』의 글들에 그치지 않는다.

이후에도 노자영은 『학생계』 창간호부터 지속적으로 작품을 게재하면서 '생명'이라는 용어를 빈번하게 사용하고 있으며 『기

36 남궁벽, 노자영뿐만 아니라 1920년대 초기 문인들이 『기독신보』를 통해 활동한 사항에 대해서는 최호영, 「『기독신보』에 나타난 문인들의 활동과 '이상향'의 의미－남궁벽과 노자영의 발굴 자료를 중심으로」, 『민족문학사연구』 제56호, 민족문학사학회, 2014, 331～360면 참고.

37 이와 관련된 작품으로는 「우리 兄님들이여」(『기독신보』, 1919.1.8), 「쇼년의 긔도」(『기독신보』, 1919.2.12), 「새 령혼의 출현」(『기독신보』, 1919.3.26), 「種소릭」(『기독신보』, 1919.4.9), 「雲雀」(『기독신보』, 1919.5.14), 「적은 世界」(『기독신보』, 1919.10.1), 「初秋의 野朝」(『기독신보』, 1919.11.5) 등을 들 수 있다.

독신보』에서의 문제의식을 이어나갔다. 말하자면, 그는 꿈과 같은 낭만적인 분위기를 창출하는 가운데 "에덴", "하나님", "가나안천사", "복음" 등 기독교의 수사를 통해 '생명'을 기반으로 하는 '이상향'을 지상에 건설하려는 소망을 내비치고 있었다.[38] 여기서 그가 그리고 있는 '이상향'은 낭만적 정신의 소산으로서 현실과 동떨어진 비현실적인 세계의 산물이라기보다[39] 당대 현실에 토대를 둔 세계라는 점에서 주목을 요한다. 실제로 그는 제1차 세계대전 이후 "시기와 악독과 포학이 가득"한 세상에서 "애愛"의 정신에 따른 "현실적 새 낙원"을 건설하는 것에 '이상향'의 의의를 두고 있었다. 그는 철저히 '현실'에 "에덴"을, '지구'상에 "천국"을 건설하려했던 것이다.[40]

그러면 노자영이 기독교의 수사를 통해 '이상향'에 대한 생명의식을 추동해가고 당대 현실에 근거한 이상세계를 지향해가려 했다면, 그러한 '이상향'이 당대의 현실에서 어떠한 방식으로 나타나고 있었는가를 살펴볼 필요성을 느낀다. 말하자면, 노자영은 '이상향'을 공동체 문제로 구체화하기 위해 '생활'이라는 개

38 이러한 점을 드러내는 대표적인 작품으로 「삶의 동산」, 『학생계』 창간호, 1920.7, 2~3면; 「月色」, 『학생계』 제2호, 1920.9, 46~48면; 「흰눈이 펄펄」, 『학생계』 제5호, 1920.12, 14면; 「新年의 아참」, 『학생계』 제6호, 1921.1, 22면 등을 들 수 있다.

39 최양옥, 『노자영 시 연구』, 국학자료원, 1999, 298~317면.

40 노자영, 「인싱에 현실덕 파라다이스(樂園)」, 『기독신보』, 1919.9.11, 869면; 「愛의 能力(롱펠로-作)」, 『기독신보』, 1919.1.8, 968면.

념을 도입하고[41] 그것의 구체적인 실천방식을 논의하고 있었다.

그러면 生의 時間을 그러케 無視홀 것이 아니고 生의 要求를 그러케 拒絶홀 것이 아니며 또는 孤獨의 世界에서 寂寞을 벗 삼고 世上과 絶緣홀 것이 아니다 人生이 世上에 出來흔 義務는 將次 져 無形의 實際에도 잇겟지마는 大部分은 이 現實의 世界에 잇는 것이 안인가? (…중략…)

곳 不足흔 世上을 改善흐고 不美흔 世上을 醇化흐야 이 現實의 世界로 흐야곰 흔 '유토피아'를 建設흐고져 홈이엿다 이 분들이 苦痛과 寂寞과 漂浪을 맛봄은 이 世界와 人生을 (他一方의 世界도 잇지만은) 爲홈이다. (…중략…)

世界와 社會의 모든 缺點 모든 短所 모든 惡處를 消化흐고 拔去흐며 柔化흐고 美化흐야 新面目의 新天地를 이루지 아니흐면 止치 아니흐며 그리흐고 人의 胸中에 潛在흔 모든 野性과 惡毒과 虛僞와

41 선행연구에서 1920년대 담론에 나타난 '생활'이라는 개념에 주목한 사례로는 이철호의 논의를 들 수 있다. 그는 1920년대 초기의 조선에서 '생활'이 본래 라이프(life)의 근대적인 번역어로서 '인생'이나 '생명'과 같이 자아의 각성을 담지하는 낭만주의적인 용법으로 사용되었다고 말한다. 그러다가 1920년대 후반에 들어와 '생활'이라는 개념이 "물질적·경제적 삶의 구체성을 내포"하여 "계급론적·유물론적 사유에 더 밀착된 용어"로 사용되기 시작했다고 해명하였다. 이 논의에서 '생활'의 개념적 변동을 바라보는 관점은 낭만주의에서 사회주의로의 이행이라는 문학사적인 관점과 부합하고 있지만, '생활'이라는 개념이 일찍부터 조선의 현실과 접목된 의미로 사용되고 있었다는 점을 간과하고 있다(이철호, 『영혼의 계보－20세기 한국문학사와 생명담론』, 창비, 2013, 285~313면).

利慾과 猜忌 等 人의 良心上 處斷下에 惡者되는 萬般 不道德 不正義 不人情을 溶解ᄒᆞ야 人은 ᄒᆞᆫ 神의 愛子됨에 넉넉ᄒᆞᆫ 資格을 이루도록 ᄒᆞ여야 ᄒᆞᆫ다 다시 말ᄒᆞ면 無情ᄒᆞ고 野薄ᄒᆞᆫ 世上을 道德과 宗敎로써 淨化케 ᄒᆞ고 神化케 ᄒᆞ고 愛化케 하고 美化케 ᄒᆞ며 괴롭고 沓沓ᄒᆞᆫ 世上을 仁愛와 溫善으로써 시원케 ᄒᆞ고 多情케 ᄒᆞ며 疲困ᄒᆞ고 不便ᄒᆞᆫ 世上을 學校와 藝術로써 光明ᄒᆞ고 平安ᄒᆞ게 改造ᄒᆞ야 地上의 天堂을 形成ᄒᆞ도록 ᄒᆞ여야 ᄒᆞᆫ다

—「정신생활(精神生活)의 삼단계(三段階) 속(續)」 부분[42]

노자영은 인용된 글 이전에 발표한 「생활生活의 의의意義」에서[43] '생활'의 문제를 다룬 바 있다. 여기서 그는 앞서 언급한 문제의식에 따라 '에덴'이나 '낙원'과 같은 기독교의 수사를 동반하여 '이상향'에 대한 생명의식을 표출하는 가운데 '생활'의 개념을 도입하여 그러한 '이상향'이 현실세계의 배후에 있는 실재적인 세계임을 명시하였다. 이와 함께 그는 현실 세계에 토대를 둔 이상세계를 건설하기 위한 '생활'의 덕목과 실천 사항들을 구체적으로 제시하였다. 말하자면, 그는 개인이 사회에 그러한 '생활'의 덕목들을 실천할 수 있는 정신적인 산물로 '영혼'을 제시하였다. 이는 숭고시학에서 숭고한 영역에 있는 대상과 접촉하

42 노자영, 「精神生活의 三段階(續)」, 『기독신보』, 1919.12.26, 1238면.
43 노자영, 「生活의 意義」, 『기독신보』, 1919.7.2, 1112면.

기 위한 장치로 나타났던 '영혼'이 당대의 현실에서 '생활'의 개념과 결부되어 이상향을 실현하기 위한 정신적 산물로 전이되고 있다는 점에서 주목을 요한다. 노자영은 인용된 글에서 바로 "정신생활"을 구체적으로 논의하고 있다.

노자영은 "정신생활"을 인간이 "우주와 세계를 점령"할 수 있는 능력이라 정의하고 세 가지의 측면에서 논하고 있다.[44] 그것은 각각 '육욕肉慾의 제재를 받는 생활', '육계肉界를 떠난 고립의 생활', '세상을 도화하는 활동의 생활'로 정의할 수 있다. 그에 따르면, 첫 번째의 생활은 "정신의 요구"와 "영靈의 교훈"을 무시하고 인생의 이상을 오로지 '물질'에만 두고 있다는 점에서 문제적이다. 왜냐하면 이 생활을 영위하는 자들은 세상사를 '물질'의 관점으로만 바라봄에 따라 '인생'과 '사회', 그리고 '공공'도 모

44 노자영이 이 글에서 '정신생활'을 분류하는 방식은 글의 서두에서 밝히고 있듯이 소위 '신이상주의'로 대변되는 독일의 철학자 오이켄(R. Eucken)의 논의에 기대고 있다. 그는 이 글 이외에도 당시 정신 혹은 심령 방면의 대표적인 사상가로 오이켄을 지목하고 있다(노자영, 「輓近思想의 趨勢」, 『기독신보』, 1919.6.4, 1088면; 「輓近思想의 趨勢(續)」, 『기독신보』, 1919.6.11, 1094면). 그가 오이켄의 사상을 접하게 된 직접적인 계기는 아마도 이쿠다 조코가 나카자와 린센(中澤臨川)과 함께 간행한 『근대사상 16강(近代思想十六講)』(新潮社, 1915)을 접하면서 일 것이다. 이 책에서는 니체, 톨스토이, 다윈 등 서양의 사상가와 타고르와 같은 동양의 사상가를 소개하고 있는데, 그 한 사람으로서 "제13강 오이켄의 신이상주의"를 소개하고 있다. 노자영이 이쿠다 조코를 매개로 오이켄의 '신이상주의' 철학을 수용하여 조선적 '문화주의'를 구축해가는 기획에 대해서는 최호영, 「오이켄(R. Eucken)의 '신이상주의' 수용과 한일 '문화주의'의 전개양상－이쿠다 조코(生田長江)와 노자영(盧子泳)을 중심으로」, 『일본비평』 제17호, 서울대 일본연구소, 2017.8, 254~283면 참조.

르는 지독한 '이기주의'를 가지고 활동할 뿐이기 때문이다. 노자영은 당시 조선사회가 정신생활의 단계로서는 "초급"에 불과한 그러한 생활에 대체로 빠져 있다고 개탄한다.

이와 달리 두 번째의 생활은 첫 번째와는 정반대의 측면을 보이고 있다는 점에서 문제적이다. 이 생활은 오히려 '육'을 멸시하고 세상과 사회를 떠난 '고립'을 자처한다. 그리고 이 생활은 미적 동경을 가지고 영적인 세계를 추구한다고 해도 세상과 동떨어진 태도를 보이는 것에 불과하다. 왜냐하면 노자영은 바로 이어지는 문장에서 아무리 신과 같은 이상을 가지고 아름다운 "에덴"을 개척한다고 해도 그것이 "생의 무대"를 떠난 것이라면 진정한 정신생활이 될 수 없다고 못 박고 있기 때문이다. 그리하여 그는 결국 인간이 "생의 세계"를 기반으로 "인생의 전체"와 '미래의 세계'까지 관계를 맺을 수 있다고 말하는 것이다.

이를 바탕으로 노자영은 자신이 발 딛고 있는 현실 위에 '이상향'을 건설하는 것에서 진정한 '이상향'의 의의를 발견하고 있다. 그는 그러한 '이상향'을 건설하는 데 있어 필연적으로 요구되는 '정신생활'로 세 번째의 생활을 제시한다. 이 생활은 사회와 세계의 결점과 단점을 받아들여 그것들이 "신천지新天地"를 이룰 때까지 그치지 않는다. 그 뿐 아니라 인간의 이기심으로 인해 나타나는 사회 만반의 문제점들을 점차적으로 개선해가고자 한다. 그 수단으로 도덕과 종교, 학문과 예술은 각자가 지닌 특색에 따라 각각 "인애仁愛"와 "온선溫善", "광명"과 "평안"의 덕목을 실천함으로써 '이상향'을 "지상의 천당"으로 건설하는 데 기여한다. 이처럼 1920년대 초기 조선에서 '생활', 보다 구체적으로 '정신생활'은 당대의 현실에 토대를 둔 '이상향'을 전개하기 위한 개념으로 등장하고 있었다. 그러한 점은 '생활'을 실천하기 위한 구체적인 덕목을 제시하고 있는 것에서 확인할 수 있다.[45] 그리하여 숭고시학에서 시적장치로 나타났던 '영혼'은 당대의 현실에 '생활'을 발휘할 수 있는 정신적 산물로 전이됨에 따라 그 실천적 의의를 부여받고 있었던 셈이다.

지금까지 당대 '이상향'의 논의가 1920년대 초기의 조선적 현실의 토대 위에서 전개되고 있었다는 것을 확인하였다면, 이제 '이상향'이 조선의 공동체적 현실에서 어떠한 방향으로 전개되고 있었는가를 살펴봐야 할 것이다. 이는 당대 공동체의 논의에서 '생명'이라는 개념을 매개로 하여 '개체'와 '전체'의 관계를 해명하는 방식으로 나타난다.

45 노자영은 그의 다른 글에서도 '정신생활'을 실천할 수 있는 구체적인 덕목들을 제시하고 있다. 예컨대, 그는 장차 민족의 생명과 사상과 연계되는 청년들의 '책임'을 강조하거나 신고(辛苦)를 이겨내는 의지의 소산으로서 '노력' 등의 정신을 제시하거나 반도사회와 인류를 신성하고 문명하게 만드는 원천으로 '완전한 인격'의 창조를 내세운 바 있다(노자영, 「二十前後에 最難關」, 『기독신보』, 1919.5.7, 1064면; 노자영, 「압길이 洋洋한 者여!!」, 『학생계』 제3호, 1920.10, 4~5면; 노자영, 「朝鮮青年의 覺悟」, 『학생계』 제4호, 1920.11, 7~9면; 노자영, 「人格의 創造」, 『학생계』 제6호, 1921.1, 6~11면).

타쿠르의 이 學校를 建設한 目的은 우리가 알기 明若觀火한 일이다. 곳 그것은 眞善美의 教育을 베풀고 십다는 것이다. 다시 말하면 眞情한 教育을 베풀어 "참사람"을 만들고 십다는 것이다. 近代의 學校도 그 目的에 對하야는 亦是 참사람을 만들고자 하는 것이나 그 實際의 方法은 理想과 大端히 다르다. (…중략…) 여긔서 타쿠르는 여긔 對한 革命的 義憤을 느끼는 同時에 여긔 對한 先後策과 救濟事業을 開始한 것이다. 곳 愛와 自由가 充滿한 方法으로써 兒孩들의 知識과 道念을 發達케 하는 것은 勿論이오 다시 그 以上의 精神的 人格을 教養하랴는 것이다. (…중략…)

여긔 對하야 타쿠르는 이러케 말하엿다. "우리들은 教育法을 復興케 하기 爲하야 나는 兒孩들이 이 世上에 무엇보다도 놉고 神聖한 靈의 '무엇'을 느끼도록 教育하는 學校를 세우고저 하엿다. 곳 人生의 眞生命, 그것을 十分 理解케 하는 學校를 세우고져 하엿다. (…중략…) 그러나 우리는 타쿠르가 고요하게 그리하고 썍리깁게 自己 理想을 實行하는 點에서 우리는 特別히 그를 仰慕하지 아니할 수가 업다.

—「타쿠르의 자연학원(自然學園)」 부분[46]

인용된 글에서 노자영은 표면적으로 타고르의 평화학당을 소개하고 있지만 그런 가운데 이상적 공동체에 대한 그의 인식을

46 노자영, 「타쿠르의 自然學園」, 『서광』 제7호, 1920.9, 80~83면.

엿볼 수 있다는 점이 주목된다. 공동체의 관점에서 볼 때 노자영은 올바른 자아를 형성하기 위해 "정신적 인격"의 중요성을 강조하고 있으며 개인의 정신적 인격이 전체의 이상과 연결될 수 있는 의의에 대해 말하고 있다.

먼저, 노자영은 근대식 교육이 자아 형성에 미치는 악영향을 비판하고 있다. 그가 보기에 근대식 교육은 '제도'나 '규칙'과 같은 형식에 치우침에 따라 개인의 '자유'와 '개성'을 발휘하려는 본래의 이상과 괴리되어 있다. 그러한 교육법은 우리의 "생명의 힘"을 고갈시킬 뿐이다. 그에 비해 노자영은 타고르의 교육방식이 오히려 "자기이상"에 충실하다고 말한다. 그것은 단지 "현대문명의 생활"을 떠나 "은둔생활"로 돌아가려는 것이 아니라 "자연의 은혜"를 풍부히 받아 심신 양 방면으로 "훌륭한 인격"을 형성하려는 의의를 지닌다. 여기서 노자영은 앞서 당대의 현실에 이상향을 건설하기 위해 '생활'의 개념을 도입하고 그것을 발휘하기 위한 정신적 산물로서 '영혼'을 제시한 부분을 상기시킨다. 말하자면, 노자영은 개인의 "정신적 인격"을 양성하는 것이 올바른 자아를 발휘하는 것에 그치지 않고 어떠한 문명의 와중에서도 "신생활"을 영위할 수 있는 근본이라 보고 있다. 그래서 그는 타고르의 평화학당이 "자유와 애愛와 자연"의 3대 요소를 바탕으로 "정신적 인격"을 양성하려는 교육방식을 취하고 있는 것에 주목하였던 것이다.

다음으로, 노자영은 개인이 정신적 인격을 양성하기 위한 자기이상에 충실하게 될 때 전체의 이상과 연결될 수 있다고 보고 있다. 그는 위에서 타고르가 취하고 있는 교육법이 개인에게 그치지 않고 "무엇보다 높고 신성한 영靈의 '무엇'"을 느끼도록 할 수 있다고 말한다. 그러한 점은 타고르의 평화학당에서 시행하는 시스템을 살펴보면 좀 더 구체적으로 드러난다. 즉, 이 학교에서는 교사와 학생 간의 위계가 없으며 학교 내의 문제를 학생들의 자율에 따라 해결하도록 한다. 이때 학생들의 자율성은 "자영자활自營自活의 정신"과 "자치적 생활"로 나타나 있다. 다시 말해, 노자영은 개인의 자율성과 자치성이 전체의 이상과 접속될 때 진정한 의의를 가진다고 보고 있는 것이다. 그는 결국 개인이 "정신적 인격"을 양성하고 자신의 존재 역량을 제대로 발휘될 수 있는 공동체의 이상을 말하고 있는 셈이다.[47]

지금까지 살펴보았듯이 '개체'와 '전체'의 관계를 바탕으로 공동체의 상을 구상하려는 시도는 아래의 글에서 보다 선명하게 드러난다.

47 이와 관련하여 노자영은 1920년대 초기에 발표한 시들에서 당대 현실에 근거한 '이상향'의 상을 그려내고 있었다. 그는 자신이 추구하는 '이상향'이 '폐허'의 이미지로 표상되는 선조들의 문명을 '생명'의 근원으로 두고서 나타날 수 있다는 것을 보여준다. 그리고 이러한 정신적 토대 아래 공동체의 이상이 '상호부조'를 기반으로 하는 공동생활과 함께 '개체'의 고유한 특이성이 발휘되는 공동생활로 나타날 수 있다는 것을 보여준다(이에 대해서는 최호영, 「1920년대 초기 노자영의 시에 나타난 생명의식과 이상적 공동체－『서광』, 『서울』, 『학생계』 소재의 글을 중심으로」, 『한국민족문화』 제57호, 부산대 한국민족문화연구소, 2015, 33~65면 참고).

다시 말할진대 사람이라 하는 全體와 生命은 互相因果의 關係가 有하야 全體가 有함으로 生命이 有하며 生命이 有함으로 全體가 有한 것이라 卽 生命을 離하야 全體를 想像할 수 없으며 全體를 離하야 生命을 想像할 수 업도다 故로 全體와 生命의 間에난 先後의 別과 重與否의 差異를 區分할 수 없으나 그려나 사람이 能히 사람의 모든 作用을 行할 수 잇난 그 方面으로 볼 時는 生命이라 하난 것이 모든 作用의 根本的 原因이 되나니 卽生命이 有함으로써 사람은 모든 作用을 行할 수 잇난 것이라 (…중략…)

余의 淺識으로 此를 略論하건대 사름이 如他 動物과 相異하야 最貴한 生命과 最惡할 死가 有함에 不拘하고 오른 일과 그른 일을 區別하야 오른 일은 此을 取하며 行하고 그른 일은 此을 排斥하며 行치 아니하는 所以는 一個人의 有機的 生命 以外에 쏘한 生命이 有한 까닭이라 하노라 此을 第二의 生命이라 合一稱아야 此에 論코져 하노라. (…중략…)

그려면 後世의 사람이 過世의 사람을 벗한다 함은 肉體的 그 사람이 아니고 그 사람의 諸德을 벗함이니 諸德이 後人에게 벗되는 그 點으로 볼 째에는 諸德은 卽 그 사람의 不朽의 生命이라 하겟도다 그려면 이 不朽의 生命은 何時로 불허 發生되난고 第一의 生命 卽 一個人의 生命繼續中에 其種子를 쑤리여 두면 第一의 生命이 끈어진 뒤에 반드시 發生한다 할지라

—「사람과 생명(生命)」 부분[48]

인용된 글에서 최팔용은 '생명'의 개념을 토대로 공동체의 문제를 본격적으로 다루고 있다. 먼저, 최팔용은 '생명'의 개념을 매개로 공동체의 두 축을 담당하는 '개체'와 '전체'의 관계를 해명해내고 '생명'이 공동체를 구성하는 본질적인 원리가 된다는 것을 보여준다. 그는 구체적으로 '개체'와 '전체'의 관계를 사람을 구성하는 각 '기관'과 사람이라는 '전체'의 관계에 빗대어 설명하고 있다. 그는 사람이라는 존재를 유지하기 위한 "근본적 원인"으로 '생명'을 정의한다. 그에 따르면, "전체와 생명"의 "호상인과互相因果의 관계"는 부정할 수 없는 절대적인 사실이다. 즉, '생명'은 사람이라는 '전체'에 있어 한 순간이라도 없어서는 안 될 관계에 놓여 있다. 이를 위해 사람을 구성하는 각 기관은 직·간접적으로 '생명'을 '유지'하고 '보전'하며 '안전'하게 하기 위해 활동하는 것이다. 최팔용은 이처럼 '생명'이 사람이라는 '전체'와 각각의 '개체'를 연결하는 데 있어 중요한 기능을 수행하고 있다는 것을 말하고 있다. 따라서 최팔용은 '생명'이 '개체'와 '전체'의 관계를 유기적으로 연결하는 기능을 수행하는 것에서 나아가 공동체를 구성하는 본질적인 원리가 된다는 것을 보여주려 했던 것이다.

다음으로, 최팔용은 '생명'의 범주를 세분화함에 따라 공동체가 놓여 있는 지평을 구체적으로 보여준다. 이는 그가 앞에서 거

48 최팔용, 「사람과 生命」, 『학지광』 제13호, 1919.7, 25~30면.

론한 원리를 바탕으로 개인과 사회의 관계에 따라 '생명'의 문제를 다루는 부분에서 나타난다. 그가 사람을 구성하는 각 '개체'가 사람이라는 '전체'와 유기적인 관계를 맺고 있다고 말한 것처럼, 최팔용은 사회적인 측면에서 볼 때 '생명'을 유지하려는 활동은 개인에 그치지 않고 타인 혹은 그보다 더 큰 사회, 나아가 인류와 밀접한 관련을 맺고 있다고 말한다. 그래서 최팔용은 한 "개인의 유기적 생명 이외"에 또 다른 '생명'이 있다고 말하면서 이를 "제2의 생명"이라 정의내리는 것이다. 이 지점에서 그는 '생명'의 범주를 세분화해냄에 따라 '공동체'를 구성하는 범주들을 구체화하려는 의도를 보인다. 이를 위해 그는 "제2의 생명"을 "종합체의 생명", "겨레의 생명", "썩지 않는 생명"으로 분류하고 각각의 특징에 대해 논한다.

그에 따르면, "종합체의 생명"은 개인들이 집합된 조직체로서 그 단적인 예로 '국가'와 같은 단체를 들 수 있다. 물론 이는 각 "개인의 성격 여하와 활동 여하"에 영향을 받기는 하지만 단순히 개인생명의 종합을 의미하지는 않는다. 말하자면, 최팔용은 개인이 '생명'을 매개로 전체와 연결되어 있다고 보면서도 국가와 같은 인위적인 단체로 전체를 환원하려고 하지 않았다. 그는 공동체를 단체나 조직과 같은 유형에 국한하기보다 무형의 성질까지 포함하는 것으로 보고 있기 때문이다. 그는 그 무형의 성질로 "겨레의 생명"에 대해 논한다. 여기서 '겨레'는 "혈계적血繼的 성질" 아래 '언어', '습속', '문물'이 같은 사람들의 전체를 포괄적으로 가리키는 말이다. 이는 "종합체의 생명"과는 달리 각 개인의 '생명'을 종합하고 있는 전체이다. 이런 점에서 볼 때, 최팔용은 '전체'의 범주로서 유형뿐만 아니라 무형의 요소까지 포함하고 있는 공동체의 지평을 보여주고 있는 셈이다.

이와 함께 최팔용은 유형과 무형의 요소를 포함하는 공동체를 작동시키는 근본적인 요소로서 '정신적 유산'이 있다는 것을 보여준다. 그것이 바로 "절대적 영구의 성질"을 가지는 "썩지 않는 생명"이다. 그는 기본적으로 사람이 "육체적 작용" 이외에 각자의 성격에 따르는 "정신적 작용"을 가지고 있다고 본다. 그로 인해 그는 "후세의 사람"이 "과세過世의 사람"의 '덕'을 받아들임으로써 "과세의 사람"의 '생명'이 "후세의 사람"의 '생명'에 이어지게 된다고 말한다. 그래서 그는 "제1의 생명"이 끊어진 후에도 계속해서 썩지 않고 이어지는 '생명'이 있다고 보았고 이를 "불후의 생명"이라 정의했던 것이다. 그는 결국 '개체'와 '전체'를 '생명'의 관계로 연결하는 공동체가 과거 선조들의 유산들을 배경으로 성립될 수 있다고 보고 있다. 또한 그러한 공동체가 정신적 작용에 의해 끊임없이 후손들의 '생명'에 이어질 수 있다고 보고 있다. 이러한 맥락에서 최팔용은 『학생계』 제6호부터 오천석에 이어 책임편집을 맡으면서[49] 향후 『학생계』가 지향해야 될 방향성을 선조로부터 받은

49 일본 유학 당시 조선유학생학우회에 가입하여 기관지 『학지광』의 편집을 맡

'유전'을 '개조'하고 '세계화'하여 "인류공존의 대동사회"를 실현하려는 것에 두고 있었던 것이다.[50] 그는 결국 '생명'이 공동체를 구성하는 본질적인 원리라는 것을 보여주었다.[51]

지금까지의 논의를 정리하자면, 1920년대 초기 조선의 지식인들은 '생명'이라는 개념을 매개로 '개체'와 '전체'의 관계를 사유하는 가운데 '자율성'과 '자치성'의 원리를 바탕으로 '개체'의 존재 역량이 '전체'의 이상으로 열리는 공동체를 구상하였다. 이와 함께 그들은 유형과 무형을 포괄하는 '전체'의 범주를 탐색함으로써 당대의 공동체가 끊임없이 썩지 않는 '생명'으로 이어져오는 선조들의 유산을 배경으로 성립할 수 있다는 것을 보여주었다. 그러할 때, '개체'의 '자율성'과 '자치성'은 '전체'와의 관계를 통해 고유한 특이성singularity을 내보일 수 있는 것이다. 이런 점에서 그들은 결코 단체나 조직과 같은 실체로 환원되거나 전통주의, 민족주의, 사회주의, 아나키즘 등과 같이 외부의 담론이나 정치적 이념으로 규정되던 공동체를 모색한 것이 아니었다. 그들은 바로

았으며 조선청년독립단의 활동을 이끌었던 최팔용이 어떠한 경로를 통해 『학생계』의 편집을 맡게 되었는지에 대해서는 좀 더 신중한 추적이 필요하다. 하지만 오성학교 출신인 그가 오성학교를 매개로 하여 장도빈과 인연을 맺을 수 있었다고 추정하기는 어렵지 않다.

50 최팔용, 「讀者 諸君에게 드리는 처음 인사」, 『학생계』 제7호, 1921.3, 2~5면.

51 1920년대 초기 조선에서 '생명'이라는 개념을 담론으로 끌고 오게 된 한 근거로 기독교 체험을 지적한 이철호는 최팔용의 글을 분석하는 과정에서 그가 '생명'의 기독교적 함의를 버리고 그 안에서 '민족주의'의 에너지를 발전시켰다고 해석하고 있다(이철호, 『영혼의 계보－20세기 한국문학사와 생명담론』, 창비, 2013, 113~115면).

'개체'와 '전체'를 연결하는 '생명'이라는 개념을 근거로 당대 조선의 현실에서 다양한 방식으로 실현될 수 있는 공동체의 이념성을[52] 모색하려했던 것이다. 그들은 특히 정신적 토대에 대한 탐색과 함께 공동체의 본질을 이루는 '공동公同'의 원리가 '생명'의 개념을 매개로 가능해질 수 있다는 것을 보여주었다.[53] 1920년대 초기 조선에서 성립되고 있었던 이러한 공동체에 대해 이 책에서는 '생명공동체'라는 이름을 붙여주고자 한다.

그러면 '생명공동체'는 당대 식민지 조선에서 어떠한 방식으로 전개되고 있었는가에 대한 질문을 던져보자. 이는 역사적으로 볼 때 조선 민중들의 정신을 이끈 동학의 맥을 이어 다방면에 걸쳐 사회개혁운동을 전개한 천도교의 활동과 긴밀하게 연계되어있었다.[54] 초창기의 천도교에서는 당대의 시대적인 성격에 맞

52 아감벤에 따르면 개인의 임의적 특이성은 어떤 정체성을 지닌 것이 아니며 개념으로도 규정되지 않는다고 해서 단순히 무규정의 상태에 있다는 것을 의미하지는 않는다. 이는 자신의 가능성들의 총체와 맺는 관계를 통해 완전한 규정성을 얻을 수 있다는 의미에서 어떤 '이념'과 관계하고 있다. 조르조 아감벤, 이경진 역, 『도래하는 공동체』, 꾸리에, 2014, 95~107면.

53 이런 점에서 개인과 집단이 대립하는 것이 아니라 서로 공존방안을 찾아내는 방식으로 서북지방의 공동체주의가 전개되었다는 것을 검토한 최근 논의는 여러모로 시사하는 바가 크다(정주아, 『서북문학과 로컬리티－이상주의와 공동체의 언어』, 소명출판, 2014, 151~153면 참고).

54 이러한 점에 대해 권보드래는 당시 조선에서 대두한 개조의 현상을 분석하는 과정에서 잠정적으로 추정한 바 있다. 그는 당대 조선의 담론에서 '영혼', '생명', '우주' 등의 개념이 주체와 공동체의 관계를 새롭게 설정하는 과정에서 폭넓게 등장하였다고 보았다. 그는 이러한 흐름들이 3·1운동의 시발에 중요한 자극이 되었으며 멀게는 민중적 자율성의 동학에까지 이를 수 있다고 조심스레 추정하였다(권보드래, 앞의 글, 5~34면).

게 '인내천'을 재해석하는 과정에서 동학의 '시천주侍天主'에서 말하는 '하늘天'이 인간 위에 초월적으로 존재하는 신과 같은 종교적인 위상을 가진 것에서 나아가 인간의 역량이 미칠 수 있는 단계나 인간이 일정한 과정을 거쳐 발전할 수 있는 단계에 위치시키고자 했다. 그래서 천도교에서는 '하늘'과 같은 인간이 자신의 권능을 무한히 확대시켜야 한다는 수행의 방향으로 나아감으로써 사회개혁적인 성격을 내보이게 되었다.[55] 이를 바탕으로 이돈화는 기존의 물질적, 정신적인 모든 방면에서 '자기'의 일체를 해방하여 인간을 본위로 한 '사람성주의'를 새로운 인간의 이념으로 삼았다. 그는 그러한 인간의 '자기' 개혁이 '자기'에 그치지 않고 민족, 사회, 인류 등 공동체의 유기적인 발전으로 이어지고 있다는 점에서 '공공公共'의 정신을 실천원리로 강조하였다.[56]

또한 천도교에서는 수운의 종교적 위상에 따른 천지개벽에서 나아가 사람의 개벽(인문개벽)을 통해 '후천개벽사상'을 정립해 간다.[57] 이돈화는 천도교에서 말하는 '한울'의 개념을 정당화하

55 이돈화, 『인내천요의』, 천도교중앙총부, 1968, 19~105면.

56 이에 대한 구체적인 사항은 조규태, 『천도교의 문화운동론과 문화운동』, 국학자료원, 2006, 51~102면; 허수, 『이돈화 연구』, 역사비평사, 2011, 39~186면 참고.

57 선행연구에서 한국 근대시에 담긴 역사철학적인 의의를 '개벽사상'의 전통과 관련하여 해명한 연구의 사례로는 신범순과 조은주의 논의를 들 수 있다. 신범순은 최남선과 이상의 작품에서 '개벽사상'이 황무지적 역사의 대륙을 건너 잃어버린 태고의 선사시대를 표상하는 홍산문명으로 나타나 있다고 해명하였다(신범순, 「이상의 개벽사상-태양아이의 역사철학」, 『한국시학회 제24차 전국학술발표대회 자료집』, 한국시학회, 2009, 73~91면). 조은주는 1920년대의 『개

기 위해 우주자연의 발전 법칙으로서 '무위이화無爲而化'의 개념을 새롭게 정리하였다. 그는 우주자연과 유기적으로 연결되어 있는 인간 또한 자율적이고 무궁한 창조력을 발휘하여 끊임없이 진화해갈 수 있다는 의미에서 '후천개벽'의 논리를 펼쳤다.[58] 이를 바탕으로 그는 민족－사회－우주로 이어지는 '후천개벽사상'을 통해 당대 현실에 건설될 수 있는 지상천국을 표명하고자 하였다. 이러한 '후천개벽사상'은 앞서 당대 조선의 현실을 기반으로 전개되었던 공동체의 논의와 멀지 않은 지점에 놓여있다. 이제 그러한 측면에 대해 아래의 시를 통해 확인해보자.

> 이 世紀를 물고너흐는, 이둔 밤에서
> 다시 어둠을 삼쑤노라 조우는 조선의 밤—
> 忘却뭉텅이 가튼, 이 밤 속으론
> 해쌀이 비초여 오지도 못하고
> 한우님의 말슴이, 배부른 군소리로 들리노라

벽』을 비롯하여 최남선과 신채호의 글에 나타나는 '개벽사상'과 창세기적 사유가 '나'의 개념과 '나'를 둘러싼 기원인 '단군'을 탐색하는 작업과 맞물려 있는 의미를 해명하였다(조은주, 「'나'의 기원으로서 '단군'과 창세기적 문학사상의 의미－최남선, 신채호를 중심으로」, 『한국현대문학연구』 제29집, 한국현대문학회, 2009, 107～139면).

58 이돈화가 펼친 '후천개벽사상'의 특징에 대해서는 김형기, 『후천개벽사상연구』, 한울아카데미, 2004, 94～115면 참고.

나제도 밤— 밤에도 밤—

그 밤의 어둠에서 씀여난, 뒤직이가튼 신령은,

光明의 목거지란 일홈도 모르고

술취한 장님이먼-ㄴ길을가듯

비틀거리는 자욱엔, 피물이 흐른다!

—「비음(緋音)—「비음(緋音)」의 서사(序詞)」 전문[59]

인용된 시를 비롯한 "단장오편斷章五篇"은 "구고舊稿"라는 부기로 미루어 보아 1925년 1월에 발행된 『개벽』 제55호에 게재되기는 하였으나 이미 그 전에 쓰인 시라고 추측해볼 수 있다. "단장오편斷章五篇"으로 구성된 「비음緋音」의 연작시들은 '붉은 소리'라는 표제에서 환기하고 있듯이 대체로 어두운 '밤'의 이미지와 '피울음'과 같은 처절한 이미지를 결합하여 생존 자체를 위협하는 현실에서 오는 울분을 담고 있다. 이상화는 이전에 『백조』의 동인으로 활동하면서부터 이 시들의 기저에 깔린 농후한 어둠의 이미지를 '동굴'과 같은 폐쇄적인 공간과 결부하여,[60] 그리고 죽음과 같은 처절한 상황과 결합하여[61] 그려낸 바 있다. 특이하게

59 이상화, 「緋音—「緋音」의 序詞」, 『개벽』 제55호, 1925.1; 이상규 편, 『이상화 시전집』, 정림사, 2001, 55면.

60 이상화, 「末世의 欷歎」, 『백조』 제1호, 1922.1, 69면.

61 이상화, 「二重의 死亡—가서 못 오는 朴泰元의 애틋한 靈魂에게 바침」, 『백조』 제3호, 1923.9, 15~17면.

도 『백조』에 게재된 시들의 말미에는 "비음緋音가온데서"라는 부기가 붙어 있다는 점에서, 이상화는 아마도 '비음緋音'이라는 부제에 따라 연작형태의 시를 구성하려 했을 것이다.[62] 그러한 점으로 미루어볼 때, "「비음」의 서사序詞"라는 부기가 붙은 인용된 시는 『백조』 창간호에 게재된 시편들 이전에 쓰인 시라는 점에서 적어도 1922년 1월 이전에 쓰여 졌을 것이다.

이러할 때 이상화가 『백조』에 실린 시들뿐만 아니라 인용된 시에서 일관되게 어둠에의 편향성을 그려내고 이를 『개벽』에 게재할 때까지 지속하고 있다는 것은 서구 낭만주의와 상징주의의 영향에 따라 퇴폐적인 분위기에 침잠하여 세기말 의식을 표출하려는 의도와는[63] 다른 지점에 있을 거라는 암시를 받게 된다. 이에 대해 한 선행연구에서는 민족주의적 저항시인의 관점에서 보려는 기존의 시각에 대체로 합의하고 있기는 하지만, 이상화의 시세계를 당대 공동체 논의의 흐름에 따라 접근하려는 이 책에 중요한 시사점을 던져주고 있다. 이 논의에서는 위의 시가 쓰이기 이전에 「그날이 그립다」에서 기독교의 수사를 통해 '생명'이 가득했던 유년시절에 대한 동경을 보여주고 있으며 이 시가 쓰이고 난 뒤 「이 해를 보내는 노래」에서는 '한우님'에게 원망과

62 이러한 문제의식은 이상화의 전집을 엮은 이기철에 의해서도 제기된 바 있다(이기철 편, 『이상화 전집』, 문장사, 1982, 80면 각주 1번 참고).

63 이에 대한 대표적인 논의로는 김은전, 『한국상징주의시연구』, 한샘, 1991, 158~247면 참고.

탄식의 형식으로 참혹한 한 해를 보내고 다가올 한 해를 기원하고 있다고 지적하였다.[64] 다시 말해, 이상화의 시에서 기독교의 상상력과 함께 천도교의 사상을 혼합하고 있다는 이러한 지적은[65] 그의 시에 농후한 어둠의 분위기와 일종의 세기말 의식을 다른 각도에서 보게 만든다.

이 시에는 전반적으로 밤의 시간을 통한 어둠의 이미지로 점철되어 있다. 시적화자는 시의 첫 행에서부터 자신이 처해 있는 상황을 '어두운 밤'이 "세기"를 물고 놓지 않을 정도로 현재뿐만 아니라 앞으로도 어둠이 지속될지도 모른다는 우려를 보여준다. 이는 그가 가로놓여 있는 상황에 그치지 않고 당대 조선이 처해 있는 상황이라는 점에서 더욱 문제적이다. 그가 보기에 당시의 조선에는 "망각 뭉텅이"라는 표현에서 단적으로 알 수 있듯이 모든 것을 집어 삼킬 것 같은 거대한 어둠이 지배하고 있다. 뿐만 아니라 그러한 어둠을 밝혀줄 '햇살'조차 미약해보이며 "한우님의 말슴이, 배부른 군소리로" 들릴 정도로 외부의 초월적인 대상에게서조차 희망과 구원을 바라지도 못하는 상황이다.

여기서 주목해야할 점은 그가 그런 처절한 상황 속에서도 어둠을 벗어나기 위해 몸부림을 치기는커녕 오히려 "다시 어둠을 꿈꾸노라"고 말하고 있다는 것이다. 이것은 단순히 부정적인 현실에

64 손민달, 「이상화 시의 환상성 연구」, 『국어국문학』 제150호, 국어국문학회, 2008, 347~387면.

65 위의 글, 379면.

대한 비관이라거나 자포자기의 행위를 의미하는 것인가? 그보다 자신이 직면한 현실의 어둠을 더욱 적극적으로 껴안으려는 행위로 보아야 할 것이다. 그는 그것을 의도하기라도 하듯 2연에서는 1연에서 펼쳐 보인 자연적인 밤의 시간에서 나아가 환상적인 기법을 동원하여 현실의 모든 시간을 밤에 위치시키고 있다. 그래서 그의 마음이 상황을 그렇게 받아들이는 이상, 조선은 밤은 물론이거니와 낮에도 밤일 수밖에 없다. 그 밤의 어둠에서 아마도 그의 환상에 의해 창출된 "두더지 같은 신령"은 "술 취한 장님"이 먼 길을 가듯 비틀거리는 자국마다 '핏물'을 흘리면서 걸어간다.

그러면 이 지점에서 그가 왜 현실의 처절한 상황을 목도하고도 현실의 어둠을 벗어나려고 하는 것이 아니라 그 어둠을 더욱 적극적으로 껴안으려고 했는가에 대한 의문을 느낄 것이다. 그것은 2연에서 현실의 모든 시간을 밤에 위치시키는 가운데 "신령"이 "광명光明의 목거지란 일홈도 모르고" 비틀거리는 자국마다 '핏물'을 흘리며 걸어가는 장면에서 해답의 실마리를 마련할 수 있다. 그는 이미 1연에서 당대의 조선에서는 햇살이 비춰오지도 못하는 처연한 어둠이 지속되고 있다고 말한 바 있다. 그런 상황에서도 그는 환상을 통해 밤의 시간을 지속시키고 자신의 분신이라 할 만한 "신령"을 통해 고통스럽게 어둠 속을 헤매고 있는 장면을 보여준다. 이는 그가 그러한 밤의 시간이 다해야 만이 '광명'의 시간이 도래할 것이라는 것을, 또는 그러기 위해 적어도 밤의 시간이 언젠가는 끝날 것이라는 것을 보여주려고 했던 것이다.

그는 "두더지 같은 신령"이 "광명光明의 목거지란 일흠도 모르고" 헤맨다고 말했다. 이 "목거지"라는 시어는 「나의 침실寢室로」에서 '잔치마당, 모임'의 뜻으로 사용되고 있다고 흔히 지적되어 왔다. 하지만 '어떤 일이 한계에 도달한다'는 의미로 파악해본다면,[66] 그가 어둠 속을 능동적으로, 더욱 처절하게 헤매려는 의도가 결국 언젠가는 조선의 어둠이 다하고 광명이 도래할 거라는 신념을 보여주려 했던 것이다. 따라서 지금까지 살펴본 정황과 "한우님"이라는 시어가 보여주고 있듯이, 이 시에서는 동학과 천도교의 '후천개벽사상'을 기반으로 하여 당대 조선의 밤이 언젠가는 끝나고 광명의 시간이 도래할 것이라는 이상향의 지향을 보여주고 있는 셈이다. 다시 말해, 동학에서 천지개벽 이후 현실의 모순이 극에 달한 시대가 가고 '후천개벽'에 의해 이상세계가 도래할 것이라고 설파한 사상은 이 시에서 환상을 통해 세기말의 어둠을 지속해가고 보다 적극적으로 어둠에 직면하고자 하는 의도와 맞닿아 있다.[67]

66 이러한 지적은 이상화의 전집을 정리한 바 있는 이상규에 의해 본격적으로 제기되었다. 그는 김춘수를 비롯하여 「나의 寢室로」에 등장하는 "목거지"라는 시어를 "향연, 잔치마당, 모임"의 뜻을 가진 대구방언의 의미로 해석하고 있는 현상을 지적하면서 이 시에서는 그러한 의미와는 적합하지 않다는 문제점을 제기하였다. 그는 대구방언에서 "목거지"의 다른 의미로 "어떤 일이 거의 다 이루어져 감", "어떤 일이 한계에 도달함"이라는 의미가 있다는 점을 들어 이러한 의미가 그의 시를 해석하는 데 더욱 일관성이 있다고 말한다(이상규 편, 앞의 책).

金剛! 오늘의 歷史가 보인 바와 같이 朝鮮이 죽었고 釋迦가 죽었고 地藏彌勒 모든 菩薩이 죽었다. 그러나 宇宙生成의 路程을 밟노라 — 때로 變化되는 이 過渡現象을 보고 묵은 그時節의 朝鮮얼굴을 찾을 수 없어 朝鮮이란 그 生成全體가 죽고 말았다 — 어리석은말을 못 하리라. 없어진 것이란다 맛 묵은 朝鮮이 죽었고 묵은 朝鮮의 사람이 죽었고 묵은 네 목숨에서 곁방사리하던 印度의 모든 神像이 죽었을 다름이다, 恒久한 靑春 — 無限의 自由 — 朝鮮의 生命이 綜合된 너의 存在는 永遠한 自然과 未來의 朝鮮과 함께 기리 누릴 것이다.

67 참고로 이상화가 형성한 민족주의의 배경에는 천도교로 대변되는 이상향 운동이 개입해있었던 것으로 보인다. 이상화는 집안에서 이어져오는 전통의 영향과 형제들과의 관계에 따라 자연스레 민족의식을 형성하게 되었다고 지적되어 왔다. 그의 조부 이동진(李東珍)와 백부 이일우(李一雨)는 각각 우현서루(友弦書樓)와 달서여학교(達西女學校)를 설립하여 활발한 교육활동을 벌이면서 독립 의식의 고취에 앞장섰다. 그의 형 상정(相定)은 만주에서 항일투쟁에 전력하던 장군으로서 민족 교육의 요람이었던 오산학교의 교사로 일하기도 했다고 한다(이상화의 가정환경과 형제들과의 관계에 대해서는 정진규, 『이상화』, 문학세계사, 1993, 215~221면 참고). 신범순에 따르면 정주 오산학교는 평양 대성학교와 함께 민족사학의 양대 축으로서 이상향 운동의 거점이었다고 한다. 신범순은 오산학교 출신의 김억과 김소월, 남궁벽, 이광수 그리고 1930년대에 활동한 시인 백석과 화가 이중섭까지도 이러한 이상향적 사상을 가지고 있었다고 지적한다. 그리고 평양 대성학교 출신들이 모여서 만든 『창조』지에서도 이러한 경향을 확인할 수 있다는 점에서, 이상향 운동이 당대 조선에서 다방면으로 전개되고 있었다고 하였다. 특히, 서춘과 이돈화 등을 통해 오산학교 학생들에게 천도교의 이상향적 정신이 수용되었을 가능성을 제시하는 부분은 이 글에서 이상화 시에 담긴 '후천개벽사상'을 해명하는 데 중요한 시사점을 던져주고 있다. 이상화가 형을 매개로 천도교의 정신에 어느 정도 영향을 받았으리라 추측하기는 어렵지 않기 때문이다(신범순, 『노래의 상상계 – '수사'와 존재생태기호학』, 서울대 출판문화원, 2011, 385~399면).

金剛! 너는 四天餘年의 오랜 옛적부터 퍼붓는 빗발과 모라치는 바람에 갖은 威脅을 받으면서 荒凉하다 오는 이조차 없든 江原의 寂寞 속에서 忘却 속에 있는 듯한 孤獨의 설음을 오직 東海의 푸른 노래와 마조 읊조려 이저바림으로 설어운 自足을 하지 않고 돌이어 그 孤獨으로 너의 情熱을 더욱 가다듬었으며 너의 生命을 갑절 북도두었도다.

(…중략…)

金剛! 朝鮮이 너를 뫼신 자랑—네가 朝鮮에 있는 자랑—自然이 너를 노흔 자랑—이 모든 자랑을 속 깊이 깨치고 그를 깨친 때의 驚異 속에서 집을 얽매고 노래를 부를 보배로운 한 精靈이 未來의 朝鮮에서 나오리라, 나오리라.

金剛! 이제 내게는 너를 읊조릴 말씨가 적어졌고 너를 기려줄 가락이 거치러져 다맛 내 가슴속에 있는 눈으로 내 마음의 발자국 소리를 내 귀가 헤어려 듣지 못할처럼—나는 고요롭은 恍惚 속에서—할아버지의 무릅 우에 앉은 손자와 같이 禮節과 自重을 못 차릴 네 웃음의 恍惚 속에서—나의 生命과 너의 生命 조선의 生命이 서로 墨契되었음을 보았노라 노래를 부르며 가비압으나마 이로서 사례를 아뢰노라. 아 自然의 聖殿이여! 朝鮮의 靈臺여!

—「금강송가(金剛頌歌)」 부분[68]

인용된 시에서 이상화는 표면적으로 조선을 표상하는 '금강산'을 대상으로 '조선'을 예찬하고 있다. 하지만 그는 이때의 '조선'이 당대의 역사적인 맥락에서의 조선을 포함하면서도 거기에 환원되지 않는다는 것을 보여준다. 왜냐하면 그는 이 시에서 "오늘의 歷史가 보인 바와 같이 朝鮮이 죽었고 釋迦가 죽었고 地藏彌勒 모든 菩薩이 죽었다"라고 말하고 있기 때문이다. 말하자면, 그가 처해있는 당대의 '조선'은 조선으로서의 기표를 가지고 있을 뿐 조선으로서의 '생명'을 가지고 있지 못하다. 이러한 이상화의 인식은 앞에서 살펴본 「비음緋音—「비음緋音」의 서사序詞」를 비롯하여 『백조』 시기의 시편들에서 농후한 어둠에의 편향성을 보여주고 처절한 현실의 참상을 '붉은 소리'의 이미지와 연결하고 있는 측면과 맞닿아 있다. 그와 연장선상에서 이상화는 인용된 시에서 기존의 묵은 조선과 묵은 조선 사람, 그리고 그 이웃에 있던 인도의 '신상神像'이 가고 언젠가 "미래의 조선"에 "무한의 자유"가 열릴 거라는 믿음을 '후천개벽사상'을 토대로 보여주고 있다. 왜냐하면 그는 우주가 "생성의 노정"을 밟는 것처럼 '묵

68 이상화, 「金剛頌歌」, 『여명』 제2호, 1925.6; 이상규 편, 『이상화시전집』, 94~95면. 이상화가 이 시의 말미에 달고 있는 부기로 미루어볼 때 이 시는 원래 1924년에 어느 신문을 통해 발표되었던 것으로 보인다. 이상화의 전집을 정리한 이상규 또한 이 시를 처음 게재한 것이 1924년이라고 보면서 당시 이상화가 많은 작품을 발표한 『동아일보』, 『조선일보』, 『매일신보』, 『시대일보』 중에서 아마도 『시대일보』에 게재되었을 가능성이 크다고 추정하였다. 이에 대해서는 같은 책, 95면 각주 122번 참고.

은 시절의 얼굴'로 대변되는 당대의 조선이 '과도의 현상'에 있다는 역사인식을 보이고 있기 때문이다.

그와 함께 당대의 조선이 처해있는 과도기를 지나 "미래의 조선"으로 가닿을 거라는 믿음의 근저에는 오랜 세월 '조선'의 실체를 구성해온 '생명'에 대한 인식이 가로놓여있다. 이는 그가 '금강산'을 바라보는 장면에서 나타난다. 그는 '금강산'이 4000여 년이라는 장구한 세월을 거쳐 오는 동안 '비바람'과 같은 주변 환경의 위협을 받거나 "강원江原의 적막" 속에서 "고독의 설움"을 혼자 읊조려오는 가운데에서도 '생명'을 이어왔으며 '생명'을 북돋아왔다고 말한다. 그래서 그는 '금강산'을 "생명과 영원의 고향"이자 조선을 "상징화한 존재"라고 말하는 것이다. 다시 말해, 이상화는 장구한 세월을 거쳐 이어온 조선의 '생명'이 있다면, '어둠'으로 표상되는 당대의 조선을 지나 언젠가는 "무한의 자유"가 펼쳐질 "미래의 조선"이 나타날 거라고 보는 것이다. 그는 '금강산'에서 볼 수 있는 "만폭동", "비로봉", "팔담八潭", "구룡九龍" 같은 구체적인 대상에서 조선의 '생명'이 오랜 세월 이어져온 흔적을 발견하고 있으며 그에 따라 앞으로도 조선의 '생명'이 펼쳐질 수 있는 "계시"와 "예지"를 발견하고 있다. 그리하여 이상화는 지금까지 수많은 시인들과 도사道師들이 노래해온 금강산의 "외포미外包美"과 "내재상內在想"이 바로 금강산의 '생명'에서 비롯되었음을 보여주는 것이다.

이처럼 이상화는 '어둠'으로 표상되는 과도기의 조선에서 장구한 세월을 거쳐 온 조선의 '생명'을 노래함으로써 '광명'의 조선이 도래하기를 희망하고 있다. 그는 금강산에 이어오는 조선의 '생명'을 "경이" 속에서 깨치고 노래하는 이상 언젠가 "미래의 조선"이 나올 것이라고 힘주어 말하고 있다. 그가 맞이할 "미래의 조선"은 오랜 세월 이어져 온 조선의 '생명'을 바탕으로 현재 '너'의 '생명'과 금강산과 같이 자신의 주변에 있는 자연을 가리키는 '너'의 '생명'이 서로 '혼융'을 이룬 이상적 세계를 의미한다. 따라서 이상화는 이 시에서 과거와 현재, 개체와 전체를 연결하는 '생명'의 개념을 바탕으로 식민지 조선의 현실에서 실현될 수 있는 이상적 공동체를 창출하려 했던 것이다. 이때 동학과 천도교로 대표되는 '후천개벽사상'은 그가 어둠으로 '표상'되는 조선의 현실에서 새로운 현실을 탐색하는 데 사상적인 근거를 마련하고 있다. 물론 그가 어떠한 공동체를 추구하려고 했는가에 대해서는 그의 다른 작품을 통해 보충해야할 테지만, 그러한 측면은 아래의 시를 통해 좀 더 보충할 수 있다.

> 늣길세라 저 幽靈의 나라 黑魔의 곳 이러ᄒᆞᆫ 곳에 이렇케 무서운 곳에 ᄲᅡ저잇는 사ᄅᆞᆷ이 萬一 쓴잇슬진ᄃᆡ…………
>
> 네가 철모르는 軟情兒로다 부지럽시 늣기지 마라 汝의 過去가 어둡고 將來가 어둘진ᄃᆡ 엇지 現今이 어둠을 슬허ᄒᆞ느냐

사ᄅᆞᆷ들아 오늘ᄭᆞ지 ᄯᅮᆨᄯᅡᆨ어리는 너의 心腸 血球가 붉드냐 검드냐 차드냐 ᄯᅳ겁드냐 억세드냐 여리드냐 ᄯᅳᆺ잇드냐 ᄯᅳᆺ업드냐 ᄯᅩᄒᆞᆫ 오는 날 낼 것이 엇더ᄒᆞ겟느냐?

그를 어둡게 모르니 알음이 어둘진ᄃᆡ 어둔 거로 보아셔는 차라리 밤이 어두어 안이 뵘이 너의 사는 能率에 利益이 되리라

엇더튼지 안이 뵈니 조타 人間의 더러운 萬劫 참 天堂이오 樂園이로세

저곳을 보라 常人도 업고 兩班도 업고 開明도 업고 頑固도 업고 貧寒도 업고 富饒도 업고 모다 사람이면 거저사ᄅᆞᆷ 아모 是非 업는 極樂의 天地다

아름답다 平等의 빗ᄲᅮᆫ인 저 暗黑의 속 平和의 소ᄅᆡᄲᅮᆫ인 저 閑寂의 사이

이 世上 밝다고 ᄒᆞ든ᄯᅳᆫ 이 世上 白晝淸明大道世上의 맘을 拘束ᄒᆞ는 牢獄이 안이냐

浮世에 ᄶᅩᆺ겨다니ᄂᆞᆫ 불상ᄒᆞᆫ 人生들아 別有天地 어둠을 차저오너라 慈母가튼 愛妻갓ᄒᆞᆫ ᄯᅩᄒᆞᆫ 少女갓ᄒᆞᆫ 어둔 밤을 차저오너라

사ᄅᆞᆷ들아— 土豪盜心에 부릅 ᄯᅳᆫ 눈자위 아모도 안이 뵈이ᄂᆞᆫ 어둔 밤이니 누를 向ᄒᆡ 號令ᄒᆞ랴ᄂᆞᆫ가

사ᄅᆞᆷ들아— 그ᄃᆡ의 固陋ᄒᆞᆫ 完固執도 어두어 안이 뵈니 虛無로세 골치압ᄒᆞᆫ 網巾당줄 ᄭᅳᆯ너 ᄂᆡ던지고 ᄆᆡᆫ머리바람이라도 너便ᄒᆞᆯ道理로ᄒᆞ여라

사ᄅᆞᆷ들아 — 너의 가진 건 開明의 밝음이라드니 어둔 이 밤에 더 밝을 것 못 보겟늬

사ᄅᆞᆷ들아 — 두부ᄶᅵᆷ핫ᄒᆞᆫ 너의 高利眼 돈銅緣에 아조멀나 맘돌니여라 맘 바로 먹어라 번쩍어리ᄂᆞᆫ 저 星光 무섭지 안으냐 광속에 腐爛ᄒᆞᄂᆞᆫ 金穀 싸아두지만 말고 저 별ᄀᆞᆺ치 光彩잇게 어려움에 ᄲᅡ진 불상ᄒᆞᆫ 貧民과 共樂을 누리지 안으랴느냐

사ᄅᆞᆷ들아 — 아모도 안이 뵈ᄂᆞᆫ 어둔 밤이니 貧寒에 ᄶᅩᆯ인다 붓그러 쥬졉들지 말고 ᄒᆞᆫ옷사폭에 해여진 군녁 움켜쥔 손아귀 확 풀어바리고 활々 활개치며 네멋ᄃᆡ로 잘 놀아라

사ᄅᆞᆷ들아 — 아릿다운 ᄭᅩᆯ을 ᄭᅮ며 사ᄅᆞᆷ에게 붓치려 羊質虎皮格으로 더러운 얼골에 粉 바르고 알진거리ᄂᆞᆫ 野賤ᄒᆞᆫ 姿態 어두어 안이 뵈니 누가 보와 어엿부다 ᄒᆞᆯ가?

사ᄅᆞᆷ들아 — 人世의 苦海를 쉬웁게 건너가자 술 먹고 "엣튀 —" 酒酊ᄒᆞᄂᆞᆫ 너희들짓 엇지 어리셕지 안은가 그뭄 漆夜 어둔 밤에 븟틀거름으로 엇지ᄒᆞᆯ야ᄂᆞᆫ지 飮服이닛가 술 마셔야 ᄒᆞ고 交際ᄒᆞ자닛가 밤ᄇᆡ쌀어야 ᄒᆞᄂᆞᆫ 버릇들도 어두운 밤이라 남 아니 보니 그만 좀 두소

사ᄅᆞᆷ들아 — 늣기지 말라 말 못ᄒᆞᄂᆞᆫ 너의 秘密이지만 어두운 밤은 暗黑一色이니 엇지 너의 타ᄂᆞᆫ 속 검은 빗을 몰라쥬랴

뭇사ᄅᆞᆷ들아 — 죽으랴 말고 살야ᄒᆞ여라 죽지말고 살거라 살아도 검은 나라 검어도 식검은 나라에 强烈ᄒᆞ게 살거라 熱情的으로

살거라 져긔 져 컴々ᄒᆞᆫ 속에셔 아무쪼록 뜨거웁게々々々々 살고 십지 안은가? 참된 이 世上에셔 잘 살어라 어두우면 모다 死骸라더냐 모다 空殼이라더냐 魔鬼라더냐 왜 슬혀ᄒᆞ랴

落望마라 져긔 져 뫼져물 어두운 구셕에도 生命이 잇ᄂᆞᆫ 니라 水면量 업ᄂᆞᆫ 水요 陸이면 限업ᄂᆞᆫ 陸이니라 希望잇다 어두울사록 큰 希望이 잇다 쏘ᄒᆞᆫ 너머나 사랑 업다 失心마라 너를 사랑ᄒᆞ기에 져 별이 번젹어리지 안ᄂᆞᆫ가 져것도 사랑ᄒᆞ시ᄂᆞᆫ 이가 너희에게 施與ᄒᆞ신 션물이다

져 별 별! 별! 별 잇ᄂᆞᆫ 져 어둔 밤! 참 美ᄒᆞ다 져러케 아름답건만 너히ᄂᆞᆫ 슬퍼ᄒᆞ나냐? 늣기나냐? 이ᄂᆞᆫ 物을 對ᄒᆞᆯ 줄 모름이로다 너머 슬퍼 늣기지만 말고 깃거운 눈을 써 져를 좀 보라 너머 슬퍼 늣기지만 말고 깃거운 感을 가져 져를 좀 보라 져ᄂᆞᆫ 발셔 憂鬱ᄒᆞ지도 안코 焦燥ᄒᆞ지도 안코 煩悶ᄒᆞ지도 안코 苦痛ᄒᆞ지도 안코 悲哀ᄒᆞ지도 안코 사랑이 가득ᄒᆞᆫ 깃붐이 가득ᄒᆞᆫ 信仰이 가득ᄒᆞᆫ 光明이 가득ᄒᆞᆫ 너를 慰勞ᄒᆞᄂᆞᆫ 讚美로 너의 讚歌에 饗應ᄒᆞ리라 홀로 暗黑ᄒᆞᆫ 속에셔 暗黑을 讚美ᄒᆞ리라 아아— 져 永遠—

그러나 그ᄅᆡ도 밋을 수 업ᄂᆞᆫ 것은 사ᄅᆞᆷ의 말이라 나를 보라 나ᄂᆞᆫ 운다 나ᄂᆞᆫ 운다

이 씨린 눈물이 무삼 눈물! 무삼 ᄶᆞ닭!

아—몰을세라

내가 슬퍼ᄒᆞ느냐 사ᄅᆞᆷ의 슬픔을 슬퍼ᄒᆞ느냐 此時 人類의 煩悶苦

痛을 슬퍼ᄒᆞ느냐 몰을세라 몰을세라 아아 몰으리로다 구비々々行路難이라

暗夜愁城中에 나는 一步一步 멋업시 왓다갓다 ᄒᆞᆫ다 어둔나무가지에선 한 마리새가 "西蜀道! 西蜀道!"

— 「어둔 밤」 부분[69]

인용된 산문시는 말미에 붙어있는 부기로 보아 홍사용이 1919년 9월 28일 중국의 남부지방인 "화남華南"에서 썼다는 것을 알 수 있다. 이 시가 게재된 『서광』의 지면에는 천도교 측의 인사인 이돈화가 참석하고 있었다는 점에서[70] 이 시 또한 동학과 천도교의 사상과 크게 멀지 않은 지점에 놓여 있었다고 볼 수 있다. 그러한 맥락을 고려해볼 때 홍사용은 이 시에서 동학과 천도교의 '후천개벽사상'을 바탕으로 당대의 조선에 실현되어야할 이상향의 상을 구체적으로 그려내고 있다.

홍사용은 "암흑칠야"의 어두운 밤을 배경으로 "명상"을 전개해가고 있다. 그에게 어두운 밤은 "전후좌우"도 없이 무수한 "환상"을 활동시킬 수 있는 "자연무대"라는 점에서 모두 그의 차지

69 홍사용, 「어둔 밤」, 『서광』 창간호, 1919.11, 107~111면.

70 이돈화는 『서광』의 지면을 통해 「光」(『서광』 창간호, 1919.11, 84~87면), 「活動을 本位로 한 道德」(『서광』 제2호, 1920.1, 122~124면), 「麵包問題」(『서광』 제4호, 1920.3, 44~47면), 「今日 以後의 宗敎問題」(『서광』 제5호, 1920.6, 20~23면) 등의 글을 발표하였다.

인 것 같다. 그는 실제로 광명하다는 대낮보다 차라리 "암야"가 좋으며 빨리 암야가 되었으면 좋겠다고 기원하면서 자신의 어둠에 대한 편향성을 고백하고 있다. 왜냐하면 어둠 속에서는 "무상신속"한 이 세상의 일을 볼 수가 없으며 가련한 인생사를 위로받을 수 있기 때문이다. 그는 심지어 어둠 속에 파묻혀 아무런 거리낌 없이 화평한 저 세상에서 죽어버리라고 몇 차례에 걸쳐 말하고 있기도 하다. 이 지점에서 '저 세상'이라고 지칭된 어둠은 일면 부정적인 현실에서 벗어나 심리적인 안정을 보상 받을 수 있는 거처이거나 속세와 대비되는 참된 삶을 보상받을 수 있는 미학적인 공간인 것처럼 보이기도 한다.[71]

하지만 시의 중반부에 접어들면서부터 어둠을 바라보는 시적 화자의 시선에는 완전한 합일을 갈망하는 맹목적인 도피에 균열을 일으키는 일종의 '거리감'이 내포되어 있다. 말하자면, 그는 어둠 속에 '생명'을 먹여 살릴 '무엇'이 있다고 보면서도 거기에 자신을 속이는 어떠한 대상들이 있다고 봄에 따라 어둠과의 낭

71 이와 관련하여 윤지영은 홍사용의 초기 시에 나타난 고향이 민족에 대한 표상으로서의 의미를 가진다기보다 모성적인 것조차 포괄하는 보다 근원적인 것에 대한 인식을 보여준다고 지적하였다. 그는 홍사용에게 고향이 상실감과 향수를 강렬하게 불러일으키는 대상이라는 점에서 욕망을 불러일으키는 궁극적인 원인으로서의 대상이라고 평가하였다. 이러한 관점은 이 시에서 '후천개벽사상'의 흐름과 맞닿은 이상적 공동체의 상을 탐색하려는 시도에 대해 설득력 있는 근거를 제시해주지만, 결과적으로 '내면'의 발견을 통해 가능한 근대적 자아의 출현을 알리는 신호로 평가하는 데 그친다(윤지영, 「내면의 발견과 배경으로서의 고향—『백조』 시기 홍사용 문학에 나타난 고향을 중심으로」, 『한국문학논총』 제65집, 한국문학회, 2013, 215~246면).

만적인 합일에서 벗어나 있다. 그는 오히려 어둠 속에서 "옥사정獄司丁", "별", "포플러나무"들이 자신을 비웃고 주변에 있는 모든 사물들이 자신을 노려보는 것 같은 느낌을 받고 있다. 그래서 그는 두려움을 느끼면서 "아—무섭다 보지마라"는 외마디 비명을 지르고 어둠 속을 향해 돌팔매질을 하는 것이다. 이와 함께 그는 어둠을 통해 추악한 현실을 은폐하기보다 어둠으로도 가릴 수 없는 현실의 가난과 고통을 읽어내고 있다. 그는 어둠 속에서 "이웃집 청춘과부"가 우는 소리뿐만 아니라 "어미네"가 뿌리는 "눈물"과 "한숨"을 읽어냄으로써 그 속에 무수한 고통과 눈물로 결정된 인생이 파묻혀 있다고 말하고 있다. 그들의 슬픔은 이처럼 어두운 밤으로 가려도 표출될 수밖에 없다.

이런 점에서 홍사용은 어둠 속으로 맹목적으로 도피할 수 없으며 그 속에서 현실의 참상을 발견함에 따라 어둠에 대한 일종의 '거리감'을 내비치고 있다. 이를 바탕으로 그는 자신이 처한 현실이 과거에도 그렇고, 장래에도 그렇게 어두울 수밖에 없다는 점에서 현재의 어둠에 직면하고자 한다. 이는 그가 어둠 속에서 현실의 모순을 직시하는 것을 넘어 그러한 문제들을 해결할 수 있는 실마리를 발견하기 위함이었다. 이 지점에서 홍사용이 현실에 기반을 둔 이상적 공동체의 상을 그리고 있다는 점에서 주목을 요한다. 그는 어둠 속에 사람이 사는 "능률"에 "이익"이 되는 것이 있다고 말한다. 즉, 인간의 온갖 더러움이 아니 보이는 그 속에는 바로 "천당"과 "낙원"이 있다는 것이다. 말하자면, "저곳"은 빈부의 차나 계급에 따른 차별이 없이 그저 사람이면 모두 사람답게 살 수 있는 곳이다. 어둠 속에는 아무런 시비 없이 평화롭게 살 수 있는 "극락의 천지"가 펼쳐져 있다.

이처럼 홍사용은 어둠에 대한 편향성을 보여주고 어둠 속에서 현실의 모순을 읽어내는 것에서 나아가 어둠 속에서 현실의 모순을 치유할 대안을 발견하고 있다. 그러한 점은 후반부로 접어들면서 그가 매 행마다 "사름들아"라고 부르는 장면에서 명확하게 드러난다. 그가 보기에 어둠 속에서는 위에서 "호령"하는 사람도 안 보이고 "고루한 고집"도 안 보이며 그동안 격식에 맞게 쓰던 "망건"을 던져버려도 무방하다. 그리고 그 어둠 속에서는 탐욕에 의해 혼자 차지하는 돈보다 어려움에 빠진 불쌍한 "빈민"들과 "공락"을 누릴 수 있는 "금곡金穀"이 쌓여 있다. 뿐만 아니라 어둠 속에서는 현실의 근심에서 벗어나 자유롭게 살 수 있으며 마음에도 없는 형식적인 교제를 하지 않아도 된다. 어둠 속에는 그처럼 현실의 허례의식과 관습에서 벗어나 사람이 사람답게 살 수 있는 자유, 평등, 평화가 넘치고 빈부의 격차나 계급의 차별이 없이 모두 풍요롭게 먹고 살 수 있는 '이상향'이 펼쳐져 있다. 그래서 그는 "강렬하게", "열정적으로" 자신의 주변에 그러한 이상향이 펼쳐지기를 염원하는 것이다.

따라서 이 시에서 홍사용은 앞에서 이상화가 세기말의 분위기와 어둠에의 편향성을 통해 언젠가 조선의 어둠이 지나고 광명이 도래할 것이라는 믿음을 보여준 것과는 다른 측면에서 당대 '후천개벽사상'과 맞닿아 있다. 그는 어둠과 현실의 대비를 통해 현실의 모순을 적극적으로 드러내는 한편, 그러한 문제점을 해결할 대안을 어둠 속에서 찾음으로써 언젠가 조선의 현실에 '이상향'이 도래할 것이라는 믿음을 보여주고 있다. 이처럼 1920년대 초기 시에서는 동학과 천도교의 '후천개벽사상'을 통해 식민지 조선의 현실에 실현될 수 있는 '이상향'을 그리고 있었다.

지금까지 살펴본 논의를 정리하자면, 1920년대 초기 조선에서 '생명'이라는 개념은 조선의 공동체적 현실을 구성하는 원리로 작동하고 있었다. 그것은 다음과 같은 세 가지 측면에서 확인할 수 있었다. 첫째, 1920년대 초기의 문학에서는 기독교의 수사를 도입하여 '이상향'에 대한 생명의식을 드러내는 것과 함께 '생활'의 개념과 실천덕목을 도입하여 당대 현실에 토대를 둔 '이상향'을 구체화하고 있었다. 이때 '숭고시학'에서 숭고한 영역에 있는 대상과 접촉할 수 있는 장치였던 '영혼'이 당대 현실에서 '이상향'을 실천할 수 있는 정신적 산물로 전이되고 있었다. 둘째, 1920년대 초기의 조선에서 '생명'은 개체와 전체의 관계를 매개하는 역할과 '공동共同'의 원리를 작동시키는 기능을 하고 있었다. 이를 바탕으로 당대 공동체 논의에서는 '개체'의 '자율성'과 '자치성'이 '전체'의 이상으로 연결되기 위해 선조들의 유산과 같은 정신적 토대가 있어야 한다는 것을 보여주고 있었다. 셋째, 1920년대 초기 시에서 세기말 의식과 어둠에의 편향성은 동학과 천도교의 '후천개벽사상'의 흐름과 만남으로써 식민지 조선에 실현될 수 있는 이상적 공동체의 상을 그려내고 있었다.

3. 공동을 위한 윤리 설정과 '생명공동체'의 형상화 방식

앞에서 살펴본 것처럼 1920년대 초기의 조선에서는 '단군'으로 표상되는 정신적 토대 아래 '개체'와 '전체'의 긴밀한 관계에 따라 실현될 수 있는 공동체를 모색하고 있었다. 지금까지 이 책에서는 당대 조선에서 '생명공동체'가 형성되는 과정을 살펴보았다면, 이제 '생명공동체'가 당대 조선에서 어떠한 방식으로 활성화되고 있었는가를 살펴보고자 한다. 여기서는 먼저, 당대 조선에서 '생명공동체'를 효율적으로 구축할 수 있었던 담론의 지형도와 시스템을 살펴보고자 한다. 다음으로, 1920년대 초기 조선에서 '공동'의 원리를 활성화시키기 위해 공동체의 윤리를 모색하는 담론들을 살펴보고자 한다. 마지막으로, '생명공동체'가

담론상의 문제에 그치지 않고 당대의 시에도 형상화되고 있었다는 것을 살펴보고자 한다.

그간 1920년대 초기 시에 접근할 때 '미적 근대성'이라는 척도에서 벗어나는 이질적인 현상에 대해 다음과 같은 두 가지의 측면에서 논의가 진행되어왔다. 첫째로, 선행연구에서는 그러한 이질적인 현상을 "다점성多點性"이나 "혼종성混種性"이라는 개념으로 설명해왔다. 일례로 이경돈은 1920년대 전후의 동인지 시대가 문학의 예술성과 자율성이 확립된 시대로서 관심을 받아왔음에도 불구하고 '미적 근대성'이라는 단일한 개념으로 규명하기 어려운 "다점성"이나 "혼종성"으로 이 시기를 이해해야할 필요성을 제기하였다. 그는 특히 그간 『창조』, 『폐허』, 『백조』 등 주요 동인지에 편중된 연구 경향에서 벗어나 그 외연에 있는 동인지들을 적극적으로 발굴 · 논의하였다.[72] 그 작업의 일환으로 그는 1920년 5월 15일 경성에서 발행된 『문우』를 대상으로 사회주의적 경향성에 따른 "문학의 사회적 귀속성", 상징주의로 대표되는 "문학의 자율성", "현실을 중시했던 개조론적 문학"이 잡지에 뒤섞이고 있는 현상을 해명하였다.[73] 여기서 나아가 1920년

72 이경돈, 「동인지 『문우』와 다점적 혼종의 문학」, 『상허학보』 제28집, 상허학회, 2010, 181면. 이경돈은 이 글에서 "다점성"을 인쇄미디어와 텍스트의 폭발적 범람 속에서 서로 다른 상상력과 지식체계가 공존 · 병립하는 상황을 설명하는 용어로써, "혼종성"을 동인지들의 운동이 섞이고 엮이며 종의 변화가 일어나는 현상을 설명하는 용어로써 사용하고 있다.

73 위의 글, 183~204면.

4월 17일에 창간된 『근화』를 대상으로 "조선어의 정련과 조선 문학의 보급을 통해 민족의 근대화를 추진하던 운동적 성격"을 해명함에 따라 1920년대 초기 조선의 문단에 걸쳐 있는 "다점적 공존과 복성적 혼류"의 현상을 밝혀낼 수 있었다.[74]

이와 다른 맥락에서 박현수는 1920년대 동인지에서 서구 문학의 이론에서 벗어나는 편차와 굴곡에 주목하여 '미적 근대성'의 특수한 현상을 읽어내려 했다. 그는 그 특수성을 '미적 근대성'과 사회철학적 근대성이 미묘하게 뒤섞인 '혼종성'에서 찾고자 했으며, 이것을 이 책의 관심사인 '숭고'와 관련하여 해명하였다. 그에 따르면, 1920년대 동인지에 나타난 미적 주체는 속세와 구별되는 세계를 구축하기 위해 '장미촌'과 같은 초월적 차원으로 승화되는 미적 경험을 보여주고 이를 절대화하기 위해 '배달', '부루', '검' 등 민족주의적 함의를 담은 기호를 노출하였다. 그는 바로 이러한 측면이 서구 문학 중심에서 벗어난 1920년대 초기 조선에서의 '미적 근대성'의 특수성이자 '혼종성'이라고 말하고 있다.[75] 이러한 논의들이 전개됨에 따라 1920년대 초기 조선에서는 문학의 예술성이나 자율성으로 환원될 수 없는 지형도를 노출하고 문단의 외연을 더욱 풍요롭게 구축할 수 있

74 이경돈, 「잡지 『근화』와 문학동인지시대」, 『반교어문연구』 제26집, 반교어문학회, 2009, 351~368면.

75 박현수, 「미적 근대성의 혼종성과 숭고 시학」, 『어문학』 제96집, 한국어문학회, 2007, 371~397면.

었다. 그럼에도 앞선 논의에서는 결정적으로 1920년대 초기 조선에서 왜 그러한 '다점성'과 '혼종성'의 현상들이 노출하게 되었는가에 대한 근본적인 의문을 남긴다.

둘째로, 전자의 연장선상에서 1920년대 초기 조선의 문단에 복잡하게 얽혀있는 지형도의 구축 과정을 추적하여 기존의 예술성의 관점에서 벗어나는 또 하나의 관점으로 '정치성'의 문제를 거론한 논의를 들 수 있다. 그 사례로 조영복은 최초의 시 전문잡지로 알려진 『장미촌』을 대상으로 사회주의와 분화되기 이전부터 아나키즘이 『장미촌』의 상징주의와 긴밀하게 얽혀있는 현상을 해명하였다.[76] 이 논의에 따라 '미적 근대성'으로 설명되어 온 1920년대 초기 잡지의 성격을 다른 각도에서 볼 수 있는 가능성이 열렸다. 비슷한 문제의식 아래 정우택은 논의의 폭을 넓혀 매체와 인적 네트워크의 측면에서 1920년대 초기의 문학에 "다기한 문학적 · 정치적 조류와 기획, 그리고 성과"의 의의를 해명하려 했다. 그 작업의 일환으로 그는 『백조』가 탄생하기까지의 과정을 정밀하게 추적해내었다. 그에 따르면, 정백, 홍사용, 박종화 등이 주축으로 『문우』를 발간한 움직임은 박영희, 나도향, 박종화가 주도하는 『신청년』 2기(1921.4)로 이어지고 나아가 박영희, 박종화, 노자영 등이 시전문지 『장미촌』(1921.5)의 동인으로

76 조영복, 「『장미촌』의 비전문 문인들의 성격과 시 사상」, 『한국문화』 제26집, 규장각한국학연구소, 2000, 137~170면.

활동하는 흐름으로 이어진다. 그 결과 이들이 주축이 되는 문학적 조류는 1922년 1월 『백조』의 창간으로 이어지게 되고 여기에서 분화된 정백은 한국 최초의 좌익잡지 『신생활』(1922.3)의 발간으로 나아가게 되었다고 한다.[77]

이러한 논의를 통해 1920년대 초기의 조선에서 문학과 사상이 '문화'라는 넓은 범주에 묶여 있었다는 사실이 밝혀지게 되었다.[78] 특히, 이러한 관점은 기존의 예술주의에 갇힌 한계를 보충하는 근거로 '정치성'을 제시하고 있다는 점에서 설득력을 얻고 있다. 이 책에서는 이러한 성과에서 나아가 1920년대 초기의 조선에서 왜 그러한 복잡다단한 사상의 갈래들이 혼류하고 있었는가에 대한 근본적인 질문을 던져보고자 한다. 지금까지 이끌어온 글의 맥락에서 보건대 그와 같은 다양한 사상의 갈래들은 '생명공동체'의 이념이 창출한 효과로 보고자 한다. 앞선 연구들에서 밝힌 것처럼 1920년대 초기 시는 동인지들의 대결의식의 산물이 아니라 소위 예술주의, 민족주의, 사회주의, 아나키즘 등 당대 조선의 현실에 대한 고민을 담고 있는 여러 사상들이 교차하여 만들어낸 산물이었다.

이와 같은 다양한 사상과 이념들을 직조織造하여 1920년대 초기 시를 산출하는 경로로는 매체를 통한 필진들 간의 사상의 교

77 정우택, 앞의 글, 35~65면.
78 위의 글, 36면.

류, 광고를 통한 타他잡지와의 소통과 연대성 표방, 출판사를 매개로 한 사상의 접속과 확산 등을 들 수 있다. 이를테면, 춘사春史 장응진張膺震을 주필로 1919년 11월 경성의 문흥사에서[79] 발행된 『서광』에서는 범박하게 ① 이돈화・박달성・장도빈・장응진 등 소위 민족주의적 개조주의 계열의 인사, ② 신종석・황석우・정백 등 소위 아나키즘과 사회주의 계열의 인사, ③ 노자영・이일・홍사용・박종화 등 순문예지에 관여하고 있던 소위 예술주의 계열의 인사들이 혼재하고 있었다.

이들은 같은 지면에서 자신의 독자적인 사상을 전개하는 것에서 나아가 필진들 간의 인적 교류와 출판사를 매개로 하여 『문우』, 『삼광』, 『서울』, 『신청년』, 『여광』, 『학생계』 등 여러 잡지들의 경계를 넘나들고 있었다. 발행소의 측면에서 볼 때, 『서광』을 발행한 경성의 문흥사에서 『서광』의 필자로 활동하던 박종화, 홍사용, 정백 등이 주축이 되어 1920년 5월 15일 『문우』를 발행하였다는 것은 이미 밝혀진 사실이다. 그리고 인적 교류의 측면에서 볼 때 『서광』에 필자로 참여하기 이전부터 우관형은 1920년 4월 5일 개성에서 창간된 문예잡지 『여광』뿐만 아

79 장응진은 1920년대 초기 조선의 담론에서 사상적 측면에서 중요한 역할을 감당하고 있음에도 그간 별다른 주목을 받지 못했다. 장응진에 대한 몇몇 연구에서는 그가 편집 겸 발행인으로 참가한 『태극학보』에 실린 소설을 대상으로 논의를 전개하고 있다(김윤재, 「백악춘사 장응진 연구」, 『민족문학사연구』 제12권 제1호, 민족문학사학회, 1998, 179~202면 참고).

니라 방정환이 주축이 된 『신청년』의 발행에 참여하고 있었다. 또한 『서광』을 비롯한 당대의 잡지에서는 동시대에 발행된 잡지의 광고를 싣고 있다는 점에서[80] 긴밀한 연대성을 표방하고 있었으며 조선과 일본의 지리적인 경계를 넘은 보편적인 독자와 연결되고 있었다.

이처럼 1920년대 초기 조선에서는 잡지 자체가 표방하는 성격과 필진들이 보이고 있는 정치적 성향을 넘어 매체, 광고, 출판사를 매개로 하는 접속 방식을 통해 당대 조선적 현실의 한계를 극복할 수 있는 사상의 다양성을 활성화하였다. 그러면 우리는 당대 조선의 담론에서 왜 이러한 현상을 보이고 있는가에 대한 의문을 느낄 것이다. 이를 확인하기 위해 장도빈을 중심으로 한 한성도서주식회사의 활동을 살펴보자. 그동안 선행연구에서 출판활동과[81] 역사적인 작업의[82] 측면으로 나눠 간헐적인 주목

80 발행소인 문흥사를 매개로 하여 『서광』의 필진으로 참여하고 있던 박종화, 홍사용, 정백 등이 『문우』를 창간하게 됨에 따라 『서광』과 『문우』의 두 잡지는 긴밀한 관계를 맺을 수 있었다. 그것은 『서광』 제4호의 목차 앞면에서 『문우』 제1호의 목차를 싣고 있거나 『문우』 제1호의 전면(前面)에서 『서광』 창간호, 제2호, 제3호, 제4호의 주요 목차를 광고로 싣고 있다는 점에서 확인할 수 있다. 이는 물론 서로 이해관계를 함께 하는 잡지의 광고를 해당 잡지에 게재하고 있다는 것에 한정되지 않는다. 왜냐하면 『서광』에서는 창간호의 전면에서부터 발행소나 주요필진 등의 측면에서 큰 공통항이 없어 보이는 문예잡지 『삼광』의 광고를 싣고 있기 때문이다.

81 한성도서주식회사를 중심으로 한 장도빈의 출판활동에 대해서는 김성연, 「1920년대 번역계의 세대교체－한성도서주식회사와 장도빈의 출판 활동을 중심으로」, 『반교어문연구』 제31집, 반교어문학회, 2011, 33~64면; 김종수, 「일제 강점기 경성의 출판문화 동향과 문학서적의 근대적 위상－한성도서주

을 받아온 장도빈은 당시 신채호와 함께 『대한매일신보』, 『권업신문』의 논설을 담당하였으며 북간도와 연해주의 등지에서 독립운동을 한 것으로 알려져 있다. 그리고 그는 서우학회西友學會를 전신으로 한 오성학교와 평북 오산학교에서 교사생활을 하는 등 언론, 정치, 교육을 넘나드는 다방면에서 활발한 활동을 전개하였다.[83] 그는 특히, 출판활동의 측면에서 한성도서주식회사를 설립하여 노자영, 오천석, 김억, 김동인 등 당시 순문예지에 관여하고 있던 문인들에게 편집 실무를 맡겼으며 잡지 『서울』과 『학생계』를 발행하여 독립운동가 출신과 사회주의 계열의 인사와도[84] 연계되어 있었다.

이처럼 장도빈이 매체의 경계를 넘어 다양한 인적교류를 할 수 있었던 것은 '단군'을 중심으로 하는 고대사의 연구를 그 근저에 깔고 있었다는 점에서[85] 주목을 요한다. 말하자면, 한성도

식회사의 활동을 중심으로」, 『서울학연구』 제35호, 서울시립대 서울학연구소, 2009, 247~272면 참고.

82 장도빈의 역사 인식과 역사적인 과업에 대해서는 국사학계에서 논의가 이루어졌다. 대표적으로 김희태는 장도빈의 활동을 『대한매일신보』에서의 논설활동, 간도와 연해주를 중심으로 하는 독립운동, 고대사를 중심으로 하는 민족주의 사학의 활동, 해방 이후 교육과 언론 활동 등 통시적인 관점에 따라 고찰한 바 있다(김희태, 「산운 장도빈 연구」, 동국대 박사논문, 2012, 1~208면).

83 김동환, 『실천적인 민족주의 역사가 장도빈』, 역사공간, 2013, 20~93면.

84 1920년 7월 한성도서주식회사에서 발행된 『학생계』는 제6호(1921.1)부터 주간을 오천석에서 최팔용으로 교체함에 따라 서춘, 김명식, 김도태 등 유학생 출신의 독립운동가와 사회주의 계열의 인사들이 필진으로 참여하였다. 이러한 사항들에 대해서는 이후 자세하게 논의할 것이다.

85 참고로 선행연구에서는 신채호와 장도빈의 세대 간의 관계에 따라 역사의식

서주식회사를 매개로 예술주의, 민족주의, 사회주의 등 이념의 격차를 넘은 다양한 사상들이 창출될 수 있었던 것은 그러한 정신사적 탐색을 바탕으로 하고 있었다. 그런 점에서 각자의 사상들은 고유한 특이성을 가지고 식민지 조선의 한계를 극복할 대안으로 기능할 수 있었던 것이다. 이러한 점은 바로 1920년대 초기 조선에서 '단군'으로 표상되는 정신적 토대 아래 '개체'와 '전체'의 관계를 연결하고 있던 '생명공동체'의 이념에서 파생한 효과라는 것을 말해준다. 즉, 전통주의, 민족주의, 사회주의, 아나키즘 등이 복잡하게 얽혀있던 현상은 '생명공동체'의 이념이 파생한 결과에 불과하였다. 그러면 이제 '생명공동체'가 1920년대 초기 조선에서 다양한 담론을 산출한 '이념'이었다는 것을 확인하였다면, 이제 '생명'을 매개로 공동체를 구성하는 원리, 즉 '공동共同'의 원리를 당대의 현실에서 활성화시키기 위한 윤리성의 문제를 검토해보자.

活動主義의 道德은 반드시 三要素를 具備하엿다 하나니 卽第一은 自主의 道德이다 自我本位로 自己로 自己를 治하고 自己로

의 특징을 논한 사례가 있다. 이 논의에 따르면, 신채호가 왕실 중심의 역사 계보를 넘어 단군 신화를 강조함으로써 민족의 자주적 주체성을 강조하려 했다면, 장도빈은 중국의 영향을 받은 전통에서 벗어나 서양 문명에 관한 연구를 통해 진정한 조선적인 것의 발현에 도달한다는 의식을 보여주었다고 한다(김성연, 앞의 글, 42면).

自己를 命하는 道德이다 他의 命令에 肯從하고 他의 支配가 안이면 動치 못하는 道德은 活動에 脫線된 古代의 道德이다 活動主義의 道德은 自己가 스사로 道德의 主人이 되며 自己가 스사로 道德의 本體가 되야 其에 自立하며 從ᄒᆞ야 他를 自立케 ᄒᆞ는 道德이다 (…중략…)

盖今日의 社會는 日進月步의 時代이라 故로 道德도 進步的이며 努力的으로 其本位를 삼지 안이함이 不可하니 卽社會와 共이 進步하며 又社會를 進步케 하여야 할 것이다 (…중략…)

第三은 結局 — 共同生活을 目的하는 道德이다 共同이라 하는 者는 實노 人間社會에 缺키 不可한 者이다 (…중략…) 싸라셔 人을 成케 ᄒᆞ야 社會生活의 眞正ᄒᆞᆫ 協同的 精神을 負ᄒᆞᆫ 者라 ᄒᆞᆯ지니 吾人은 此協同的 精神下에셔 成敗利鈍을 不拘ᄒᆞ고 天下의 成不成 幸不幸과 共히 協同調和ᄒᆞ야 活動主義의 道德을 貫徹함이 可ᄒᆞ도다

— 「활동(活動)을 본위(本位)로 한 도덕(道德)」 부분[86]

이돈화는 사회를 본위로 하는 개인의 활동을 도덕과의 관계에 따라 논함으로써 공동체의 '윤리성'을 적극적으로 검토하려는 의도를 내비친다. 그는 개인과 사회를 매개하는 도덕으로 "활동주의의 도덕"을 제시하고 이를 세 가지의 측면에서 논한다. 말하

86 이돈화, 「活動을 本位로 한 道德」, 『서광』 제2호, 1920.1, 122~124면.

자면, 각각의 "활동주의의 도덕"은 개인에서부터 시작하여 점차 사회로 확대되면서 개인과 사회의 관계를 긴밀하게 매개하는 역할을 하고 있다. 그가 제시하는 첫 번째의 "활동주의의 도덕"은 개인의 측면에서 추구해야 할 "자주의 도덕"이다. 이는 행위의 동인과 기준을 외부에 두지 않는 "자아본위"의 자세로 '자기'를 다스리고 실천하는 도덕을 가리킨다. 이와 함께 이돈화는 두 번째의 "활동주의의 도덕"으로 "진보적 도덕"을 제시한다. 이때의 진보는 첫 번째의 "활동주의의 도덕"을 기반으로 발휘된 개인의 활동이 사회를 진화시키는 것으로 확장된 것을 의미한다. 그 구체적인 방안으로 이돈화는 현재의 시점에서 과거의 선조들이 이룩한 위대한 사업을 동경하는 데 그치지 않고 자신의 천직에 따라 "적극적 이상"을 펼쳐나가기를 주문한다. 말하자면, 그가 두 번째의 "활동주의의 도덕"에서 말하는 사회는 자신이 처해있는 당대의 환경을 의미할 뿐만 아니라 자신을 둘러싼 정신적인 산물까지를 포함하고 있다. 이러한 이돈화의 인식은 앞에서 살펴본 최팔용의 공동체 논의에서 공동체의 범위를 무형과 유형을 포괄하는 것에 두고 무형의 근본적인 요소로서 선조들의 유산을 제시하는 부분을 상기시킨다. 이돈화는 그러한 정신적 산물을 기반으로 "활동주의의 도덕"이 개인뿐만 아니라 당대의 사회를 진화시킬 수 있다고 보았던 것이다.

이러한 관점을 바탕으로 그가 제시하는 세 번째의 "활동주의의 도덕"은 앞서 거론한 첫 번째와 두 번째의 "활동주의의 도덕"을 보충하는 것이라 볼 수 있다. 왜냐하면, 이돈화는 세 번째의 "활동주의의 도덕"으로 "공동생활을 목적하는 도덕"을 제시하면서 "공동생활"의 문제를 '윤리성'의 문제와 연결시키려는 의도를 내비치고 있기 때문이다. 그는 기본적으로 인간이 결코 혼자만으로는 완전무결할 수 없으며 결국 '공동'으로 생활할 수밖에 없는 존재라고 말한다. 물론 그는 인간사회가 극심한 경쟁으로 인해 승자와 패자로 나눠질 수밖에 없지만 승패의 결과를 떠나 패자에게도 승자 못지않은 "활동과 정력"이 있다고 말한다. 이런 점에서 그는 승자와 패자를 나누는 경쟁보다는 "협동적 정신"을 발휘하는 "활동주의의 도덕"을 요청하고 있는 것이다. 이 지점에서 이돈화는 '공동'의 원리를 활성화시키는 윤리성의 덕목으로 "협동적 정신"을 제시하고 있는 셈이다.

> 그리하야 그 細胞의 各個와 그 機關의 各部가 그 形體에 在하야 又는 그 作業에 在하야 서로 갓지 안은 것이 잇다 할지라도 갓지 안은 그것이 도로혀 全體의 生命 同時에 各個의 生命을 保全하는 天然의 法律이 되엿습니다 (…중략…)
>
> 그럼으로 今日의 國家는 原始時代의 人類 生活狀態에 對比하야 놀낼 만큼 進步한 共同生活體라 할 수밧게 업습니다 그러면 現今의 國家는 아모 缺點이 업시 共同生活의 原理原則에 符合한나하면 決

코 그런 것이 아닙니다 (…중략…)

우리가 이믜 共同生活의 目的을 가지고 社會를 造成한 以上에 그 共同生活에 對하야 當然히 享有할 權利가 업슬 수 업스며 同時에 當然히 履行할 義務가 업지 못할 것이외다 그 權利는 平等에 잇고 그 義務는 勞動에 잇슴니다 (…중략…) 그럼으로 누구나 社會의 一員된 以上에는 勞動할 義務가 잇는 것이외다 뿐만 아니라 社會는 進步의 道程에 在하야 그 進步는 自然的으로 됨이 아니오 그 社會를 組織한 各個人의 自覺과 努力에 依하야 됩니다

—「공동생활론(共同生活論)」 부분[87]

최팔용 또한 이돈화와 마찬가지로 '개체'와 '전체'의 관계에 따른 "공동생활"의 문제를 다루면서 '공동생활'을 활성화시키기 위한 윤리성의 문제를 검토하고 있다. 그는 '개체'와 '전체'가 필연적인 관계를 유지하고 '공동생활'을 구축할 수밖에 없다는 것을 역설한다. 이는 그가 「사람과 생명生命」에서 사람을 구성하는 각 기관과 사람이라는 전체의 관계를 '생명'이라는 개념을 매개로 풀어낸 것과 비슷한 방식으로 나타난다. 최팔용은 "사람의 생리조직"에 빗대어 개인과 사회의 필연적인 관계에 대해 말하고 있다. 다시 말해, 그는 인체의 근본적 기초를 이루는 세포들이 '작용'과 '형체'가 다른 "특수한 기관"을 이루고 나아가 사람이

87 최팔용, 「共同生活論」, 『학생계』 제9호, 1921.8, 3~8면.

라는 '전체'를 이루게 되는 과정을 보여줌으로써 인간의 '전체'를 "세포의 공동생활체"라고 정의 내린다. 이처럼 최팔용은 세포―기관―전체의 유기적인 관계에 빗대어 개인과 사회의 유기적인 관계를 보여준다. 그리하여 그는 사람이 세상에서 고립하여 생활할 수 없고 "타인의 존재"뿐만 아니라 "사회의 존재"를 요구하지 않을 수 없다는 점에서 필연적으로 '공동생활'을 영위하게 되었다고 말하는 것이다.

'공동생활'의 필연성을 강조하는 최팔용의 주장은 '공동생활'이 발달하게 된 과정에 따라 인류의 역사를 설명하는 부분에서도 나타난다. 그는 진화론의 관점에 따라 생물이 진화를 거듭해 온 것과 마찬가지로 '공동생활' 또한 "진보발달의 도정"에 있다고 말하고 있다. 다시 말해, 태고 시대 이후 인간이 '부락'을 이루고 "공동생활의 최고최대의 범위"인 '국가'를 이루며 나아가 국가와 민족을 넘어 인류전체가 '공존'하는 역사적 단계가 그것을 보여준다. 이처럼 최팔용은 인류의 역사를 통해 '공동생활'이 지속적으로 진화해왔다는 것을 보여줌으로써 당대의 조선사회가 필연적으로 '공동생활'을 영위할 수밖에 없다는 것을 강조하고 있다. 그는 지금까지 전개해온 논리를 토대로 '공동생활'이 원활하게 이루어지기 위한 윤리성의 문제를 제시하면서 그 대안으로 '평등'과 '노동'을 내세운다.[88] 좀 더 구체적으로 말해, 그는

88 공동체의 구성 원리를 의식적으로 발휘할 수 있는 윤리적인 도덕으로써 '노동'

'공동생활'의 관점에서 누가 귀하고 누가 천한가에 대한 구별이 없다는 점에서 '평등'을 내세운다. 마찬가지로 그는 각자 맡은 직분에 따라 공동생활에 기여할 수단으로 '노동'을 내세운다. 따라서 그가 제시한 '평등'과 '노동'은 앞에서 '개체'와 '전체'의 필연적인 관계에 따라 '공동생활'의 필요성을 강조하는 것과 함께 당대의 사회에서 '공동생활'이 실질적으로 작동하도록 하는 기능을 부여받고 있다.

지금까지 살펴본 윤리성의 문제는 최팔용이 오천석에 이어 『학생계』의 책임편집을 맡으면서 더욱 가시화되고 있다는[89] 점에서

의 문제를 거론하는 것은 당대 조선의 담론에서 폭넓게 찾아볼 수 있다. 예컨대, 이돈화는 인간이 우주의 전체성을 의미하는 '한울'을 의식적으로 발휘하기 위해서는 '노동'에 의존할 수밖에 없다고 말한 바 있다. 그는 노동을 "자연계의 「에네르기」를 사회에 수입케 하여 인간생활을 키우는 것"이며 "인간이 자연의 에네르기를 사회에 수입케 하는 생활도덕"으로 정의하고 있다(이돈화, 『신인철학』, 한국사상연구회, 1963, 173~212면 참고).

89 예컨대, 조선유학생학우회 출신이며 오산학교를 거쳐 간 서춘은 개인과 사회의 상호의존 관계를 언급하면서 사회 내 개인들 간의 "공동책임"의 문제를 다루고 있다. 그리고 오산학교 출신으로 독립운동에 일조한 김도태는 생활의 유형을 "기생적 생활", "이기적 생활", "봉공적 생활"로 분류하고 '자기'의 행복과 쾌락과 요구의 이상을 인류사회의 이익으로 삼으려는 "봉공적 생활"의 필요성을 강조하였다. 또한 평양 대성학교 출신이자 『서광』의 주필이었던 장응진은 '자기의 개성'을 사회 전체의 이익으로 파급시킬 수 있는 "사회봉공의 정신"을 거론하였다(서춘, 「社會生活과 共同責任」, 『학생계』 제11호, 1922.3, 5~8면; 김도태, 「우리는 엇더한 生活을 할가?」, 『학생계』 제12호, 1922.4, 1~5면; 장응진, 「團體生活과 犧牲의 精神」, 『학생계』 제17호, 1922.9, 2~6면) 참고로 이들의 출신성분에서 알 수 있듯이 오산학교와 대성학교는 천도교의 사상을 토대로 하는 이상향 운동의 거점이었다. 이들이 1920년대 초기 조선에서 공통적으로 '공동생활'의 문제를 다루는 것은 천도교의 사상을 배경으로 깔고 있으며, 나아가 1920년대 초기 조선의 잡지에서 천도교의 사상은 폭넓은 자장을

흥미롭다.[90] 이러한 점으로 미루어볼 때, 1920년대 초기 조선에서 '공동생활'에 관한 논의는 실질적으로 공동체를 상실해버린 식민지 조선의 한계를 극복하기 위한 대안으로 활성화되고 있었다고 볼 수 있다. 그러한 맥락에서 1920년대 초기의 조선에서는 소위 예술주의, 민족주의, 사회주의, 아나키즘 등 사상의 차이를 넘어 공동체 구성의 근간이 되는 '공동'의 원리를 구축하기 위한 윤리성의 문제를 모색하고 있었다. 물론 당대의 맥락에서 보건대 논의의 진행 과정에서 각자의 정치적인 입장이 가미되어있는 것은 부정할 수 없는 사실이다. 하지만 이는 '생명공동체'의 이념에서 파생한 결과이며 그에 따라 고유한 특이성을 부여받을 수 있다고 봐야할 것이다. 그러면 담론상의 측면에서 '생명공동체'의 이념이 1920년대 초기의 조선에서 실질적으로 작동하고 있었다는 것을 확인했다면, 이제 우리는 당대의 시에서 어떠한 문학적 성과를 거두고 있었는가에 대한 질문을 던져볼 차례에 와있다.

형성하고 있었다.

90 그동안 『학생계』의 이러한 면모에 대해서는 제대로 주목받지 못했다. 그간 『학생계』에 대한 연구는 주로 중등학교 재학 이상 학력의 소유자를 주요 독자로 설정하여 근대 지식을 섭취하고 인격을 수양하는 "교양주의"를 전파하려는 측면에서 접근해왔다(박지영, 「잡지 『학생계』 연구－1920년대 초반 중등학교 학생들의 '교양주의'와 문학적 욕망의 본질」, 『상허학보』 제20집, 상허학회, 2007, 121~164면) 이와 다른 측면에서 김억, 노자영, 황석우 등 동인지 그룹의 시인들이 현상문예란을 중심으로 독자와의 소통을 통해 근대시의 새로운 가치를 적극적으로 개진하고 미학적 규범을 표방하고 있는 측면에 대해 해명한 바 있다(노춘기, 「잡지 『학생계』 소재 시 작품 연구」, 『한국시학연구』 제38집, 한국시학회, 2013, 9~32면).

여기서는 앞선 논의와의 연장선상에서 『학생계』의 현상문예란을 통해 꾸준하게 시를 발표하고 있던 김소월의 사례를 먼저 검토하고자 한다. 김소월이 『학생계』의 현상문예란을 중심으로 시를 발표할 수 있었던 계기는 아마도 시 부문의 추천을 맡고 있던 그의 스승 김억으로 인한 것으로 보인다.[91] 그가 발표한 시들을 검토해보면, 대체로 다음 두 가지의 경향성을 띠고 있다. 첫 번째로, 김억이 선후평選後評에서 몇 차례 지적하고 있듯이 그는 규칙적인 음수율과 같은 형식적 강박을 통해 '옛날'로 표상되는 과거의 시

91 『학생계』의 현상문예란은 『학생계』 제2호(1920.9)에서부터 모집 공고가 내걸린 뒤에 『학생계』 제3호에서부터 당선된 작품들이 게재되었다. 현상문예란은 소설, 시, 감상소품, 논문으로 나눠 모집되었다. 각각 심사위원은 오천석, 김억, 노자영, 이종준이었다. 사실 그간 『학생계』에서의 김소월의 활동에 대해서는 스승 김억과의 관계를 언급하는 선에서 단편적으로 지적되어왔으나 그의 활동은 『학생계』 전반을 흐르고 있는 담론과 연계해서 세심하게 접근할 필요가 있다. 왜냐하면 앞에서 살펴보았듯이 『학생계』에 가담하고 있는 인물 중 오산학교 출신들이 많다고 볼 때 오산학교 출신인 김소월 또한 충분히 이들과 공명할 여지가 있기 때문이다. 김소월이 현상문예란을 비롯하여 『학생계』에 게재하고 있는 작품의 목록은 다음과 같다.

제목	장르	지면(호)	발행일	수록 면
먼 后日(推薦詩)	시	1	1920.7	42
죽으면?	시	1	1920.7	42
거츤 풀 허트러진 모래동으로	시	1	1920.7	42
春朝	감상소품	3	1920.10	74~76
서울의 거리	시	5	1920.12	82~83
이 한 밤	시	6	1921.1	44
맛내려는 心思	시	6	1921.1	44
磨住石(長詩)	시	7	1921.3	93
宮人唱	시	8	1921.5	81~82

간에 대한 동경과 애인과의 이별에서 느끼는 '슬픔'을 노래하고 있다.[92] 두 번째로, 그는 형식의 강박에서 자유로우면서도 근대적인 도시의 풍경에서 소외된 자의 '우울'을 노래하고 있다. 그 단적인 예로 그는 다소 이색적인 「서울의 거리」에서 어둡고 창백한 서울의 거리에서 마주치는 건물들을 "히스테리"가 있는 "여자의 걸음"과 같이 묘사하고 각양각색의 도시인들이 '유령'처럼 방향 없이 떠도는 모습을 외부자의 시선을 통해 그려내고 있다.[93]

초창기 시에서 살펴볼 수 있는 이러한 경향성은 이후에도 일관된 주제 아래 모였다가 흩어지고 있는 것 같다. 말하자면, 첫 번째의 경우[94] '꿈'의 형식을 통해, 두 번째 경우[95] '표박'의 형식을 통해 '집'과 '님'으로 대표되는 이상적인 대상에 대한 지향성을 표출하는 방식으로 변주된다. 이때 이상적 대상에 대한 그의 지향성은 무한한 크기를 가진 '바다'와 무한한 높이를 가진 '산'에 직면하여 좌절함에 따라 그 허무의 공백을 울음과 슬픔으로

92 이에 대한 대표적인 시는 「먼 后日」, 「거츤 풀 허트러진 모래 동으로」, 「이 한 밤」, 「맛 내려는 心思」, 「宮人唱」을 들 수 있다. 시를 추천한 김억은 시 전편에서 일관되는 느낌을 읽어내는 것과 함께 지나치게 글자 수의 제약에 얽매여 있다고 지적하였다(『학생계』 제6호, 1921.1, 44면).

93 이에 대한 대표적인 시는 「서울의 거리」을 들 수 있다.

94 이에 대한 대표적인 시는 「님에게」, 「숨쉰 그 녯날」, 「숨으로 오는 한 사람」, 「눈 오는 저녁」, 「숨길」, 「숨자리」, 「그 사람에게」, 「녯님을 싸라가다가 숨깨여 歎息함이라」, 「故鄕」 등을 들 수 있다.

95 이에 대한 대표적인 시는 「바다」, 「그 山 우에」, 「우리집」, 「오는 봄」, 「招魂」, 「길」, 「집 생각」, 「朔州龜城」, 「浪人의 봄」, 「夜의 雨滴」, 「次岸曙先生三水甲山韻」 등을 들 수 있다.

채우고 있다. 그래서 이러한 흐름에 주목한 선행연구에서는 김소월의 시에서 근대적 세계와 전통적 세계의 경계에 서 있는 의식을 읽어내면서도 그가 그러한 고뇌를 극복하기 위한 방법으로 "전통주의"로의 전회를 감행하고 있다고 해명했던 것이다.[96]

이러할 때 「붉은 조수潮水」, 「녀름의 달밤」, 「바다건대는 우리에게 우리의 보섭 대일 쌍이 잇섯더면」, 「밧고랑 우헤서」, 「상쾌爽快한 아츰」, 「칠석七夕」과 같은 '이상주의' 계열의 시들은[97] 다소 예외적으로 분출한 현상처럼 보이며 선행연구에서 지적한 "전통주의" 속으로 수렴되어 버리는 것 같다. 그보다 그의 시에서 전통은 당대의 공동체 논의와 관련하여 그 성격을 좀 더 선명하게 드러낼 수 있을 것이다.[98] 이러한 점을 확인하기 위해 아래의 시를 통해

96 『학생계』에 실린 시편에서 김소월의 '경계의식'을 읽어내려 한 논의는 남기혁, 「김소월 시에 나타난 경계인의 내면 풍경－새로 발굴된 초기시 세 편을 중심으로」, 『국제어문』 제31호, 국제어문학회, 2004, 171～210면 참고. 여기에서 나아가 김소월의 시 전체에 내재한 미학적 방법으로서 '경계의식'에 주목한 논의는 류순태, 「김소월 시의 경계 의식에 내재된 미적 욕망과 그 근대성 연구」, 『한국시학연구』 제36집, 한국시학회, 2013, 179～205면 참고.

97 이러한 시들에 담긴 '이상주의'적 분위기에 대해서는 신범순에 의해 지적된 바 있다(신범순, 『노래의 상상계－'수사'와 존재생태기호학』, 서울대 출판문화원, 2011, 318～325면).

98 이것은 물론 김소월만이 나타내고 있는 현상이라기보다 동시대의 시인들과도 연결되고 있는 지점이다. 예컨대, 주요한은 「아츰처녀」, 「해의 시절」, 「큰길을 사모함」 등의 시를 묶은 연작시 「힘잇는 생명」에서 강렬한 태양의 이미지를 바탕으로 하늘과 땅, 인간과 자연이 일체화된 '화려한 잔치'에서 느끼는 생명력을 노래한 바 있다. 참고로 그가 앞으로 걸어가야 할 조국을 향한 큰길은 「책씃헤」에서 고백하고 있듯이 "'개렴'이나 '사샹', '주의'"가 아니라 "자긔"와 그 외연에 있는 "모든 것을 포함한" 이상적인 분위기를 기반으로 하고 있다는 점에 주목해야 한다(주요한, 『아름다운 새벽』, 조선문단사, 1924; 『새

검토해보자.

우리 두 사람은
키놉피 가득 자란 보리밧, 밧고랑 우헤 안잣서라.
일을 畢하고 쉬이는 동안의 깁븜이여.
지금, 두 사람의 니야기에는 꼿치 필 때.

오오, 빗나는 太陽은 나려쪼이며
새 무리도 즐겁은 노래, 노래 불너라.
오오 恩惠여, 사라잇는 몸에 넘치는 恩惠여,
모든 慇懃 서럽음이 우리의 맘 속을 치지하여라.

世界의 끗튼 어듸? 慈愛의 하늘은 넓게도 덥펏는데,
우리 두 사람은 일하며, 사라잇서서,
하늘과 太陽을 바라보아라, 날마다 날마다도
새라 새롭은 歡喜를 지어내며, 늘 갓튼 짱 우헤서.

벽』 1(주요한 문집), 요한기념사업회, 1982, 548면). 그리고 석송 김형원은 자신이 발행한 문예지 『생장』의 창간호에 실은 「生長讚美」에서 현생에 대한 강한 긍정을 바탕으로 모든 종속(種屬)과 계급의 차별을 넘어선 동무들이 이룬 '이상향'을 "생명의 꽃이 만발하는" '낙원'으로 그린 바 있다(김석송, 「生長讚美」, 『생장』 제1호, 1925.1, 3~5면).

다시 한 번 活氣잇게 웃고 나서, 우리 두 사람은
바람에 일니우는 보리밧 속으로
호미 들고 드러갓서라, 가즈란히 가즈란히
거러나아가는 깁븜이어. 오오 生命의 向上이어.

—「밧고랑 우헤서」 전문[99]

이 시 이외에도 김소월은 「녀름의 달밤」에서 하루의 바쁜 일과를 마치고 안식의 밤에 젖은 어느 농가의 풍경을 배경으로 '이상주의'의 분위기를 그려낸 바 있다.[100] 그것은 시의 말미에 나

99 김소월, 「밧고랑 우헤서」, 『영대』 제3호, 1924.10, 32~33면.

100 김소월, 「녀름의 달밤」, 김용직 편, 『김소월전집』, 서울대출판부, 1996, 117~119면. 참고로 시의 전문은 다음과 같다. "서늘하고 달 밝은 녀름밤이어 / 구름조차 희미한 녀름밤이어 / 그지업시 거룩한 하늘로서는 / 젊음의 붉은 이슬 저저나려라. // 幸福의 맘이 도는 놉픈 가지의 / 아슬아슬 그늘닙새를 / 배불너 긔여도는 어린 버레도 / 아아 모든 물결은 福바다서라. // 버더버더 오르는 가싀덩굴도 / 稀微하게 흐르는 푸른 말빗치 / 기름 가튼 煙氣에 멕감을 너라. / 아아 너무 죠와서 잠 못드러라. // 우굿한 풀대들은 춤을 추면서 / 갈닙들은 그윽한 노래 부를 쌔. / 오오 내려 흔드는 달빗 가운데 / 나타나는 永遠을 말로 색여라. // 자라는 물 베이삭 벌에서 불고 / 마을로 銀숫드시 오는 바람은 / 녹잣추는 香氣를 두고 가는데 / 人家들은 잠드러 고요하여라. // 하로終日 일하신 아기 아바지 / 農夫들도 便安히 잠드러서라. / 녕시슭의 어둑한 그늘 속에 선 / 쇠싀랑과 호믜쟌 빗치픠여라. // 이윽고 식새리의 우는 소래는 / 밤이 드러가면서 더욱 자즐 쌔 / 나락밧 가운데의 움물싸에는 / 農女의 그림자가 아직 잇서라. / 달빗츤 그무리며 넓은 宇宙에 / 일허젓다 나오는 푸른 별이요, / 식새리의 울음의 넘는 曲調요, / 아아 깁븜 가득한 녀름밤이어. / 삼간집에 불 붓는 젊은 목숨의 / 情熱에목매치는 우리 靑春은 / 서느럽은 녀름밤 닙새 아래의 / 희미한 달빗 속에 나붓기어라. // 한쌔의 자랑 만흔 우리들이어 / 農村에서 지나는 녀름보다도 / 녀름의 달밤보다 더 죠흔 것이 / 人間에 이 세상에 다시 잇스랴. // 죠고만 괴롭음도 내여바리고 / 고요한 가운데서 귀 기우리

타나있듯이 '꿈'과 같은 분위기 가운데 잠시 나타났다가 사라지고 있는 것처럼 보인다. 하지만 김소월은 인용된 시에서 '이상주의'를 공동체와 관련하여 선명하게 그려내고 있다. 말하자면, 이 시에서는 하늘-인간-땅으로 연결되어 있는 공동체의 지평을 보여주며 그러한 공동체와 접속할 수 있는 구체적인 방식으로 '노동'을 제시하고 있다. 따라서 김소월이 말하는 전통은 이 시에서 "우리 두 사람"으로 구성된 공동체를 풍요롭게 만드는 '외연'에 위치해 있다고 볼 수 있다. 이에 대해 검토해보자.

먼저, 인용된 시에서 특징적인 지점은 시의 첫머리에서부터 "우리 두 사람"을 화자로 등장시키고 있다는 것이다. 공동체의 관점에서 볼 때, "우리 두 사람"은 유독 시의 매 연마다 둘이라는 수와 함께 '우리'를 강조하는 형태로 등장하고 있다는 점에서 공동체의 근간을 창조할 수 있는 부부라고 볼 수 있다. 그들은 음양의 조화에 따라 아이를 생산해냄으로써 공동체의 기초인 가족을 형성할 수 있다. 그래서 1연에서 "우리 두 사람은" '밭고랑 위에' 앉아 일을 끝내고 잠시 쉬면서 두 사람이 부부로서 희로애락을 함께 나누며 살아온 이야기의 꽃을 피우고 있다. 이때 그들이 이야기하며 바라보는 밭고랑 위의 '보리'는 그들의 정체성을 말해주는 시적 장치이다. '보리'는 표면적으로 삶의 터전에서 그들

며 / 흰 달의 금물결에 櫓를 저어라 / 푸른 밤의 하늘로 목을 노하라. // 아아 讚揚하여라 쬬흔 한때를 / 흘러가는 목슴을 만흔 幸福을 / 녀름의 어스러한 달밤 속에서 / 숨갓튼 즐겁음의 눈물 흘너라."

이 농부로서 살아온 내력을 말해준다. 즉, '보리'는 일 끝내고 쉬는 동안의 기쁨을 느끼게 한다는 점에서 농부로서의 생활이 그들의 삶에 깊숙이 뿌리 내리고 있다는 것을 말해준다. 나아가 그것은 장차 그들이 부부로서 생산해낸 아이가 가족의 구성원으로서 원숙하게 자랐다는 것을 간접적으로 말해주고 있기도 하다.

이러한 점에서 김소월은 이 시에서 개인이 공동체의 구성원으로 나아가는 과정을 보여주고 있다고 볼 수 있다. 이는 기존의 논의에서 지적되어온 '전통적 공동체'와 크게 멀지 않은 것처럼 보인다. 하지만 김소월은 "우리 두 사람"으로 구성된 공동체가 어떠한 지평에 놓여 있는가를 보여줌으로써 전통의 지평을 선명하게 보여주고 있다. 그것은 2연에서 음양의 조화를 이룬 두 사람의 관계에서 벗어나 우주론적으로 음양의 조화를 의미하는 하늘과 땅의 지평에까지 자신들의 관계를 확대하고 있는 부분에서 여실하게 드러난다. 이제 부부이자 인간인 두 사람은 가족을 구성하는 것에서 나아가 '하늘'과 '땅'과 연결되어 삼위일체를 이루고 있다. 그럼으로써 그들은 하늘에서 내리쬐는 '태양'을 맞고 그와 함께 주변에서 즐겁게 노래하는 '새 무리'의 노래를 들으면서 자신의 '몸'에서 넘치는 '은혜'를 느낀다고 말한다. 또한 몸으로 느낀 생명력은 마음으로 침투하여 그들의 맘속에서도 모든 "은근스러움"이 흘러넘치고 있다.

그들은 그처럼 '세계'의 끝을 알 수 없이 넓게 펼쳐져 있는 '하늘'의 자애로운 은혜를 받고 살아있다. 동시에 그들은 "늘 같은 땅 위에서" 하늘과 태양으로부터 받은 넘치는 은혜를 날마다 새로운 '환희'로 지어내고 있다. 이처럼 그들은 부부로서 가족이라는 공동체를 형성하는 것에서 나아가 자신들의 존재론적 지평을 하늘과 땅이 연결된 우주적인 차원에까지 확장해가고 있다. 김소월이 말하는 전통은 바로 여기에 있다. 그럼에도 이 시에서 김소월이 가리키는 전통은 여전히 다소 관념적인 측면에 머물러 있는 것이 사실이다. 하지만 김소월은 이 시에서 우주적인 차원을 배경으로 하는 공동체를 몸소 실현해갈 수 있는 방식을 그려내고 있다. 4연에서 '호미'라는 표현에서 단적으로 드러나듯이, 그것이 바로 '노동'이다.

이제 밭고랑 위에 앉아 충분한 휴식을 취한 "우리 두 사람"은 온몸에 가득한 '활기'를 웃음으로써 보여준 뒤에 바람이 일렁이는 '보리밭 속으로' 호미를 들고 들어간다. 자신들이 부부라는 것을 다시 보여주는 것처럼 그들은 '가지런히' 보조를 맞추면서 걸어 들어간다. 그리고 그들은 하늘의 태양으로부터 받은 넘치는 '은혜'를 땅 위의 '노동'으로써 펼쳐내고 있다. 그럼에 따라 그들의 몸과 마음속에서는 하늘과 땅과 연결되면서 느끼는 '생명'으로 가득 차 있다. 이 '생명'은 그들의 몸과 마음이 살아 있다는 것을 말해주는 표지이다. 그들은 그처럼 '노동'을 통해 자신들의 존재가 살아 있다는 것을 느끼고 앞으로도 나날이 새롭게 자신들과 연결되어 있는 공동체를 실현해갈 것이다. 따라서 김소월은 이 시에서 공동체가 성립할 수 있는 우주적인 지평을 그려내고 그 근거로서 '노동'을 제시하고 있는 셈이다.

김소월은 이외의 다른 시에서도 '노동'의 문제를 다룬 바 있다. 그는 유고시 「농촌상農村相·시가상市街相」에서 남들을 속이는 꾀를 통해 자본주의의 이윤을 창출하는 도시의 노동과 대비하여 힘들게 먹고 사는 농촌의 노동이 '소박'하고 "장취성將就性" 있는 것으로[101] 그려내고 있다. 그리고 사후에 발표된 「상쾌한 아츰」에서는 '생명'의 맹아가 탄생하는 "신개지"가 결국 앞날 '우리의 손'에 의해 아름다워질 것이라고 말하고 있기도 하다.[102] 이처럼 김소월이 노동에 담긴 신성성과 무궁무진한 가능성을 말하고 있는 것은 당대 공동체의 논의와 맞닿아 있다는 점에서 주목된다. 이는 그가 초기 활동의 주된 통로 삼았던 『학생계』의 담론과 관련해보면 더욱 명확해진다.

예컨대, 『학생계』의 주필이었던 최팔용은 '노동'을 단순히 "생활비"를 벌기 위한 수단이나 치부의 수단으로 인정하려는 관념에서 벗어나 '노동'에서 "고상한 도덕적 의의"와 "인생의 의

101 김소월, 「農村相·市街相」, 김용직 편, 『김소월전집』, 서울대출판부, 1996, 494면. 김옥성은 김소월 시의 사유 체계에서 '영성'과 '노동'이 중요하다고 지적하였으나 이 시에서의 '노동'을 '농촌 공동체'의 상상력과 같은 현실의 이념으로 귀결시키고 있다(김옥성, 「한국 현대시의 생태학적 농촌 공동체 이미지 연구」, 『국문학논집』 제21집, 단국대, 2011, 12면).

102 김소월, 「爽快한 아츰」, 『三千里』 제56호, 1934.11, 203~204면.

의"를 완성하도록 하는 가치를 강조하고 있다.[103] 그리고 장도빈은 '노동'의 행위에 담긴 우주적인 연대성을 강조하고 있다. 그 예로 그는 한 그릇의 밥이 밥상에 오르기까지 간접적으로 얽혀 있는 우주적인 차원에서의 노동뿐만 아니라 여러 사람의 노동을 거쳐야 한다는 것을 보여주었다. 이러한 점에서 한 그릇의 밥은 공동체의 산물임이 분명하다. 따라서 장도빈은 세상을 큰 "노동단체"에 비유하면서 한 개인이 거기에 소속한 일개의 분자로서 맡은 바 '직분'에 충실해야 한다고 말했던 것이다.[104] 이로 미루어볼 때 당대의 담론에서 '노동'은 각자의 직분에 따라[105] '자기'의 이상을 실현하는 것에 그치지 않고 사회—국가—인류—우주로 확대되는 공동체의 이상을 실현할 수단이 되는 것이다.

이러할 때, 김소월이 근대적인 세계와 전통적 세계의 경계에서서 자신의 존재론적인 근거로서 발견한 전통의 맥락이 제대로 드러난다. 말하자면, 그가 전통의 지평을 우주적인 차원에 두고

103 최팔용, 「勤勞의 光」, 『학생계』 제12호, 1922.4, 6~8면.
104 장도빈, 「勞動團體」, 『학생계』 제14호, 1922.7, 17~18면.
105 1920년대 초기 담론에서 '직분' 혹은 '천직'에 대한 인식은 '노동'에 담긴 독특한 함의뿐만 아니라 당대 담론에서 전개되고 있던 공동체 논의의 독특한 지점을 드러낸다는 점에서 주목을 요한다. 다시 말해, 공동체의 관점에서 볼 때 '노동'이 '직분' 또는 '천직'과 관련되어 있다는 것은 '개체'에게 주어진 '노동'의 고유성을 말해줄 뿐만 아니라 개체의 노동을 타인, 사회, 인류와 같은 '전체'와 연결시키고 있다는 점에서 '노동'의 신성성을 말해준다. 이에 대한 자세한 사항은 최호영, 「개념사적 접근과 한국 근대문학 담론의 형성 과정에 관한 일고찰—1920년대 초기 조선에서 '천직론'의 전개와 '공동체주의'의 형성을 중심으로」, 『어문학』 제138집, 한국어문학회, 2017.12, 241~270면 참고.

있었던 것은 당대의 맥락에서 선조들의 정신적 유산에 대한 자각 아래 '생명'을 매개로 '개체'와 '전체'의 관계를 연결시키고 있었던 '생명공동체'의 이념이 있었기에 가능했던 것이다. 그런 점에서 김소월은 하늘과 땅과 연결된 인간이 '노동'을 통해 '생명'으로 충만할 뿐 아니라 나날이 '향상'으로 나아갈 수 있는 우주적인 참여 방식을 그리고 있었던 것이다. 이러한 공동체의 존재와 실현 방식은 황석우의 소위 "자연시自然詩"에서 좀 더 우주적인 스케일을 가지고 나타난다.

황석우는 자신의 시집 서문에서 『자연송自然頌』이 "대정大正 9년 이전과 또는 만주 방랑시대에 된 작作"들로 자신이 "사회운동"에 경도되기 이전에 쓴 시들이라고 밝힌 바 있다.[106] 이에 착안한 선행연구에서는 『자연송』을 일찍부터 그가 본격적인 사상운동으로서 공산주의 사상으로 나아가기 이전에 아나키즘과 상징주의를 등가로 받아들이던 시기에 쓰인 시편으로 평가해왔다.[107] 이러한 관점에 합의한 연구에서는 크로포트킨의 '상호부조론'을 기반으로 『자연송』에서 인간과 우주 자연이 존재론적인 교감을 이루는 유토피아의 형상을 읽어내고 그것을 아나키즘과 연결시키고 있다.[108] 이러할 때 황석우가 『자연송』에서 그리고자 했던 세계는 총

106 황석우, 『자연송』, 조선시단사, 1929; 정우택 편, 『황석우 연구』, 박이정, 2008, 438면.

107 조영복, 「『장미촌』의 비전문 문인들의 성격과 시 사상」, 『한국문화』 제26집, 규장각한국학연구소, 2000, 166~167면.

독부의 제국주의로 표상되는 당대 식민지적 현실에 대한 강력한 부정성의 알레고리이자 "가상적 유토피아"의 제시로[109] 환원될 여지가 다분해 보인다.[110] 물론 그의 직접적인 언급과 실증적인 사실을 토대로 '자연시'에서 아나키즘의 미의식을 읽어내고 정치적 이념을 확인하는 작업은 충분히 가능한 일이다. 여기서는 거기서 나아가 그가 왜 '자연시'라는 일관된 명칭 아래 이상적인 세계를 그리고 있는가에 대한 질문을 던지고자 한다.

황석우는 『자연송』에서 죽은 어머니를 대신하여 자신을 키운 누이 진경眞卿에게 부치는 헌사와 함께 "자연을 사랑하라. 자연을 사랑하지 못하는 자는 사람도 사랑할 참된 길을 아지 못한다. 사랑을 배호는 세례는 자연을 사랑하는 광야 우에서 밧어라"라는[111] 권두언을 싣고 있다. 어쩌면 그동안 『자연송』에서 별다른 주목을 받지 못한 짤막한 권두언에서 그가 '자연시'를 시도하게

108 황석우, 정우택 편, 앞의 책, 110~134면.

109 노춘기, 「황석우 시의 자연과 생명의 가치 - 시집 『자연송』을 중심으로」, 『어문학』 제116집, 한국어문학회, 2012, 237~265면.

110 흥미롭게도 『자연송』에서 유토피아가 실현되는 방식을 생태학의 관점에서 접근한 연구 사례가 있다. 전미정은 『자연송』에서 자연을 신체 언어로 은유화하는 방식을 통해 자연과 인간이 유기적인 하나의 우주적인 몸을 형성하고 있으며 '생명'을 매개로 하는 공동체를 형성하고 있다고 평가하였다. 이러한 지적은 『자연송』의 세계를 당대의 공동체 논의와의 연장선상에서 파악하려는 이 책에 시사하는 바가 크지만, 결국 황석우의 아나키즘 사상을 확인하는 것으로 귀착되고 있다(전미정, 「생태학으로 본 황석우 시의 자연 - 몸의 사유방식을 중심으로」, 『우리말글』 제32집, 우리말글학회, 2004, 343~360면 참고).

111 황석우, 정우택 편, 앞의 책, 436면.

된 의도라든가, '자연시'를 통해 표방하려는 세계의 성격에 대한 암시를 받을지도 모른다. 말하자면, 여기서 그가 "자연을 사랑하라"는 말을 던지고 있는 것은 자연 자체에 대한 관심에서 비롯되었다기보다 '사람'을 "사랑할 참된 길"을 알기 위해서이다. 나아가 "자연을 사랑하는 광야"를 언급하고 있는 것은 추악한 인간의 현실과 동떨어진 세계에 대한 동경에서 비롯한 것이 아니라 '사람'이 살아가는 공간 위에서 '사람'을 사랑하는 법을 배워 몸소 실행하기 위해서이다.

이처럼 황석우가 '자연시'를 통해 표방하려는 세계는 사람들이 자신이 딛고 선 대지 위에서 이상적으로 살아갈 방향성을 제시하려는 것에 그 목적이 있었다. 그는 실제로 『자연송』의 첫 번째 시에서 태양계의 지구를 꽃이 만발한 "우주의 소낙원小樂園, 소이상향小理想鄕"이라고 말함으로써[112] 이 시집에서 이상적 공동체를 그리려는 의도를 명시하고 있다. 이러한 점에서 그의 '자연시'가 아나키즘의 사상과 접목되기 이전에 당대의 공동체 논의와 만나고 있었다는 추측을 하기는 그다지 어렵지 않다. 달리 보자면, 그가 '자연시'를 통해 그리고자 하는 세계는 당대 공동체 논의와 접목되어 있었기 때문에 아나키즘이라는 고유한 사상을 창출해낼 수 있었다고 볼 수 있다. 그런 점에서 공동체의 관점에서 볼 때 '자연시'에서는 다음 세 가지의 측면에서 당대

112 황석우, 「太陽系, 地球」, 정우택 편, 『황석우 연구』, 박이정, 2008, 439면.

의 조선적 현실에 실현되어야 할 공동체의 상과 원리를 그리고 있다.

첫 번째로, 그는 공동체의 존재 방식으로 '개체'와 '전체'의 관계를 '생명'이라는 개념과 결부하여 그려내고 있다. 두 번째로, 그는 각각의 '개체'가 '전체'라는 울타리 내에서 공존하기 위해 수반해야 할 인격적인 특질로 '개체'에 내재한 고유한 '개성'을 그려내고 있다. 세 번째로, 그는 '개체'가 자신의 개성적 특질에 따라 '전체'와 연결되는 이상을 실현하기 위한 원리로서 '노동'을 그려내고 있다. 이러한 사항에 대해 하나씩 살펴보자.

> 사람의 눈에 보히는 宇宙는
>
> 太陽系 둘네의 天體뿐임니다
>
> 그곳을 '島嶼的 小宇宙'라고 함니다.
>
> 小宇宙 안에는 헤르크레스星雲의 別宇宙系統과 二億萬의 몸嚴莊한 별들이 한울 놉히 屛風 둘너안저 잇고
>
> 그 밋으로 달과 太陽과 地球는 족으만 風扇공과 갓치 귀엽게 써돌아단님니다
>
> 이 宇宙 밧갓은 大宇宙, 그 안에 잇는 銀河의 저ㅅ족으로 저ㅅ족까지의
>
> 씃업는 無限에의
>
> 모든 '島嶼的 小宇宙'의 星雲, 쏘는 그들 星雲 속의 恒河 모래갓

치 짤니여 잇는 족으만 별들

太陽들

生物의 世界들은 그 種類와 數爻를 어즈러워 想像할 수도 업음니다

—「소우주(小宇宙), 대우주(大宇宙)」 전문[113]

첫 번째로, 황석우는 공동체의 주요한 두 축인 '개체'와 '전체'의 관계가 '생명'의 개념을 매개로 하여 긴밀하게 연결됨에 따라 공동체를 구성해가는 원리를 그려내고 있다. 인용된 시에서 그는 달-태양-지구로 구성된 "태양계"가 그보다 더 큰 "소우주"를 배경으로 우주적인 공동체를 이루는 장면을 포착하고 있다. 보통 사람의 눈으로 볼 수 있고 관측 가능한 우주의 범위는 '태양계'의 둘레에 있는 '천체'로, 그것을 흔히 "도서적島嶼的" 소우주라고 부른다. 그 소우주 안에는 헤라클레스 성운의 "우주계통"과 이억만 개의 어마어마한 별들이 '병풍'처럼 둘러싸고 있다. 그 밑으로 달과 태양과 지구는 마치 조그만 "풍선 공"과 같이 귀엽게 떠돌아다니고 있다.

하지만 달과 태양과 지구를 둘러싸고 있는 소우주가 그처럼 엄청난 크기임에도 불구하고 그것 또한 그보다 더 큰 우주 바깥의 "대우주"를 배경으로 하고 있다는 것을 간과해서는 안 된다.

113 위의 글.

다시 말해, 태양계를 감싸고 있는 소우주는 그 안에 있는 '은하'의 이쪽에서 저쪽까지 끝없이 무한한 대우주를 배경으로 하는 도서적島嶼的 소우주이다. 그처럼 대우주와 소우주의 범위는 인간의 인식을 초과해있을 만큼 '무한'하고 태양계의 '생물의 세계' 또한 그 종류와 수효를 제대로 '상상'할 수 없을 정도로 무한하기만 하다. 이러한 인식을 토대로 황석우는 무한한 대우주와 소우주의 구성원들을 조사 '-의'와 명사형의 호명을 통해 연결하고 있다. 이는 '개체'와 '전체'가 '생명'의 관계로 연결되어 있음을 보여준다.

이런 점에서 황석우는 태양계의 구성원인 태양, 달, 지구가 그보다 더 큰 소우주에서 나아가 그 바깥의 무한한 대우주까지도 연결된 광활한 공동체를 펼쳐내고 있다. 그리고 그는 태양, 달, 지구가 그러한 소우주와 대우주를 배경으로 긴밀하게 연결되어 있다는 것을 "일가"나 "고향"이라는 시어를 통해[114] 보여주고 있다. 즉, 태양, 달, 지구가 '개체'로서 존재론적인 지위를 얻을 수 있는 것은 태양계, 소우주, 대우주와 '생명'의 개념으로 연결된 '전체'를 배경으로 해서만 가능한 일이다. 그리하여 그러한 우주적인 공동체와 접목된 지구의 '생물'들은 하늘과 땅 사이의 광막한 공간에서 태양으로부터 배당 받은 '생명'을 영위해갈 수 있는 것이다.[115]

114 황석우, 「太陽系의 故鄕」, 정우택 편, 『황석우 연구』, 박이정, 2008, 455면.

太陽은 男便, 달은 안해

둘은 生離別의 夫婦

그 둘의 生業은 配達夫

太陽은 '勇猛스러운 精力'을 配達하고

달은 '平和로운 잠'을 配達한다.

—「두 배달부(配達夫)」 전문[116]

두 번째로, 황석우는 앞에서 그린 우주적인 공동체를 바탕으로 태양계의 구성원인 태양, 달, 지구가 공동체의 시스템 속에서 공존하는 방식을 그려내고 있다. 그것이 바로 각자의 인격에 고유하게 내포되어 있는 '개성'이다. 그는 '자연시'에서 태양을 주로 시뻘겋게 타오르는 불의 이미지를 통해 왕성하고 부지런히 활동하는 '정력가'로 그리거나[117] 모성적인 이미지를 바탕으로 지구의 생물들이 살아갈 에너지의 근원으로 그려내기도[118] 한다. 이러한 태양으로부터 '분가'를 받은 지구의 생물들은 태양으로부터 매일 아침마다 살아갈 '양식'을 얻는다는 점에서, 주로 태양의 모성성과 결부된 '아이'의 이미지로 나타나 있다.[119] 그리고 달은 이와 달

115 이에 대한 시는 「虛空을 메ㅅ구는 計劃」, 「거림의 世界」 등을 들 수 있다.

116 황석우, 「두 配達夫」, 정우택 편, 『황석우 연구』, 박이정, 2008, 452면.

117 이에 대한 시는 「불의 宇宙」, 「내 동무 太陽아」, 「光線의 부ㅅ채」 등을 들 수 있다.

118 대표적인 시는 「地球, 生物」, 「太陽이 써올으면」 등을 들 수 있다.

119 이와 관련된 시는 「地球 우의 植物, 人間들」, 「太陽의 分家」 등을 들 수 있다.

리 사람들이 "접문接吻"과 '포옹'과 같은 비밀스러운 일을 하도록 허락하는 존재로 그려지거나[120] "절세미인"이나 "나체의 처녀"와 같은 관능적인 이미지로 나타나기도[121] 한다.

이처럼 공동체의 구성원들인 태양, 지구, 달은 각자의 '개성'을 가지고 있는 존재로 나타나면서도 상대방과의 관계성에 따라 '개성'의 고유성을 획득하고 있다. 그러한 점은 각자의 개성적 특질이 공동체를 존속시키는 원리로 그려지고 있는 부분에서 좀 더 명확하게 드러난다. 인용된 시에서 태양과 달은 각자의 '개성'에 따라 공동체에서 각자의 역할을 배당 받고 있는 것으로 나타나 있다. 시에서 태양은 '남편'이고 달은 '아내'로 나타나 있다. 좀 더 구체적으로, 태양은 '남편'과 같은 남성적인 이미지에 따라 "용맹스러운 정력"을 자신의 '개성'으로 발휘할 수 있다. 이와 다른 측면에서 달은 '아내'와 같은 여성적인 이미지에 따라 "평화로운 잠"을 자신의 '개성'으로 발휘할 수 있다.

하지만 이러한 '개성'들이 각자의 고유한 '개성'일 수 있는 까닭은 상대방과의 차이에 따른 것이면서도 상호보충적인 원리를 바탕으로 공동체의 낮과 밤의 순환에 기여하고 있기 때문이다. 흥미롭게도 이 시에서는 그들을 "생이별한 부부"로 희화화戲畵化하고 있지만 그들이 자신의 '개성'을 바탕으로 맡은 역할에 충실

120 대표적으로 「구름 속에서 나오는 달」을 들 수 있다.
121 이에 대한 시는 「江과 바다 우의 달」, 「달의 嘆息」 등을 들 수 있다.

하게 될 때 공동체의 구성원으로 거듭날 수 있게 된다는 사실을 보여주고 있다.

> 지구는 生物쌘을 使用하는 한 工場!
> 그 一切의 作業의 指揮者는 太陽!
> 地球는 곳 太陽이 세운 그 最大의 企業場!
> 그 製品은 "幸福"!
> 太陽이 말하기를 "苦癰"은 太陽의 意思에 叛하는
> 人間의 남븐 "誤製品"이라고
>
> —「태양(太陽)이 가지고 잇는 공장(工場)」 전문[122]

세 번째로, 황석우는 태양, 달, 지구와 같은 개체들이 각자의 '개성'을 바탕으로 하여 공동체의 구성원으로 존재하는 방식과 함께 공동체를 실현하는 원리로서 '노동'을 그려내고 있다. 그는 다른 시에서 태양 자체를 시뻘겋게 타고 있는 "노동자"라고 말한 바 있다.[123] 왜냐하면 '혼魂'의 덩어리인 생물들이 '생명'을 가지고 '노동'을 하면서 살아가는 존재들이기 때문이다. 그런 의미에서 생물들에게 '생명'을 부여하는 태양 또한 노동자이다. 인용된 시에서도 황석우는 지구를 태양이 세운 최대의 "기업장企業場"으

122 황석우, 「太陽이 가지고 잇는 工場」, 정우택 편, 『황석우 연구』, 박이정, 2008, 444면.
123 황석우, 「太陽」, 위의 책, 445면.

로 그리고 있다. 지구의 생물들은 끊임없이 태양으로부터 '생명'의 에너지를 받아 태양의 지휘를 따라 일체의 작업을 수행하면서 나날의 삶을 영위해간다. 그들이 태양으로부터 나날이 에너지를 받음에도 불구하고 게으름을 부리는 것은 "태양의 의사"에 반하는 "오제품"을 의미하는 것에 다름 아니다.

그들은 본질적으로 '생명'의 증거로서 '노동'을 수행하지만, 지구라는 "기업장" 안에서 각자 맡은 역할에 따라 '노동'을 수행해간다. 이때 황석우가 지구를 '기업장'과 함께 '공장'으로 표현하고 있는 것에 유념해야 한다. 이는 지구가 자본주의적 이념을 바탕으로 이윤을 산출하기 위한 공간이라는 것을 의미하지 않는다. 그보나 각사 맡은 직분에 따라 산출된 '노동'의 결과로서의 제품이 자신의 '행복'이기만 한 것이 아니라 지구라는 전체의 '행복'으로 통하고 있다는 점에 주목해야한다. 황석우는 개체의 '노동'이 공동체 전체의 이상과 연결되어 있다는 것을 보여주려 했던 것이다. 이처럼 황석우는 '자연시'를 통해 공동체의 구성방식, 그리고 공동체가 존속할 수 있는 원리와 윤리성의 문제를 사유하고 있는 셈이다. 이러한 점들은 당대 공동체 논의와의 연장선상에서 '생명공동체'를 우주적인 차원에서 그려내고 있는 것이라 할 수 있다.

지금까지 살펴본 것처럼, 1920년대 초기의 시인들은 '개체'와 '전체'를 '생명'의 개념으로 연결시키는 '공동共同'의 원리에 따라 공동체의 문제를 모색하려 했다. 이 책에서는 '단군'으로 대표되는 정신적 토대를 바탕으로 하는 이러한 공동체에 대해 '생명공동체'라는 독특한 이름을 부여할 수 있었다. 이를 통해 이 책에서는 '생명공동체'가 당대의 담론뿐만 아니라 문학상의 성과를 통해 구체화되는 과정에서 다음과 같은 의의를 산출해냈다. 먼저, '생명공동체'는 1920년대 초기의 조선에서 복잡하게 얽혀있던 담론의 지형도를 설명할 수 있는 근거이자 식민지 조선의 현실을 극복하기 위한 독자적인 담론들이 다각도로 전개될 수 있는 이념이 되고 있었다. 다음으로, 1920년대 초기의 조선에서는 '공동생활'을 활성화시키는 윤리성의 문제를 모색함으로써 '생명공동체'를 당대의 조선적 현실에 정착시키고 있었다. 당대의 시에서도 이러한 점들을 살펴볼 수 있다는 점에서 '생명공동체'는 식민지 조선의 한계를 극복하기 위한 근본적인 대안으로 작동하고 있었던 것이다.

5장

'생명'의 발견과 숭고와 공동체를 둘러싼 시학적 탐색

지금까지 이 책에서는 1920년대 초기 문학의 독특한 현상 중 하나로 '숭고'에 대한 인식에 주목하여 1920년대 초기 시에서 형성되고 있던 '숭고시학'의 체계를 규명해내고자 했다. 그리고 '숭고시학'이 당대의 현실에서 심화되고 구체화되고 있었던 측면을 '생명공동체'라는 개념으로 해명하고자 했다. 이를 위해 이 책에서는 서구의 '숭고미학'을 근거로 1920년대 초기 시에서 '미적 근대성'을 확인하거나 가라타니 고진의 '풍경론'을 참조하여 1920년대 초기 시에서의 '숭고'를 '미적 원근법'으로 환원하려는 방식을 지양하고자 했다. 그보다 1920년대 초기 시에서

'숭고'가 '미적 근대성'으로 환원할 수 없는 영역을 탐색하고 있다는 판단 아래 1920년대 초기 시의 특수성을 '숭고시학'의 관점에서 검증하고자 했다.

1920년대 초기의 시인들은 소위 근대문학의 주요한 지표로 거론되어온 '자아'와 '자연'의 의미망을 통해 미적인 것과 구별되는 '숭고'에 대한 인식을 보여주었다. 표면적으로 그들에게 '자연'은 고향이나 가족과 같은 속세의 인습과 대비되는 '생명'과 '개성'의 근원지이자 개인의 '내면'과 '감정'을 발견할 수 있는 원천으로 받아들여졌다. 이에 따라 그들에게 '자연'은 근대적인 미적 주체를 확립하기 위해 발견되어야할 원근법적 대상으로 부상했던 것이다. 이러한 측면은 근대문학 형성기의 일본에서 감정 = 주관 = 생명의 도식을 성립시키는 근거로 '자연'을 도입하는 사례를 목도할 수 있다는 점에서 더욱 명확해지는 것처럼 보인다. 1920년대 초기의 시인들 또한 기본적으로 그러한 관점에서 출발하고 있으면서도 오히려 자신의 인식 범위를 초과하거나 다다를 수 없는 '자연'에 '무한', '영원', '신비'의 개념을 부가함으로써 '미적 원근법'으로 환원할 수 없는 지점을 노출하고 있었다. 이 책에서는 '자연'에 대한 '자아'의 원근법의 도입이 근본적으로 불가능하다는 인식을 전제로 한 숭고의 지표로서 '거리감'을 제시하였다.

이와 함께 이 책에서는 1920년대 초기의 문단에서 숭고를 발견하게 된 계기로 문학과 종교의 관련성이 관여하고 있었다는 것을 확인할 수 있었다. 1920년대 초기 시인들은 문학과 종교의 관계를 논의하는 과정에서 현상계의 범위나 인간의 인식 범위를 벗어난 숭고의 범주를 발견하였다. 이에 따라 그들은 자신들의 예술론에서 감정을 불러일으키는 대상과의 합일에 따라 미적 가치를 획득하는 것에 머무르지 않고 대상에게서 더욱 심원한 '무엇'을 발견하거나 그 이상의 세계가 있다는 것을 발견하게 되었다. 그래서 그들이 미의 영역에 '무한'과 '절대'의 수사를 부가하게 되었던 것은 순전히 공리주의적이고 효용론적인 문학관으로 나아간 전대의 이광수와 변별되는 입지를 마련하기 위한 것만은 아니었다. 그보다 그들은 미와 완전히 합치할 수 없는 숭고한 영역을 발견함에 따라 자신들의 예술을 '진리'의 심급으로 승격시킬 수 있었으며 자신들의 '생명'의 원천을 발견해낼 수 있었다.

물론 1920년대 초기의 문인들이 종교를 경유하여 숭고의 범주를 발견하였음에도 그들에게 종교와 문학은 철저히 다른 영역에 속하는 것이었다. 그들은 종교상의 경험으로 논의되어 오던 '신비주의'를 '상징주의'의 논의에 끌고 옴에 따라 도달하지 못하는 대상의 숭고함으로 부각시킬 수 있었다. 하지만 그들은 종교와 문학의 영역을 구별하여 숭고한 영역에 있는 대상을 현실의 이념으로 환원하기보다 당대의 현실에서 '이상향'의 지평으로 나타날 수 있다는 것을 보여주었다. 그와 함께 그들은 '상징주의'의 측면에서 그러한 대상을 '표상'할 수 있는 방식을 모색하고 있었다. 구체적으로 '영혼'을 매개로 숭고한 영역에 있는 대상을 '찰나'의 시간에 공명하고 반향해내는 김소월의 '악기'와 '거울', '찰나'의 시간 가운데 무한한 대상에 대한 '표박'을 반복해가는 김억의 '해파리', 그리고 미지의 세계와 접촉하여 '생명'을 느낄 수 있는 황석우의 '기분'과 박종화의 '정조상징' 등이 바로 '숭고시학'의 장치로 나타났다. 그리하여 1920년대 초기 조선에서 형성된 '숭고시학'의 체계를 다음과 같이 세밀하게 그려낼 수 있었다.

먼저, 이 책에서는 대상에게서 숭고를 느낄 수 있는 범주들을 양적인 측면에서 '무한'과 질적인 측면에서 '신비'와 '영원'으로 구체화할 수 있었다. 이때 '무한'의 경우 현상계의 범위를 초과한 대상의 절대적인 크기를 나타내며, '신비'는 현상계의 범위를 초과한 대상의 불가해성不可解性을, '영원'은 현상계의 범위를 초과한 대상의 시간성을 나타냈다. 다음으로, 앞에서 제시한 범주들을 통해 다다를 수 없는 지점에 놓인 대상을 '표상(=상징=암시)'할 수 있는 '숭고시학'의 장치로 '영혼'과 '생명'을 들 수 있었다. 엄밀히 말해, '영혼'은 숭고한 대상을 반향하고 공명해내는 장치이며 '생명'은 숭고한 대상과의 접촉으로 인해 고양된 자아의 정신적 지표를 의미했다. 2장에서 세운 방법론을 토대로 이 책의 3장에서는 당대의 텍스트에서 숭고를 체험할 수 있는 구체적인 계기를 살펴보고 이 과정에서 '숭고시학'의 논리가 어떠한 시적 특성과 표지를 가지고 구현되고 있었는가를 검토하였다.

이 책에서는 1920년대 초기 시에서 대상에 대한 도달 불가능한 '거리감'을 노출하면서도 그러한 대상에 대한 만남의 지향성을 창출하고 있는 '숭고시학'의 표지를 다음과 같이 유형화할 수 있었다. 첫째, 1920년대 초기 시인들은 명확한 의미를 파악할 수 없는 목소리에 이끌리면서도 그러한 대상에 대한 '표박'의 실패를 반복해가고 있었다. 이때 그들이 다다를 수 없는 대상에 대한 '표박'의 실패를 반복하는 과정에서 부상한 '조선'이나 '민족' 등의 기호는 정치적인 이념성이나 외부 담론의 운동성으로 환원되지 않았다. 그러한 기호들은 다다를 수 없는 대상을 '생명'의 근원으로 지시하기 위해 필연적으로 노출할 수밖에 없는 기호였던 것이다. 둘째, 1920년대 초기 시인들은 부재한 대상에 대한 '거리감'을 보여주면서도 그러한 대상과의 만남을 욕망하는 '환상'을 지속하려고 했다. 이는 '찰나'의 시간과 결합하여 현실의 자아에게 고유한 생명을 부여하는 역사적 시・공간을 모색하려는 시도로 이어지고 있었다. 셋째, 1920년대 초기 시인들은 '정조상징'을 통해 숭고한 영역에 있는 대상과 공명하여 주체의 마음에 무한한 변화를 이끌어낼 수 있는 가능성을 보여주었으며 주체의 마음에서 새로운 세계를 창조해낼 수 있는 공감의 능력을 보여주었다.

이 책의 3장에서 살펴보았다시피 1920년대 초기 시에서 '무한', '영원', '신비'의 범주에 따라 숭고한 위치에 놓인 대상은 주로 '애인', '고향', '어머니' 등으로 나타나고 있었다. 1920년대 초기 시인들에게 그러한 대상은 현실에서 '부재'하고 있는 대상이지 결코 허구적인 상상으로 구축된 대상이 아니었다. 그들은 '숭고시학'을 통해 자신들의 영혼(마음)이 그러한 대상과 접촉하여 보다 높은 정신적인 상승을 나타내는 기호로서 '생명'이라는 개념을 제시하고 있었다. 뿐만 아니라 그들은 그러한 '생명'이 자신에게 역사적 실체를 주는 모성적 공간에서 기원하고 있다는 것을 보여주었다. 그리하여 그들이 '애인', '고향', '어머니' 등의 대상과 '생명'의 관계에 놓일 때 노출한 '조선'이나 '전통'은 그들의 존재론적인 의미망을 구성하는 '외연'으로 작동하고 있었던 것이다. 이에 따라 이 책의 4장에서는 '숭고시학'이 시학적인 시도에서 나아가 1920년대 초기 조선에서 '생명'의 기원을 탐색하려는 움직임과 '생명'을 매개로 당대의 공동체적 현실을 구상하려는 움직임으로 분출되고 있는 지점을 검토하고자 했다.

이 책에서는 먼저 식민지 조선의 역사적 한계를 극복하기 위한 대안으로 부상하였던 '개조주의'를 살펴보았다. 1920년대 초기 조선에서의 '개조주의'는 '생명은 무엇인가'의 문제를 '생명은 어디에서 오는가'의 문제로 변용하여 '생명'의 기원을 둘러싼 독특한 논의로 전개되고 있었다. 다시 말해, 당대 조선에서 '개조주의'는 물질과 정신의 관계에 따라 독자적인 사상을 전개하는 과정에서 현실의 자아에게 '생명'의 기원으로 나타나는 '정신'을 탐색하고자 했다. 이러한 '정신'은 당대의 텍스트에서 '화원'과 '빛'을 '생명'의 관계로 연결하는 지평이거나 현실의 자아에게 '생명'의 빛(서광)을 주는 기원으로 나타나고 있었다. 그리고 당대의 담론에서 '단군'을 비롯한 선조들의 문명으로 표상되는 그러한 '정신'은 상실한 이상적 공동체를 복구하려는 움직임과 결부되어 폭넓게 나타나고 있었던 것이다.

다음으로, 이 책에서는 '단군'으로 표상되는 정신적 토대 아래 '생명'이라는 개념이 조선의 공동체적 현실에 실질적으로 개입하고 있는 방식을 살펴보았다. 실제로 당대 담론에 폭넓게 퍼져 있었던 '생명'이라는 개념은 사회적인 측면에서 자아와 물질의 관계를 표상하는 '개체'와 '전체'의 관계를 다양한 관계성 속에서 여는 매개 고리의 역할을 하고 있었다. 이를 바탕으로 '생명'이라는 개념은 1920년대 초기의 조선에서 이상적인 공동체를 창출하기 위한 현실적인 원리로 작동하고 있었던 것이다. 이 책에서는 이에 대해 첫째, 당대 현실에 토대를 둔 이상향을 구체화하기 위해 '생활'의 개념과 원리를 도입하고 있는 측면에서, 둘째, 공동체의 두 축을 담당하는 '개체'와 '전체'의 관계를 연결하여 공동체의 근간을 이루는 '공동共同'의 원리를 활성화시키는 측면에서 살펴보았다. 이 지점에서 앞에서 살펴본 '숭고시학'의 장치로서의 '영혼'이 당대 현실에 토대를 둔 '이상향'을 건설하기 위한 정신적 산물로 전이되고 있었다는 것을 확인할 수 있었다.

세 번째로, 이 책에서는 '생명'이라는 개념이 소위 세기말로 집약되는 묵시론적 세계관과 역사적으로 동학과 천도교에서의 '후천개벽사상'의 흐름으로 구체화되고 있었다는 것을 살펴볼 수 있었다. 그 단적인 예로 당대의 시에서 조선에 농후한 '밤'이 끝나고 언젠가는 '광명'의 시간이 도래할 거라는 의식을 보여주거나 현실의 모순을 치유할 이상적 공동체의 상을 구체적으로 그려내고 있다는 것을 밝혀낼 수 있었다. 이처럼 1920년대 초기의 시인들은 '공동'의 원리에 따라 '개체'와 '전체'의 관계를 '생명'의 개념으로 연결시키는 공동체를 구축하고자 했다. 이 책에서는 '단군'으로 표상되는 정신적 토대를 배경으로 하는 이러한 공동체에 대해 '생명공동체'라는 독특한 이름을 부여할 수 있었다. 이러한 점에서 1920년대 초기에 분출한 전통주의, 민족주의, 사회주의, 아나키즘 등은 공동체를 규정하는 정치적 이념이라기보다 '생명공동체'의 이념이 창출한 결과로 볼 수 있었다.

이 '생명공동체'는 당대의 맥락에서 보건대 당시 조선에서 복잡하게 얽혀있던 담론의 지형도를 설명할 수 있는 근거이자 식민지 조선의 현실을 극복하기 위해 독자적인 담론들이 다방면으로 전개될 수 있는 '이념'으로 작동하고 있었다. 그러한 측면은 장도빈의 한성도서주식회사를 거점으로 한 활동에서 예술주의, 민족주의, 사회주의, 아나키즘 등 다양한 사상의 경향들이 뒤섞여 있었던 현상에서 단적으로 확인할 수 있었다. 이때 1920년대 초기의 조선에서 매체를 통한 필진들 간의 사상의 교류, 광고를 통한 타他잡지와의 소통과 연대성의 표방, 출판사를 매개로 한 사상의 접속과 확산 등은 당대의 현실에서 '생명공동체'가 효율적으로 정착될 수 있는 기능을 하였다. 그리고 1920년대 초기 조선에서 '공동'의 원리를 바탕으로 공동체의 윤리와 덕목을 모색하려는 움직임은 당대의 현실에서 '생명공동체'를 구축하려는 시도가 활성화되고 있었다는 것을 보여주었다. 또한 당대의 시에서도 이러한 점들을 살펴볼 수 있다는 점에서 '생명공동체'는 식민지 조선의 한계를 극복하기 위한 근본적인 대안으로 작동하고 있었던 셈이다.

이러한 점들로 미루어볼 때, 이 책에서 1920년대 초기 시를 대상으로 '숭고시학'과 '생명공동체'의 문제를 검토하려는 작업은 다음과 같은 문학사적인 의의를 지닌다. 먼저, '숭고시학'은 1920년대 초기 시의 특수성을 해명할 수 있는 근거이자 그동안 근대와 전통, 미학과 정치 등 이분법적 관점에 따라 편성되어온 근대 시사의 구도에서 어떠한 연속적인 흐름이 있다는 것을 보여준다. 다음으로, '숭고시학'은 시학적인 문제에서 나아가 '생명공동체'의 문제로 심화됨으로써 1920년대 초기의 조선에서 국민국가나 민족국가와 같은 정치적 이념으로 환원할 수 없는 지평을 탐색하는 계기를 마련해준다. 따라서 앞으로 이 책에서 제시한 '숭고시학'과 '생명공동체'라는 개념은 1920년대 초기 문학을 생산적으로 논의할 수 있는 관점으로 적극적으로 활용되리라 기대한다.

참고문헌

1. 기본자료

1) 신문 및 잡지.

『개벽』, 『근화』, 『기독신보』, 『매일신보』, 『문우』, 『백조』, 『삼광』, 『생장』, 『서광』, 『서울』, 『신생명』, 『신생활』, 『신청년』, 『여광』, 『영대』, 『장미촌』, 『창조』, 『태서문예신보』, 『폐허』, 『폐허이후』, 『학생계』, 『학지광』 등.

※ 해당 잡지와 신문은 1920년대 전후의 시기를 대상으로 하였음.

2) 전집 및 작품집.

김석송, 『석송 김형원 시집』, 삼희사, 1979.

김억, 『해파리의 노래』, 조선도서주식회사, 1923.

김용직 편, 『김소월전집』, 서울대출판부, 1996.

김재홍 편, 『이장희』, 문학세계사, 1993.

김지하, 『김지하 전집』 1(철학사상), 실천문학사, 2002.

박경수 편, 『안서김억전집』 5(문예비평론집), 한국문화사, 1987.

이광수, 『이광수 전집』, 삼중당, 1976.

이기철 편, 『이상화 전집』, 문장사, 1982.

이상규 편, 『이상화시전집』, 정림사, 2001.

주요한, 『새벽』 1(주요한 문집), 요한기념사업회, 1982.

표언복 편, 『늘봄 전영택 전집』 3(시 · 희곡 · 전기 · 문학론), 목원대 출판부, 1994.

2. 단행본

1) 국내 저서

고미숙, 『한국의 근대성, 그 기원을 찾아서—민족 · 섹슈얼리티 · 병리학』, 책세상, 2010.

구인모, 『한국 근대시의 이상과 허상—1920년대 '국민문학'의 논리』, 소명출판, 2008.

구승희 · 김성국 외, 『아나키 · 환경 · 공동체』, 모색, 1996.
김동리, 『김동리 전집』 7(평론—문학과 인간), 민음사, 1997.
김동환, 『실천적인 민족주의 역사가 장도빈』, 역사공간, 2013.
김상봉, 『나르시스의 꿈—서양정신의 극복을 위한 연습』, 한길사, 2002.
김상환, 『니체, 프로이트, 맑스 이후』, 창비, 2002.
김석, 『에크리』, 살림, 2013.
김영민, 『한국근대문예비평사』, 소명출판, 1999.
김옥성, 『현대시의 신비주의와 종교적 미학』, 국학자료원, 2007.
김용직, 『한국근대시사』 (상), 학연사, 2002.
김용휘, 『우리 학문으로서의 동학』, 책세상, 2007.
김은전, 『한국상징주의시연구』, 한샘, 1991.
김진수, 『우리는 왜 지금 낭만주의를 이야기하는가』, 책세상, 2006.
김춘식, 『미적 근대성과 동인지 문단』, 소명출판, 2003.
김학동, 『한국근대시의 비교문학적 연구』. 일조각, 1981.
김학동 편, 『김안서연구』, 새문사, 1996.
김행숙, 『문학이란 무엇이었는가—1920년대 동인지 문학의 근대성』, 소명출판, 2005.
김형기, 『후천개벽사상연구』, 한울아카데미, 2004.
문학사와비평연구회 편, 『한국문학과 계몽담론』, 새미, 1999.
박슬기, 『한국 근대시의 형성과 율의 이념—자유시 리듬의 문제』, 소명출판, 2014.
박현수, 『현대시와 전통주의의 수사학』, 서울대 출판부, 2004.
_____, 『시론』, 예옥, 2011.
백철, 『신문학사조사』, 민중서관, 1953 .
상허학회 편, 『1920년대 동인지 문학과 근대성 연구』, 깊은샘, 2000.
신범순, 『한국 현대시의 퇴폐와 작은 주체』, 신구문화사, 1998.
_____, 『노래의 상상계—'수사'와 존재생태기호학』, 서울대 출판문화원, 2011.
신용하 편, 『공동체 이론』, 문학과지성사, 1985.
심원섭, 『한 · 일 문학의 관계론적 연구, 국학자료원, 1998.
안성찬, 『숭고의 미학—파괴와 혁신의 문화적 동력』, 유로서적, 2004.
오세영, 『한국낭만주의시연구』, 일지사, 1980.
이돈화, 『신인철학』, 한국사상연구회, 1963.
_____, 『인내천요의』, 천도교중앙총부, 1968.
이재복, 『한국 현대시의 미와 숭고』, 소명출판, 2012.
이철호, 『영혼의 계보—20세기 한국문학사와 생명담론』, 창비, 2013.

장철환, 『김소월 시의 리듬 연구』, 소명출판, 2011.
정병호, 『실용주의 문화사조와 일본 근대문예론의 탄생』, 보고사, 2003.
정우택, 『황석우 연구』, 박이정, 2008.
정주아, 『서북문학과 로컬리티－이상주의와 공동체의 언어』, 소명출판, 2014.
정진규, 『이상화』, 문학세계사, 1993.
정한모, 『한국 현대시문학사』, 일지사, 1974.
조규태, 『천도교의 문화운동론과 문화운동』, 국학자료원, 2006.
조남현, 『한국 현대문학사상 연구』, 서울대 출판부, 1994.
조연현, 『한국현대문학사』, 현대문학사, 1956.
조영복, 『1920년대 초기 시의 이념과 미학』, 소명출판, 2005.
주은우, 『시각과 현대성』, 한나래, 2003.
차승기, 『반근대적 상상력의 임계들－식민지 조선 담론장에서의 전통・세계・주체』, 푸른역사, 2009.
최수일, 『『개벽』 연구』, 소명출판, 2008.
최양옥, 『노자영 시 연구』, 국학자료원, 1999.
한계전, 『한국현대시론연구』, 일지사, 1983.
허수, 『이돈화 연구』, 역사비평사, 2011.

가라타니 고진 외, 송태욱 역, 『근대 일본의 비평(1868～1989)』, 소명출판, 2002.
가라타니 고진, 박유하 역, 『일본근대문학의 기원』 개정판, 도서출판b, 2010.
구리야가와 하쿠손, 임병권・윤미란 역, 『근대문학 10강』, 글로벌콘텐츠, 2013.
사카베 메구미 외, 이신철 역, 『칸트사전』, 도서출판b, 2009.
야나부 아키라, 김옥희 역, 『번역어의 성립』, 마음산책, 2011.

디터 타이헤르트, 조상식 역, 『쉽게 읽는 칸트 판단력 비판』, 이학사, 2003.
로지 잭슨, 서강여성문학연구회 역, 『환상성－전복의 문학』, 문학동네, 2007.
리안 아이슬러, 김경식 역, 『성배와 칼』, 비채, 2006.
모리스 블랑쇼・장-뤽 낭시, 박준상 역, 『밝힐 수 없는 공동체 / 마주한 공동체』, 문학과 지성사, 2005.
바뤼흐 스피노자, 강영계 역, 『에티카』, 서광사, 2007.
베네딕트 앤더슨, 윤형숙 역, 『민족주의의 기원과 전파』, 나남, 1991.
숀 호머, 김서영 역, 『라캉 읽기』, 은행나무, 2012.
슬라보예 지젝, 이수련 역, 『이데올로기라는 숭고한 대상』, 인간사랑, 2002.

슬라보예 지젝, 이성민 역, 『부정적인 것과 함께 머물기』, 도서출판b, 2007.
슬라보예 지젝 외, 김영찬 외역, 『성관계는 없다』, 도서출판b, 2010.
아르투르 쇼펜하우어, 곽복록 역, 『의지와 표상으로서의 세계』, 을유문화사, 2000.
아리스토텔레스 외, 천병희 역, 『시학』, 문예출판사, 2006.
에드먼드 버크, 김동훈 역, 『숭고와 아름다움의 이념의 기원에 대한 철학적 탐구』, 마티, 2009.
윌리엄 제임스, 김재영 역, 『종교적 경험의 다양성』, 한길사, 2014.
임마누엘 칸트, 백종현 역, 『판단력 비판』, 아카넷, 2014.
자크 라캉, 맹정현・이수련 역, 『정신분석의 네 가지 근본개념』, 새물결, 2008.
장-뤽 낭시 외, 김예령 역, 『숭고에 대하여—경계의 미학, 미학의 경계』, 문학과지성사, 2005.
제시 웨스턴, 정덕애 역, 『제식으로부터 로망스로』, 문학과지성사, 1988.
조르조 아감벤, 이경진 역, 『도래하는 공동체』, 꾸리에, 2014.
프레더릭 바이저, 김주휘 역, 『낭만주의의 명령, 세계를 낭만화하라—초기 독일낭만주의 연구』, 그린비, 2011.
프리드리히 니체, 정동호 역, 『차라투스트라는 이렇게 말했다』, 책세상, 2000.
한스 게오르그 가다머, 이길우 외역, 『진리와 방법』, 문학동네, 2000.

2) 국외 저서
鈴木貞美, 『生命で讀む20世紀日本文藝』, 至文堂 , 1994.
________, 『生命で読む日本近代—大正生命主義の誕生と展開』, NHK BOOKS, 1996.
佐藤伸宏, 『詩の在りか—口語自由詩をめぐる問い』, 笠間書院, 2011.
早稲田文学会 編, 『早稲田文学』, 早稲田大学出版部, 1907.
柳宗悦, 『朝鮮とその藝術』, 日本民芸協会, 1972.
羽生康二, 『口語自由詩の形成』, 雄山閣, 1989.

Symons, Arthur, *The Symbolist Movement In Literature*, Revised edition, New York : E. P. Dutton and co., Inc, 1919.

3 논문 및 학위논문

1) 국내 논문

곽명숙, 「1920년대 초반 동인지 시와 낭만화된 죽음」, 『한국현대문학연구』 제11집, 한국현대문학회, 2002.

______, 「김억의 '조선적 시형'에 대한 고찰」, 『인문연구』 제55호, 영남대 인문과학연구소, 2008.

권보드래, 「영혼, 생명, 우주－1910년대, 제1차 세계대전의 충격과 '죽음'의 극복」, 『개념과 소통』 제7호, 한림대 한림과학원, 2011.

권유성, 「1920년대 초기 황석우 시의 비유 구조」, 『국어국문학』 제142호, 국어국문학회, 2006.

______, 「1920년대 초기 사회주의경향 잡지의 문예론과 시적 실천 양상 연구」, 『국어국문학』 제165호, 국어국문학회, 2013.

권희철, 「속삭이는 목소리로서의 '대동강'과 어머니 형상의 두 얼굴－김동인 소설의 정신분석적 읽기 시론(試論)」, 『한국근대문학연구』 제17호, 한국근대문학회, 2008.

______, 「"'나'는 누구인가?"에 대한 1920년대 문학의 문답 지형도」, 『한국현대문학연구』 제29집, 한국현대문학회, 2009.

구인모, 「고안된 전통, 민족의 공통감각론－김억의 민요시론 연구」, 『한국문학연구』 제23집, 동국대 한국문학연구소, 2000.

______, 「국토순례와 민족의 자기구성－근대 국토기행문의 문학사적 의의」, 『한국문학연구』 제27집, 동국대 한국문학연구소, 2004.

______, 「한국의 일본 상징주의 문학 번역과 그 수용－주요한과 황석우를 중심으로」, 『국제어문』 45집, 국제어문학회, 2009.

김경복, 「서정시에서 영혼의 의미」, 『인문학논총』 제12권 제1호, 경성대 인문과학연구소, 2007.

김성연, 「1920년대 번역계의 세대교체－한성도서주식회사와 장도빈의 출판 활동을 중심으로」, 『반교어문연구』 제31집, 반교어문학회, 2011.

김윤재, 「백악춘사 장응진 연구」, 『민족문학사연구』 제12권 제1호, 민족문학사학회, 1998.

김옥성, 「한국 현대시의 생태학적 농촌 공동체 이미지 연구」, 『국문학논집』 제21집, 단국대, 2011.

김예리, 「1930년대 한국 모더니즘 문학에 나타난 시각 체계의 다원성－새로운 '풍경'

개념의 정립을 위한 시론(試論)」, 『상허학보』 제34집, 상허학회, 2012.
김정현, 「金素月 詩의 感情과 '音聲的 텍스트' 그리고 傳統의 問題」, 『어문연구』 제41집, 한국어문교육연구회, 2013.
김종수, 「일제 강점기 경성의 출판문화 동향과 문학서적의 근대적 위상—한성도서주식회사의 활동을 중심으로」, 『서울학연구』 제35호, 서울시립대 서울학연구소, 2009.
김태진, 「박영희 시에 나타난 낭만성」, 『우리어문연구』 제18집, 우리어문학회, 2002.
김행숙, 「'주변인들'의 미적 의미—1920년대 초기 동인지를 중심으로」, 『우리어문연구』 제19집, 우리어문학회, 2002.
김희태, 「산운 장도빈 연구」, 동국대 박사논문, 2012.
남기혁, 「김소월 시에 나타난 경계인의 내면 풍경—새로 발굴된 초기시 세 편을 중심으로」, 『국제어문』 제31호, 국제어문학회, 2004.
노춘기, 「황석우의 초기 시와 시론의 위치—잡지 『삼광』 소재의 텍스트를 중심으로」, 『한국시학연구』 제32호, 2011.
______, 「황석우 시의 자연과 생명의 가치—시집 『자연송』을 중심으로」, 『어문학』 제116집, 한국어문학회, 2012.
______, 「잡지 『학생계』 소재 시 작품 연구」, 『한국시학연구』 제38집, 한국시학회, 2013.
문혜원, 「이장희 시에 나타나는 환상성의 특징 연구」, 『한중인문학연구』 제26집, 한중인문학회, 2009.
류순태, 「김소월 시의 경계 의식에 내재된 미적 욕망과 그 근대성 연구」, 『한국시학연구』 제36집, 한국시학회, 2013.
박성창, 「베를렌느 시 번역을 통해 본 김억의 자유시 모색과 실천」, 『한국현대문학연구』 제35집, 한국현대문학회, 2011.
박슬기, 「이광수의 문학관, 심미적 형식과 '조선'의 이념화」, 『한국문학이론과 비평』 제30집, 한국문학이론과 비평학회, 2006.
______, 「한국과 일본에서의 자유시론의 성립—근대시의 인식과 선언」, 『한국현대문학연구』 제42호, 한국현대문학회, 2014.
박승희, 「1920년대 데카당스와 동인지 시의 재발견」, 『한민족어문학』 제47집, 한민족어문학회, 2005.
박지영, 「잡지 『학생계』 연구—1920년대 초반 중등학교 학생들의 '교양주의'와 문학적 욕망의 본질」, 『상허학보』 제20집, 상허학회, 2007.
박현수, 「1920년대 동인지의 '영혼'과 '화원'의 의미」, 『어문학』 제90집, 한국어문학회, 2005.
_____,「미적 근대성의 혼종성과 숭고 시학」,『어문학』 제96집, 한국어문학회, 2007.
복도훈,「미와 정치－국토순례의 목가적 서사시－최남선의『금강예찬』,『백두산근참기』를 중심으로」,『한국근대문학연구』 제6권 제2호, 한국근대문학회, 2005.
서상영,「노춘성 연구－『처녀의 화환』을 중심으로」,『한국시학연구』 제37호, 한국시학회, 2013.
서영채,「최남선과 이광수의 금강산 기행문에 대하여」,『민족문학사연구』 제24호, 민족문학사학회, 2004.
_____,「절대 공간으로서의 풍경」,『한국현대문학연구』 제41집, 한국현대문학회, 2013.
서은경,「1910년대 후반 미적 감수성의 분화와 '감정'이 부상하는 과정－유학생 잡지『삼광』을 중심으로」,『현대소설연구』 제45집, 한국현대소설학회, 2010.
_____,「잡지「서울」 연구－1920년대 개조론의 대세 속『서울』 창간의 배경과 그 성격을 중심으로」,『우리어문연구』 제46집, 우리어문학회, 2013.
성해영,「신비주의란 무엇인가－개념에 대한 오해와 유용성을 중심으로」,『인문논총』 제71권 제1호, 서울대 인문학연구원, 2014.
손민달,「이상화 시의 환상성 연구」,『국어국문학』 제150호, 국어국문학회, 2008.
송민호,「1920년대 초기 김동인－염상섭 논쟁의 의미와 '자연' 개념의 의미적 착종 양상」,『서강인문논총』 제28집, 서강대 인문과학연구소, 2010.
_____,「1920년대 초기 김찬영의 예술론과 그 의미」,『대동문화연구』 제7집, 성균관대 대동문화연구원, 2010.
신범순,「주요한의「불노리」와 축제 속의 우울 (1)」,『시작』 제1권 제3호, 천년의시작, 2002.
_____,「이상의 개벽사상－태양아이의 역사철학」,『한국시학회 제24차 전국학술발표대회 자료집』, 한국시학회, 2009.
신용하,「'민족'의 사회학적 설명과 '상상의 공동체론' 비판」,『한국사회학』 제40권 제1호, 한국사회학회, 2006.
여태천,「미적 근대성과 언어」,『어문연구』 제53권, 어문연구학회, 2007.
오문환,「동학의 '후천개벽' 사상」,『동학학보』 제1권, 동학학회, 2000.
윤의섭,「근대시에서 '숭고'의 위상」,『현대문학이론연구』 제52집, 현대문학이론학회, 2013.
윤지영,「한국 현대시의 숭고 연구에 관한 탈근대적 검토」,『현대문학이론연구』 제48집, 현대문학이론학회, 2012.

______, 「내면의 발견과 배경으로서의 고향-『백조』 시기 홍사용 문학에 나타난 고향을 중심으로」, 『한국문학논총』 제65집, 한국문학회, 2013.
______, 「1920~30년대 시에 나타난 자연의 심미화 연구-정과 미의 결합 양상을 중심으로」, 『한국문학이론과 비평』 제69집, 한국문학이론과 비평학회, 2015.
이경돈, 「잡지 『근화』와 문학동인지시대」, 『반교어문연구』 제26집, 반교어문학회, 2009.
______, 「동인지 『麗光』의 문학과 정체성의 공간」, 『한중인문학연구』 제26집, 한중인문학회, 2009.
______, 「동인지 『문우』와 다점적 혼종의 문학」, 『상허학보』 제28집, 상허학회, 2010.
이서규, 「쇼펜하우어의 표상개념에 대한 고찰」, 『철학연구』 제88집, 대한철학회, 2003.
이종선, 「장자미학의 해체론적 성격연구」, 『동양예술』 제10집, 한국동양예술학회, 2005.
이은지, 「'최후예술'로서의 상징주의 문학-김억의 예술론에 나타난 귀납적 보편성 연구」, 『민족문학사연구』 제53호, 민족문학사학회, 2013.
이지언, 「칸트의 숭고미학과 동양의 숭고미학에 관한 비교 고찰」, 『조형연구』 제12호, 건국대 조형연구소, 2004.
이철호, 「1920년대 초기 동인지 문학에 나타난 생명의식-전영택의 『생명의 봄』을 위한 서설」, 『한국문학연구』 제31집, 동국대 한국문학연구소, 2006.
전미정, 「생태학으로 본 황석우 시의 자연-몸의 사유방식을 중심으로」, 『우리말글』 제32집, 우리말글학회, 2004.
정기인, 「김억 초기 문학과 한문맥의 재구성」, 『한국현대문학연구』 제44집, 한국현대문학회, 2014.
정우택, 「주요한의 언어 민족주의와 국민시가의 창안」, 『어문연구』 제137호, 한국어문교육연구회, 2008.
______, 「『문우』에서 『백조』까지-매체와 인적 네트워크를 중심으로」, 『국제어문』 제47집, 국제어문학회, 2009.
조남현, 「「폐허」, 「백조」에 관한 연구사 비판」, 『관악어문연구』 제2권 제1호, 서울대 국어국문학과, 1977.
조영복, 「『장미촌』의 비전문 문인들의 성격과 시 사상」, 『한국문화』 제26집, 규장각한국학연구소, 2000.
______, 「『신청년』의 시와 상징주의 시 수용의 한 계보」, 『근대서지』 제11호, 근대서지학회, 2015.

조은주, 「1920년대 문학에 나타난 허무주의와 '폐허(廢墟)'의 수사학」, 『한국현대문학연구』 제25집, 한국현대문학회, 2008.

_____, 「'나'의 기원으로서 '단군'과 창세기적 문학사상의 의미－최남선, 신채호를 중심으로」, 『한국현대문학연구』 제29집, 한국현대문학회, 2009.

주영중, 「김소월 시의 숭고 미학」, 『한국시학연구』 제28호, 한국시학회, 2010.

차승기, 「'폐허'의 시간－1920년대 초 동인지 문학의 미적 세계관 형성에 대하여」, 『상허학보』 제6집, 상허학회, 2000.

_____, 「폐허의 사상－'세계 전쟁'과 식민지 조선, 혹은 '부재 의식'에 대하여」, 『문학과사회』 제106호, 문학과지성사, 2014년 여름.

최현희, 「1920년대 초 한국문학과 동인지 『폐허』의 위상－'자아' 담론을 중심으로」, 『규장각』 제31집, 서울대 규장각한국학연구원, 2007.

최호영, 「이장희 시에 나타난 '우울'의 미학과 모성적 정치성」, 『한국시학연구』 제32호, 한국시학회, 2011.

_____, 「1920년대 초기 시에 나타난 '거리감'의 몇 가지 형식과 숭고시학」, 『한국시학연구』 제38호, 한국시학회, 2013.

_____, 「1920년대 초기 시에 나타난 '거리감'의 도입과 숭고시학에 관한 시론－'자아'와 '자연'을 중심으로」, 『민족문학사연구』 제54호, 민족문학사학회, 2014.

_____, 「야나기 무네요시의 생명사상과 1920년대 초기 한국시의 공동체 문제」, 『일본비평』 제11호, 서울대 일본연구소, 2014.

_____, 「『기독신보』에 나타난 문인들의 활동과 '이상향'의 의미－남궁벽과 노자영의 발굴 자료를 중심으로」, 『민족문학사연구』 제56호, 민족문학사학회, 2014.

_____, 「1920년대 초기 노자영의 시에 나타난 생명의식과 이상적 공동체－『서광』, 『서울』, 『학생계』 소재의 글을 중심으로」, 『한국민족문화』 제57호, 부산대 한국민족문화연구소, 2015.

_____, 「『태서문예신보』에 나타난 자아 탐색과 '대아(大我)'의 의미지평에 관한 고찰」, 『한국문학연구』 제50집, 동국대 한국문학연구소, 2016.4.

_____, 「한일 상징주의론의 전개와 '생명' 개념 도입의 비교 고찰」, 『어문론총』 제68호, 한국문학언어학회, 2016.6.

_____, 「한일 자유시 담론에서의 '감정' 인식과 '음악성' 도입 논리의 비교 고찰」, 『한국민족문화』 제60호, 부산대 한국민족문화연구소, 2016.8.

_____, 「수주 변영로의 초기 문학에 나타난 방랑과 이상적 공동체론」, 『인문논총』 제73권 제3호, 서울대 인문학연구원, 2016.8.

_____, 「1920년대 초기 조선에서의 '자연'론의 원천과 생명주의의 전개－에머슨(R.

W. Emerson)과 기타무라 도코쿠(北村透谷)와의 비교를 중심으로」, 『문학과 환경』 제16권 제2호, 문학과환경학회, 2017.

______, 「오이켄(R. Eucken)의 '신이상주의' 수용과 한일 '문화주의'의 전개양상—이쿠다 조코(生田長江)와 노자영(盧子泳)을 중심으로」, 『일본비평』 제17호, 서울대 일본연구소, 2017.8.

______, 「개념사적 접근과 한국 근대문학 담론의 형성 과정에 관한 일고찰—1920년대 초기 조선에서 '천직론'의 전개와 '공동체주의'의 형성을 중심으로」, 『어문학』 제138집, 한국어문학회, 2017.12

한기형, 「『신청년』 해제」, 『서지학보』 제26호, 한국서지학회, 2002.

______, 「근대잡지 『신청년』과 경성구락부」, 『서지학보』 제26호, 한국서지학회, 2002.

______, 「중세적 인식론의 전환과 새로운 담론의 모색—잡지 『신청년』 소재 근대문학 신자료 (1)—나도향, 박영희, 최승일, 황석우의 작품들」, 『대동문화연구』 제41집, 성균관대 대동문화연구원, 2002.

황호덕, 「1920년대 초 동인지 문학의 성격과 미적 주체 담론」, 성균관대 석사논문, 1997.

______, 「한국 근대에 있어서의 문학 개념의 기원(들)—신채호, 이광수, 『창조』파의 삼분법(三分法)적 가치 범주와 '문학' 개념」, 『한국사상과 문화』 제8집, 한국사상문화학회, 2000.

허혜정, 「박영희의 초기 시에 나타난 여성유령의 의미」, 『문학과 환경』 제6권 2호, 문학과환경학회, 2007.

2) 국외 논문

成谷麻理子, 「口語自由詩の発生—Vers libreをめぐって」, 『比較文学年誌』, 早稲田大学比較文学研究室, 2010.